全 世 界 无 产 者， 联 合 起 来！

列宁全集

第二版增订版

第五十卷

1920年11月—1921年6月

中共中央　马克思　恩格斯　著作编译局编译
　　　　　　列　宁　斯大林

人民出版社

《列宁全集》第二版是根据
中国共产党中央委员会的决定，
由中共中央马克思恩格斯列宁
斯大林著作编译局编译的。

凡　　例

1. 书信卷正文和附录中的文献分别按篇或组的写作或签发时间编排并加编号。

2. 在正文中，文献标题下括号内的日期是编者加的，文献本身在开头已注明日期的，标题下不另列日期。

3. 1918 年 2 月 14 日以前，在俄国写的书信的日期为俄历，在国外写的书信则为公历；从 1918 年 2 月 14 日起，所有书信的日期都为公历。

4. 目录中标题编号左上方标有星花 * 的书信，是《列宁全集》第 1 版刊载过的。

5. 在正文中，凡文献原有的或该文献在列宁生前发表时使用过的标题，其左上方标有五角星☆。

6. 未说明是编者加的脚注为写信人的原注。

7. 著作卷《凡例》中适用于书信卷的条文不再在此列出。

目　　录

附　　录

1920 年

1921 年

插　　图

前　言

　　本卷收载列宁在1920年11月上旬至1921年6月下旬期间的书信、电报、便条、批示等。这个时期的列宁著作编入本版全集第40卷、第41卷以及第42卷开头部分。

　　在这个历史时期中，苏维埃俄国由于取得反对外国武装干涉的斗争和国内战争的胜利，得以把工作重点从战时轨道转向和平经济建设：1921年3月召开的俄共（布）第十次代表大会决定停止实施"战时共产主义"政策，改行新经济政策。

　　国内战争在全国范围内基本结束了，但在某些地区，尤其是在某些边远地区和民族地区，小股残匪的骚扰、破坏不时发生，零星的战斗仍在进行。在本卷的开头以至结尾都有一些信件、电报、批示等是关于军事活动、关于工农红军的作战的。这些书信说明，列宁具体而细致地指导陆军人民委员部的工作，他要求红军彻底消灭白卫匪帮、恢复正常的社会秩序。

　　苏维埃国家在十分艰难困苦的情况下开始医治战争创伤、消除经济破坏现象。本卷中的书信说明，研究如何改变对农民的政策、由余粮收集制过渡到粮食税（实物税）、以此来恢复和发展农业生产的问题，成了列宁此时国务活动的中心。在进行重大转变之前，列宁认真听取来自基层的反映，亲自接见农民代表，了解各地农民的要求。1920年11月16日他在给谢·帕·谢列达和尼·

巴·布留哈诺夫的信中提到,余粮收集制引起了农民的极大不满。1921年1月6日他给尼·彼·哥尔布诺夫的指示说的是这样一件事:莫斯科省某村的农民反映,余粮收集制的任务过重,他们无力负担。列宁觉察到,余粮收集制使农民对苏维埃政权失去了信任。他在3月1日给农业人民委员恩·奥新斯基的一封信中提出,要尽一切力量来恢复农民群众的信任,要更多地注意对农民的政治态度。在4月16日写给外国同志克拉拉·蔡特金和保尔·莱维的信中,他毫不隐讳地说到,2—3月里的局势是严重的,农民动摇、破产、不满,因此对他们及时地作了让步。从本卷中的一些书信可以看到列宁为废除旧政策、制定新政策作出了不懈的努力。在1921年2月间给粮食人民委员亚·德·瞿鲁巴的批示中,他根据国库存粮的统计作出如下估计:俄罗斯联邦从3月15日或4月1日起完全可以全部取消余粮收集制,并在9月1日前或8月15日前试行新制度(粮食税)。全俄中央执行委员会3月间通过的废除余粮收集制的决议受到某些负责粮食工作的干部的阻挠,列宁在4月15日给瞿鲁巴的批示中提出,对此要给予批评。有一些函电是为宣传和贯彻新措施而发的。在4月9日的一份电报中,他问格·康·奥尔忠尼启则:"是否领会了我们实行粮食税的新政策的意义?"(见本卷第222页)5月10日他打电话给奥新斯基等人说,他担心农业人民委员部对税收问题没有认真研究,不能充分保护农民的利益。

　　粮食税是以收取实物的方式进行的一种农业税,它不是货币税。1920年11月和12月,苏俄人民委员会先后讨论了废除货币税的问题。11月30日列宁在给谢·叶·丘茨卡耶夫和取消货币税工作委员会的信中说:从货币向不用货币的产品交换过渡,是毫无疑义的。但苏俄当时还处于从资本主义到社会主义的"过渡时代"，列宁认为，只要还没有力量向农民提供工业产品，农民就不得不一直保持商品流通（因而也是货币流通），保持其代替物，而在没有向农民提供可以消除对代替物的需要的那种东西时，就废除代替物（货币），在经济上是不正确的。1921 年 3 月 27 日，他写给叶·阿·普列奥布拉任斯基的信也谈到了货币问题。他提出，在实行实物税和交换（换取粮食）的时候，应当以商品（商品储备、粮食储备）作保证发行流通券，用这一办法来开始有步骤地为"整顿"货币作准备。

　　随着粮食税的执行，列宁十分注意改善流通环节。他在 1921 年 3 月 8 日给瞿鲁巴的批示中认为，问题的中心是"流转"，让农民进行自由的经济流转。在 3 月 10 日给阿·伊·李可夫的便条中，他提出鼓励农民同手工业者和工人用农业产品同工业产品进行交换的问题。3 月 30 日他在给尼·伊·布哈林的便条中对这个问题进行了理论上的探讨。他认为，无产阶级国家政权掌握着物质基础即工厂、铁路、对外贸易，从而也掌握着商品储备及其成批运送；在这种情况下，处理这些商品储备的办法，就是把商品提供给工人和职员以换取货币，或者换取他们的劳动，提供给农民以换取粮食。列宁设想这样一种城乡间交换的渠道：通过代销人即商人，付给他佣金。但列宁把开展城乡间交换的主要任务付与合作社组织，他提出："尤其要重视合作社（努力使每一个居民都加入合作社）。为什么这**不可能**？而这就是**资本主义＋社会主义**。"（见本卷第 196 页）列宁当时更注意的是"有组织的"交换。他认为应该尽量由国家来组织交换。

　　新经济政策促进和加强了苏俄的对外经济联系，本卷中有大量书信是关于这一内容的。还在反对外国武装干涉赢得和平喘息时机之际，苏俄就同英国签订了通商条约，1920年11月19日列宁给格·瓦·契切林的批示谈的就是这件事。1921年3月17日列宁在给美国华盛顿·万德利普的信中说："我非常高兴地听到，哈定总统赞许我们同美国的贸易。您知道，我们是十分重视我们今后同美国的生意往来的。"（见本卷第159页）为此，契切林在第二天建议通过一项给美国的呼吁书，表示希望建立这一贸易关系。列宁对此完全赞成。但由于美国政府对苏俄持敌对立场，致使两国之间的外交和贸易关系正常化拖延了好多年。苏俄向瑞典借款的谈判也是列宁所赞同的，但谈判未取得结果。从本卷中的书信可以看出，苏俄本着互利的原则，既同一些先进的资本主义国家建立经济联系，也同自己的邻国建立经济联系，既从国外购进生产资料，也从国外购进生活必需品。

　　向外国资本家实施租让政策一事，在向新经济政策过渡时，显得更为紧迫了。在本卷中关于租让政策的书信是相当多的，它们涉及油田、矿山、渔场、森林、土地（草原及耕作区）以及邮电交通和食品原料加工等许多方面的租让问题。这些书信说明，列宁怎样主持制定租让合同的基本原则，过问租让谈判的进展，研究租让协定的条款，并为了促使租让政策的实现而亲自同有承租愿望的人进行联系。在1921年3月28—29日给列·达·托洛茨基的信中他认为，在租让问题上提出"爱国主义"，这种说法是幼稚可笑的。他4月2日给亚·巴·谢列布罗夫斯基的信认为，实施租让政策的预期目的是在经济方面赶上（然后再超过）当时先进的资本主义。他在这封信中批判那种反对租让的错误观点，认为"我们自己能搞好"的胡说愈是披上"纯共产主义的"外衣就愈危险，对于共产主义来说,没有什么东西比这种共产党员的自吹自擂更有害、更危险的了。列宁5月16日给 M.Φ.索柯洛夫的信批评了他的错误观点,对租让政策作了进一步的解释和论证。索柯洛夫认为,一方面把森林、土地等租出去,培植国家资本主义,另一方面又谈论"剥夺地主",这是个矛盾。列宁指出:剥夺的意思是没收财产,租赁者不是产权人,产权和监督权都操在工人国家手中,租赁只是有期限的合同,实行租让政策是有限度地和巧妙地培植资本主义,根本谈不到把产权还给地主的问题。

　　两次战争和帝国主义的封锁给苏维埃国家的经济恢复和人民生活造成了极大困难,农业歉收又加重了这种困难。从本卷中的许多书信不难看出,苏俄当时所面临的粮食危机和燃料危机十分严重,列宁为此进行了艰苦的努力。本卷中还有一些书信也说明,正是由于物资匮乏,列宁此时特别注意物资的调拨、供应、分配工作。

　　本卷所载书信显示了列宁作为苏俄经济建设的组织者所起的巨大作用。有一些书信是关于基建工程的,如水电站的建设,从工程的设计到进度、材料供应、完工期限,列宁无不关心。他把水电站的建设看做实现宏伟的电气化计划、改变俄国经济落后面貌的重要措施。1921年5月30日他给埃·马·斯克良斯基的信谈到关于利用军队搞经济建设、支援电气化事业的问题。他认为,"应当从思想上、组织上和经济上使军队同这个伟大的事业紧紧地联系在一起,并且要始终如一地致力于这一伟大的事业"(见本卷第370页)。列宁认为泥炭水力开采对苏俄的电气化事业以至整个国民经济都具有重要意义,因此始终关注这方面工作的进展。他希望通过经济计划看到经济生活的全貌。在此期间,在全俄电气化委员会的基础上成立了国家计划委员会。本卷中收载的列宁谈论国家计划委员会的工作的书信为数不少。列宁6月2日给该委员会主持人格·马·克尔日扎诺夫斯基的信指出,"为了使国家计划委员会的整个工作安排得更加合理,有必要把日常工作和责任落实到国家计划委员会所有委员个人"。而不应该用各种具体任务分散整个国家计划委员会对全局工作的注意。(见本卷第390页)

列宁反对经济建设中的官僚主义,他对于把经济建设中要紧的事淹没在官僚主义的废话里的现象十分气愤。当时,有些人不去了解实际经验,用傲慢的官僚主义冷淡态度对待实际工作。1921年2月19日列宁在给克尔日扎诺夫斯基的信中指出,最大的危险就是把国家经济计划工作官僚主义化。他甚至说:"完整的、完善的、真正的计划,目前对我们来说='官僚主义的空想'。"(见本卷第127页)他在5月16日给索柯洛夫的信中不仅说到了官僚主义的危害性,而且从经济根源上分析了同官僚主义作斗争的长期性。他指出:在一个农民国家中同官僚主义作斗争,需要很长的时间,要坚持不懈地进行;在俄国可以赶走沙皇、赶走地主、赶走资本家,却无法"赶走"、无法"彻底消灭"官僚主义,只能慢慢地经过顽强的努力减少它。

列宁重视科学技术工作,每当看到科学技术上的发明或创造能够转化为生产力、能够促进人民的物质和文化生活水平的提高时,他掩盖不住兴奋的心情。本卷中有些书信充分说明,他对还处于幼芽阶段的发明或创造的扶持是如何周到。他为电犁、风力发动机等等的生产、运用和推广殚精竭虑。他偶尔从杂志上发现石油工业中出现了一项颇具经济效益的新技术后指出,对此应该大加宣扬并采取鼓励措施。他提倡普及科学知识，主张用实例开展这方面的宣传工作。他高度评价无线电作为新闻传播媒介所起的重要作用，形象地称它为不要纸张不要电线的报纸。他主张从国外引进技术，提出不惜以高额奖金在德国征求泥炭脱水法的发明。由科学技术工作及于科学技术专家，他不仅为他们创造工作条件，而且无微不至地给予生活上的照顾。本卷中的几封有关著名生理学家伊·彼·巴甫洛夫的信件就是绝好的证明。

经济建设的开展必然要求相应发展教育和文化事业，本卷中涉及这方面的书信占有一定的数量。对一些地方在国内战争结束后仍由军队占用大学校舍的现象，列宁是不满意的，他曾不止一次地指示改变这种现象。即使在粮食供应十分紧张的情况下，他也认为，应当削减其他人的口粮，而不应当削减教育工作者的口粮。为了适应新的形势，人民委员会对教育人民委员部进行改组并明确其任务，本卷中列宁的若干书信说的就是这一问题。在 1920 年12 月 5 日的一封信中，列宁由米·尼·波克罗夫斯基的《俄国历史概要》谈到了教科书的编写。从列宁的一系列书信可以看出，他密切注意出版教学地图集的工作，对现代俄语词典的编印也进行指导。他一向重视编辑出版业务，对国家出版社的工作提出了严格的要求。他多次指示改进图书发行、供应工作，以满足广大群众文化生活的需要。文学艺术方面的动向也在他的视野之内，1921年 5 月 6 日他一连在两张便条中对马雅可夫斯基诗篇中表现出的未来主义倾向提出了批评。

本卷中大量函电往来表现出列宁作为人民委员会主席处理政府的各种日常工作的情况。随着和平建设的开展，他及时调整机构、组建新设施、强化部门职能。一些书信说明，他善于按无产阶级原则处理人员调动和排解人事纠纷。在反苏维埃政权的活动还很猖獗的情况下,他认为肃反工作应慎重从事,一定要查证、核实罪行,据以办案。他不遗余力地反对盗窃国家财物的活动。在政府机关内部,他致力于建立正规的办公制度、文牍制度,讲求工作效率,要求将玩忽职守、贪赃枉法的工作人员等送交法庭审判。1921年5月31日给瓦·亚·斯莫尔亚尼诺夫的指示是专就铁路线上使用个人专用车厢的问题而作的,他得知各铁路线上大量存在此种现象后加以制止。为此,苏俄人民委员会作出了关于限制使用个人专用车厢的决定。

　　本卷中收载若干封列宁关于国际共产主义运动的书信。其中,1921年4月16日写给蔡特金和莱维的信较为重要。列宁在这封信中认为,德国统一共产党中央委员会大多数左派推动工人走上过早起义的道路是一种过左的策略。这封信不仅涉及德国的工人运动,也涉及意大利的工人运动,还涉及共产国际执行委员会的领导活动。关于筹备召开共产国际第三次代表大会的有关事宜,见列宁5月和6月间的几封信。

　　在《列宁全集》第2版中,收载于本卷正文部分和《附录》的书信共592件(组),其中绝大部分未编入《列宁全集》第1版。

弗·伊·列宁

（1921 年 4 月）

1920 年

1

致格·马·克尔日扎诺夫斯基

11 月 6 日

格·马·：

这是一件非常重要的事情。我们的专门委员会[1]（不是已经请您参加这个专门委员会了吗？不是上次决定的吗？）**明天**（或 11 月 8 日上午）举行会议。

必须事先认真地讨论小组的草案（随信寄去）。

俄罗斯国家电气化委员会根本没有算在内！

我认为，这是不正确的：**没有电气化计划**，一切"计划"（以及一切"计划委员会"和"计划大纲"）还有什么价值呢？什么价值也没有。

老实说，俄罗斯国家电气化委员会就应该是直属人民委员会的唯一计划机关，但这样直愣愣地、生硬地提出问题是行不通的，并且也是不对的。必须慎重考虑（快些，至迟到明天），应当如何提出问题。

也许：（1）让俄罗斯国家电气化委员会主席参加小人民委员会**经济部**，有发言权？

（2）把俄罗斯国家电气化委员会变为直属**人民委员会**的一个

常设委员会,因为它为最高国民经济委员会、农业人民委员部、交通人民委员部等等筹划并实施电气化,而且一定会这样做。

(3)使各人民委员部的所有计划委员会同俄罗斯国家电气化委员会建立联系并隶属于它。但怎样做呢?

在俄罗斯国家电气化委员会下面再建立一个由所有计划委员会主席组成的委员会吗?或是用别的什么办法?

看完这封信后,给我来电话。

记录(11月5日小组会议的)要在今晚10时以前还给我。

您的 列宁

载于1924年在莫斯科出版的格·马·克尔日扎诺夫斯基《商品交换和计划工作》一书

译自《列宁全集》俄文第5版第52卷第1—2页

2

致谢·帕·谢列达

1920年11月6日

谢列达同志:

您给我寄来的米歇尔逊的几篇短文,我认为是极其重要的[2]。

必须:

(1)马上把这几篇短文(在修改词句、合并成一篇文章、加以润色之后)送交《消息报》和《真理报》。

(2)附上您的后记:结论(实际的结论)。

(3)将文章摘要送罗斯塔社,以便发往俄国各地。

（4）您务必把所有这些内容纳入（α）您为12月20日苏维埃代表大会准备的书面报告，（β）您的口头报告（问题的实质和**实际的**结论）。

所有这些事都要事先准备好，并**及时**让专家们为您的报告做好一切准备工作。

致共产主义的敬礼！

列　宁

载于1945年《列宁文集》俄文版
第35卷

译自《列宁全集》俄文第5版
第52卷第2页

3

致小人民委员会

（11月6日）

致小委员会

布留哈诺夫不同意。

凡遇这种情况，没有布留哈诺夫明确表示同意的**书面**意见，**不得**对**这类**事情作出决定[3]。

列　宁

11月6日

译自《列宁全集》俄文第5版
第52卷第3页

4

致扬·埃·鲁祖塔克、
阿·伊·李可夫、米·巴·托姆斯基

(11月8日)

致鲁祖塔克

　　　　＋李可夫

　　　　托姆斯基

如果你们对工会运动的提纲不满意的话[4]，

　　　　立即

写出修改意见或另拟提纲。

　　　　急。

　　　　　　　　　　　列　宁

译自《列宁全集》俄文第5版
第52卷第3页

5

致米·巴·托姆斯基[5]

(11月8日)

1

致托姆斯基

建议您提出由您作报告的请求,并谈一谈(部分可以读一下)提纲中的**全部要点**。

2

如果您不同意,那就把您的**全部**提纲都交我。

译自《列宁文集》俄文版第39卷
第251页

6

给叶卡捷琳堡省执行委员会、俄共(布)中央 乌拉尔区域局、第 1 劳动军委员会的电报①

(11 月 10 日)

叶卡捷琳堡
省执行委员会、区域局、第 1 劳动军委员会

兹命令立即腾出占用的大学校舍。今后,没有中央红军营房
分配委员会的指示,不得占用任何大学校舍。**6**

人民委员会主席 **列宁**

载于 1942 年《列宁文集》俄文版
第 34 卷

译自《列宁全集》俄文第 5 版
第 52 卷第 4 页

7

致阿·季·哥尔茨曼

(11 月 10 日)

致哥尔茨曼同志

如果您认为过头了,那**当然**应该降低。我正在开中央全会,没

---

① 见本卷第 58 号文献。——编者注

有时间仔细研究。我相信您会按照您认为正确的意见解决这个问题，所以就不再多说了。我要做的就是转达俄罗斯国家电气化委员会的请求并请你们**从速**解决。[7]

列　宁

载于1961年《历史文献》杂志
第5期

译自《列宁全集》俄文第5版
第52卷第4页

8

致米·尼·波克罗夫斯基、米·费·弗拉基米尔斯基、瓦·亚·阿瓦涅索夫

1920年11月11日

致米·尼·波克罗夫斯基、
弗拉基米尔斯基和阿瓦涅索夫同志

请你们组成一个专门委员会，由米·尼·波克罗夫斯基任主席，研究宗教社团委员会提出的关于有人违反1919年1月4日法令问题的呈文。这份呈文由库尔斯基同志转给你们。

现将切尔特科夫给我的信一并附上。

务请尽快研究。[8]

人民委员会主席
弗·乌里扬诺夫（列宁）

载于1942年《列宁文集》俄文版
第34卷

译自《列宁全集》俄文第5版
第52卷第5页

9

致格·瓦·契切林

1920 年 11 月 12 日

契切林同志：

　　阿克雪里罗得同志，即安娜·格里戈里耶夫娜·阿克雪里罗得，是原来在慕尼黑的一位同志①的妻子，她恳求把她送到瑞士的阿罗萨去。

　　她说她的重病(结核病，正向咽喉转移)在别的地方治不好。

　　她不能秘密地去那里(在德国和瑞士**大家**都认识她)。

　　她打算：**公开**向瑞士政府申请入境，**专门**为了治病，**只**去阿罗萨，去很短一段时间。

　　请问一下有关人员，是否可行，然后答复我。

您的　**列宁**

译自《列宁全集》俄文第 5 版
第 52 卷第 5 页

---

①　指托·Л.阿克雪里罗得。——编者注

10

给南方面军革命军事委员会的电报

(11 月 12 日)

密码

用直达电报

致南方面军革命军事委员会

抄送:托洛茨基

刚才得知你们要弗兰格尔投降的建议[9]。你们的条件让步太多,使我极为惊讶。如果对方接受这些条件,那就应当切实保证能缴获整个舰队,不放走一条船;如果对方不接受这些条件,那么我看这些条件就不要再提了,而是必须无情地镇压。

列　宁

载于 1942 年《列宁文集》俄文版
第 34 卷

译自《列宁全集》俄文第 5 版
第 52 卷第 6 页

11

致尼·巴·布留哈诺夫、帕·伊·
波波夫、瓦·亚·阿瓦涅索夫、
米·费·弗拉基米尔斯基[①]

(11 月 12 日)

致布留哈诺夫

波波夫

阿瓦涅索夫

弗拉基米尔斯基同志

关于工人各种供应标准的**数量**问题是否可以这样规定:

(1)依次规定各类标准的最低量,例如:

一类标准,即普通标准,最低量是多少

二类标准,稍高一些,是多少

三类标准

…………

等等,一直到十类,即最高标准,如果所有各种标准的数目能以十为限的话。

(2)**每月算出每一类标准**有多少消费者(工人或职员,**加上家属**)。

---

① 列宁在信的上角批示秘书:"打完字交我签字"。——俄文版编者注

如果能够做到这一点的话,我们就可以确切地知道有多少类标准,这是第一点。

第二,我们就便于把有些人的供应标准由这一类改为另一类。

第三,能随时了解**实际供应**了多少粮食及供应了多少工人。

列　宁

11月12日

载于1945年《列宁文集》俄文版
第35卷

译自《列宁全集》俄文第5版
第52卷第6—7页

12

致米·伊·加里宁

(11月12日)

加里宁同志:现将委员会讨论过的关于西伯利亚租让的几项决定**草案**给您送去(这些草案大概将在下周送交**人民委员会**批准[10])。这里面还有一个问题,就是**粮食方面的租让问题**研究得不够。

根据我们今天所谈的情况,您对这个问题再下下功夫。

列　宁

11月12日

载于1945年《列宁文集》俄文版
第35卷

译自《列宁全集》俄文第5版
第52卷第7页

13

致最高国民经济委员会
制革工业总管理局

（11 月 12 日）

致制革工业总管理局

请立即向我报告你们对巴雷什尼科夫所发明的鞋底皮革代用品的意见。如果你们认为这项发明有用，请同时报告这件事的进展情况。[11]

人民委员会主席

载于 1942 年《列宁文集》俄文版
第 34 卷

译自《列宁全集》俄文第 5 版
第 52 卷第 8 页

14

☆致最高国民经济委员会
科学技术局发明处

（11 月 13 日）

请答复下列问题：

1. 你处自成立以来，审查了多少份发明报告，现在还有多少份尚未审查。

2.有多少份(1)被认为是有用的,(2)已被采用(列出最主要的)。

3.每项发明审查的手续和期限以及审查后如何处理。

4.某项发明未经科学技术局发明处提出意见,是否可以为某个机关所采用。

5.科学技术局发明处是否了解:

(1)巴雷什尼科夫发明的鞋底皮革代用品,如果行的话,那么这件事情进展如何,

(2)发明①

谁是发明处的负责人?**12**

人民委员会主席　**列宁**

1920 年 11 月 13 日

译自《列宁全集》俄文第 5 版
第 52 卷第 8—9 页

15

给约·维·斯大林的电报

(11 月 13 日)

密码

致斯大林

剿匪情况怎样?匪帮是不是真有 20 000 多步骑兵?派往高

---

① 看来,打字稿上有遗漏。——俄文版编者注

加索战线的援军够不够？您是否认为有可能和平调整我们同格鲁吉亚和亚美尼亚的关系？以什么为基础？其次,加强通往巴库的各条道路的守备工作是否在十分认真地进行？关于土耳其和波斯的情况,也请来电简略报告,详情请来信说明[13]。

列　宁

发往巴库

载于1937年1月21日《真理报》
第21号和《消息报》第19号

译自《列宁全集》俄文第5版
第52卷第9页

16

致俄共(布)中央

(11月14日)

娜·康·①的修改意见我几乎全都同意,再补充一点:把**政治**教育工作和**科学**教育工作**相结合**的内容加进去。有了这些修改和补充,季诺维也夫的草案可以通过[14]。

列　宁

载于1958年《苏共历史问题》杂志
第1期(非全文)

译自《列宁全集》俄文第5版
第52卷第9—10页

---

① 指娜·康·克鲁普斯卡娅。——编者注

17

致谢·帕·谢列达

（11 月 15 日）

致谢列达同志

伊万诺沃-沃兹涅先斯克省的工人们请求将电犁给该省没有实现电气化的三大中心，即：

伊万诺沃-沃兹涅先斯克

舒亚

基涅什马。

请了解一下情况并告诉我，能否办到，办这件事需要哪些条件。[15]

劳动国防委员会主席

弗·乌里扬诺夫（列宁）

载于 1945 年《列宁文集》俄文版
第 35 卷

译自《列宁全集》俄文第 5 版
第 52 卷第 10 页

18

致安·马·列扎瓦

11 月 15 日

抄送：库尔斯基同志

列扎瓦同志：

　　高尔基向我提起关于颁布没收逃亡国外者财产的法令问题。

　　记得，这件事已经说好了。

　　为什么卡住了？

　　请了解一下，催促一下，并于 11 月 16 日到人民委员会来告诉我。[16]

　　致共产主义的敬礼！

列　宁

载于 1945 年《列宁文集》俄文版
第 35 卷

译自《列宁全集》俄文第 5 版
第 52 卷第 10—11 页

19

致阿·莫·阿尼克斯特

（11 月 15 日）

致阿尼克斯特同志

鉴于伊万诺沃－沃兹涅先斯克省执行委员会主席科罗廖夫同志反映劳动国防委员会 1920 年 10 月 5 日的决定[17]没有得到执行，又鉴于伊万诺沃－沃兹涅先斯克省各纺织厂的不间断生产至关重要（这些工厂半年内能生产 **288 万匹布**，每匹 60 俄尺，合计 17 280 万俄尺），特委托您明天，即 1920 年 11 月 16 日，就召集一个由您主持的会议，由科罗廖夫同志和下列各部门代表同志参加：

根据每个部门的问题	粮食人民委员部
	燃料总委员会
	石油总委员会
	泥炭总委员会
	陆军人民委员部
	财政人民委员部
	交通人民委员部

讨论伊万诺沃－沃兹涅先斯克省执行委员会提出的各类问题，以便作出各项**明确的**决定交给我签字，或者在星期三，即 1920 年 11 月

17 日,晚 6 时整交到劳动国防委员会。[18]

劳动国防委员会主席

1920 年 11 月 15 日

载于 1933 年在莫斯科出版
的阿·莫·阿尼克斯特《回忆
弗拉基米尔·伊里奇》一书

译自《列宁全集》俄文第 5 版
第 52 卷第 11 页

20

致谢·帕·谢列达和
尼·巴·布留哈诺夫[19]

1920 年 11 月 16 日

据卡卢加省莫萨利斯克县来人说:

(1)最初是收活牲口——这引起了农民的极大不满。农民甚至说,这是在"抢"我们。

后来(1920 年 10 月)改变了办法,不再收活牲口,而是收肉(一头牛收 13 俄磅,一口猪收 26 俄磅,一只羊收 7 俄磅,等等)。农民对这种改变非常满意。

现在又开始收活牲口了,于是又引起了农民的不满和愤恨。

(2)锡利科夫斯卡亚乡,原先是巴里亚京斯基的田庄(后来归了一个好像叫沙拉尔特的德国人),大概有 1 000 多俄亩土地。

全部收归国营农场,地荒了,据说要了好几百万公款,1920 年种的地不到5俄亩。马只剩下10匹了(原来有100来匹),奶牛只有30—40头(原来有200头)。谁也不卖力气。家具全给拿光了,等等。

周围的农民**很**需要土地,他们大发牢骚,说既不给他们草场,也不给他们土地。

(卡卢加省莫萨利斯克县**锡利科夫斯卡亚**乡**菲力浦科沃**村尼古拉·谢苗诺维奇·博佳科夫。)

请布留哈诺夫和谢列达两位同志了解一下情况,并在**两**天内把材料交给我。

能否办到? 或者还有什么障碍?[20]

列　宁

载于1942年《列宁文集》俄文版
第34卷

译自《列宁全集》俄文第5版
第52卷第12页

21

致瓦·亚·阿瓦涅索夫

(11月17日)

阿瓦涅索夫同志:

丘茨卡耶夫同志同意,**作为特殊情况**,在这里付给邮电人民委员部(从已拨出的款项中)3 600万纸币,用于下诺夫哥罗德无线电实验室①。

　　请您予以批准，因为我觉得事情很重要，很紧急。

　　如果您不同意，请马上给我来电话。

列　宁

11 月 17 日

译自《列宁全集》俄文第 5 版
第 52 卷第 13 页

22

☆给阿·莫·柳博维奇的电话

（11 月 17 日）

　　我感到极为惊讶和气愤的是，尽管我们昨天在电话里已经谈妥，您 11 月 17 日却没有向劳动国防委员会提出关于下诺夫哥罗德无线电台的问题。

劳动国防委员会主席　**列宁**

载于 1945 年《列宁文集》俄文版
第 35 卷

译自《列宁全集》俄文第 5 版
第 52 卷第 13 页

---

　　①　关于下诺夫哥罗德无线电实验室问题，见本版全集第 49 卷第 259、260、261 号文献，本卷第 105、307 号文献。——编者注

23

致格·瓦·契切林

（11月19日）

契切林同志：来自英国的消息，特别是克拉辛报告的消息（以及报纸摘录），还有一条专门讲到美国马上就要参加（俄英贸易协定）的消息，都把同英国缔结贸易协定[21]作为当前的极为重要的问题提了出来。

如果问题关系到是和平还是战争，那就应当同巴统和格鲁吉亚联系起来[22]。

其次，应当把债务问题**彻底**弄清楚，免得人家叫我们负责偿还。

如果能缔结贸易协定，那么**最后**应当由**谁**来签署？是克拉辛一个人呢？还是人民委员会？

应尽快抓紧做好这个**问题**的**各**方面的准备工作。

致共产主义的敬礼！

列　宁

11月19日

载于1959年《列宁文集》俄文版
第36卷

译自《列宁全集》俄文第5版
第52卷第13—14页

24

给秘书的指示[23]

1

(11 月 19 日)

向最高国民经济委员会要一份关于莫斯科省沃洛科拉姆斯克县亚罗波列茨乡(或亚罗波列茨区)电气化的报告[24]。

主要是**铜**。

莫斯科省电力局长**林戈**工程师主张让地方的电器配件厂开工(例如莫斯科的维什尼亚科夫厂和沙姆申厂),至于原料,附带说一下,**拉约沃**仓库里就有(即莫斯科省炮兵仓库,离莫斯科 9 俄里:那里有几百万普特铜,是在战争期间从各地,特别是从波兰运来的)。

(了解一下林戈的情况)

(1)帮助搞电气化

(2)国民教育

(3)亚麻种植

2

(11 月 20 日)

秘密保存,并在亚罗波列茨(沃洛科拉姆斯克县)的基里林到我这里来的时候提醒我一下。

载于 1945 年《列宁文集》俄文版　　　　　译自《列宁全集》俄文第 5 版
第 35 卷　　　　　　　　　　　　　　　　第 52 卷第 15 页

25

致阿·莫·阿尼克斯特

1920 年 11 月 20 日

致阿尼克斯特同志

请您明天就组织一个工作会议,由:

工作服供应部

煤炭总委员会

和国防委员会特派员以及服装总局等部门的

代表参加调查(根据托洛茨基同志 1920 年 11 月 20 日的第 69/5 号电报)没有执行劳动国防委员会关于顿巴斯供应工作的决定[25]的原因,并采取紧急措施来迅速完成任务。[26]

劳动国防委员会主席

弗·乌里扬诺夫(列宁)

载于 1942 年《列宁文集》俄文版　　　　　译自《列宁全集》俄文第 5 版
第 34 卷　　　　　　　　　　　　　　　　第 52 卷第 16 页

26

致莫斯科国民经济委员会电力局

（11 月 20 日）

据地方上的代表（卡希诺村的库尔科夫同志）说：**"狄纳莫"**工厂就可以生产直流发电机（该厂在西蒙诺夫修道院旁边，莫斯科近郊，斯帕斯哨卡外面。）（离莫斯科 1 俄里）。[27]

1920 年 11 月 20 日

载于 1945 年《列宁文集》俄文版　　　　　　　译自《列宁全集》俄文第 5 版
第 35 卷　　　　　　　　　　　　　　　　　　第 52 卷第 16 页

27

致小人民委员会[28]

（不早于 11 月 20 日）

致小委员会

依我看，应补充这样一个条文（或者是加注）：

第 4 节所提到的那些规定应在**某个**（短暂的）期限内制定出来并呈报小人民委员会。

注意：　　　　注意：

（1）政治常识　⎤　应列入课程。
（2）和共产主义宣传⎦　怎样监督。

列　宁

载于 1945 年《列宁文集》俄文版
第 35 卷

译自《列宁全集》俄文第 5 版
第 52 卷第 17 页

28

致安·马·列扎瓦

（11 月 21 日）

列扎瓦同志：

依我看，您应当拟定**周详的工作细则**，提出来同外交人民委员部及全俄肃反委员会特别部协商（我可以指定一个由你们三方组成的临时工作组），**如有分歧意见**，则提交中央委员会。[29]

列　宁

11 月 21 日

译自《列宁全集》俄文第 5 版
第 52 卷第 17 页

29

致小人民委员会

（不晚于 11 月 23 日）

致小委员会

请在星期六以前解决电耕农具(农业人民委员部)的订货问题（以便在**星期六提交大人民委员会**）。急!**30**

列　宁

载于 1945 年《列宁文集》俄文版
第 35 卷

译自《列宁全集》俄文第 5 版
第 52 卷第 18 页

30

给约·维·斯大林的直达电报和
给列·达·托洛茨基的批示**31**

（11 月 23 日）

1

不召开政治局会议,我无法作任何答复。建议您或者立即提出具体建议并马上提交政治局,或者完全根据您斯大林的职权自己采取行动,或者赶快到莫斯科来处理整个高加索问题。无论如何必须抓紧和加快增调援军。您如何决定,盼告。

列　宁

载于 1945 年《列宁文集》俄文版
第 35 卷

译自《列宁全集》俄文第 5 版
第 52 卷第 14 页

2

　　托洛茨基同志:请立即下令**抓紧**和**加快**部队调动,然后请在今天就把此件发给契切林①。

列　宁

11 月 23 日

译自《列宁全集》俄文第 5 版
第 52 卷第 15 页

31

给格·瓦·契切林的批示[32]

(11 月 23 日)

契切林同志:

　　依我看,由此可以得出以下两个结论:(1)向对外贸易人民委员部提出**明确的**建议。(2)不放越飞(去克里木他将**无法**休息),为他

---

　　①　此批示写在电报用纸上,上边有列宁和斯大林通过直达电报谈话的记录。——俄文版编者注

提供里加**附近的疗养院**,每星期去里加2—3次,每次2—3小时。

列　宁

11月23日

译自《列宁文集》俄文版第39卷
第253页

32

致弗·巴·米柳亭[33]

（11月23日和12月6日之间）

1

（1）这张地图应当加上说明：

　　（a）红色表示什么，

　　（b）蓝色表示什么，

　　（c）号码表示什么。

（2）能不能把西伯利亚的两张地图合成一张？

（3）铁路线上的号码不清楚。

2

遗漏：

红色的　VI ⎫
　　　　　　⎬ 地图上有吗？
红色的　VIII ⎭

是把负责人关起来，还是从轻处理，由我来写一份书面警告就行？

译自《列宁全集》俄文第 5 版
第 52 卷第 18 页

33

致 A.Π.普拉东诺夫

1920 年 11 月 24 日

尊敬的同志：

有人向我报告，说给尼娜·阿列克谢耶夫娜·普列奥布拉任斯卡娅安排的住处实在太不方便了。

一个半月以前，把她安置在苏维埃 1 号楼第 330 号房间，而且，据别人对我讲，您说过这个住处是临时的。

务请安排一下，让她搬到比较像样一点的房间去。如果这样做有困难或者您不同意，请给我写两句话。

致共产主义的敬礼！

弗·乌里扬诺夫—列宁

载于 1924 年《无产阶级革命》
杂志第 3 期

译自《列宁全集》俄文第 5 版
第 52 卷第 19 页

34

致国家出版社

（11 月 26 日）

请一定按时出版，出版时**马上通知我**。[34]

列　宁

11 月 26 日

载于 1945 年《列宁文集》俄文版
第 35 卷

译自《列宁全集》俄文第 5 版
第 52 卷第 19 页

35

致瓦·瓦·佛敏

（11 月 26 日和 29 日之间）

致佛敏同志

能否向我提供这样的材料：

（1）（只要两个或四个数字：粮食和其他食品）1919 年全年的和 1920 年（自 1 月 1 日至 11 月 1 日）的数字？

（2）向所有**需要供应粮食的**地区供应的数字（也是要两个或四

个数字)?**35**

载于 1933 年在莫斯科出版的
瓦·瓦·佛敏《列宁与运输》一书

译自《列宁全集》俄文第 5 版
第 52 卷第 19—20 页

36

致谢·帕·谢列达

（11 月 28 日）

　　谢列达同志:阅后请把这份材料**36**退给我,并告诉我:(1)你们的订货单复制得对不对,是否完全准确? (2)到 1921 年 4 月 1 日不晚吗? (3)是否有订货工作进展情况的材料?

列　宁

11 月 28 日

载于 1945 年《列宁文集》俄文版
第 35 卷

译自《列宁全集》俄文第 5 版
第 52 卷第 20 页

37

致列·波·克拉辛[①]

(11 月 28 日)

密码

致克拉辛

格罗曼的委员会因为不合需要已经撤销[37]。请告知,我们应当向协约国提出多少亿金卢布的反要求。在讨论债务问题时,根据中央委员会的指示精神,我再一次强调,请您不要和外交人民委员部以及罗蒙诺索夫争吵,而应及时向政治局提出确切的正式建议。同样的指示已发外交人民委员部。

列　宁

发往伦敦

译自《列宁全集》俄文第 5 版
第 52 卷第 20 页

---

① 列宁在文献上方批示:"契切林同志,请您发出。**列宁**　11 月 28 日"。——俄文版编者注

38

致格·瓦·契切林

（11 月 29 日）

契切林同志：画了着重线的那段话是完全不能容忍的**38**。人民委员应当**切实地**执行人民委员会关于**撤销**格罗曼的委员会的**决定**。您在中央委员会并没有反对过这项决定，即 9 月 7 日的决定，而现在又编造出一些什么"摩擦"（在哪里？谁和谁？既然有了**必须执行的**决定，"摩擦"又是什么意思？是您在制造摩擦）。外交人民委员部怎么能不顾人民委员会的决定而指望让委员会"开展工作"，这是不可思议的。这是混乱，是捣乱。阻挠执行人民委员会决定的是您，而这是绝对不能容忍的。

列 宁

11 月 29 日

译自《列宁全集》俄文第 5 版
第 52 卷第 21 页

39

致阿·瓦·卢那察尔斯基

抄送:利特肯斯、索洛维约夫、克列斯廷斯基同志

11 月 29 日

卢那察尔斯基同志:昨天我同利特肯斯同志详细谈了一次。依我看,他的和索洛维约夫同志的草案都很牵强[39]。决定自然要由中央来作。我的初步想法是这样:

(1)设人民委员助理这个职务,把**全部**行政管理工作交给他。

(2)将"组织局"改为"组织中心"(设一名主任——由部务委员担任)。这个中心管理**各**局的行政、组织、供应等等方面的工作。

(3)撤销职业教育总局,把它并入**第二级学校局,条件**是:(α)在第二级学校[40]中增加普通教育课和政治课,(β)尽量保证能从职业技术教育过渡到综合技术教育。

(4)活跃和整顿"国家学委"(国家学术委员会),这是讨论一切科学和教育问题的机构。

> 成员＝全体部务委员＋优秀**专家**,
> 即使是资产阶级专家。

(5)建立这样一些局:(1)学前局;(2)第一级学校局;(3)第二级学校局(＝职业教育总局);(4)社会教育局(＝政治教育总委员

会);(5)高等学校局;(6)艺术局。

(6)艺术局仍保留为统一的局,但是要派**共产党员**到该局各中心机关和领导机关去担任"**政治委员**"。

列　宁

11 月 29 日

载于 1945 年《列宁文集》俄文版　　　　　译自《列宁全集》俄文第 5 版
第 35 卷　　　　　　　　　　　　　　　　第 52 卷第 21—22 页

40

致谢·叶·丘茨卡耶夫

(11 月 30 日)

致丘茨卡耶夫同志

取消货币税工作委员会[41]

应当更深入地考虑过渡时代的条件(和更细致地研究相应的**事实**)。

从货币向不用货币的产品交换过渡,是毫无疑义的。

为使这一过渡胜利完成,应当实现**产品交换**(不是**商品交换**)。

只要**我们还没有力量**实现商品交换,即向农民提供工业产品,农民就**不得不**一直保持**支离破碎**的商品流通(因而也是**货币**流通),保持其代替物。

在没有向农民提供可以消除对代替物的需要的那种东西时,

就废除代替物(货币)，在经济上是不正确的。

应当很严肃地思考这个问题。

列　宁

11 月 30 日

载于 1942 年《列宁文集》俄文版　　　　　　　译自《列宁全集》俄文第 5 版
第 34 卷　　　　　　　　　　　　　　　　　　第 52 卷第 22—23 页

41

致尼·巴·布留哈诺夫

1920 年 11 月 30 日

致布留哈诺夫同志

请告诉我：您是否收到了政治局关于按百分之百的定额向巴库供应粮食以及改变阿塞拜疆的粮食政策的决定[42]，另外，您根据此项决定向弗鲁姆金同志作了哪些指示(请把您给弗鲁姆金的电报抄件寄给我)。

劳动国防委员会主席

弗·乌里扬诺夫(列宁)

载于 1942 年《列宁文集》俄文版　　　　　　　译自《列宁全集》俄文第 5 版
第 34 卷　　　　　　　　　　　　　　　　　　第 52 卷第 23 页

42

致安·伊·叶利扎罗娃

（1920 年秋）

根据俄国共产党和苏维埃中央机关各项决定的精神,管理的基本原则是,

一定的人对所管的一定的工作完全负责。

我管（不论时间长短）我负责。某人不是负责人,不是主管人,却妨碍我。

这是制造纠纷。这是混乱。这是**不适于**担任负责工作的人的干扰。我要求**撤换**他[43]。

载于 1929 年《无产阶级革命》　　　　译自《列宁全集》俄文第 5 版
杂志第 11 期　　　　　　　　　　　　第 52 卷第 23—24 页

43

给约·维·斯大林的批示

1

(11月30日或12月1日)

致斯大林

依我看：

(1)**不要**减少目前的调动,应为 **8**,而不是 **5**(如果 8 不行,那也要**最大限度地**调)。

(2)在高加索保持(以及派往那儿)不是 12 个团＋6 个高加索师＝18(为什么要这么多?),

将近一半即可。[44]

列　宁

2

(12月3日)

总之,我赞成增派 **6** 个师(每天发运 5 列军用列车)。[45]

列　宁

译自《列宁文集》俄文版第 39 卷
第 260 页

44

致克里姆林宫警卫局

（12 月 3 日）

致克里姆林宫警卫局

今天，12 月 3 日，中午 12 时左右，在特罗伊茨基门站岗的哨兵未撕下一次性克里姆林宫通行证的备查存执，特此告知。

鉴于此事的发生出于误会，该哨兵不应受任何处分。

必须立即向我报告，是否已对该哨兵作了处分，并请把他的姓名告我[46]。

劳动国防委员会主席

译自《列宁文集》俄文版第 39 卷
第 263 页

45

☆致米·尼·波克罗夫斯基同志

（12 月 5 日）

米·尼·同志：我热烈地祝贺您的成功，我非常喜欢您的新著《俄国历史概要》[47]。结构和叙述都很新颖。读起来很有趣味。依我看,应该译成欧洲各国文字。

请允许我提一点小小的意见。为了使这本书成为**教科书**(它应该成为一本教科书),应该**补充一个年表**。我说明一下我的想法:大致可以这样写:(1)一栏是年表;(2)一栏是资产阶级评论(简要的);(3)一栏是**您的**马克思主义的评论,**附您这部著作的页码索引**。

学生要想不是**肤浅地了解**,要想**知道事实**,要想学会对比新旧科学,必须**既熟悉您的书**,**也熟悉书中的索引**。您对这种补充有何意见?

致共产主义的敬礼!

您的　**列宁**

12月5日

载于1928年《档案工作》杂志
第4期

译自《列宁全集》俄文第5版
第52卷第24页

46

致谢·帕·谢列达

1920年12月6日

致农业人民委员谢列达同志

来人是**孔德拉特·米哈列夫**同志,革命前他从德国俘虏营里逃出来,曾偶然到过苏黎世我那里。

1920 年 12 月 5 日列宁给米·尼·波克罗夫斯基的信

后来他到过法国,从他的证件(法国的)来看,他学了拖拉机专业。他想干拖拉机这一行。

请予接待,安排工作,在工作中加以考验[48]。

列　宁

载于1942年《列宁文集》俄文版
第34卷
译自《列宁全集》俄文第5版
第52卷第27页

47

致谢·帕·谢列达[49]

(12月8日)

谢列达同志:

请提出您的意见。这是不是还可以用于拖拉机耕作的租让项目?我看应该这样做。(发电报)征求一下(能提出有益建议的)各省的意见,然后(在苏维埃代表大会之后立即)由农业人民委员部(经人民委员会同意)再出版一本小册子。

列　宁

12月8日

译自《列宁全集》俄文第5版
第52卷第27页

48

致亚·德·瞿鲁巴

（12月8日）

亲爱的瞿鲁巴同志：

全会的决定是很久以来一直对斯维杰尔斯基不满的结果。[50]

工人的声明，**并且主要是各工会对声明的支持**，使得这件事情已经到了不能再拖的地步。

我个人不能不承认工人们的愿望是正确的，满足他们的愿望**在政治上是绝对必要的**。

我理解，这件事使您苦恼。但是政治利益（也像党的决定一样）无条件地要求服从。斯维杰尔斯基不当部务委员，您也可以很好地使用他。工人化这件事应当抓了；我理解，由于工作繁重，您未能把全部注意力放在工人化上面。我理解，由于事情繁杂、疾病缠身，您也不可能充分注意党的工作和政治工作。

这有什么奇怪的呢？

不要烦躁。痛苦的事要经受得住。中央的决定要服从，并要贯彻执行。

我正在开会，不能到您那里去。

您的 **列宁**

载于1942年《列宁文集》俄文版
第34卷

译自《列宁全集》俄文第5版
第52卷第31—32页

49

致格·瓦·契切林[51]

(12月9日)

致契切林同志

我并不认识苏日尔卡,只是由于他有高超的技术才能(根据克拉辛的意见),我才催他快来。

关于**苏日尔卡的情况**我已问过**肃反委员会特别部**,即已问过明仁斯基。

不知道是不是同一个人?是笔误吗??

我建议:(1)问一下克拉辛,最好用密码。(2)向雷韦尔查询鲁日奇卡的履历和他同**无线电技术**、专利的关系(同克拉辛发来的谈苏日尔卡的电报核对一下)等等。

列　宁

译自《列宁文集》俄文版第38卷
第340页

50

致国家出版社①

(12 月 11 日)

请告知:(1)国家出版社究竟是否建立了这样的制度,即在出版每本书和小册子时毫无例外地作下列书面记录:

(a)负责审查这本书的国家出版社编辑部委员的签字;

(b)责任编辑的签字;

(c)责任校对或出版人或发行人的签字。

(2)如果没有,那么对这样的制度有什么反对意见? 现在采取什么监督办法?

(3)根据(1),下面这本小册子的书面记录内容。

《**关于租让**。1920 年 11 月 23 日人民委员会法令。法令全文。租让项目。地图。国家出版社 1920 年出版》。**52**

莫斯科皮亚特尼察大街 71 号国家印刷厂(原瑟京印刷厂)1920 年印刷。

载于 1921 年《生活》杂志第 1 期　　　　　译自《列宁全集》俄文第 5 版第 52 卷第 28—29 页

---

① 列宁在文献上方批示秘书:"请在我使用的劳动国防委员会公文纸上草拟致国家出版社的下列公文。抄送:"。——俄文版编者注

51

致阿·梅·阿莫索夫

（12月11日）

致阿莫索夫同志

昨天晚上您走后有人告诉我,全俄工会中央理事会已经作出了自己的决定[53]。我的建议是,服从这个决定并集中全部精力认真加以执行(迅速、坚决地筹备代表大会)。

这仅仅是建议。

如果您还是不同意,那就只有一个办法——就全俄工会中央理事会的决定投诉中央(政治局或中央全会)。

人民委员会主席

弗·乌里扬诺夫(列宁)

译自《列宁全集》俄文第5版
第52卷第29页

52

致尼·尼·克列斯廷斯基

(12 月 13 日)

克列斯廷斯基同志:昨晚听说您又想把雅柯夫列夫-爱泼斯坦从政治教育总委员会抽走。我坚决反对,并要求您不经**全会**同意不要改变**您和我共同作出的**决定。

列　宁

12 月 13 日

译自《列宁全集》俄文第 5 版
第 52 卷第 30 页

53

致雅·莫·沙图诺夫斯基

(12 月 14 日)

沙图诺夫斯基同志:请对您这封信[54]作如下补充后退我:

您提出的"劳动政策"包括哪几点

(1)缩短工作日?

缩到多少?

哪些部门?

等等。

（2）是指工人发明者还是指发明？究竟指的是什么？等等。

致共产主义的敬礼！

列　宁

译自《列宁全集》俄文第 5 版
第 52 卷第 29—30 页

54

致亚·德·瞿鲁巴

1920 年 12 月 14 日

瞿鲁巴同志：

我在人民委员会曾经指出过粮食人民委员部分配局的工作有些令人不能满意的地方：没有统计清楚我们有**多少类**分配标准，每类标准各供应多少人。

应当做到这一点。

当然，违反有目的供应的办法是不行的。工人应当排在第一位。

您是否认为可以在粮食人民委员部里设立一个委员会来改进上述方面的工作？如果有这样的委员会，那就把这项任务交给它。委员会要多吸收一些（从工会里）在粮食人民委员部工作过的工人（或者尽可能吸收一些在地方上也有一定粮食工作经验的工人）。

把这封信给克列斯廷斯基同志看看。如果他(以及政治局其他委员)表示同意,就把这一条作为中央的指示。

您的   列宁

载于1942年《列宁文集》俄文版
第34卷

译自《列宁全集》俄文第5版
第52卷第30—31页

55

致莫·伊·弗鲁姆金

1920年12月14日

弗鲁姆金同志:

我给您写这封信是要谈一下您(和斯维杰尔斯基)被免除部务委员职务的问题。依我看,全俄中央执行委员会关于这样一些委员的决定应该不折不扣地执行——中央委员会也是这样决定的[55]。政治情况要求在这个问题上,也和在工人化的问题上一样,采取特别慎重的态度。但愿您能完全理解,无论如何不应该,也不能把中央赞同的这些政治方面的考虑解释为对个人的不信任,对个人才能的估计不足,等等(尽管有人曾试图在这方面播弄是非)。

应当把这个没有您参加的部务委员会的新班子看做是政治上的需要,并应当**通过工作来做到**(我个人相信,无论是您,还是斯维杰尔斯基不仅容易做到这一点,而且通过您今后的工作自然会做到这一点)——通过工作来做到消除不信任和怀疑(怀疑您不愿意"工人化",不愿意实行更大的民主,等等)。在没有正式的高级职衔（部务委员）的情况下，做到用**工作**来驳倒工人们和各工会的一切非难、一切担心。这就是问题的实质。再重复一遍，我相信您和斯维杰尔斯基会理解这一点，并且会很容易地做到这一点。问题的实质就在这里，也**仅仅**在这里。

致共产主义的敬礼！

列　宁

载于1959年《列宁文集》俄文版
第36卷

译自《列宁全集》俄文第5版
第52卷第32页

56

致亚·格·哥伊赫巴尔格

1920年12月14日

哥伊赫巴尔格同志：

送上克拉辛的密电。阅后退还。请您拟一个给他的回电的草稿寄给我[56]，大致内容为：

哥伊赫巴尔格受委托审查并最后完成格罗曼的工作，他已查明格罗曼核算的数额为900亿（？）**金卢布**，并将此数额扩大到2 000亿金卢布（折合成黄金），还说明了这是根据什么理由，其中包括哪些基本项目，等等。[57]

致共产主义的敬礼！

列　宁

译自《列宁全集》俄文第5版
第52卷第33页

57

致格·瓦·契切林

12月14日

契切林同志:昨天捷尔-加布里耶良来我这里,他也说有发生大暴行的严重危险。

(1)说是有60万亚美尼亚难民濒临死亡。

(2)说卡尔斯失守后巴库已处在危险中。**58**

依我看,应当把第一个问题同第二个问题区分开来,并想一切办法帮助解决第一个问题。

您的意见呢? 就第一个问题,您采取哪些措施?

致共产主义的敬礼!

列 宁

译自《列宁全集》俄文第5版
第52卷第33页

58

给第 1 劳动军委员会、
俄共（布）中央乌拉尔区域局、
叶卡捷琳堡省执行委员会和
乌拉尔大学的电报

（12 月 17 日）

叶卡捷琳堡　第 1 劳动军委员会、
俄共中央乌拉尔区域局、
省执行委员会、乌拉尔大学

兹命令立即腾出拨给乌拉尔大学的校舍，今后不得任意扰乱大学工作，违者交法庭审判。

人民委员会主席　**列宁**

1920 年 12 月 17 日

载于 1942 年《列宁文集》俄文版
第 34 卷

译自《列宁全集》俄文第 5 版
第 52 卷第 34 页

59

致大剧院管理主任

（12月18日）

兹命令不得阻挠和制止艺术家罗季昂诺夫、工程师斯米尔诺夫和安装工人们的工作。他们根据我交给的任务，在大剧院里为苏维埃第八次代表大会布置有关电气化的地图。这项工作将在星期日结束。决不许撵他们。

人民委员会主席

弗·乌里扬诺夫（列宁）

载于1942年《列宁文集》俄文版
第34卷

译自《列宁全集》俄文第5版
第52卷第34页

60

致安·彼·基扎斯[59]

（12月19日）

务必马上打电话同叶努基泽（要不然就同克列斯廷斯基）联系，把住处给安排好。

列　宁

如果事情不能办得令人**完全**满意，不能立即解决**住处**，马上用我的名义打**电话**

给叶努基泽同志

和克列斯廷斯基同志。

内容如下：

我收到这样一个电话（全文照录）。我因忙于委员会的工作[60]，不能亲自处理，务请采取紧急措施，立即给安排住处。

**　　　　　　　　　　　　　　　　列　宁**

一定要**亲自打电话找他们本人**核实，是否给安排了住处，**在未安排好之前**，不要离开。

译自《列宁全集》俄文第5版
第52卷第35页

61

致人民委员会办公厅

（12月21日）

请在这里和小委员会的室内都挂上这张地图，并将这张地图（其余的）分发给**莫斯科的各工人俱乐部**[61]，事先问一问尼·彼·哥尔布诺夫，能不能**在这张地图上把现在的分界线完全画出来**，哪怕用**绿色线条**和**绿色晕线**表示也行：

（1）西部"战线"（芬兰、爱斯兰、拉脱维亚、波兰、罗马尼亚）

(2)克里木

(3)格鲁吉亚、阿塞拜疆、亚美尼亚

(4)中亚细亚、布哈拉

(5)远东共和国

(6)远东边界

都按现在的画。

列　宁

载于1945年《列宁文集》俄文版　　　　译自《列宁全集》俄文第5版
第35卷　　　　　　　　　　　　　　第52卷第35—36页

62

致格·马·克尔日扎诺夫斯基

(12月21日和29日之间)

格·马·:我有这样一个想法。

必须宣传电的知识。如何宣传呢?不仅在口头上,而且要用实例。

这是什么意思呢?最重要的是普及电的知识。为此必须现在就制定一个俄罗斯联邦**每一幢房屋**用电照明的**计划**。

这要很久才能做到,因为无论是2 000万(—4 000万?)个灯泡,还是电线或其他器材,我们**在长时间内**都会感到缺乏。

但是仍然**立即**需要一个计划,哪怕是为期若干年的计划。

这是第一。

第二,应当立即制定一个**简略的**计划,然后,第三(这是最主要的），应当善于发动**群众竞赛**和激发**他们的主动精神**，使他们**立即**行动起来。

为此能不能立即制定这样一个计划（大致如下）：

（1）所有的乡（10 000—15 000）在**一年**内都有电力照明；

（2）所有的居民区（50万—100万，大概不超过75万）在**两年**内都有电力照明；

（3）首先是农村阅览室和苏维埃（2盏电灯）；

（4）电线杆**立即**如此如此准备；

（5）绝缘子**立即自己**准备（陶器厂似乎都是地方小厂？）。**如此如此准备**；

（6）电线用**铜**？**自己**到各县各乡去**收集**（巧妙地暗示铜钟等物）；

（7）关于电的教育如此如此进行。

能不能把**这方面**的事情考虑研究一下，**颁布个法令**？

您的　列宁

载于1925年1月22日《经济
生活报》第18号

译自《列宁全集》俄文第5版
第52卷第39—40页

63

致玛·伊·乌里扬诺娃[62]

（12月22日）

让报纸（《**真理报**》和《**消息报**》）从我的报告中

（1）删去同古谢夫的**全部**争论。

(2)增加对苏维埃亚美尼亚的**祝贺**。

译自《列宁文集》俄文版第 39 卷
第 264 页

64

致伊·伊·斯克沃尔佐夫–斯捷潘诺夫[63]

（12 月 27 日）

斯捷潘诺夫同志:这样的东西怎么能付排呢?? 这太可怕了!
要么您自己修改,要么找一个人修改(我没有时间),**要么不印**。
修改后给契切林和我看一下。

您的　**列宁**

12 月 27 日

译自《列宁文集》俄文版第 39 卷
第 265 页

65

☆致尼·彼·哥尔布诺夫

1920 年 12 月 28 日

哥尔布诺夫同志：

附上的这封信是我今天在我的桌上看到的。[64]

不知道是谁写来的。

这件事我很关心。由于失眠，我感到身体很不舒服，所以请您照管这件事，检查一下执行情况，以我的名义再写封信（如果需要的话）。

请与最高国民经济委员会主席团有关成员谈谈，给他看看这封信，讨论一下哪些帮助的措施是可能的和必要的（或许趁第八次代表大会的彼得格勒代表还没有走，把他们召集起来，同他们谈谈；这件事一定要办到；——可能还有其他办法能弄清缺乏哪些东西并找出帮助的措施），要尽量想各种办法给予帮助。

致共产主义的敬礼！

列　宁

载于 1945 年《列宁文集》俄文版
第 35 卷

译自《列宁全集》俄文第 5 版
第 52 卷第 36 页

66

致尼·尼·克列斯廷斯基[65]

（12 月 30 日）

致克列斯廷斯基同志

我建议：

（1）由政治局交给加米涅夫及其委员会（＋斯大林）[66]**正式任务并载入记录**。

(2)责成切尔维亚科夫**尽快**拟出俄共中央关于白俄罗斯问题的**详尽的**信件草稿和人民委员会关于该问题的**法令**(秘密的)。

列　宁

译自《列宁全集》俄文第 5 版
第 54 卷第 436 页

67

给列·波·克拉辛和
尼·克·克雷什科的电报

(12 月 31 日)

致克拉辛和克雷什科

有人恳请买回一些实用电工学方面的通俗手册——英国和美国的,要全套。我支持这个要求。

列　宁①

发往伦敦

译自《列宁全集》俄文第 5 版
第 52 卷第 37 页

---

①　列宁在下面批示:"契切林同志:务请今天就把这份电报发出。您的**列宁**　12 月 31 日"。——俄文版编者注

68

给制造电犁的企业的电报[67]

（12 月 31 日）

兹命令尽一切努力在 1921 年 4 月 1 日以前完成农业人民委员部的 22 部电耕农具及其零件的订货。请每周把完成订货的工作情况电告人民委员会哥尔布诺夫。

人民委员会主席　**列宁**

载于 1956 年《历史文献》杂志
第 4 期

译自《列宁全集》俄文第 5 版
第 52 卷第 37 页

69

致尼·巴·布留哈诺夫①

1920 年 12 月 31 日

致布留哈诺夫同志

纳里曼诺夫同志提出了关于急需拨给阿塞拜疆一定数量布匹的紧急问题。

---

①　在便条的上方有这样一句话，看来是列宁后加上去的：“布留哈诺夫与纳里曼诺夫已谈妥。”——俄文版编者注

请您**明天**召集一个会议,同纳里曼诺夫、李可夫和斯大林同志研究这个问题。

人民委员会主席

弗·乌里扬诺夫(列宁)

载于 1959 年《列宁文集》俄文版　　　　　　译自《列宁全集》俄文第 5 版
第 36 卷　　　　　　　　　　　　　　　　第 52 卷第 37—38 页

70

给秘书的指示

(12 月底)

把卡累利阿公社的经济计划找出来(**居林**两周前寄给我的),给尼·彼·哥尔布诺夫看一下(让他找到 **1·06·26 居林**——注意:是卡累利阿劳动公社主席,并帮助他把电气化计划等部分弄好)。

载于 1959 年《列宁文集》俄文版　　　　　　译自《列宁全集》俄文第 5 版
第 36 卷　　　　　　　　　　　　　　　　第 52 卷第 163 页

71

致格·马·克尔日扎诺夫斯基

(12 月)

致克尔日扎诺夫斯基同志

能不能阐明一下(不是现在,而是在代表大会⁶⁸以后,向劳动国防委员会阐明,但要在会后**立即**)电气化运动的实际计划:

大概是:

(1)**每**县**赶快**建立至少一座发电站;

(2)务必使这个中心成为**教学**、讲座、示范等的中心,并使**全体**居民(从青年开始,或者按乡等等)都**上过**这种训练班;

(3)立即在居民中间摊派那些现在就可以开始准备的东西(铜需要 250 万普特,立即摊派 **2 500 万普特**,让居民们**自愿地**去收集铜钟,铜把手等;然后则是**电线杆**等等);

(4)**立即**开始准备性的**土方**工程,并按县摊派任务;

(5)把**一切**工程师、电气技术人员、数理系全体毕业生等等动员起来。任务是:每周至少讲 2(4?)次课,教会**至少**(10—50?)人懂得电的知识。执行——奖励,不执行——坐牢;

(6)**赶**写几本通俗小册子(一部分**从德文**译过来)并修改"书"(您那本),使它成为几篇比较通俗的短文,以供学校教学和向农民宣讲之用。

关于下列两项还要采取一系列周详的措施

（aa）宣传和教育；

（bb）立即在各地开始实行。

列　宁

载于 1942 年《列宁文集》俄文版
第 34 卷

译自《列宁全集》俄文第 5 版
第 52 卷第 38—39 页

72

致弗·德·邦契-布鲁耶维奇

（12 月）

谢马什柯的命令收到了吗?[69]

务请竭尽全力抓紧完成，每周向我汇报实际结果，即已经完成了什么。

载于 1945 年《列宁文集》俄文版
第 35 卷

译自《列宁全集》俄文第 5 版
第 52 卷第 40 页

73

给秘书的指示[70]

（12 月）

分送**全体**人民委员，**打电话**问每一个委员是否同意提交人民委员会讨论，然后告诉我。

载于 1945 年《列宁文集》俄文版
第 35 卷

译自《列宁全集》俄文第 5 版
第 52 卷第 40 页

74

给格·康·奥尔忠尼启则的电报[71]

（12 月）

在达尼舍夫斯基抵达土耳其之前，让姆季瓦尼留在那里。他应向达尼舍夫斯基介绍情况。待把工作移交给达尼舍夫斯基后，可把他召回莫斯科。

译自《列宁文集》俄文版第 39 卷
第 265 页

75

致埃·马·斯克良斯基

（1920 年）

应当把传播小道消息的人抓一两个送法庭审判（以儆效尤）。[72]

载于 1945 年《列宁文集》俄文版
第 35 卷

译自《列宁全集》俄文第 5 版
第 52 卷第 40 页

76

致亚·德·瞿鲁巴

(1920 年)

致瞿鲁巴

弗拉基米罗夫想要到莫斯科来汇报。

在他到达哈尔科夫之前以及他同斯大林**谈话之前**,要禁止他这样做。

否则会使问题尖锐化!!

而目前则把**数字**要来,光要数字(他口头讲过):(1)**在什么地方**,以及(2)**多少普特**?

载于 1945 年《列宁文集》俄文版第 35 卷

译自《列宁全集》俄文第 5 版第 52 卷第 41 页

77

致亚·德·瞿鲁巴

(1920 年)

他不是在为提纲辩护,而是在说些陈词滥调。

"我们缺少",——仅此而已。不能这么说。他没有抓住问题的**当前的**政治方面。**73**

译自《列宁文集》俄文版第 38 卷
第 343 页

78

对库恩·贝拉的小册子的评论**74**

（不早于 1920 年）

在小册子里作者革命信念的坚定性、他对革命坚定不移的信心是好的。关于党应当是什么样的党，论述得好。对社会民主党人的批评也是好的。

但是，**一个极大的缺点**是——完全缺乏事实。这就使小册子没有力量。全书 55 页当中，本应当用 40 页来写确切的事实（社会民主党和革命的历史，以及匈牙利反革命的历史）——提供事实的梗概，留下 15 页写评论。

不这样改写，小册子就毫无力量，不能用。

译自《列宁全集》俄文第 5 版
第 52 卷第 41 页

79

给秘书的指示[75]

（1920 年底—1921 年初）

（1）看一遍。

（2）**如果需要的话**，告诉尼·克·①。

（3）尽力而为，并**告诉我**，要完全满足，还缺什么。

载于 1933 年《列宁文集》俄文版   译自《列宁全集》俄文第 5 版
第 23 卷   第 52 卷第 42 页

80

致埃·马·斯克良斯基

（1920 年底或 1921 年初）

应当每天拼命催促（又抽又打）总司令②和伏龙芝，以便**彻底打垮**并**捉住**安东诺夫和马赫诺。

载于 1942 年《列宁文集》俄文版   译自《列宁全集》俄文第 5 版
第 34 卷   第 52 卷第 42 页

---

① 指尼·尼·克列斯廷斯基。——编者注
② 指谢·谢·加米涅夫。——编者注

1921 年

81

致谢·帕·谢列达

1921 年 1 月 1 日

致谢列达同志

（如果他患病，请交穆拉洛夫、

泰奥多罗维奇、库拉耶夫）

西伯利亚革命委员会主席斯米尔诺夫同志说，要他们承担 50 万移民。他可以接纳 10 万人。[76]

他说，拉杜斯-曾科维奇（吉尔吉斯人民委员会主席）不愿接纳移民，而据他说，应该接纳许多。

他今天（1921 年 1 月 1 日）夜里就走。

务必在今天同拉杜斯-曾科维奇谈一谈，而且要准确无误地定下来。

列 宁

译自《列宁文集》俄文版第 37 卷
第 277 页

82

致尼·彼·哥尔布诺夫

(1月2日)

再致尼·彼·哥尔布诺夫同志

哥尔布诺夫同志:同谢马什柯以及米·尼·波克罗夫斯基联系一下。这件事很丢人。要同**他们二人共同协商**,起草一份我的复信稿,并寄给我[77]。

列　宁

1921年1月2日

译自《列宁全集》俄文第5版
第52卷第43页

83

致玛·伊·格利亚谢尔

(不晚于1月3日)

格利亚谢尔同志:

务请您今天给我送来:

(1)**俄共第九次代表大会**(1920年)的速记记录。在我办公室的"转动书架"上有本装订好的；

(2)英文书(曾放在我的桌子上)——**古尔德**《行将到来的革命》；

(3)季诺维也夫的小册子《从战争到经济》；

＋(4)桌上英文书中：**波斯特盖特**《1789年到1906年的革命》；

还请您同阿利卢耶娃商量好(秘密地)，**经常**叫斯大林的大夫们去看看斯大林，**今天或明天务必去给他检查一下。**

敬礼！

列　宁

译自《列宁文集》俄文版第34卷第395—396页

84

致格·瓦·契切林

(1月3日和5日之间)

契切林同志：

依我看，就是3 000万也太多。越飞本来说**不给黄金**，只答应租让。

依我看，就是**3 000万**也不给。[78]

列　宁

译自《列宁全集》俄文第5版第52卷第43页

85

致格·瓦·契切林

(不早于 1 月 4 日)

契切林同志:

从原则上讲,当然是可以的。但是否值得? 未必。从实际来看,等于零。为了这个零,而"得罪"库恩·贝拉和同志们,是不值得的。只用人质换回那些人民委员,可能较为有利。[79]

致共产主义的敬礼!

列　宁

译自《列宁全集》俄文第 5 版
第 52 卷第 43—44 页

86

致尼·彼·哥尔布诺夫

(1 月 6 日)

哥尔布诺夫同志:这些都是莫杰诺沃村反映的情况(见背面)。您研究一下,并**帮助他们解决**。他们请求减少征收额(见背面)。您问一下粮食人民委员部的意见,并告诉我。[80]

同我谈话的同志是：

乡劳动委员会委员

彼得·科兹洛夫①

莫杰诺沃

莫斯科省韦列亚县博戈罗茨克乡莫杰诺沃村。

征收任务完成情况

干草	**2 000—200**
麦秸	200—200
春麦麦秸	110—
粮食	**244—43**
燕麦	540—19
马铃薯	115(将近)—115
鸡	交清
蛋	交清
肉	78普特—78普特

是自愿交纳的……

请求：减少干草和粮食的征收额(我们害怕征粮队)。

载于1945年《列宁文集》俄文版
第35卷

译自《列宁全集》俄文第5版
第52卷第44—45页

---

① 列宁的这个批示写在他收到的那封信的信封上。下面一段文字写在信封的背面。——俄文版编者注

87

致尼·彼·哥尔布诺夫

(1月6日)

哥尔布诺夫同志:

应当

(1)交给人译成德文(**高质量的**),

(2)检查一下(找谢马什柯和米·尼·波克罗夫斯基或者**通过**他们),能不能补充上:

巴甫洛夫并没有要求走(他并不想走,是吗?),

我们给了他一些什么优待。

鉴于他们可能公开发表我的信,**最好**能把这两点加进去。

您的　**列宁**

附言:**所有**这些文件都要还给我。

载于1945年《列宁文集》俄文版
第35卷

译自《列宁全集》俄文第5版
第52卷第45页

88

给秘书的指示

（1 月 8 日）

想一切办法给予帮助。

把**这份**电报[81]转发**克里木**,克里木革命委员会转**乌里扬诺夫**（辛菲罗波尔或发往他的所在地）,并注明:**我支持奥尔忠尼启则的请求**。

列　宁

载于 1945 年《列宁文集》俄文版
第 35 卷

译自《列宁全集》俄文第 5 版
第 52 卷第 46 页

89

致尼·彼·哥尔布诺夫

（1 月 11 日）

哥尔布诺夫同志:

请您了解一下,这些检查站归谁管?[82]是莫斯科苏维埃吗? 属于哪个人民委员部?

无论是莫斯科苏维埃,**还是**有关的人民委员部,都正式查问一下。

列　宁

载于 1945 年《列宁文集》俄文版
第 35 卷

译自《列宁全集》俄文第 5 版
第 52 卷第 44 页

90

致尼·彼·哥尔布诺夫

1921 年 1 月 12 日

哥尔布诺夫同志：**务**请马上打电话给省国民经济委员会(莫斯科省)电力局，并想一切办法加快这项工作，**把事情办到底**，到办成为止。不管遇到什么耽搁，都要通知我。

列　宁

我个人附上一位工程师("哥尔克"国营农场)核算的所需物资清单。

如果莫斯科省国民经济委员会(电力局)没有这份材料，那就**给他们抄送一份**。

最好审核一下：要求的是否过多？[83]

列　宁

载于 1945 年《列宁文集》俄文版
第 35 卷

译自《列宁全集》俄文第 5 版
第 52 卷第 46 页

91

致帕·伊·波波夫[84]

（1月12日）

波波夫同志：

如果您已经同哥尔布诺夫谈妥，那太好了。

关于前面那几点，想法很好。可惜，我没有时间考虑这件事，只好由您自己来决定了。

列　宁

1921年1月12日

载于1959年《列宁文集》俄文版
第36卷

译自《列宁全集》俄文第5版
第52卷第47页

92

致尤·米·斯切克洛夫

（1月13日）

斯切克洛夫同志：

匆匆写几句。今天（1月13日）发表的那篇关于图尔代表大会的**出色的**文章[85]，使我产生了向您致意的强烈愿望。对盖得主义同农民的关系分析得很精辟。您正应当这样来写也正应当多写这方面的内容，或许应当出一本小册子。可能还有译成法文的必要。

致崇高的敬礼！

列　宁

载于 1959 年《列宁文集》俄文版
第 36 卷

译自《列宁全集》俄文第 5 版
第 52 卷第 47 页

93

给德·伊·乌里扬诺夫的电报

（1 月 13 日）

辛菲罗波尔　　克里木革命委员会
转德米特里·乌里扬诺夫

你给谢马什柯的电报的抄件和他给你回电的抄件均已收到。请告诉我，是否有明显改进。[86]

列　宁

载于 1945 年《列宁文集》俄文版
第 35 卷

译自《列宁全集》俄文第 5 版
第 52 卷第 47 页

94

给阿·瓦·卢那察尔斯基和
叶·亚·利特肯斯的电话

（1月14日）

请用电话通知重申:不久前召开的党的教育工作者研讨会有关改组人民委员部的各项决议,根据党中央的决定,在党中央审查这些决议之前,不应贯彻执行。[87]

列　宁

载于1959年《列宁文集》俄文版
第36卷

译自《列宁全集》俄文第5版
第52卷第48页

95

致尼·彼·哥尔布诺夫

（1月16日和21日之间）

哥尔布诺夫同志:我**赞成**先谈判一下**试试**,**要极其谨慎**。打电话同……① 联系,然后写几句话告诉我。[88]

载于1959年《列宁文集》俄文版
第36卷

译自《列宁全集》俄文第5版
第52卷第48页

---

① 这一文献被撕掉了一角,看来,是指让哥尔布诺夫打电话同最高国民经济委员会主席阿·伊·李可夫联系。——俄文版编者注

96

致尼·彼·哥尔布诺夫

(1月18日)

哥尔布诺夫同志:

(1)关于您就秘书处写的报告,见面时再谈,先不要开始。

(2)附上**什克洛夫斯卡娅**的来信。请您看一遍,并打电话同中央(各书记)以及外交人民委员部联系,就说是**我希望能满足她的要求**。我了解这一家,他们目前在俄国**是活不下去的**[89]。

(3)关于哥尔克的电力照明问题①:我还收到一份**锡亚诺沃村**的申请(转给您了吗?)。让有关人员去看看,虽然这个村子很远。您是否加快一下整个工作?

(4)请了解一下(在我们见面之前暂不要采取什么步骤),**哪个部门**(中央、罗斯塔社、各人民委员部或其他部门)正在:

(α)系统地剪报,

(β)把剪报分类贴起来以供参考。

如果有人在做,您看看做得**怎么样**,并告诉我。

如果没有人做,见面时再谈谈怎样安排这件事。

敬礼!

列　宁

载于1945年《列宁文集》俄文版
第35卷

译自《列宁全集》俄文第5版
第52卷第48—49页

---

① 见本卷第90号文献。——编者注

97

致德·泽·什克洛夫斯卡娅①

（1月18日）

亲爱的德·泽·：我完全理解您。我同您丈夫谈话时，**一开始**就对他说：是不是到国外去更好一些？因为我看得很清楚，在我们这里（**特别是在莫斯科**）**不行**。我很奇怪的是，他不肯承认这个明显的事实。

我现在不在莫斯科[90]。我给**哥尔布诺夫**（一个非常好的人）写了信，请他以我的名义同中央以及外交人民委员部谈谈，以满足您的要求。如果有必要，您可以找哥尔布诺夫谈（附上电话号码），**不要拘束**：他是一个非常好的人。

向您全家特别是孩子们问好！

列　宁

译自《列宁全集》俄文第5版
第52卷第49页

---

①　列宁在信封上写上了："舍列梅季耶夫胡同3号69室。德·泽·**什克洛夫斯卡娅**同志收（要收条）（列宁寄）"。——俄文版编者注

98

致尼·彼·哥尔布诺夫

(1 月 18 日)

尼·彼·哥尔布诺夫同志:

请您比较仔细地读一读埃杜克同志的这些材料[91],并**同他谈一谈,**

以便同他一起设法把**实际建议**拟出来。

告诉埃杜克同志,我对这个非常重要的问题极为关心,很遗憾,我现在不能亲自抓这件事。

但是,一旦有实际建议,我就要抓了。

(2)小委员会的公文按指定的部门转。

您的   列宁

载于 1959 年《列宁文集》俄文版
第 36 卷

译自《列宁全集》俄文第 5 版
第 52 卷第 49—50 页

99

致《真理报》编辑部[92]

(1 月 19 日)

请编辑部刊登 1920 年 11 月 2—6 日举行的全俄工会第五

次代表会议通过的鲁祖塔克的提纲。这一提纲对于辩论是非常必要的。有关党内对这一提纲的来源所发生的争论的材料一并附后。

尼·列宁

载于 1921 年 1 月 21 日《真理报》
第 13 号

译自《列宁全集》俄文第 5 版
第 52 卷第 50 页

100

☆致弗拉基高加索铁路普罗列塔尔斯卡亚车站的工人、工匠、职员和党支部[93]

1921 年 1 月 20 日

亲爱的同志们：

通过你们派来的拉甫里克、马利科夫和贝科夫三位同志，我非常高兴地了解到你们是怎样为莫斯科市的劳动者发运礼物的。遵照你们全体大会的委托，我从你们的代表们手中接受了你们发运货物——2 002 普特小麦、1 869 普特 29 俄磅大麦和 35 普特面粉——的第 243 号发货单，以及关于你们怎样通过星期六义务劳动来收集食盐、你们的星期六义务劳动的整个情况以及你们的文化教育工作的详细书面报告。

已经下达指示，要求把不是由于你们派出的代表的过错而滞留途中的货物运交粮食人民委员部；你们发运的全部粮食一定交给莫斯科市的工人。

建议你们要更加重视文化教育事业和学校工作。我相信你们能够团结一致、齐心协力地克服你们那里所发生的一切困难。

特别使我感兴趣的是你们所创办的共产主义农场。目前,摆在共和国面前的一项主要任务,就是发展和振兴农业。听到你们今年能开垦2 200俄亩耕地和25俄亩菜地的消息,我很高兴。你们要注意按照农业科学的要求办好你们的农场,为此我建议你们吸收一个精通业务的农艺师来参加你们的工作。

我特别请你们把公社办得能向周围的农民**提供帮助**,并同他们保持最良好的关系。如果做不到这一点,也拿不出生产上的切实成绩,我对公社就不大相信,甚至还有点怕公社。

向你们全体致以同志的敬礼!

弗·乌里扬诺夫(列宁)

很遗憾,我不能亲自接见,不得不请尼·彼·哥尔布诺夫同志接见你们。

载于1927年1月21日《铁锤报》
(顿河畔罗斯托夫)第1641号

译自《列宁全集》俄文第5版
第52卷第50—51页

101

致俄共(布)巴库雷乡组织

(1月21日)

萨拉托夫省谢尔多布斯克县巴库雷乡

俄共巴库雷乡组织

抄送:萨拉托夫省党委和省执行委员会

亲爱的同志们:

你们党组织的书记**图鲁年**同志写信告诉我,说你们根据农民的要求,决定由他把某些粮食工作人员在你们乡的反革命行为向我报告,这些工作人员欺压穷人,抢劫财物,鼓励酿造私酒,纵饮无度,强奸妇女,离间苏维埃政权等等。你们要求莫斯科这里去取缔这些反革命行为。但是,地方上尽自己的一切力量与反革命作斗争,这是包括你们党组织在内的一切地方党组织最重要的任务之一。你们的义务和责任就是与县党委联系,如果这还无济于事,就与省党委联系,把你们所说的那些反革命分子和坏蛋逮捕起来,送交革命法庭。

在这方面你们做了什么呢?

图鲁年同志在来信的后一部分提到你们的看法:为了摆脱经济破坏,苏维埃政权在一段时间内应该把农民当做支柱来依靠。这是完全正确的。我们党的纲领和历次党代表大会的决定都谈到这一点。最近召开的全俄苏维埃第八次代表大会非常深入细致地研究了如何振兴农业的问题,代表大会还通过了若干重要的实际决定,你们在地方上必须根据省机关的指示加以贯彻。

这些决定已在报纸上公布。此外,**图鲁年**同志将给你们带回一些我让他去农业人民委员部拿来的补充材料。

致共产主义的敬礼!

人民委员会主席

弗·乌里扬诺夫(列宁)

载于 1927 年 2 月 8 日《消息报》第 31 号

译自《列宁全集》俄文第 5 版第 52 卷第 52—53 页

102

致尼·彼·哥尔布诺夫

(1 月 21 日)

问题非常重要,应当拟一个由最高国民经济委员会主席签署的**明确的**书面**指示**[94]。

如:开始谈判,但要非常谨慎,在中央作出专门决定之前,决不承担任何义务。目的是弄清建议。

载于 1959 年《列宁文集》俄文版第 36 卷

译自《列宁全集》俄文第 5 版第 52 卷第 53 页

103

致　秘　书

（1 月 23 日和 25 日之间）

“世界产业工人联合会”书记**哈迪**要求会面。

给他打个电话，问**清楚**，他什么时候走。**“留克斯”**[95]。

会面是必要的。能否挪到星期三晚上？

载于 1945 年《列宁文集》俄文版 第 35 卷　　　　译自《列宁全集》俄文第 5 版 第 51 卷第 123 页

104

致尼·彼·哥尔布诺夫

（1 月 25 日）

哥尔布诺夫同志：

今天通过一项决定，要您来监督执行人民委员会的决定。[96]

要把这项工作安排好：随时都有一个文件夹或一览表，列出**尚未执行的**，或需要一直追踪监督（执行）的那些决定。

列　宁

1 月 25 日

载于 1945 年《列宁文集》俄文版 第 35 卷　　　　译自《列宁全集》俄文第 5 版 第 52 卷第 53 页

105

致尼·彼·哥尔布诺夫

（1 月 26 日）

哥尔布诺夫同志：这个邦契-布鲁耶维奇（不是弗·德·邦契-布鲁耶维奇的亲属，只不过和他同姓），据各方反映，是一位**大**发明家。这件事**十分重要**（这是不要纸张不要电线的报纸，因为利用扩音器和收音机，整个俄罗斯都可以听到莫斯科所看到的报纸，这种收音机经过邦·-布鲁耶维奇的改进，将很容易地**成百成百**生产）。

务请：

（1）专门抓这项工作，**找一下奥斯特里亚科夫**，并**打电话和下诺夫哥罗德谈谈**；

（2）附上的指示草案**迅速**交小委员会通过。如果不能很快获得一致同意，一定要在星期二以前准备提交大人民委员会；

（3）**关于工作的进行情况**，每月向我报告两次。[97]

列　宁

1 月 26 日

载于 1926 年 4 月 22 日《真理报》
第 92 号

译自《列宁全集》俄文第 5 版
第 52 卷第 54 页

106

致阿·伊·李可夫

（1 月 26 日）

李可夫同志：我建议不接受辞呈，也**不准许**"停止执行职务"。拉林是不适合担任主席的。今天通过中央再确认一下。**98**

列　宁

1 月 26 日

译自《列宁全集》俄文第 5 版
第 52 卷第 54 页

107

致尼·彼·哥尔布诺夫**99**

（1 月 26 日）

哥尔布诺夫同志：我认识写信的人有 20 多年了，他是一个极忠诚的革命者。他有一个（也许是两个？）妹妹在我们这里，据大家说，工作很出色，有忘我精神。我想他完全应该得到帮助。他有些神经质（是**受折磨**所致），务请别生他的气，尽力**帮助**他。

列　宁

1 月 26 日

载于 1959 年《列宁文集》俄文版
第 36 卷

译自《列宁全集》俄文第 5 版
第 52 卷第 55 页

108

致索尔莫沃工厂

（1 月 26 日）

　　索尔莫沃工厂为泥炭水力开采管理局制造一台履带式起重机,但是制造工作进行得非常缓慢。鉴于必须在今年夏季对这台起重机进行试验,请你们尽一切努力,在4月份把这台起重机完全造好,以便5月初能送到"输电"发电站作全面试验,在查明所有必须改进之处后,按照这台样机可以着手批量生产起重机。**100**

列　宁

载于1945年《列宁文集》俄文版　　　　　　译自《列宁全集》俄文第5版
第35卷　　　　　　　　　　　　　　　　　第52卷第55页

109

致弗·巴·米柳亭

1921 年 1 月 27 日

致米柳亭同志

　　请告诉我,为了向国外公布关于租让的法令**101**,您都做了哪些工作,是什么时候向国外通报的,通报的具体内容是什么。建议

您利用目前正在莫斯科的柯普同志来完成这方面尚未做完的
工作。

人民委员会主席

弗·乌里扬诺夫(列宁)

　　附言：请把发往国外的电报或信件的准确抄件和发出时间向
我报告。

载于1959年在莫斯科出版的《苏
联对外政策文件汇编》第3卷　　　　译自《列宁全集》俄文第5版
第52卷第56页

110

致尼·彼·哥尔布诺夫

（1月27日）

　　哥尔布诺夫同志：关于这份草案我刚才同您在电话里谈过了。
对**整个**这件事和这一大堆草案请加速处理，以便——比如说——
在星期六就可以提交小人民委员会。[102]

列　宁

1921年1月27日

载于1959年《列宁文集》俄文版
第36卷　　　　译自《列宁全集》俄文第5版
第52卷第56页

111

致尼·彼·哥尔布诺夫

(1 月 27 日)

据说这个田庄有**将近** 30 俄亩耕地、130 俄亩森林。听说萨拉托夫省执行委员会同意。我想,应该马上提交小委员会,通过小委员会派人**征求意见**和实地调查。**103**

列 宁

1921 年 1 月 27 日

载于 1959 年《列宁文集》俄文版
第 36 卷

译自《列宁全集》俄文第 5 版
第 52 卷第 57 页

112

致米·尼·波克罗夫斯基、
叶·亚·利特肯斯、奥·尤·施米特

1921 年 1 月 28 日

  (1)致米·尼·波克罗夫斯基同志

  (2)致叶·亚·利特肯斯同志

  (3)致奥·尤·施米特同志

请今晚 8 时给我送来:

(1)现有的载有

关于第一级学校

　　和第二级学校

现行法令(决议、工作细则)的**铅印**材料(工作报告、文章、小册子等等)

(2)关于技术学校的同类材料

(3)关于技工学校的同类材料

(4)关于小学、中学以及高等学校的数量；

(5)关于目前开课的以及停办或未开课的大、中、小各级各类学校的数量；

(6)此外，如果没有铅印材料，也无法指出是哪几号报纸或哪几期杂志刊登了这些材料，那就请把有关上述问题的**没有发表的材料交给我，如果手头有这些材料的话**[104]。

人民委员会主席

弗·乌里扬诺夫(列宁)

载于1945年《列宁文集》俄文版
第35卷

译自《列宁全集》俄文第5版
第52卷第57—58页

113

致舒·姆·马努恰里扬茨

(1月28日)

请弄到(一套)伊万诺沃-沃兹涅先斯克出的《**工人边疆区报**》[105](真正的无产阶级诗人小组。)

高尔基赞扬 { 日任
阿尔塔蒙诺夫
谢苗诺夫斯基

载于 1927 年 1 月 21 日《真理报》第 17 号

译自《列宁全集》俄文第 5 版第 52 卷第 58 页

114

同玛·伊·格利亚谢尔互递的便条[106]

（1 月 28 日）

弗拉基米尔·伊里奇：斯切克洛夫拒绝刊登"关于农田播种的指示"，因为这个文件要占去他的报纸的一半篇幅。如果您坚持要刊登，他请您**亲自**给他写信。

格利亚谢尔

问问**穆拉洛夫**

（用 8 点铅字要占多大篇幅？）

穆拉洛夫说，用 8 点铅字大概要占一整版。他的意见是，应当叫斯切克洛夫减少其他文章，刊登这个文件。

打电话给**斯切克洛夫**，让他马上**准确**计算一下

（1）要占几版几栏？

（2）用 **8 点铅字**排要占几版几栏？

译自《列宁全集》俄文第 5 版第 52 卷第 58—59 页

115

☆给罗斯塔社莫斯科分社社长的电话

(1月28日)

兹命令采取措施**务必**使附上的这份《关于制定应播计划的办法的指示》在明天,即今年1月29日的《全俄中央执行委员会消息报》上发表,并请监督执行情况。

人民委员会主席

弗·乌里扬诺夫(列宁)

载于1945年《列宁文集》俄文版
第35卷

译自《列宁全集》俄文第5版
第52卷第59页

116

致尼·彼·哥尔布诺夫

(1月29日)

哥尔布诺夫同志:请把这件事交给小委员会去办(它不是要从问题的实质方面来加以研究吗?)。沃罗夫斯基是一位老马克思主义者和老布尔什维克;他对人的了解我是完全信得过的。[107]

列　宁

1921年1月29日

译自《列宁全集》俄文第5版
第52卷第59页

117

致尼·彼·哥尔布诺夫①

(1月29日)

哥尔布诺夫同志:请您(1)看一遍;(2)记下要点;(3)转给最高国民经济委员会和对外贸易人民委员部;(4)监督并**催促**他们答复;(5)特别要**注意在西伯利亚建立罐头厂的方案。**[108]**我们存放在那里的肉要坏掉了。**同粮食人民委员部也要联系一下。

过两三天务必答复我。

列　宁

1月29日

要查一下(趁柯普在这里),那伙人是不是骗子?

列　宁

载于1959年《列宁文集》俄文版　　　　译自《列宁全集》俄文第5版
第36卷　　　　　　　　　　　　　　　　第52卷第60页

---

① 见本卷第140号文献。——编者注

118

给阿·伊·李可夫的电话和
给秘书的指示[109]

(1月29日)

李可夫同志:马上同各中央委员商量一下,岂不更好?也许能够立即消除误会?团结一致当然是必要的,而且我相信托洛茨基会同意这一点。必须**就地**马上消除这种一分为二(或"一分为三")的局面,否则,委员会有垮台的危险。我在中央委员会研究教育人民委员部工作的委员会里有事。是否找一下斯大林、克列斯廷斯基和加米涅夫?

列　宁

给斯大林和加米涅夫两人打电话,转告这两份电话记录。

译自《列宁文集》俄文版第 37 卷
第 280 页

119

致亚·伊·古谢夫[110]

（1 月 30 日）

题赠亚历山大·伊里奇·古谢夫同志：1921 年 1 月 30 日谈话留念。

弗·乌里扬诺夫（列宁）

载于 1921 年 2 月 11 日《特维尔
真理报》第 27 号

译自《列宁全集》俄文第 5 版
第 52 卷第 60 页

120

致米·A.克鲁钦斯基①

1921 年 1 月 31 日

克鲁钦斯基同志：

您关于农业人民委员部的几份报告已经收到[111]。我看过并已向各中央委员转达。

我们中央任命了奥新斯基，已经是尽力而为了。奥新斯基昨

---

① 列宁在信封上批示："全乌中央执行委员会委员米哈·克鲁钦斯基收（要收条）（列宁寄）"。——俄文版编者注

天来过我这里，说他还吸收一批地方上的农民同志参加工作。

为什么您对奥新斯基不满意呢？苏维埃第八次代表大会俄共党团全体同志对他搞的各种运动评价很高。

是哪些党员干部对工作不满意？为什么？

请提出具体意见和建议。我们中央委员会认为，我们已经做到了**目前**力所能及的一切；我们**等待**农业人民委员部新的部务委员会的工作成果，并估计这些成果将是很好的。

致共产主义的敬礼！

尼·列宁

译自《列宁全集》俄文第 5 版
第 52 卷第 61 页

121

给鞑靼苏维埃社会主义自治共和国
人民委员会主席的电报①

（1 月 31 日）

发电报

致鞑靼共和国人民委员会主席

喀山
请迅速证实 1920 年 3 月 2 日在执行任务时牺牲的刑事侦讯处长**尼古**

---

① 见本卷第 175 号文献。——编者注

拉·**哥卢比亚特尼科夫**[对]苏维埃俄国的特殊功勋，以便决定发给优厚的抚恤金。

社会保障人民委员　维诺库罗夫

同意这项要求，请速复电。

人民委员会主席　列宁

载于1945年《列宁文集》俄文版　　　　　译自《列宁全集》俄文第5版
第35卷　　　　　　　　　　　　　　　　　第52卷第61—62页

122

致尼·彼·哥尔布诺夫

(1月31日)

哥尔布诺夫同志：

应当搜集一下情况并弄清楚，这方面能不能为支援采矿业做点什么。把多余的东西要过来?[112]

列　宁

1月31日

载于1927年1月21日《真理报》　　　　　译自《列宁全集》俄文第5版
第17号　　　　　　　　　　　　　　　　　第52卷第62页

123

给莫·伊·弗鲁姆金的电报[113]

1921 年 1 月 31 日

收到此电的
时间请告我

直达电报

顿河畔罗斯托夫　劳动军委员会　弗鲁姆金，
或发往他的所在地

请给人民委员会秘书福季耶娃续假，直至她在医生监护下完全康复并得到充分休息为止；到医生认为她已完全康复时再通知我。

人民委员会主席　列宁

译自《列宁文集》俄文版第 38 卷
第 347 页

124

致莫·伊·弗鲁姆金^①

1921年2月1日

　　弗鲁姆金同志:我们收到(既从外部又从内部)愈来愈多的消息,说明乌克兰在粮食人民委员部的各项工作中搞绝对不能容许的"独立性"。

　　您必须**查清**事情的**全部**真相,有人显然是向我们隐瞒了真相(部分可能不是故意的,从而却姑息了那些**有意**隐瞒的人)。事情很严重,我们不能就这样听之任之;我们要把真相彻底弄清楚。

　　彼舍霍诺夫所起的作用(比任何一个白卫分子都坏),我们要彻底揭露,他显然是在牵着乌克兰中央的鼻子走(他是通过谁这样干的,我们还不知道,但会弄清楚)。

　　但您现在首先就要**完全负责**了解并查清**全部情况**,而且**不要让**彼舍霍诺夫以及受彼舍霍诺夫**之流**所欺骗的人牵着您的鼻子走¹¹⁴。

　　盼复。

　　致共产主义的敬礼!

列　宁

译自《列宁全集》俄文第5版
第52卷第62—63页

---

①　见本卷第132号文献。——编者注

125

给尼·尼·克列斯廷斯基的批示[115]

（2月1日）

克列斯廷斯基同志：中央委员会已授权我们委员会在意见一致的情况下可代表中央作决定，今天我们委员会（普列奥布拉任斯基、托姆斯基和我）[116]一致通过了关于"**第二副人民委员**"的决定。

列　宁

2月1日

译自《列宁文集》俄文版第37卷
第284页

126

致尼·尼·克列斯廷斯基

1921年2月1日

克列斯廷斯基同志：

小人民委员会决定任命哥伊赫巴尔格同志为小人民委员会的临时副主席（在萨普龙诺夫和安东诺夫均不在时）。

请组织局批准这项任命。

致共产主义的敬礼！

列　宁

译自《列宁文集》俄文版第 39 卷
第 269—270 页

127

致达·波·梁赞诺夫

（2月2日以前）

梁赞诺夫同志：你们图书馆里有没有**从各种报纸**和某些杂志上**搜集来的**马克思和恩格斯的**全部书信**？

例如，1894 年，《莱比锡人民报》**[117]**上关于唯物主义的书信？

《前进报》**[118]**上谈 **Beesley**① 的？（可能不完全是这样拼写？这是位英国教授，孔德的信徒，马克思的熟人）

以及诸如此类。

有没有马克思和恩格斯**全部书信的目录**？

它，即那个**目录**能不能给我看一个星期？

您的　列宁

载于 1930 年在莫斯科出版的《在战斗的岗位上。达·波·梁赞诺夫六十寿辰纪念文集》

译自《列宁全集》俄文第 5 版第 52 卷第 63 页

---

① 指爱德华·斯宾塞·比斯利。——编者注

128

给彼得格勒省委的电报[119]

(2月2日)

昨天国防委员会决定在国外购买1 850万普特煤[120]。粮食情况我们一定改善,因为今天决定再调拨两列火车去运高加索的粮食。因此,我考虑季诺维也夫可以走。

列　宁

载于1928年《列宁研究院集刊》
第3集

译自《列宁全集》俄文第5版
第52卷第63—64页

129

致达·波·梁赞诺夫

(2月2日)

梁赞诺夫同志:

务请:

把书还回来[121]。　　(1)您是否知道恩格斯书信里**画了着重线的那些地方**是从哪里摘引来的?

(2)这些书信是否全文刊登过? 登在**什么地方**?

(3)如果刊登过,能否找到并弄到手?

（4）我们能否向谢德曼之流及其同伙（要知道他们是一群见钱眼开的家伙）**购买**马克思和恩格斯的书信？或者是书信的照片？

（5）我们有没有希望在莫斯科收集到马克思和恩格斯发表过的**全部**材料？

（6）**在这里已经收集到的材料有没有目录？**

（7）马克思和恩格斯的书信（或复制件）由我们来收集，此议是否可行？

致共产主义的敬礼！

列　宁

载于1942年《列宁文集》俄文版
第34卷

译自《列宁全集》俄文第5版
第52卷第64页

130

致亚·格·哥伊赫巴尔格

（2月2日）

哥伊赫巴尔格同志：

关于各人民委员汇报的问题，你们（小委员会）必须特别**注意**各项重大决定的**执行情况**。[122]

目前最迫切的问题是莫斯科的住房问题。要派人检查，每周向小委员会**汇报两次**：给了多少栋房子，多少套住宅、多少个房间（10栋房子总应当给吧）。

分配情况也要检查。

　　莫斯科的人口由于职员人数的增加而膨胀了。这件事要进行检查;要不要作一个决定。

　　未经小委员会批准就增加职员人数的人民委员部要受到各种处分(哪怕是一个人也不许增加)。

　　列出哪些人民委员部必须逐周缩减职员人数(陆军人民委员部、最高国民经济委员会、交通人民委员部和另外几个人民委员部)。其余各人民委员部须经小委员会批准方可增加人员。

列　宁

载于1959年《列宁文集》俄文版
第36卷

译自《列宁全集》俄文第5版
第52卷第64—65页

131

致叶·阿·普列奥布拉任斯基[123]

(2月2日)

　　(1)托姆斯基走了(星期天以前不在莫斯科)。

　　(2)我建议**现在**由别人,例如由鲁祖塔克代替他。

　　(3)你们政治教育总委员会是**6日**开会吗? 可是我们**今天一定要**把会开完。

译自《列宁文集》俄文版第39卷
第270页

132

致瓦·尼·曼采夫

（2月3日）

曼采夫同志：

乌克兰的情况很不像话。

政治局的指示（把彼舍霍诺夫和**彼舍霍诺夫分子**从哈尔科夫清除出去）无法贯彻。

一部分乌克兰中央委员受了彼舍霍诺夫和彼舍霍诺夫分子的欺骗。

这一点很清楚。所以我们再也不能受骗了。

我要您**亲自**负责（条件是：必须同在莫斯科的政治局保持秘密的、直接的、按时的联系）：

（1）对彼舍霍诺夫进行**全面**监视；

（2）把了解到的情况寄来；

（3）对所有彼舍霍诺夫分子也要这样办，开列他们的名单；

（4）设法让彼舍霍诺夫立即退职，并把他送莫斯科。

乌克兰中央委员会**完全**涣散了。看看您能不能**很好地**完成任务。

致共产主义的敬礼！

列 宁

1921年2月3日

译自《列宁全集》俄文第5版
第52卷第65—66页

133

给格·康·奥尔忠尼启则的电报

（2月5日）

经顿河畔罗斯托夫直达

巴库　奥尔忠尼启则

通过值班政委送交

收电后立即报告

　　斯大林于1月27日给您发去的第1225号密电，至今未见回复。[124]我们很不放心，请您立即答复我们。

列　宁

1921年2月5日

于莫斯科克里姆林宫

载于1942年《列宁文集》俄文版　　　　　　译自《列宁全集》俄文第5版
第34卷　　　　　　　　　　　　　　　　第52卷第66页

134

致埃·马·斯克良斯基

1921年2月6日

斯克良斯基同志:

请把萨拉托夫省军事委员会的电报给我送来,您今天只给我送来了总司令对这份电报的"答复"。

这个答复写得很糟,有些地方还文理不通。

这不是**办事**,而是官僚主义的敷衍塞责:应当**肃清**盗匪活动,而不是敷衍塞责。

让他们每周给我送两次**简短的**、最简短的**汇报**,谈同盗匪活动**作斗争的情况**。

还要向野战司令部讲清楚,他们应当工作,而不应当敷衍塞责。

这个"司令部的军事委员"伊柳申是个什么人?他的资历如何?

列 宁

载于1942年《列宁文集》俄文版
第34卷

译自《列宁全集》俄文第5版
第52卷第66—67页

135

致埃·马·斯克良斯基[①]

1921年2月6日

斯克良斯基同志：

我再一次提出"警告"。

由于放走了马赫诺(虽然我们的兵力占极大优势,并屡次严令捕获),我们的军事指挥遭到了可耻的失败,现在如果不能粉碎这一小撮匪徒,那就要遭到更加可耻的失败。

叫总司令向我作一次**简短**报告(附上匪徒和我军分布略图),谈谈目前的情况。

怎样使用完全可靠的骑兵？

——装甲列车？(它们配置得合理吗？是否在**白白**行驶,浪费粮食呢？)

——装甲车？

——飞机？

怎样使用？使用了多少？

无论粮食还是木柴都会毁于这群匪徒之手,而我们有着一支百万大军。必须尽力催促总司令。

列　宁

载于1950年《列宁全集》俄文　　　　　　译自《列宁全集》俄文第5版
第4版第35卷　　　　　　　　　　　　第52卷第67页

---

① 见本卷第80号文献和上一号文献。——编者注

136

致恩·奥新斯基

（2月6日）

奥新斯基同志：

应当派人检查：是谁的过错？邮局？办公室？这样误事，实在可耻。[125]

列　宁

2月6日

译自《列宁全集》俄文第5版
第52卷第68页

137

给秘书的指示

（2月6日）

打电话给马尔金（"中央出版物发行处"），让他把自己对组织**中央出版物发行处**的实际建议再写一遍送我，格式要写得这样（**简短**），好让我把这些建议直接转教育人民委员部提出结论性的意见。[126]

列　宁

2月6日

载于1959年《列宁文集》俄文版
第36卷

译自《列宁全集》俄文第5版
第52卷第68页

138

致米·尼·波克罗夫斯基

（2月7日）

致波克罗夫斯基同志

现将马尔金同志寄来的关于组织中央出版物发行处问题的建议寄给您，请提出结论性的意见。请把您的意见寄给我，并告知：您认为该怎样组织中央出版物发行处才是最合理的（在为**所有的**人民委员部服务的情况下）。

人民委员会主席
弗·乌里扬诺夫（列宁）

载于1959年《列宁文集》俄文版
第36卷

译自《列宁全集》俄文第5版
第52卷第68页

139

致列·波·克拉辛

（2月8日）

（1）**您**什么时候能把关于巴库石油的意见写出来？

（2）**您**在这里有没有找到能写出材料的专家？

（3）在彼得格勒呢？是提赫文斯基吗？[127]

载于 1932 年《列宁文集》俄文版
第 20 卷

译自《列宁全集》俄文第 5 版
第 52 卷第 69 页

140

给秘书的指示

（2 月 9 日）

致秘书

（1）发给李可夫。

（2）登记发出日期，1921 年 2 月 9 日，发的是**施泰因贝格**的柏林来信，关于**罐头厂**的事。

（3）以我的名义写信告诉李可夫，说我请他快点**提出意见**（要简短），同时

（4）请他把他（或他的秘书）给施泰因贝格**回信的抄件**寄给我。

（5）要监督整个这件事情的执行情况[128]。

列　宁

2 月 9 日

译自《列宁全集》俄文第 5 版
第 52 卷第 69 页

141

致埃·马·斯克良斯基

1921年2月12日

斯克良斯基同志:

我们的通讯联络情况空前地糟,糟得令人难以置信。

我和斯大林有**极为重要的事**,跟**奥尔忠尼启则**却联系不上,佛敏跟**斯米尔加**也联系不上。

向顿河畔罗斯托夫发一份急电,就直说是我的意思,让那里马上指定一名**负责人**,负责同他们两个人**保持联系**并把他们(两个人)的回电发来(一直要这样做)给我、给斯大林、给佛敏。

如果不这样做,我就把这里的负责人**送交法庭**(或要求撤职和逮捕)。这是不可容忍的。

列 宁

附言:这可是军队**上层领导**的彻底瘫痪!

竟然同斯米尔加和奥尔忠尼启则这样的负责人(!!)失掉了**联系**!!

载于1942年《列宁文集》俄文版 第34卷

译自《列宁全集》俄文第5版 第52卷第69—70页

142

致阿·瓦·卢那察尔斯基

1921 年 2 月 14 日

致卢那察尔斯基同志

抄送:波克罗夫斯基同志和

利特肯斯同志

请给我送一份(1)在普通教育工作方面,(2)在职业技术教育方面,具有丰富实际经验的教育家的名单,并简要注明他们的著作和为苏维埃工作的年份。

我已经**不止一次**提出过这一要求。这件事不应该拖拉。

人民委员会主席

弗·乌里扬诺夫(列宁)

附言:还请提供彼得格勒原捷尼舍夫专科学校校长谢尔盖·巴甫洛维奇的情况。

载于 1945 年《列宁文集》俄文版第 35 卷

译自《列宁全集》俄文第 5 版第 52 卷第 70 页

143

给第 11 集团军
革命军事委员会的电报[129]

（2 月 14 日）

中央倾向于准许第 11 集团军积极支援格鲁吉亚的起义并占领梯弗利斯，条件是：遵守国际准则，第 11 集团军革命军事委员会全体委员经过认真研究全部情况后保证取得成功。[130]我们要事先说明，由于运输困难我们已经断粮，所以连一列火车、连一节车皮也不能给你们。我们从高加索也不得不只运粮食和石油。要求立即用直达电报答复，由第 11 集团军革命军事委员会全体委员以及斯米尔加、吉季斯、特里丰诺夫和弗鲁姆金签署。在我们答复所有这些人的电报之前，不得采取任何决定性的步骤①。

2 月 14 日

译自《列宁全集》俄文第 5 版
第 52 卷第 71 页

---

① 接着列宁写了："受中央委托　克列斯廷斯基"。在电报下方看来是列宁给秘书的指示："不，最好作为绝密件保存两三个月"。——俄文版编者注

144

给第 11 集团军
革命军事委员会的电报¹³¹

（2 月 15 日）

中央认为第 11 集团军革命军事委员会的军事行动是地方上对中立区起义者的保护，以免他们被白卫分子消灭。¹³² 在你们的所有公开讲话中要说明你们军事行动的这一政治性质。自然，我们期望第 11 集团军革命军事委员会采取果断而迅速的行动，直至占领梯弗利斯，如果从军事上考虑这对确保中立区免遭新的进攻是必要的话。我们认为，你们会十分认真地考虑我们提出的这些意见。请每天报告情况①。

译自《列宁全集》俄文第 5 版
第 52 卷第 71 页

---

①　接着列宁写了："受中央委托　克列斯廷斯基"。——俄文版编者注

145

致亚·格·哥伊赫巴尔格

（2月15日）

致小人民委员会副主席
哥伊赫巴尔格同志

随信给您寄去：

（1）莫斯科高等技术学校工人预科党支部2月9日支部大会记录摘录。

（2）高等技术学校工人预科政治委员2月10日报告书。

（3）交通运输工程师学院党支部、彼得罗夫斯基—拉祖莫夫斯基农学院党支部和莫斯科高等技术学校工人预科党支部委员会今年1月23日联席会议记录摘录。

（4）全俄工会中央理事会文化部指导员今年1月28日报告书抄件。

现命令小人民委员会专门抓一下工人预科的问题，全面研究并尽最大可能改善各工人预科的状况[133]。

人民委员会主席

弗·乌里扬诺夫（列宁）

载于1945年《列宁文集》俄文版
第35卷

译自《列宁全集》俄文第5版
第52卷第72页

146

致俄共(布)中央

（2月15日）

利特肯斯向组织局提出**业务指导中心**（教育人民委员部的）[134]人选名单。请转政治局。

列　宁

2月15日

载于1945年《列宁文集》俄文版　　　　　　　　译自《列宁全集》俄文第5版
第35卷　　　　　　　　　　　　　　　　　　　第52卷第72页

147

致尼·尼·克列斯廷斯基[135]

（2月16日）

1

我没有见到文章，但是我相信加米涅夫（他不会推荐有害的文章），我赞成**明天刊登**。

列　宁

2

那就只要声明：

(1)作者或作者们是以**个人**身份，而不是以公职人员身份撰写的。

(2)文章是供讨论的。

译自《列宁全集》俄文第5版
第52卷第73页

148

致尼·彼·哥尔布诺夫[136]

(2月17日)

哥尔布诺夫同志：

让科学技术局修改这份文件(去掉第5条；重写？对第4条作如下补充：3名由选举产生，4名由上级任命，另选举候补委员8名？)。科技局签署后送李可夫，抄件送我。

列　宁

2月17日

译自《列宁全集》俄文第5版
第52卷第73页

149

致尼·伊·穆拉洛夫

(2月18日)

穆拉洛夫同志:克尔日扎诺夫斯基同志对工人共产党员**叶辛**极为赞赏,他说您也了解这个人。据克尔日扎诺夫斯基说,这是个出色的电工,是个极有用的人(他在俄罗斯国家电气化委员会的工作中作出了贡献)。因此克尔日扎诺夫斯基大力推荐他担任**劳动国防委员会计划委员会**委员。

依我看,按常规,参加这个委员会的应当是**专家**。**这个工人**可以作为例外。

我对奥新斯基讲了这件事,还想听听您的意见。务请您稍微详细谈谈您对叶辛的看法,他的资历、他的特长等等[137],意见(**就让送信的这个人**)给我带来。

致共产主义的敬礼!

列　宁

译自《列宁全集》俄文第5版
第52卷第73—74页

150

给瓦·弗·施米特的电报^①

1921年2月18日

叶卡捷琳堡

劳动人民委员　施米特

　　我已拒绝签署关于劳动人民委员部同普遍劳动义务制推行总委员会合并的决定。我认为,在劳动义务制由劳动人民委员部集中掌握的情况下,有必要在中央和地方建立并正式规定同内务人民委员部及陆军人民委员部的组织联系。我将此事转交人民委员会。电告您的意见。如果您不同意,您委托谁为您的观点辩护。**138**

列　宁

载于1959年《列宁文集》俄文版
第36卷

译自《列宁全集》俄文第5版
第52卷第74页

---

① 列宁在电报的上方批示:"通过斯克良斯基,请用直达电报拍发,要**尽快**得到答复。"——俄文版编者注

151

致阿·伊·斯维杰尔斯基[139]

(2月18日)

只能如此！这没有什么不好,而且丝毫也不"降低"弗鲁姆金的威信。**我们将不予公布**。

列　宁

译自《列宁全集》俄文第5版
第52卷第75页

152

致阿·伊·斯维杰尔斯基[140]

(2月18日)

这里我也看**不出**有什么不好,我们让**委员会**先把它的决定**交给政治局看看**。

列　宁

译自《列宁全集》俄文第5版
第52卷第75页

153

致尼·巴·布留哈诺夫

（2 月 18 日）

我只翻了一下全俄中央执行委员会的决定，说实在的，**看不出**有什么不好。哪里说得上把**弗鲁姆金**送交法庭审判呢？没有这回事。

如果您愿意的话，可以提交政治局（但您首先要冷静地再看一遍，您的担心是不是多余的）。**141**

译自《列宁全集》俄文第 5 版
第 52 卷第 75 页

154

致维·鲁·明仁斯基

1921 年 2 月 18 日

明仁斯基同志：

向您郑重介绍来人埃诺·拉希亚同志，十月革命前我就认识这位最忠诚的芬兰布尔什维克。他现在是芬兰共产党中央委员。

他有一系列**极其机密的**问题，必须亲自同您谈一谈。请您给予充分信任和大力协助。

致共产主义的敬礼!

列 宁

译自《列宁全集》俄文第 5 版
第 52 卷第 75—76 页

155

致列·波·加米涅夫[142]

(不早于 2 月 18 日)

1

致列·波·加米涅夫

(1)据说您在代表会议上泄露了有关……的情况,是吗? 真
丢人!

(2)您什么时候去阿尔汉格尔斯克?

2

斯大林断言:经我劝阻,他没有说。

卡拉汉说:加米涅夫已经说了,**大使**全知道了。

译自《列宁文集》俄文版第 39 卷
第 272 页

156

致格·马·克尔日扎诺夫斯基

（2月19日）

秘密

格·马·：

请您翻阅一下，了解其中的情况。阅毕立即秘密送还。

关于计划，米柳亭发表了一通谬论[143]。最大的危险就是把国家经济计划工作官僚主义化。

这是莫大的危险。米柳亭看不见这种危险。

我很担心，**连您也看不见这种危险**，尽管您的工作作风不同。

我们穷得像叫花子，像食不果腹、囊空如洗的叫花子。

完整的、完善的、真正的计划，目前对我们来说＝"官僚主义的空想"。

不要追求这种空想。

一天、一小时都不要耽搁，要立即一点一点地**选出最重要的东西**，最少数量的企业，并且**把它们办好**。

在您作报告以前我们当面谈谈这个问题。**您考虑考虑。**

列　宁

载于1928年《列宁研究院集刊》
第3集

译自《列宁全集》俄文第5版
第52卷第76页

157

致列·波·克拉辛

1921年2月19日

克拉辛同志：什克洛夫斯基到我这儿来过。可惜来晚了。您已经走了。

请您设法在柏林给他安排个位置。我不是给他张罗"职位"，仅仅是让他能够到国外去**生活：这是他家属的请求。他们在这里生活**不了。

敬礼！

列　宁

译自《列宁全集》俄文第 5 版
第 52 卷第 77 页

158

致约·维·斯大林[144]

（2月20日以前）

斯大林同志：

修改工作进展顺利，对此我十分高兴。

什么时候允许您写东西了，请给《真理报》写一篇谈谈《电气化计划》的小文章（简短的），介绍一下这项工作的重要性和**执行**苏维埃第八次代表大会的决定以及**普及**电气化的必要性。

决定是有了。

著作家们不执行。

文章由**您**署名是有好处的。

敬礼!

列　宁

译自《**列宁文集**》俄文版第38卷
第354页

159

致格·李·什克洛夫斯基

2月20日

什克洛夫斯基同志:

我昨天亲自同列扎瓦谈过。他说,一点情况也没有听说过。他答应同您谈谈。

另外,昨天我就给克拉辛发了封信,谈了您的事(碰巧有个人能在里加赶上克拉辛)。

如果您同列扎瓦谈不出结果(或已经谈了,没有结果),写几句话告诉我(给我本人,某某寄),以便我能查明障碍的原因,如果有障碍的话。

您的　**列宁**

译自《**列宁全集**》俄文第5版
第52卷第77页

160

致尼·彼·哥尔布诺夫

1921年2月21日

哥尔布诺夫同志：

我国原驻美国代表**马尔滕斯**现在这里。

要帮助他。您今天去看看他。可通过我的电话员在"留克斯"旅馆找到他。

(1)电工学课本给**俄罗斯国家电气化委员会**。[145] 打电话同克尔日扎诺夫斯基联系。

(2)关于(在俄国的)美国工人问题，同**阿尼克斯特**联系。[146]

(3)关于去各工厂的问题

$$\left\{\begin{array}{l}? \text{ 通过李可夫定下来。}\\ ? \text{ 同谁联系安排一下这件事。}\end{array}\right\}$$

(4)关于美国的援俄技术团体问题

(同科学技术局联系？

或者还要同最高国民经济委员会

以及对外贸易人民委员部联系？

应当定下来，同谁联系安排一下这件事)。

(5)各种人士和团体从美国迁居我国的问题(要非常**慎重**。是否有处理这个问题的委员会？[147])。

列　宁

载于1959年《列宁文集》俄文版
第36卷

译自《列宁全集》俄文第5版
第52卷第77—78页

161

致格·瓦·契切林

（2月21日）

契切林同志：我不是替什克洛夫斯基同志申请高的职位。您了解他在外交人民委员部的工作情况。

但是我请您快点让他出国，因为他的妻子担心孩子们在这里活不下去。我了解他们全家在国外的情况，所以我认为这种担心是有道理的。这一家在我们这里无法生活。应当让他们出国。

致共产主义的敬礼！

列　宁

译自《列宁全集》俄文第5版
第52卷第78页

162

给伊·尼·斯米尔诺夫的电报

（2月22日）

我把斯克良斯基的这份报告**148**转给您，作为对您的那些急电的答复。请您经常向我报告有关匪徒的情况，有关粮食工作和粮食发运的情况。

列　宁

译自《列宁全集》俄文第5版
第52卷第79页

163

致尤·拉林[149]

（2月22日）

致拉林

完全正确。跟旧的不同。在着手搞新的。您能否在这里读一遍?

译自《列宁文集》俄文版第39卷
第272页

164

☆致伊·米·古布金、
А.И.策夫钦斯基、И.Н.斯特里若夫、
Н.Н.斯米尔诺夫同志[150]

1921年2月23日

石油总委员会收到的报告谈到油井淹水以及由此可能造成的

灾难,如果可能的话,请你们在今天把你们手头现有的介绍国外惩办不封闭油井、不采取堵水措施、堵水不当**等等**的石油工业家的国家法律或地方法规的材料(书籍、杂志、报告等等)给我送来。

送来法律条文也行,如果手头没有,告诉我有关的书籍或杂志上的文章或参考读物也行,以便我能去图书馆借阅。

请今天用电话答复。

人民委员会主席　　列宁

载于 1932 年《列宁文集》俄文版　　　　　译自《列宁全集》俄文第 5 版
第 20 卷　　　　　　　　　　　　　　第 52 卷第 79 页

165

给克·格·拉柯夫斯基的电报①

(2 月 24 日)

用密码发给拉柯夫斯基

哈尔科夫　拉柯夫斯基。对您的第 672 号来电的答复

由于中部地区粮食情况极端困难,我认为:四分之三要拿到这里来,四分之一留给乌克兰的城市和工人;至于农民,无论如何要在可能的范围内给予奖励,如果我们什么也没有,那就用黄金或石油到国外去买。如果你们不同意这个意见,那就再向农民让步,但

---

① 列宁在文献的上方写了然后又勾去:"瞿鲁巴同志:您对我的复电草稿有何意见?**列宁**　2 月 24 日"。——俄文版编者注

是要记住,我们的粮食危机严重极了,可以说危在旦夕。**151**

列 宁

载于1959年《列宁文集》俄文版　　　　　译自《列宁全集》俄文第5版
第36卷　　　　　　　　　　　　　　　　第52卷第80页

166

致格·马·克尔日扎诺夫斯基

2月25日

克尔日扎诺夫斯基同志:

和您谈谈有关计划委员会的问题。

(1)委员会的人员组成问题,等您回来以后我们再协商。这并不困难。

(2)中央委员会决定把拉林暂时留下。他的危险性极大,因为按其秉性来说,这个人会破坏一切工作,**争夺权力**,拆各位主席的台,**赶走专家**,假借(**他毫无权利这样做**)"党"的名义进行活动,等等。

在这里您肩负着**繁重的**任务:必须使拉林服从命令,遵守纪律,有所收敛。请记住:只要他一"开始"越轨,您就立刻到我这里来(或者写信给我)。否则拉林会把**整个**计划委员会搞垮。

(3)您应当在**计划委员会中**成立一个**非常坚强的**主席团(**决不要包括**拉林),这样您就会得到组织家和坚强者(能完全顶住拉林并能**坚定地**担当起繁重工作的人)的**帮助**,就会**摆脱行政管理**工作(在中央委员会有人曾指出过,您本来就不是搞行政管理的人)。

主席团中可以包括您的两个助手和一个秘书，等等。您应当成为
工作的"灵魂"和**思想**领导者（尤其是应当击退、驱逐那些**不知分寸
的**、会把专家赶走的共产党员）……　　您的任务是物色、选拔有才
干的组织家、行政管理人员（像奥萨德奇这样的人），**安排他们工
作——要使俄共中央委员会有可能、有材料、有资料来评价他们。**　╏╏╏ **注意**

　　（4）依我看，您应当把**原来的**那个"俄罗斯国家电气化委员会"
作为计划委员会的**分委员会**恢复起来。由您兼任这个分委员会的
主席。

　　（5）您应当成立一系列的分委员会：关于这一点，等您有了这
方面的计划，我们还需要谈一谈。

　　（6）具有特别重要意义的应当是负责

　　　　　研究、

　　　　　审查

　　　　　　和

　　　　　"协调"、配合

当前的经济计划（在目前来说就是 1921 年度的经济计划），并
提出修改建议的分委员会。

　　必须把拉林放到这个分委员会中，但是（1）不当主席和副主
席，也不当秘书；（2）比如说，用沉着、踏实、稳重的典范谢列达来同
他平衡。

　　（7）建议您仔细考虑这样一个计划（我认为这个计划极其重
要）：责成**一些人**，即**计划委员会**的委员，经常向该委员会或**第 6 项
所说的分委员会**提出关于各主管部门（以及各省、县、联营组织、企
业等等）完成当前经济计划的情况以及同历年来计划完成情况作
比较的**报告**和**文章**，并且在《**经济生活报**》上发表。（我认为极其重

要的是：必须**正式**责成**拉林**以及谢列达、波波夫、斯特卢米林非
常认真地注意我们的经济计划**实际**完成的情况和数字，**并且**经
常把这些情况和数字**刊登**在《**经济生活报**》上，以便大家公开地
批评和审查。也可以指定**两三**个专家参加这项工作。一定要使
每个人各自对研究和审查负责；要使这项工作的每一部分都有
两个人各自独立负责，以便相互检查和试用各种分析方法、综合
方法，等等。）

所有这一切，请您仔细考虑一下，等您回来以后我们再谈几次。
敬礼！

列　宁

载于 1928 年《列宁研究院集刊》　　　　译自《列宁全集》俄文第 5 版
第 3 集　　　　　　　　　　　　　　　　第 52 卷第 80—82 页

167

给克·格·拉柯夫斯基的电报[①]

1921 年 2 月 25 日　　　　　　　　　　　　　　　　**直达电报**

哈尔科夫

拉柯夫斯基

请向全乌克兰苏维埃第五次代表大会转达我最热烈的祝贺，

---

① 参看本版全集第 40 卷第 362 页。——编者注

并祝大会取得圆满成功。

　　苏维埃乌克兰的贫苦农民和工人的牢固联盟万岁！

列　宁

载于 1945 年《列宁文集》俄文版　　　　译自《列宁全集》俄文第 5 版
第 35 卷　　　　　　　　　　　　　　　第 52 卷第 82 — 83 页

168

致尼·彼·哥尔布诺夫

（2 月 25 日）

　　叫他来的**不是我**，而是高尔基。很遗憾，我现在不能接见他。由您接待他并同他谈谈（尤其要详细谈谈关于格罗兹尼和巴库、关于石油工业、油井淹水的危险等等的情况）。**152**

列　宁

载于 1932 年《列宁文集》俄文版　　　　译自《列宁全集》俄文第 5 版
第 20 卷　　　　　　　　　　　　　　　第 52 卷第 83 页

169

致阿·巴·哈拉托夫

（2 月 26 日）

　　哈拉托夫：您应当把有关改进、发展和加速莫斯科磨黍子面工作的措施的决定草案提交人民委员会。[153]

列　宁

2 月 26 日

载于 1927 年 1 月 21 日《消息报》　　　　译自《列宁全集》俄文第 5 版
第 17 号　　　　　　　　　　　　　　　第 52 卷第 83 页

170

致尼·亚·谢马什柯

1921 年 2 月 28 日

致谢马什柯同志

尼古拉·亚历山德罗维奇：

伊万·阿法纳西耶维奇·**切库诺夫**同志正在我这里，他是一个很风趣的劳动农民，他用自己的方式来宣传共产主义原理。[154]

他把眼镜丢了，花 15 000 卢布买了一副**破烂货**！能不能帮他弄到一副好眼镜？

务请帮忙，并请您的秘书告诉我，**是否办到了。**

您的　**列宁**

载于 1925 年 1 月 21 日《消息报》　　　　译自《列宁全集》俄文第 5 版
第 17 号　　　　　　　　　　　　　　　第 52 卷第 83—84 页

171

致亚·德·瞿鲁巴

（2月）

瞿鲁巴同志：从您报的数字来看，到2月1日有粮食4030万普特＋颗粒粮540万普特＝4570万普特。[155]

大概到3月1日能有约**4800万**。

到4月1日大概**不会少于**5000万。

4月1日—9月1日，这是5个月。5000÷5＝1000万。

从这粗略的计算来看，对俄罗斯、对俄罗斯联邦来说（不包括乌克兰），从3月15日或4月1日起完全可以全部取消余粮收集制，并在9月1日前或8月15日前**试行新制度**。

您的意见呢？

载于1945年《列宁文集》俄文版
第35卷

译自《列宁全集》俄文第5版
第52卷第84页

172

致亚·德·瞿鲁巴

（2月）

不，您错了；我对加米涅夫一句**实质性的**话也没有讲。

　　您的部务委员们上午瞎着急：您很少敲打他们，让他们说多了。

　　而斯维杰尔斯基昨天干了蠢事：他本该说"没有粮食，是**因为没有运来**"，可是他却硬说"饿得并不像人们说的那样厉害"。斯维杰尔斯基是个可爱的小伙子，但有时说话没边。

译自《列宁全集》俄文第 5 版
第 52 卷第 84 页

173

致尼·彼·哥尔布诺夫

(2月底—3月初)

　　一小时以前，我和瞿鲁巴谈过话，他对我说

　　(1)他正在采取紧急措施

　　(2)他收到了从乌法、维亚特卡和其他城市发来的许多电报，[156]粮食正在装车并已开始往彼得格勒发运

　　(3)他**已经**把这些电报转发给彼得格勒。[157]

载于 1945 年《列宁文集》俄文版
第 35 卷

译自《列宁全集》俄文第 5 版
第 52 卷第 85 页

174

致 某 人[158]

（2月或3月）

不能这样"笼统地"提出问题。这个问题**极其重要**，而您**不经准备**就提出来，这样可能会减弱它的重要性。

需要周密考虑和准备。

或者挑选一批**有影响的**著名人物（如提赫文斯基）并鼓动他们写**集体的意见**。［或者**其他形式的意见**，但是要**讲求实际**］。

或者准备**材料**（事实，事实），证明"好样的小伙子"毫无用处。

译自《列宁文集》俄文版第 38 卷
第 351 页

175

致尼·巴·布留哈诺夫

（3月1日）

布留哈诺夫同志：请您用电报发一个相应的指示，并叫人把您的电报抄件连同这些文件一起给我送来。[159]

列 宁

3 月 1 日

载于1932年《列宁文集》俄文版
第 20 卷

译自《列宁全集》俄文第 5 版
第 52 卷第 85 页

176

致恩·奥新斯基

1921 年 3 月 1 日

奥新斯基同志：

昨天我见到了伊万·阿法纳西耶维奇·切库诺夫。原来，他在 1919 年因为劳动农民代表大会问题曾经来过我这里。现在他说：最好是从**各区域**开始。

他同情共产党人，但是不入党，因为他去教堂，是基督教徒（他说他反对搞宗教仪式，但是他信教）。

他正在改进经营。他走遍了下诺夫哥罗德省和辛比尔斯克省。他说，农民对苏维埃政权失去了信任。我问他，能不能用收税的办法加以挽回。他认为可以。在他所在的县，他依靠工人的帮助，把坏的苏维埃当局换成了好的。

我们就是要**尽一切力量**紧紧抓住这样一些人来恢复农民**群众**对我们的信任。这是**基本的**政治任务，而且是刻不容缓的任务。务请不要太热衷于从"行政机关"的角度看问题，不要由于这个观点而过分焦躁。要**更多地**注意对农民的政治态度。

依我看，必须马上就把切库诺夫"抓住"，也就是吸收他**参加我们**的工作。怎样做到这一点？要考虑考虑。也许，可以马上建立（确切点说，着手建立）"劳动农民苏维埃"，或者是"**非党农民苏维埃**"（看来，后一个名称稳妥些，以免那些被切库诺夫叫做"咬牙切齿的家伙"，即真正的富农和苏维埃政权的敌人混进来）。立即任命切库诺夫为农业人民委员部特派员,负责组织(或筹备)这一类机构。立即委托他赶紧去一趟辛比尔斯克省(我们需要从**有余粮**的省份找一个能出主意的人和联络人,两个联络人更好),并交给他一个任务:从辛比尔斯克省(他在那里有很多熟人)给我们找一个**非党**农民来,要上点年纪的、俄罗斯人、庄稼人,**拥护劳动农民和工人的**,不是"咬牙切齿的家伙"。再找一个人。最好是三个人:切库诺夫＋一个辛比尔斯克人＋从缺粮省再找一个人。我们马上安排这三位"老头"(如果他们**既是**非党员,**又是**基督教徒,就太好了)或者是做有**发言**权的部务委员,或者是组成"非党农民苏维埃"的核心,或者是参加这一类的团体。

这件事应当快办,马上办(他想后天走)。

要趁热打铁。盼复。

致共产主义的敬礼!

列　宁

载于1945年《列宁文集》俄文版　　　　译自《列宁全集》俄文第5版
第35卷　　　　　　　　　　　　　　　第52卷第85—86页

177

致瓦·瓦·佛敏[160]

(3月1日)

致佛敏同志

(1) 采取了哪些措施来加速和监督那7列直达列车的运行?

（2）这些列车今天都在什么地方？

（3）鄂木斯克—车里雅宾斯克铁路线是否畅通？

（4）最近几天[经]顿河畔罗斯托夫运出多少车皮粮食？

（5）鄂木斯克呢？

载于1932年《列宁文集》俄文版
第20卷

译自《列宁全集》俄文第5版
第52卷第87页

178

致瓦·瓦·佛敏[161]

1921年3月2日

佛敏同志：

请把随信寄去的材料仔细看一遍,然后还给我。盼您简要地提出意见,特别是就以下两点：

（1）东南铁路有没有重新堵塞的危险,

（2）乌拉尔河大桥有没有被烧毁的危险。

要采取**紧急**措施。

致共产主义的敬礼！

列　宁

载于1932年《列宁文集》俄文版
第20卷

译自《列宁全集》俄文第5版
第52卷第87页

179

致尼·尼·克列斯廷斯基

（3月2日）

　　克列斯廷斯基同志：请您或者责成您的某个部务委员**简要地**告诉我关于这份提纲[162]的意见。这些文件请退回。

列　宁

3月2日

载于1932年《列宁文集》俄文版　　　　译自《列宁全集》俄文第5版
第20卷　　　　　　　　　　　　　　　第52卷第87—88页

180

致列·达·托洛茨基

（3月3日）

托洛茨基同志：

　　寄给您供参阅[163]。事情很有意思。依我看，乌克兰的共产党员们错了。从事实得出的结论不是否定税收，而是要求加强军事措施，以**彻底**消灭马赫诺等等。

列　宁

载于1932年《列宁文集》俄文版　　　　译自《列宁全集》俄文第5版
第20卷　　　　　　　　　　　　　　　第52卷第88页

181

致小人民委员会

(3 月 3 日)

依我看,应当允许带得**更多**[164]。

你们对投机倒把怕得太过分了。

如果他们单个地换粮食,那有什么大不了的?农民将得到鞋和衣服。要怕的是**大规模的**投机倒把,而且决不能容许**职业性的**投机倒把活动。但是把东西**带进**贫困的俄罗斯是应当给予鼓励的,而不应当加以阻挠。

请重新研究一下。

列 宁

1921 年 3 月 3 日

载于 1932 年《列宁文集》俄文版
第 20 卷

译自《列宁全集》俄文第 5 版
第 52 卷第 88 页

182

致阿·伊·李可夫、尼·巴·
布留哈诺夫、瓦·瓦·佛敏、
阿·奥·阿尔斯基、格·瓦·契切林[165]

（3月3日）

致最高国民经济委员会主席
　　副粮食人民委员布留哈诺夫同志
　　副交通人民委员佛敏同志
　　副财政人民委员阿尔斯基同志
　　外交人民委员契切林同志

　　现将第13号记录和对外贸易委员会2月28日会议议事日程寄给你们。请注意，这样松松垮垮是完全不能容忍的。

　　请你们立即说明，为什么会产生这种松垮现象，你们采取哪些措施在今后消除这种现象。

人民委员会主席
弗·乌里扬诺夫（列宁）

载于1932年《列宁文集》俄文版
第20卷

译自《列宁全集》俄文第5版
第52卷第89页

183

致埃·马·斯克良斯基

1921年3月3日

斯克良斯基同志：

红军战士康德拉季·叶梅利亚诺夫同志（通信处：第16集团军，第5步兵师，第1独立工兵连）请求我把他调出部队，并准许他到彼得格勒市的**军事工程学院**（花园街4号）学习。

1920年3月22日他在军事工程中等技术学校毕业，毕业后被派到西部战线。

现在，各战线暂时平静，他想继续自己的学业。

我本人了解康德拉季·叶梅利亚诺夫同志和叶梅利亚诺夫全家（是"老近卫军"里优秀的彼得堡工人布尔什维克），所以请您（如果没有什么特殊反对意见的话）批准康德拉季·叶梅利亚诺夫同志的请求，并下达相应的命令。

请费心写几句话答复我。[166]

致共产主义的敬礼！

列　宁

载于1959年《列宁文集》俄文版
第36卷

译自《列宁全集》俄文第5版
第52卷第89—90页

184

☆致俄共(布)中央政治局

1921年3月3日

随信寄上全俄工会中央理事会党团委员会1921年3月3日会议记录(第55号),我建议:

((1))**撤销**第**7**项(因为**日内**即将召开党代表大会,而且**会上**必须讨论这个以及类似的问题),

((2))关于第**13**项

决定:

"提交党代表大会"[167]。

我认为必须**通过电话**对此进行表决,因为在党代表大会之前和不经过党代表大会都不能作出决定,这显然是无可争议的。显然,我们也不能允许随便散布惊慌情绪。

列　宁

载于1959年《列宁文集》俄文版第36卷

译自《列宁全集》俄文第5版第52卷第90页

185

致米·尼·波克罗夫斯基[168]

（3 月 4 日）

我很怀疑，而且我认为最好是转交中央政治局。（还要弄清楚是去哪些教研室或担任哪些课程？）

载于 1945 年《列宁文集》俄文版
第 35 卷

译自《列宁全集》俄文第 5 版
第 52 卷第 90 页

186

致列·波·加米涅夫

1921 年 3 月 5 日

列·波·：

依我看，需要由莫斯科委员会就这个问题发一个通告（密件？），驳斥那些不去监察委员会而以"批评"为名进行诽谤[169]的造谣中伤分子。

列　宁

载于 1945 年《列宁文集》俄文版
第 35 卷

译自《列宁全集》俄文第 5 版
第 52 卷第 91 页

187

致格·瓦·契切林和列·米·卡拉汉[170]

（3月7日）

致契切林同志和卡拉汉同志

请提出你们的意见，并把两份文件[171]还给我。请外交人民委员部注意，该部**绕开**人民委员会的决定（采取用**其他**名称或借口成立"平行的"机构或委员会的办法）**是绝对不能容许的**。我怀疑，外交人民委员部**事实上是在绕开**人民委员会的决定，特此警告。请把意见**十分明确地**提出来，不要躲躲闪闪，不要闭口不谈。

列 宁

3月7日

载于1959年《列宁文集》俄文版
第36卷

译自《列宁全集》俄文第5版
第52卷第91页

188

致亚·德·瞿鲁巴

（3月8日）

瞿鲁巴同志：我们的委员会[172]大概今天晚上才能开会（白天，

在大会开幕之后[173]，未必来得及，虽然我们在尽量争取）。

问题的中心是"**流转**"，让农民进行自由的经济流转。

您对这一点还缺乏足够深入的考虑，尽管您同拉柯夫斯基争辩过（我没有来得及反驳）。问题的全部实质在于，要善于推动**流转**，即交换（既要从南方向国外出口，也要**同各工厂进行交换**）。否则要垮台。

注意   **请考虑这一点**，并**找出一个提法**，把这一点加进去。

注意   （2）马上叫人查几个数字：1921年1月份和**2月份**（如果没有2月份全月的数字，那就要2月份头10天或头20天的数字）我们**供应了多少粮食**。运来的是多少，总共是多少。

列　宁

译自《列宁全集》俄文第5版
第52卷第91—92页

189

致格·瓦·契切林

（3月9日）

契切林同志：

我感到极为不安的是，土耳其人在拖延签订关于巴统的协定，以便赢得时间向巴统进军。我们不应当允许他们这样拖延。你们讨论一下，是不是这样办：你们把你们的会议中断半小时，同我谈一谈，而斯大林在这个时间同土耳其代表团直截了当地谈一下，以便把事情弄清楚，今天就要谈出个结果来¹⁷⁴。

列　宁

译自《列宁全集》俄文第5版
第52卷第92页

190

致阿·伊·李可夫

1921年3月10日

致李可夫同志

抄送：瞿鲁巴同志和拉柯夫斯基同志

请您趁拉柯夫斯基同志在莫斯科的机会，同他和瞿鲁巴同志一起开会商讨这样一个问题：是否可能以及用什么方法使农民以及手工业者、工人双方从农业产品同工业产品的交换（尽量由国家组织）中实际受益。应当赶紧组织这个会。

人民委员会主席

弗·乌里扬诺夫（列宁）

载于1932年《列宁文集》俄文版
第20卷

译自《列宁全集》俄文第5版
第52卷第93—94页

191

致约·维·斯大林和
列·波·加米涅夫

(3月10日)

致斯大林和加米涅夫

刚才我同季诺维也夫谈过。他说:要么派**一些普通兵员**补充到部队里去,要么派几个像**伏罗希洛夫**(如果能让他去的话)这样的能起到很大作用的人去。[175]

他说派其他的人去没有必要,因为一个普通的代表去了也没有什么用。

特此告知。

列 宁

载于1932年《列宁文集》俄文版
第20卷

译自《列宁全集》俄文第5版
第52卷第94页

192

致亚·格·哥伊赫巴尔格[176]

（3 月 12 日）

致小委员会

哥伊赫巴尔格同志：请读读苏维埃格鲁吉亚代表的这封信，特别是**画了着重标记的地方**（第 3 页）。

要马上

（1）**禁止派遣**（未经小委员会批准），而批准**要极其慎重**[177]，

（2）**经常**检查执行情况。

列　宁

3 月 12 日

载于 1959 年《列宁文集》俄文版
第 36 卷

译自《列宁全集》俄文第 5 版
第 52 卷第 94 页

193

致俄共(布)中央政治局委员

(3 月 13 日)

　　我建议：原则上赞同并责成对外贸易人民委员部继续谈判[178]，**但是**(1)未经政治局同意，不要作出最后决定(政治局应保留**拒绝**的自由)；(2)尽量争取同其他(意大利)**贷款者**在更优惠的条件下取得**类似的贷款**。

列　宁①

3 月 13 日

译自《列宁全集》俄文第 5 版
第 52 卷第 95 页

194

给德·彼·博哥列波夫的批示[179]

(不晚于 3 月 15 日)

　　要骂就得有**发言**权。每个人民委员部都有 2 票，因此请与克

---

①　在该文献上签字的还有列·波·加米涅夫和约·维·斯大林；列·达·托洛茨基弃权。——俄文版编者注

列斯廷斯基商定。

列席票通过克列斯廷斯基向阿瓦涅索夫要。

译自《列宁文集》俄文版第 38 卷
第 352 页

195

致亚·德·瞿鲁巴[180]

(3 月 15 日)

为什么您一直不谈,您想要求**在什么期限**(10 月 1 日前? 11 月 1 日前? 等等)交税?

问题的实质不在这里吗?

> 也许,您是想在自己的发言里谈?

载于 1945 年《列宁文集》俄文版
第 35 卷　　　　　　　　　　　　译自《列宁全集》俄文第 5 版
　　　　　　　　　　　　　　　　第 52 卷第 95 页

196

致尼·亚·谢马什柯

(不早于 3 月 16 日)

谢马什柯同志:

(1)务请指定一名专人(最好是一个熟悉**国外情况**并**在国外闻**

名的著名医生)送(瞿鲁巴、克列斯廷斯基、奥新斯基、库拉耶夫、**高尔基**、**柯罗连科**和其他人)到国外,去德国。要**巧妙地**询问情况、提出请求、说服动员、给德国写信、帮助**病人**,等等。

要办得极其周到

(细致认真)。

(2)派一个**最好的**医生**检查一下**尼·伊·布哈林的健康情况(特别是**心脏**),并把结果告诉我。

列 宁

载于1932年《列宁文集》俄文版 第20卷

译自《列宁全集》俄文第5版 第52卷第95—96页

197

给彼得格勒防卫委员会的电报

(3月17日)

彼得格勒

防卫委员会

我们坚决要求,只要稍有可能,立即把伏罗希洛夫、巴拉诺夫、扎东斯基送莫斯科。请告知启程时间。

列 宁①

载于1932年《列宁文集》俄文版 第20卷

译自《列宁全集》俄文第5版 第52卷第96页

———————

① 签署该电的还有米·瓦·伏龙芝,是由列宁代签的。——俄文版编者注

198

致华盛顿·万德利普

1921年3月17日于莫斯科

致华盛顿·万德利普先生

阁下：

感谢您本月14日的亲切友好的来信。我非常高兴地听到,哈定总统赞许我们同美国的贸易。您知道,我们是十分重视我们今后同美国的生意往来的。我们充分意识到你们的辛迪加在这方面所起的作用,以及您个人的努力所具有的重大意义[181]。您的新建议很有价值,我已向最高国民经济委员会提出每隔不太长的一段时间就向我报告一次会谈的进展情况。您可以相信,我们对任何合理的建议都会给以极大的重视①。我们主要致力于生产和贸易,所以您的帮助对我们来说极有价值。

如果您对某个负责人有意见,那就请您把您的意见寄给有关的人民委员部,该部会调查这一问题,如有必要,还会上报。我已下令对您在信中提到的那个人进行专门调查。

共产党的代表大会占了我许多时间和精力,使得我现在非常疲劳,而且病了。请原谅我现在不能亲自同您见面。我请契切林同志在最近期间同您谈一谈。

———————————

①　见本卷第204号文献。——编者注

祝您成功！

始终忠实于您的

弗·乌里扬诺夫（列宁）

原文是英文

载于1932年《列宁文集》俄文版
第20卷

译自《列宁全集》俄文第5版
第52卷第96—99页

199

致阿·阿·越飞

1921年3月17日

　　亲爱的越飞同志：我非常难过地读完了您3月15日那封十分激动的来信[182]。我看到您有极正当的理由不满甚至愤慨，但是请您相信，您把事情的原因找错了。

　　第一，您重复（不止一次）说，"中央——就是我"，您这就错了。只有在非常激动和疲劳过度的情况下才能写出这种话来。原中央（1919—1920年）在一个非常重大的问题上击败了我，这件事您从辩论中已经知道了[183]。在组织问题和人事问题上，有无数次我处于少数。您担任中央委员时曾多次亲自看到过这方面的例子。

　　为什么要这样神经质，竟写出这种**绝不应该**、**绝不应该**的话，说什么中央——就是我。您这是疲劳过度了。

РОССІЙСКАЯ
ФЕДЕРАТИВНАЯ
СОЦІАЛИСТИЧЕСКАЯ
СОВѢТСКАЯ РЕСПУБЛИКА.
—
ПРЕДСѢДАТЕЛЬ
СОВѢТА
НАРОДНЫХЪ КОМИССАРОВЪ.
—о—
Москва, Кремль.
№ ....

Moscow. March 17 1921.

Mr. Washington B. Vanderlip

Dear Sir,

I thank you for your kind letter of 14-th cr., & am very glad to hear of President Harding's favourable views as to our trade with America. You know what value we attach to our future American business relations. We fully recognize the part played in this respect by your syndicate & also the great importance of your personal efforts. Your new proposals are highly interesting & I have

1921 年 3 月 17 日列宁给华盛顿·万德利普的信的第 1 页
（按原稿缩小）

第二，我对您既没有丝毫的不满，也没有丝毫的不信任。据我所知，**中央委员们也没有**，我同他们谈过，了解他们对您的态度。

那么事情又怎么解释呢？只能用您**机遇不好**来解释。我在很多工作人员身上看到过这种情况。斯大林就是个例子。他当然是可以为自己争辩一番的。但是"机遇"使他在三年半来实际上**从未担任工农检查人民委员，也没有**担任民族事务人民委员。这是事实。

您也和相当多的第一流的工作人员一样，机遇不好。您是第一流的、优秀的外交家之一。我们的外交工作有时中断。在中断期间，对您"试用"过（工农检查院），但**没有给**您时间**把工作做到底**。这是整个中央的过失（不幸？），它对很多人**这样**调来调去。您冷静考虑之后，就会看到，这是实际情况。

为什么没有选入全俄中央执行委员会？您哪怕问一下托洛茨基就知道了，中央在对这个问题提出原则性意见和作出决定之前犹豫过多少次？很多次！"民主制"**迫使**最大限度地更新人选。

（新的中央昨天才组成，工作**不能一下子就**"入门"。[184]）

我个人的意见，完全是开诚布公的：（1）您要很好地休养一下。折磨自己是有害的。我们极其需要有经验的、老的、经过考验的工作人员。很好地休养一下。您考虑一下，是不是到国外，住疗养院更好一些。我们这里条件不好。要**彻底**把病治好。（2）您过去是、现在仍然是第一流的、优秀的外交家和政治家。土耳其呢？土耳其斯坦呢？没有您我们能应付得了吗？罗马尼亚呢？我担心，我们应付不了。我想，我们应付不了。

休养一下。然后到莫斯科来。我们谈一谈。

紧紧握手！

您的   列宁

载于1959年《列宁文集》俄文版
第36卷

译自《列宁全集》俄文第5版
第52卷第99—101页

200

致费・埃・捷尔任斯基

（3月17日）

致捷尔任斯基同志

请立即查明彼得格勒省肃反委员会逮捕的亨利希・奥西波维奇・**格拉夫季奥**教授被控告犯了什么罪，是否能将他释放，根据克尔日扎诺夫斯基同志的意见，最好是释放，因为格拉夫季奥是个大专家[185]。

人民委员会主席
弗・乌里扬诺夫（列宁）

译自《列宁全集》俄文第5版
第52卷第101页

201

致费·埃·捷尔任斯基①

1921年3月17日

致捷尔任斯基同志

未经我同意,务请不要逮捕**彼得·谢苗诺维奇·奥萨德奇**;不应该把他同社会革命党人帕维尔·谢尔盖耶维奇·奥萨德奇搞混了。前者与社会革命党人没有任何关系,这一点,克尔日扎诺夫斯基同志绝对担保。**186**

人民委员会主席

弗·乌里扬诺夫(列宁)

译自《列宁文集》俄文版第37卷
第284页

202

给秘书的指示

(3月18日)

通知弗鲁姆金,我请他把**雅努舍夫斯基**关于黑海沿岸和库班

---

① 类似内容的信同一天还寄给了彼得格勒省肃反委员会和格·叶·季诺维也夫。——俄文版编者注

州捷别尔达资源(矿藏,等等)情况的简要报告给我送来。如果弗鲁姆金这里没有,那就从顿河畔罗斯托夫给我寄来。

列　宁

3 月 18 日

载于 1932 年《列宁文集》俄文版
第 20 卷

译自《列宁全集》俄文第 5 版
第 52 卷第 101 页

203

致阿·伊·李可夫[187]

(3 月 18 日)

　　李可夫同志:请加倍注意,马上**在这里**通过专家进行审核,并告诉我,能否列入同万德利普谈判的内容。

列　宁

3 月 18 日

载于 1932 年《列宁文集》俄文版
第 20 卷

译自《列宁全集》俄文第 5 版
第 52 卷第 102 页

204

致俄共(布)中央¹⁸⁸

（3月18日或19日）

完全赞成。

列　宁

责成契切林拟出呼吁书草案,并提交全俄中央执行委员会**本次**会议通过。

列　宁

载于1961年在莫斯科出版的《列宁思想是永存的和战无不胜的》一书

译自《列宁全集》俄文第5版第52卷第102页

205

给列·波·克拉辛的电报^①

（3月19日）

密码

致克拉辛

党代表大会赞同我所维护的关于格罗兹尼和巴库实行租让的

---

① 列宁在文献上方批示:"契切林同志:请用密码,尽可能在今天发出。**列宁**　3月19日。"——俄文版编者注

方针[189]。要加速进行有关这些租让项目以及其他所有租让项目的谈判。要经常向我报告情况。

列　宁

载于1945年《列宁文集》俄文版
第35卷

译自《列宁全集》俄文第5版
第52卷第102—103页

206

给列·达·托洛茨基的批示[190]

(3月19日)

托洛茨基同志:应全力进攻并打垮马斯拉科夫。

列　宁

3月19日

译自《列宁文集》俄文版第40卷
第74页

207

给秘书的指示

(3月20日)

(第十次代表大会)所有的字条都收集起来。[191]

按题目分类。

编出**目录**。

把目录送给我看。

列　宁

3 月 20 日

载于 1932 年《列宁文集》俄文版
第 20 卷

译自《列宁全集》俄文第 5 版
第 52 卷第 103 页

208

给秘书的指示[192]

（3 月 20 日）

存入专门的卷宗——**被推荐的非党农民**。**全部材料**用打字机
再打一份。

列　宁

3 月 20 日

载于 1932 年《列宁文集》俄文版
第 20 卷

译自《列宁全集》俄文第 5 版
第 52 卷第 103 页

209

致尼·尼·克列斯廷斯基

（3 月 20 日）

我建议由政府方面给他①帮助（因为我过去了解他，我认为他是个正直的人），**再顺便**托他把我和季诺维也夫在**波罗宁**（扎科帕内附近）的账给清了，并**把**我们的**藏书运出来**。**193**

译自《列宁全集》俄文第 5 版
第 52 卷第 103—104 页

210

致雅·斯·加涅茨基②

3 月 20 日

加涅茨基同志：克列斯廷斯基同志今天向我提起了从扎科帕内来的维吉列夫，说他想到这里来。

能不能趁这个机会（趁和平状态）试一试把我（和季诺维也夫）的书和手稿从波罗宁及克拉科夫（卢博米尔斯基耶戈大街 47 号和

---

① 指波·德·维吉列夫。——编者注
② 列宁在信封上批示："**里加**　**加涅茨基同志**(1921 年 3 月 20 日)(列宁寄)。信封上的回执给我寄回。"——俄文版编者注

49 号)弄出来。

　　您考虑一下,再打听打听,能不能行,值不值得试试。然后写几句话告诉我。

　　致崇高的敬礼!

您的　**列宁**

载于 1924 年《列宁文集》俄文版　　译自《列宁全集》俄文第 5 版
第 2 卷　　　　　　　　　　　　　第 52 卷第 104 页

211

致帕·伊·波波夫

1921 年 3 月 20 日

波波夫同志:

　　拉林同志(3 月 17 日)寄给您的批评收到了吗?(抄件已给我)。

　　请查一查。

　　现在应该**非常迅速地**出版您的《参考材料》[194]供大家阅读。

　　请立即给我写几句,告知您在材料中是否有改动,改的什么。

　　致共产主义的敬礼!

列　宁

译自《列宁文集》俄文版第 37 卷
第 285 页

212

致尼·尼·克列斯廷斯基和
雅·斯·加涅茨基

(3 月 20 日和 5 月 25 日之间)

致克列斯廷斯基和加涅茨基

　　如果有可能同维吉列夫取得联系，务请把我的要求告诉他：设法保护我的(和季诺维也夫的)藏书，以后把书运到这里(通过维吉列夫**或另外一个人**)。

　　如果可能，就给他寄 400—500 克朗来办这件事。

载于 1933 年《列宁文集》俄文版
第 24 卷

译自《列宁全集》俄文第 5 版
第 52 卷第 104 页

213

致亚·伊·叶姆沙诺夫[195]

1921 年 3 月 21 日

叶姆沙诺夫同志：

　　布利兹尼琴科同志认为随信附上的这份委托书(结尾部分)是对他的极大的侮辱，是对他的出卖，等等。

　　这是怎么回事？这份委托书是按通常的写法写的吗？还是给

专家们的委托书写法有所不同？"必要的措施"作何解释？

请简单写几句告诉我，并请将附件退还。

致共产主义的敬礼！

弗·乌里扬诺夫（列宁）

译自《列宁文集》俄文版第40卷
第74—75页

214

给阿·罗·沙波什尼科夫的证明

（3月22日）

兹证明乌法省乌法县布尔加科夫乡别克托沃村农民阿列克谢·罗曼诺维奇·**沙波什尼科夫**系应我的邀请前来莫斯科商谈有关农民经济的重要事宜。**196**

阿·罗·沙波什尼科夫公民所作的说明和答复表现出他对事业认真和忠诚的态度。

俄罗斯联邦各级苏维埃政权机关应全力协助**阿·罗·沙波什尼科夫**公民返回原住地参加和平劳动，此令。

人民委员会主席

弗·乌里扬诺夫（列宁）①

载于1941年《布尔什维克》杂志
第9期

译自《列宁全集》俄文第5版
第52卷第105页

---

① 签署该证明的还有人民委员会秘书莉·亚·福季耶娃。——俄文版编者注

215

给秘书的指示

（3 月 23 日以前）

在苏维埃第八次代表大会前夕,高加索劳动军委员会委员**伊万诺夫**把上报**劳动国防委员会**的关于**东南**边疆区的资源和租让项目的材料（萨利斯克草原,矿藏等等）连同**别洛博罗多夫**的送件公文带到了莫斯科（50—60 页打字稿）（其中有配合萨利斯克草原养羊和畜牧业的甜菜制糖工业）。

向李可夫和洛莫夫了解一下,并**给我送来**。

载于 1932 年《列宁文集》俄文版
第 20 卷

译自《列宁全集》俄文第 5 版
第 52 卷第 105—106 页

216

致瓦·尼·卡尤罗夫[①]

1921 年 3 月 24 日

亲爱的卡尤罗夫同志:

您 1921 年 3 月 1 日关于粮食税问题的来信已经收到。

[①]　列宁在信封上注明:"**托木斯克**市　科利丘吉诺铁路新建工地　**瓦·卡尤罗夫**同志(列宁寄)"。——俄文版编者注

恰好在这段时间(您的信尚未到达时)粮食税问题在党的第十次代表大会和全俄中央执行委员会上已经通过。您从报纸上肯定知道了。

有空时写信谈谈在地方上观察到的情况。西伯利亚的农民是怎样对待粮食税的？他们还有什么别的要求,情绪如何？工人的情况如何？

祝一切都好!

您的　**列宁**

载于1932年《列宁文集》俄文版
第20卷

译自《列宁全集》俄文第5版
第52卷第106页

217

致列·波·加米涅夫

1921年3月24日

加米涅夫同志:

巴达伊奇①恳请我帮助把原雅昆奇科夫的领地和霍登卡田庄拨给莫斯科消费公社。

他说,离莫斯科近。给莫斯科人作菜园和农场。

他说省土地局要用来作自己的供应基地。

巴达伊奇引证了彼得格勒的好经验,那里的农场办得非常出色。

---

① 指阿·叶·巴达耶夫。——编者注

从原则上说:城市的兴趣**应当**表现为"勤奋"。巴达耶夫原则上是对的。

也可以这样:把这些地交给巴达伊奇,而对省土地局**正式**下达命令:你应当**不让自己的国营农场落后**。到秋天比一比。

列 宁

附言:种菜工作,总的来说要抓紧。要不要提交劳动国防委员会? 好督促一下?

载于1959年《列宁文集》俄文版第36卷

译自《列宁全集》俄文第5版第52卷第106—107页

218

给格·瓦·契切林的批示[197]

(3月24日)

契切林同志:

请把此信退我,并**附上您的意见**。依我看,这简直是意气用事,是在生加涅茨基的气。加涅茨基急了,话说得过了头,但**实际上他是对的**。可是写这信的人是在意气用事。

您以为如何?

列 宁

3月24日

译自《列宁文集》俄文版第39卷第278页

219

给秘书的指示

（3月24日或25日）

能不能从**斯大林**那里（今天）给我拿来皮达可夫的报告（关于顿巴斯情况的），报告是阿尔乔姆交给斯大林的。

载于1932年《列宁文集》俄文版
第20卷

译自《列宁全集》俄文第5版
第52卷第107页

220

致尼·彼·哥尔布诺夫

1921年3月25日

致人民委员会办公厅

刚才在人民委员会的电梯上偶然遇到奥贝格同志（姓氏没听准；好像他说是房屋管理员），他对我说，他今天要向普拉东诺夫（？克里姆林宫房屋管理处主任？）报告，必须找一个搞过电梯装配的电梯专家。他说古特曼工厂有这样的专家。

我警告：负责房管、维修等等工作的人（是谁？）早该找一个这样的专家，明确规定他的工作（固定的或一定时期来一次），并加以检查。

请立即定出制度,并把**所有**负责人的名字写给我,其中包括拆修电梯的专家。

人民委员会主席

弗·乌里扬诺夫(列宁)

载于1932年《列宁文集》俄文版
第20卷

译自《列宁全集》俄文第5版
第52卷第107—108页

221

致埃·马·斯克良斯基

1921年3月25日

致斯克良斯基同志

我发现,涅米茨同志不得不在国防委员会白白等了三个半小时,因为没有人过问他的问题。

我认为这是不对的,我命令今后应利用军事部门和国防委员会的电话或秘书提前几分钟通知涅米茨同志并让他乘汽车前来(因为他有病)。

劳动国防委员会主席

弗·乌里扬诺夫(列宁)

载于1945年《列宁文集》俄文版
第35卷

译自《列宁全集》俄文第5版
第52卷第108页

222

给格·康·奥尔忠尼启则的电报

(3月25日)

第11集团军革命军事委员会　奥尔忠尼启则

韦里金给我来电说:"在阿哈尔卡拉基苏维埃格鲁吉亚有24个教徒公社被抢,并遭到无视我们的抗议和要求的**基马尔**军队的肆意摧残。"请核实一下这个报告,并采取一切可能的措施。急速答复。

国防委员会主席　**列宁**

1921年3月25日

于莫斯科克里姆林宫

发往巴库

载于1959年《列宁文集》俄文版
第36卷

译自《列宁全集》俄文第5版
第52卷第109页

223

致亚·德·瞿鲁巴

(3月25日)

瞿鲁巴同志:您关于延期讨论(利用委员会成员问题)的来条收到了[198]。非常可惜,您提**晚**了(是在开会的那天)。我不同意耽误一个星期。

候选人是:克里茨曼、斯米尔诺夫、哥尔茨曼。

您提的候选人,即您提的名单呢?

列　宁

译自《列宁全集》俄文第5版
第52卷第109页

224

致阿·伊·李可夫

1921年3月26日

李可夫同志:

提醒您一下昨天您在电话里答应我的事:让石油总委员会向我提供一份关于运石油的油罐车的**简要**材料(整个铁路网拥有的完好的石油油罐车总数**减去**其他铁路线——比如伏尔加至莫斯科,不包括东南各铁路线——必须占用的油罐车数量,所得差数就是有多少油罐车**能够而且应当**从格罗兹尼(和巴库)往莫斯科运石油。**实际上有多少车正在运油**)。

最好(但不是必须)附上一份劳动国防委员会关于充分和合理利用石油油罐车的决定草案。

什么时候寄来?

列　宁

载于1932年《列宁文集》俄文版
第20卷

译自《列宁全集》俄文第5版
第52卷第110页

225

致亚·德·瞿鲁巴

（3月27日）

瞿鲁巴同志:明天中午12时以前我需要下列资料:

（1）供应居民的粮食（和谷物饲料）数量

按月份统计　1919—1920年

　　　　　　1920—1921年

三　　栏		
粮　　食	马铃薯	谷物饲料

（2）**已收集的**（粮食人民委员部）粮食数量:

仅收集余粮所得　　　　　1920—1921年的**总数**

因磨粉所得　　　　　（按各月份现有的数字）

（3）已完成收集任务（1920—1921年）的省份数字（及其收集量）

　　　　　到某月份完成100％

　　　　　到某月份完成75％

告诉谢宁或您那里负责此项工作的人,如果我到12时还收不**到有负责人签字的资料**,那**我就要把他关起来**。

列　宁

附言:还有两件事:

（1）除磨粉所得的"一份"以外,还有没有其他"劳务"项目所得的粮食？

（2）有没有关于**食盐**等等的"非固定"价格（以**粮食**计算）的资料？（还记得吧，我早就向您要过这方面的资料。）

载于1932年《列宁文集》俄文版
第20卷

译自《列宁全集》俄文第5版
第52卷第110—111页

226

致尼·巴·布留哈诺夫[199]

（3月27日）

责成布留哈诺夫同志明天上午11时同阿瓦涅索夫和埃斯蒙特组织一个会，并把这三个人的决定用电话通知我：准确弄清楚(1)如果明天决定把鞋发给工人，那么他们什么时候能够实际领到这些鞋；(2)什么时候军事部门能够领到一批军用鞋。

列　宁

1921年3月27日

载于1932年《列宁文集》俄文版
第20卷

译自《列宁全集》俄文第5版
第52卷第111页

227

致叶·亚·利特肯斯

致利特肯斯同志

抄送:米·尼·波克罗夫斯基和卢那察尔斯基

1921年3月27日

对昨天谈话的补充

娜·康·①**坚决支持沙皮罗**,我也同意她的意见,因为我相信她同沙皮罗共事三年对他有充分了解。此外,我认为她指出的这样一点十分重要:人们对沙皮罗同志不满,是因为他**要求严格**。

对于您参加政治教育总委员会我不反对,因为娜·康·并不反对。她**赞成**这件事。

我的意见是:您不要脱离**组织和行政管理方面的**工作。我们责成您、而且**只责成您**严格而**迅速地**(经过两三个月)在以下几方面务必做出显著的成绩:增强求实精神,建立**汇报制度**,对40万教师的工作、他们的组织程度、**他们**走上新轨道等情况进行检查。这事由您、而且**只由您**负责。**全部**注意力都要放在这上面。

致共产主义的敬礼!

列　宁

载于1932年《列宁文集》俄文版
第20卷

译自《列宁全集》俄文第5版
第52卷第112页

---

① 指娜·康·克鲁普斯卡娅。——编者注

228

给秘书的指示

(3月27日)

提醒我3月28日从一早就**催促**库尔斯基抓紧工作(同**大北电报公司**[200]的有关工作)。尽力**催促**。

列　宁

3月27日

载于1932年《列宁文集》俄文版
第20卷

译自《列宁全集》俄文第5版
第52卷第112页

229

致费·埃·捷尔任斯基

1921年3月27日

捷尔任斯基同志:

请您或者责成您的秘书给我**简单**写个材料(一二十行),谈一下制靴用品采购失败的经过:买了400(而不是1 000)普特(而且品种选得不好,不对路)。

我需要这个材料,用来说明要避免什么问题以及怎样才能避免。怎样避免类似的错误。**201**

您的 **列宁**

载于1959年《列宁文集》俄文版
第36卷

译自《列宁全集》俄文第5版
第52卷第113页

230

致列·波·加米涅夫①

（3月27日）

　　加米涅夫同志：我给瞿鲁巴寄去了五份彼得罗夫斯基打来的电话的记录抄件（一份给您）**202**。

　　刚才我同彼得罗夫斯基通过话。他们的**中央执行委员会**今晚8时开会。他们请求答复。

　　我和他是这样商定的：**如果今天晚上8时以前我**（或您）不打电话给他，他就让乌克兰中央执行委员会推迟**到明天**作出决定。我请您**立即**召集你们的委员会**203**研究他们的问题，如果能作出并无异议的决定，**您就在晚上8时以前打电话把这个决定通知哈尔科**

注意　　　　注意　　　注意

夫。（（我赞成第一个决定：**12 000万**。**立即实行粮食税**等等））

列　宁

载于1959年《列宁文集》俄文版
第36卷

译自《列宁全集》俄文第5版
第52卷第113页

---

①　列宁在信封上批示："**致加米涅夫同志**（请立刻简复）（列宁寄）"。——俄文版编者注

231

致叶·阿·普列奥布拉任斯基

3月27日

普列奥布拉任斯基同志:

据说,以普罗柯波维奇、库斯柯娃一伙为首的那些"合作社工作者"要向政府建议:

> 如果你们允许我们以我们的(合作社的)商品储备作保证发行流通券,我们就给你们恢复货币。

这很可笑,因为这等于资本家的建议:如果你们给我们提供商品储备,我们就给你们恢复货币。

但这并不仅仅是可笑,而且是着重说明了事情的实质:**正是在现在**,在实行实物税和交换(换取粮食)的时候,我们应当**以商品**(商品储备、粮食储备等等)**作保证**发行流通券,用这一办法来开始有步骤地为"整顿"货币作准备。

这件事不能拖延。这件事要好好考虑和筹备,**不等**白银问题解决就开始进行。

您是否向自己的委员会以及**在委员会里提**出了这件事?[204]

明天(28日)上午11时以前写几句话告诉我。

我们将任命您为**财政人民委员部**部务委员。这**不会**占用您的时间,但是可以使您同财政人民委员部**联系密切**。[205]

要注意**法尔克涅尔**(他是"她"①的弟弟)。看他是否向我们和

---

① "她"指玛·纳·斯米特-法尔克涅尔,С.А.法尔克涅尔的姐姐。——编者注

我们的事业靠拢？

　　致共产主义的敬礼！

列　宁

载于1959年《列宁文集》俄文版　　　　　译自《列宁全集》俄文第5版
第36卷　　　　　　　　　　　　　　第52卷第114页

232

致阿·伊·李可夫

(3月27日)

李可夫同志：

　　我看了你们的关于租让合同的材料非常气愤。[206]

　　这是多谢尔那伙人在消极怠工或者在干蠢事！

　　一大堆毫无意义而又可笑的鸡毛蒜皮(禁止点篝火等等)，**要紧的事却没有强调**。

　　要紧的事淹没在官僚主义的废话里了。

　　看不出有哪个**头脑**在认真思考问题。

　　洛莫夫在干什么？

　　你们破坏了人民委员会要求**在三周内**制定出**主要原则**的决定(1921年2月2日)[207]！！

　　无论如何要在明天(即3月28日)制定出这些原则，而且要简短，好**用电报**发给克拉辛。

　　先给我看一下。

附上**我的**方案,是草稿,匆忙写的:我挑的是重要的和有争议的问题。**208**其他问题我认为不太重要或者是没有争议的。

要制止消极怠工,把工作**很好地**开展起来,否则我将在中央委员会里进行斗争。

你们的"租让委员会"里都有谁?它的成员?明天11时以前答复我。**209**

列　宁

载于1959年《列宁文集》俄文版
第36卷

译自《列宁全集》俄文第5版
第52卷第114—115页

233

致格·瓦·契切林

3月27日

契切林同志:

有人向我报告说,季诺维也夫于**星期六**到达。我建议您和哥尔布诺夫**一起**拟出**非常精确的**

(1)指示

(2)由中央委员会加以批准

(3)责成哥尔布诺夫**监督**这些指示的执行情况。**210**

列　宁

译自《列宁文集》俄文版第39卷
第279页

234

给阿·伊·李可夫的电话

（3 月 28 日）

急速用电话通知李可夫：

感谢您提供了关于租让委员会的情况。

请您打电话答复我：

（1）您给克拉辛的电文草稿什么时候能拟好（**今天**就要）[211] 。

（2）**您的那些草案**，"完整的"，什么时候能全文定稿？必须**不晚于明天早晨**。请答复我。

（3）今天晚上要不要由**我和您**＋**洛莫夫**（再＋谁?）开个会，把问题**彻底**解决一下。

请打电话详细答复我。

列　宁

载于 1932 年《列宁文集》俄文版
第 20 卷

译自《列宁全集》俄文第 5 版
第 52 卷第 115—116 页

235

致列·达·托洛茨基

（3月28—29日）

托洛茨基同志：

请看一下这封信（很有意思），并退还给我。[212] 我今天就跟哈尔科夫方面谈。

但是关于租让问题的那些说法不幼稚可笑吗？"爱国主义"既有巴库的，又有顿巴斯的。

最好是把顿巴斯（＋克里沃罗格）的¼租让给承租人。

您的意见呢？

列　宁

载于1932年《列宁文集》俄文版　　　　译自《列宁全集》俄文第5版
第20卷　　　　　　　　　　　　　　　第52卷第116页

236

致亚·伊·叶姆沙诺夫^①

交通人民委员部

致交通人民委员

1921年3月29日

叶姆沙诺夫同志：

请您告诉我，你们交通人民委员部里谁管分配铁路网拥有的油罐车(运石油的)和铁路运输石油的工作。

(1)谁负责这件事？

(2)人民委员部为执行劳动国防委员会(1920年12月15日或17日)关于这个问题的决定²¹³究竟做了些什么？

(3)把石油油罐车配属各条铁路的命令，是什么时候由谁下达的，又是什么时候由谁撤销的？

(4)目前铁路网拥有的油罐车分配情况怎样？

如果事情像您在"情况报告"(一份没有注明日期的文件)(3月29日收到)第一表最后一栏("实际有"是指哪一天的?)所说的那样，那又怎样解释在8条铁路线上有(183＋161＋22＋88＋9＋493＋1 405＋194＝)**2 555节**油罐车，尽管这些铁路并没有"装油任务"？

①　列宁在文献上方批示："打三份，交我签字后发出。"——俄文版编者注

（5）能不能向我提供关于现有的油罐车及其**使用情况**的更完整的材料，可以把各铁路分成三组，按三个组**统计一下**[①]：

　　（a）（1）从伏尔加河运石油的铁路线，

　　（b）（2）从高加索（格罗兹尼和巴库）运石油的铁路线，

　　（c）（3）**没有运过石油的铁路线**？

（6）为什么运油列车的速度定为每小时6俄里？有没有**技术上的障碍**（是什么障碍）影响达到最高速度（比如说军用列车的速度）？我们战前是多大速度？我们1920年的实际速度是多大？最低速度和最高速度是多大？

请告诉我，上述材料中哪些您能立即报上来，哪些能在尽可能短的期限内报上来（究竟多长期限？）？

致共产主义的敬礼！

列　宁

载于1931年1月21日《工业化报》第21号　　　　译自《列宁全集》俄文第5版第52卷第116—117页

---

① 运走多少石油？按月计？油罐车数？

237

给格·康·奥尔忠尼启则的电报
草稿及俄共(布)中央政治局委员
就电报草稿的内容作出的表决意见

(3月29日)

请用密码

发直达电报答复

致奥尔忠尼启则

我们收到了纳里曼诺夫、布尼亚特扎德和谢列布罗夫斯基的一份十分悲观的电报。他们公正地指出,要把第11集团军调回饥饿的、被洗劫一空的阿塞拜疆是完全不可能的。请采取最坚决的措施,把该集团军留在格鲁吉亚,无论如何要尽快以格鲁吉亚的租让项目和锰矿石等等从国外换回粮食。请尽快答复。

受政治局委托 列宁

政治局委员的表决意见

赞成   反对

列 宁①

译自《列宁全集》俄文第5版
第52卷第118页

---

① 签字表示"赞成"的还有米·伊·加里宁、列·波·加米涅夫、维·米·莫洛托夫;列·达·托洛茨基弃权。——俄文版编者注

238

给格·康·奥尔忠尼启则的电报

(3月30日)

密码

致奥尔忠尼启则

务请十分认真地注意昨天提出的关于集团军和格鲁吉亚租让项目的问题。格鲁吉亚的孟什维克政府曾签订过一系列租让合同。要尽一切力量设法恢复这些旧的租让合同,尽可能快一点并想各种办法签订新的合同,以便用租让项目换取粮食。把这份电报给格鲁吉亚革命委员会看一下,并尽快把他们的答复告诉我。

列 宁

3月30日

载于1932年《列宁文集》俄文版
第20卷

译自《列宁全集》俄文第5版
第52卷第118—119页

239

致劳动国防委员会²¹⁴

(3月30日)

我赞成多数人的意见:

(1)暂不执行总司令的命令。

（2）没有劳动国防委员会的专门决定，不准他发布命令。

（3）责成他整顿莫斯科卫戍部队，减少数量，提高质量。

列　宁

3 月 30 日

载于1932年《列宁文集》俄文版　　　　　译自《列宁全集》俄文第 5 版
第 20 卷　　　　　　　　　　　　　　　第 52 卷第 119 页

240

给格·伊·彼得罗夫斯基和
米·瓦·伏龙芝的电话

（3 月 30 日）

发往哈尔科夫的电话稿
致彼得罗夫斯基和伏龙芝

　　皮达可夫强烈要我协助把谢尔盖·瑟尔佐夫从敖德萨调到顿巴斯担任书记。皮达可夫指责乌共中央完全出于派别的担心而不愿意放瑟尔佐夫，因为他们说瑟尔佐夫是托洛茨基派。皮达可夫声明，无论是他，还是瑟尔佐夫，都保证不搞派别性的政治活动。我不了解瑟尔佐夫，请你们收集他的全部情况，并答复我。

列　宁

1921 年 3 月 30 日

载于1932年《列宁文集》俄文版　　　　　译自《列宁全集》俄文第 5 版
第 20 卷　　　　　　　　　　　　　　　第 52 卷第 119—120 页

241

致尼·伊·布哈林

（3 月 30 日）

这个问题在理论上**也是**值得注意的：

无产阶级国家政权**掌握着**

$$\textbf{物质基础}\begin{cases}\text{工厂}\\\text{铁路}\\\text{对外贸易}\end{cases}$$

结果：它手中掌握着**商品储备**和商品的**成批**运送（铁路运送）。

无产阶级国家政权怎样处理这些商品储备？

把它们卖给

    （α）工人和职员以换取货币，或者不是货币而是换取他

        们的劳动。

    （β）农民**以换取粮食**。

怎么卖？通过谁？

通过**代销人**（＝**商人**），付给他佣金。

尤其要重视合作社（努力使每一个居民都加入合作社）。

为什么这**不可能**？而这就是**资本主义**＋社会主义。

载于 1925 年《列宁文集》俄文版   译自《列宁全集》俄文第 5 版
第 4 卷   第 52 卷第 122 页

242

致格·瓦·契切林

（3月31日）

契切林同志：

我完全同意您的意见[215]。由您或者责成别人拟出这样的通告的**草案**（能不能把纳里曼诺夫的整个讲话加进去，或者哪怕是作个介绍也好——这要比引全文差些）。

提交中央委员会。

这是必要的。

列　宁

载于1945年《列宁文集》俄文版
第35卷

译自《列宁全集》俄文第5版
第52卷第120页

243

致格·瓦·契切林[216]

（3月31日）

契切林同志：请阅此信，并给我来电话。是否赞同？如果赞同，我再问一下列扎瓦，信应当迅速发出。如果不赞同，提出哪些修改？既然万德利普已经搞错，而且我们也突然遭到了哈定的拒绝[217]，是不是现在就把他的申请加以限制、缩小比较好？让他先只申请准许"俄国技术助手"随他万德利普去美国?

要不要在商品中增加石油? 我们可以向美国人租让**大片**油田(巴库、格罗兹尼、恩巴、乌赫塔),这样美国就可以击败英国,这一点是否已向万德利普讲清楚?

看完此信,就来电话。

致共产主义的敬礼!

列　宁

载于 1959 年《列宁文集》俄文版第 36 卷　　　　　　　　译自《列宁全集》俄文第 5 版第 52 卷第 120—121 页

244

致列·波·克拉辛

(3 月 31 日)

密码

致克拉辛

各种贷款我们都非常需要,因为当前主要的是要得到并且是立即得到用来换取农民粮食的商品。对外贸易人民委员部的整个政策现在都应服从这一直接目的。

请就此给我答复。

列　宁

载于 1945 年《列宁文集》俄文版第 35 卷　　　　　　　　译自《列宁全集》俄文第 5 版第 52 卷第 240 页

245

给秘书的指示

(3月底)

　　给巴库粮食(只能用到4月3日)。提醒**哈拉托夫**:此事极为重要。

载于1932年《列宁文集》俄文版
第20卷

译自《列宁全集》俄文第5版
第52卷第121页

246

致格·马·克尔日扎诺夫斯基

(4月1日)

克尔日扎诺夫斯基同志:

　　第一项任务:

　　研究一下附上的材料[218](责成一名燃料工作者),**结合**我们对亚—恩巴所做的一切,把意见和建议[219]**迅速**提交劳动国防委员会。

　　一份寄还给我。

列　宁

译自《列宁全集》俄文第5版
第52卷第122页

247

在安·马·列扎瓦来信上的批示和
给秘书的指示[220]

(4月1日)

同意

列　宁

4月1日

(1)让列扎瓦以**我的**名义答复万德利普；

(2)并让他把人民委员会决定草案给我送来。

译自《列宁文集》俄文版第38卷
第355页

248

致亚·巴·谢列布罗夫斯基

1921年4月2日

谢列布罗夫斯基同志：

　　寄给您几份关于石油租让方面的材料。本来想让卡敏斯基同志带去，但遗憾的是，由于他病重，只好让他在这里治病。

最重要的是，要让巴库的同志们领会对租让的**正确的**（而且是第十次党代表大会批准的，即党员**必须接受的**）观点。最好是把巴库的¼（甚至²/₄）租让给承租人（条件是**除**承租人所需要的粮食和设备**外**从国外得到这两方面的援助①）。**只有**到那个时候其余的³/₄（或²/₄）部分才有希望**赶上**（然后再超过）当代先进的资本主义。任何其他的观点都无非是"我们能轻易取胜"、"我们自己能搞好"的胡说，这种胡说愈是披上"纯共产主义的"外衣就愈危险。

如果你们巴库还有这类极其有害的观点和偏见（在工人中间和知识分子中间）的残余（甚至哪怕是一点点），那就马上写信告诉我：是你们自己来彻底粉碎这些偏见并**最忠实地**贯彻代表大会的决定（主张租让），还是要我来帮助。您自己和所有的人都要牢牢记住："最好是租让。对于共产主义来说，没有什么东西比'我们自己能搞好'这种共产党员的自吹自擂更有害、更危险的了。"

现在有了巴统，要尽一切力量抓紧以最快的速度用石油和煤油在国外换取设备。

为此巴库地区需要有一定的自主权。如果你们没有自主权，就明确电告，我们给你们自主权。**221**

提出明确的建议，用电报和信件送交劳动国防委员会。必须有一个负责巴库＋巴统等地的，能独立、迅速、毫不拖拉地处理事务的区域经济中心。

我们这里不能帮助你们，我们自己也很穷。你们应该用石油和石油产品从国外换取一切必需品来帮助我们。

---

① 昨天得到克拉辛的电报，他对给他寄去的那些租让条件的草案作了答复："基本上可以接受"。而克拉辛并不是从共产主义的小册子里**懂得**这件事的！

我等待答复：用电报简短地答复（"4月2日信悉，租让问题上存在偏见，难于（或容易）克服，关于同国外交换商品以及区域中心问题将要或正在如何如何办"），并写信详告。

正确处理同劳动国防委员会的关系——绝对必要。这是主要的。

还有一个问题：从国民经济各个方面相互配合的角度来看，石油问题在巴库是否处理得当？因为这个地方极其富饶：有森林、有肥沃的土地（如果加以灌溉的话）等等。我们把水（连同石油）抽上来，却又不把这些水用于灌溉，灌溉不是可以使饲草、水稻、棉花得到大丰收吗？我们不能利用"北风"来搞风力发动机吗？但主要的，当然是粮食、灌溉。如果不发展巴库周围的灌溉和农业，能发展石油工业吗？有谁在认真考虑和研究这个问题？那份英国的灌溉计划怎么样了？

致共产主义的敬礼！

列　宁

寄往巴库

载于1932年《列宁文集》俄文版第20卷

译自《列宁全集》俄文第5版第52卷第123—124页

249

致瓦·弗·施米特、列·达·托洛茨基、亚·德·瞿鲁巴、阿·伊·李可夫、米·巴·托姆斯基、亚·加·施略普尼柯夫

1921年4月2日

劳动人民委员部　施米特同志

陆军人民委员部　托洛茨基

粮食人民委员部　瞿鲁巴

最高国民经济委员会　李可夫

全俄工会中央理事会　托姆斯基

提出此项建议的施略普尼柯夫同志

请您召集上述各人民委员(＋全俄工会中央理事会主席)或他们的特派全权代表开会,讨论如下问题:

通过裁减工厂吃口粮的人员和不生产的在编工人(来自农民、应征的红军战士等)来整顿各工厂;给每个企业的粮食,在一定时期内应保持原来的数额,以提高劳动生产率。

会议应该开得简短,即:最好是在星期二,1921年4月5日,上午(12时以前)提交中央政治局。

由施米特同志负责召集。[222]

人民委员会主席

弗·乌里扬诺夫(列宁)

载于 1932 年《列宁文集》俄文版
第 20 卷

译自《列宁全集》俄文第 5 版
第 52 卷第 125 页

250

给维·米·莫洛托夫的批示[223]

(4 月 2 日)

莫洛托夫同志:

　　我支持叶姆沙诺夫同志的请求,我认为一位 1918 年入党的**党员**(而且有他所指出的那些材料,**特别是**著作家们的推荐材料)理应受到相当的信任。

　　我本人根本不认识他。

列　宁

4 月 2 日

译自《列宁文集》俄文版第 37 卷
第 286—287 页

251

给亚·巴·谢列布罗夫斯基的电报

(4月4日)

致石油委员会主席谢列布罗夫斯基

您关于4月5日开航的报告已经收到。请向石油船队转达我的问候。

人民委员会主席　**列宁**

发往巴库

载于1932年《列宁文集》俄文版
第20卷

译自《列宁全集》俄文第5版
第52卷第126页

252

致米·尼·波克罗夫斯基[224]

(4月4日)

波克罗夫斯基同志:寄给您**供参阅**。**请保密**。请简单谈谈您的意见。写信人是个老布尔什维克(1903年起),但是当教授是否能完全胜任,我不知道。我想,还是可以胜任的。真诚的人很少,而他就是这样的人。注意:他对沃尔金的看法如何?

您的　**列宁**

4 月 4 日

载于 1932 年《列宁文集》俄文版
第 20 卷

译自《列宁全集》俄文第 5 版
第 52 卷第 126 页

253

给列·波·克拉辛的电报

(不晚于 4 月 5 日)

密码

致克拉辛

我也担心,我们会白白地把我们为数不多的全部黄金储备都吃光或者都赔光。如何节约,由您来负责。改善工人和农民的生活状况是绝对必要的。为了换取粮食要赶紧从国外获得一定的商品储备;这是政治上的需要;您要考虑这一点,并随时向我报告。

列　宁

载于 1959 年《列宁文集》俄文版
第 36 卷

译自《列宁全集》俄文第 5 版
第 52 卷第 121 页

254

给格·康·奥尔忠尼启则的电报

(4月5日)

密码

致奥尔忠尼启则

您的答复不完全,也不清楚。[225] 请向格鲁吉亚革命委员会了解一下详细情况。第一,格鲁吉亚苏维埃政府是否已批准把特克瓦尔切利煤矿租让给意大利人,是什么时候批准的,什么条件,请来电简单汇报一下,详情来信告知。第二,关于奇阿图拉锰矿:是否已经把德国矿主变为租赁者或承租人,是什么时候,什么条件。最重要的是,对这些问题以及类似问题的解决要极其迅速。这无论对格鲁吉亚,还是对俄罗斯都有巨大的意义,因为租让,特别是租让给意大利和德国,是绝对必要的,正像用石油交换商品一样,先同这些国家大规模进行,然后再同其他国家进行。

请把格鲁吉亚革命委员会的措施告诉我。

列 宁

1921年4月5日

载于1932年《列宁文集》俄文版
第20卷

译自《列宁全集》俄文第5版
第52卷第126—127页

255

致阿·伊·李可夫

(4月5日)

最高国民经济委员会主席团　李可夫同志

请急速解决泥炭水力开采管理局的下列问题:

1.关于为泥炭水力开采管理局生产设备的工厂实行实物奖励的问题(见泥炭水力开采管理局3月26日给最高国民经济委员会主席团的第1252号信);

2.关于授权泥炭水力开采管理局组织承包附属于"输电"发电站的设施的准备工作的问题,此事业经劳动国防委员会为"输电"发电站作的决定所批准(见泥炭水力开采管理局3月31日给最高国民经济委员会主席团的第1329号信);

3.关于泥炭水力开采管理局对最高国民经济委员会所属负责工作人员粮食供应委员会3月22日的决定提出申诉的问题,据该申诉说,由粮食人民委员部拨给泥炭水力开采管理局负责工作人员的100份口粮,被削减了27份(见泥炭水力开采管理局3月31日给最高国民经济委员会的第1347号信);

应考虑,如有必要,可将这些问题提交劳动国防委员会4月6日会议。[226]

人民委员会主席　列宁

载于1932年《列宁文集》俄文版第20卷

译自《列宁全集》俄文第5版第52卷第127—128页

256

致埃默森·詹宁斯[227]

1921年4月5日于莫斯科

致埃默森·詹宁斯先生

我收到您的来信并获悉您从1918年起就参加了反对扼杀俄罗斯联邦的斗争，感到非常高兴。您不仅在口头上，而且在行动上表明了自己的态度，尤其能证明这一点的是，您接济了马尔滕斯同志和努奥尔捷瓦同志。当时他们不能同俄国正常联系，非常需要您对俄罗斯联邦提供的这一友好援助。为此我谨向您表示衷心的感谢。

鉴于您来俄国谋求恢复贸易关系已有3个月，出于对您早日取得成功的热切愿望，请您直接去找列扎瓦同志（副对外贸易人民委员），他全权负责处理此事。我想，您是会同他达成协议的。

同时，列扎瓦同志将十分高兴地向您致谢，归还您对马尔滕斯同志慷慨相助的700万美元①。

请接受我良好的祝愿！

您的　［列宁］

译自《列宁文集》俄文版第39卷
第281页

---

①　詹宁斯的来信说的是7 000美元。——俄文版编者注

257

致格·马·克尔日扎诺夫斯基

（4月5日或6日）

格·马·：

发言稿**228**还给您。

它的主要缺点是：关于电气化谈得太多，关于**当前的**经济计划谈得太少。

重点没有放在应该放的地方。

如果我面对的是一些身为共产党员的"聪明人"，他们没有读过《电气化计划》这本书，不懂得它的意义，关于计划问题笼统地谈了和写了些蠢话，那么，我就应当叫他们注意这本书，因为没有也不可能有另外像样的计划了①。

如果我面对的是一些**编写**这本书的人，那么，我就**不是**叫他们**去注意**这本书，而是**撇开这本书**，去注意**当前**经济计划的问题。

你们现在研究一下这些问题吧，教授先生们！ 你们的电气化受到十分推崇！ 它是光荣又光荣。已经写了第一版。我们修改一下，再出第二版。这个分委员会的专家们会写出一打关于讲授电的知识和电气化计划的法令和决定等等。我们一定批准。

可是国家计划委员会现在应当做的**不是**这个，而是立刻用一切力量抓**当前的**经济计划。

在今天，在 1921 年，现在，春天要抓燃料。

---

①　参看本版全集第 40 卷第 348—357 页。——编者注

收集废品、下脚料和呆滞材料。把这些东西利用起来，**以便换**取粮食。

如此等等。

应当使"**他们**"注意这件工作。让他们坐下来做这件工作。现在，今天。

1—2个分委员会管电气化。

9—8个分委员会管当前经济计划。1921年内就应当这样分配力量。

您的　**列宁**

载于1924年5月29日《劳动报》第120号

译自《列宁全集》俄文第5版第52卷第128—129页

258

致阿·伊·李可夫

（4月6日）

最高国民经济委员会主席团　李可夫同志

抄送：**对外贸易人民委员部**

外交人民委员部

全俄肃反委员会

泥炭总委员会

拉德琴柯同志请求：

(1)给泥炭总委员会派出的10名工作人员（由**拉德琴柯**同志

和**斯米尔加**同志担保）办理出差手续，去芬兰、瑞典、丹麦和加拿大了解泥炭开采业的情况；

（2）为此拨给必要数目的钱款；

（3）此行作这样安排：5月1日前走3人，其余的人6月1日前动身。

请急速办理此事，但是责成泥炭总委员会在出差结束后提出一份关于所做工作的详细报告。

人民委员会主席

弗·乌里扬诺夫（列宁）

附言：我坚持必须特别抓紧此事，必须向我报告**实际**执行情况。

列　宁

载于1932年《列宁文集》俄文版
第20卷

译自《列宁全集》俄文第5版
第52卷第129—130页

259

致安·马·列扎瓦

（4月6日）

对外贸易人民委员部　列扎瓦同志

抄送：**泥炭总委员会**

向我国驻芬兰、瑞典、丹麦、德国、英国的代表重申一项任务——立即采购有关泥炭开采业方面的现有最新书籍以及再版书籍,并经对外贸易人民委员部全部寄给泥炭总委员会。

人民委员会主席　**列宁**

载于1963年11月24日
《真理报》第328号

译自《列宁全集》俄文第5版
第52卷第130页

260

致德·伊·乌里扬诺夫

(4月6日)

致德米特里·伊里奇·乌里扬诺夫

我应古布金(石油总委员会)和洛莫夫(最高国民经济委员会主席团委员)的请求,支持他们的要求:

请协助地质学家**穆什凯托夫**(彼得格勒矿业学院院长)把他的母亲从克里木迁出,他母亲在那里生活非常困难。

如果需要的话,给我来电,我从这里再发一份需要发的电报。

敬礼!

弗·乌里扬诺夫(列宁)

载于1932年《列宁文集》俄文版
第20卷

译自《列宁全集》俄文第5版
第52卷第131页

261

致亚·德·瞿鲁巴

(不晚于 4 月 7 日)

瞿鲁巴同志:您能不能把叶列娜·费多罗夫娜·罗兹米罗维奇"抓"到德国去? 尼古拉·瓦西里耶维奇·克雷连柯非常担心她的病。在这里很难治好。而德国人能治好。听说,她不愿离开孩子。但是,第一,可以让孩子和她一起去。第二,总不能为了这两三个月的时间而冒险吧。

您对她说服说服看。如果您认为有好处并且合适的话,就把这张便条转给她。

依我看,应当把她抓起来押送到德国疗养院去。

敬礼!

列　宁

译自《列宁全集》俄文第 5 版
第 52 卷第 132 页

262

致俄共(布)中央组织局[229]

(4 月 7 日)

完全赞成并恳请作出决议,**责成**叶·费·罗兹米罗维奇就随同这一批人去德国。据**我个人**和 **1912—1913** 年的**中央**的了解，我可以证明，对党来说这是一个非常重要的和宝贵的工作人员。病情很重，在俄国恐怕治不好。

列　宁

1921 年 4 月 7 日

译自《列宁全集》俄文第 5 版
第 52 卷第 132—133 页

263

致阿·巴·哈拉托夫

（4 月 7 日）

哈拉托夫同志：请看一遍，并写上意见退还我。

不能想点办法吗？请通过直达电报同弗鲁姆金谈一谈。[230]

列　宁

4 月 7 日

载于 1932 年《列宁文集》俄文版
第 20 卷

译自《列宁全集》俄文第 5 版
第 52 卷第 133 页

264

给格·叶·季诺维也夫的批示[231]

(4月7日)

季诺维也夫同志:现将克尔日扎诺夫斯基写的一封重要信件给您转去。请打电话同他商谈一下,然后把您的意见告诉我。

列　宁

4月7日

译自《列宁文集》俄文版第40卷第80页

265

致列·波·加米涅夫

(4月7日以后)

加米涅夫同志:寄上供参阅。我还没有看过。[232]

注意:关于用工厂产品发放实物奖以供交换的法令[233]我们搞得**太**急了,而且徒劳无益。请记住我的话:**在这件事情上匆匆忙忙是有害的**,不会有什么好处。

采取一切办法**推迟**和**限制**这一措施,**还是**可以的,而且是**应**

该的。

否则你们要吃苦头(而且吃苦头最多的是您,因为工人们会由于您"骗人"而咒骂**您**)。

您的　列宁

载于1959年《列宁文集》俄文版　　　　　　译自《列宁全集》俄文第5版
第36卷　　　　　　　　　　　　　　　　第52卷第131页

266

致阿·瓦·卢那察尔斯基、
米·尼·波克罗夫斯基和
叶·亚·利特肯斯

1921年4月8日

致卢那察尔斯基、波克罗夫斯基和利特肯斯同志

愈来愈多的迹象表明:教育人民委员部在工作的系统性和计划性方面并没有改进,这违背中央的指示[①]和中央在改组教育人民委员部时特别规定的任务[234]。

主要工作计划什么时候订好?这个计划包括哪些问题?像编写教科书,图书馆网及其利用,模范学校,教师汇报制度,训练班和大中小学的各科教学大纲,检查教学大纲的实际执行情况和教学进度等这样一些问题,是否包括在内?

---

① 见本版全集第40卷第328—329页。——编者注

或者还包括其他问题？哪些问题？

哪些问题是最重要的和最迫切的？

在这方面有没有作过决定？采取哪些措施来有步骤地监督执行情况？

请简略答复。

人民委员会主席

弗·乌里扬诺夫（列宁）

载于1932年《列宁文集》俄文版
第20卷

译自《列宁全集》俄文第5版
第52卷第133—134页

267

致格·马·克尔日扎诺夫斯基[235]

（4月8日）

1

克尔日扎诺夫斯基同志：

请就以下两点简单谈谈您的（或俄罗斯国家电气化委员会**专家的**）意见：

（1）×

（2）♯特别委员会？需要吗？我清楚地记得，在战前看过有关风力发动机得到**很大**发展以及在那方面取得优异成绩的材料。能不能让专家写一份**确切的报告**：把参考文献列出来，特别是德文的。首先(在国家计划委员会里)把文献研究一下。

列　宁

4 月 8 日

2

克尔日扎诺夫斯基同志:

请简单谈谈意见。

列　宁

4 月 8 日

载于1932年《列宁文集》俄文版
第20卷

译自《列宁全集》俄文第5版
第52卷第134页

268

致尼·彼·哥尔布诺夫

(4 月 8 日)

哥尔布诺夫同志:

请尽量给他们以实际帮助,并把结果告诉我[236]。

列　宁

4 月 8 日

载于1932年《列宁文集》俄文版
第20卷

译自《列宁全集》俄文第5版
第52卷第135页

269

给瓦·瓦·沃罗夫斯基的电报

（4月8日）

密码

致沃罗夫斯基

我必须研究一下意大利社会党人的事情，可是又没有时间看全部材料。请安排人把各党最重要的文件的原文挑出来，特别是关于屠拉梯派的，并在5月中以前寄给我。您要亲自审查一下。

列　宁

发往罗马

载于1945年《列宁文集》俄文版
第35卷

译自《列宁全集》俄文第5版
第52卷第135页

270

致列·米·欣丘克

（不晚于4月9日）

欣丘克同志：能否利用军用运输力量（中央有这样的指示，昨天通过的)加紧从国外运进马铃薯种?

应当做到这一点。

3月份运了 **620** 列军用列车(620!!!)。播种前是可以运来 $500 \times 0.8 = 400\ 000$ 普特马铃薯种的。

要抓紧!**237**

列　宁

载于1945年《列宁文集》俄文版
第35卷

译自《列宁全集》俄文第5版
第52卷第139页

271

给格·康·奥尔忠尼启则的电报

(4月9日)

用蓝铅笔画出的

地方译成密码①

致奥尔忠尼启则

您关于外高加索粮食状况严重的密码电报已经收到。我们已采取了一系列措施,拨给了亚美尼亚一些黄金,向粮食人民委员部重申交给它的各种任务。但是,我要预先指出,我们这里困难很大,无力援助。我坚决要求为整个外高加索成立一个区域经济机

---

①　手稿上列宁用蓝铅笔画出的电文是:"关于……粮食状况严重……无力援助"和"租让合同,特别是在格鲁吉亚"。——俄文版编者注

构,尽一切努力签订租让合同,特别是在格鲁吉亚;设法哪怕是在国外购买种子,并利用巴库的资源把阿塞拜疆的灌溉工作推进一步,以便发展农业和畜牧业,同时努力发展同北高加索的商品交换。您和格鲁吉亚的同志们是否领会了我们实行粮食税的新政策的意义?给他们读一下这封信,并经常把情况告诉我;请读一读我给巴库的谢列布罗夫斯基的信①。

列 宁

载于1925年在梯弗利斯出版的马·德·奥拉赫拉什维利《列宁与外高加索社会主义联邦苏维埃共和国(资料汇编)》

译自《列宁全集》俄文第5版第52卷第135—136页

272

致阿·瓦·卢那察尔斯基

(4月9日)

致阿纳托利·瓦西里耶维奇·卢那察尔斯基
抄送:泥炭总委员会

为了振兴泥炭开采业,应当广泛进行宣传——利用传单、小册子、流动展览会、电影,出版教科书;在普通学校和高等技术学校增设讲授泥炭开采的必修课;编写教科书;每年向国外派遣考察团。

① 见本卷第248号文献。——编者注

具体地说,必须:(1)责成国家出版社在4月15日以前印出10万本一个半印张的小册子《泥炭》,这本小册子已由泥炭总委员会于今年2月8日送交鼓动处莫尔德温金同志,此外,还要再发排泥炭总委员会的三种小册子和传单,5月1日以前出版;15 000册必须交由泥炭总委员会发行。

(2)责成电影局于5月份在泥炭总委员会指导下拍摄12部介绍泥炭开采的影片(供应俄罗斯、乌克兰、乌拉尔、白俄罗斯和西伯利亚)。

(3)责成职业教育总局会同泥炭总委员会在6月1日以前拟出普通学校和高等学校泥炭开采必修课的方案。

请把您的指示的抄件和有关机关及有关人员的答复(并注明日期)寄给我。

人民委员会主席

弗·乌里扬诺夫(列宁)

载于1932年《列宁文集》俄文版
第20卷

译自《列宁全集》俄文第5版
第52卷第136—137页

273

致伊·伊·库图佐夫

1921年4月9日

致库图佐夫同志

抄送:李可夫

斯米尔加

叶姆沙诺夫

布留哈诺夫

克列斯廷斯基

克里茨曼

谢马什柯同志或他的副职

请指定以下单位派人开一次会,尽可能今天就开:

燃料总委员会

林业总委员会

泥炭总委员会

纺织企业总管理委员会

交通人民委员部

财政人民委员部

粮食人民委员部

利用委员会①

---

① 指劳动国防委员会俄罗斯联邦资源利用委员会。——编者注

卫生人民委员部

要有伊万诺沃-沃兹涅先斯克的三位同志:科罗廖夫、科罗特科夫和曼努伊尔斯基(电话:**410**,苏维埃1号楼)参加。

研究伊万诺沃-沃兹涅先斯克地区各重点工厂的急需问题。

会议无论如何要在星期二以前结束,以便提交人民委员会。

如果能达成协议,可由各人民委员下令立即加以贯彻,但要由人民委员会通过。**238**

为了加快速度,必要时请分组开会,以便研究各个问题。

人民委员会主席

弗·乌里扬诺夫(列宁)

载于1932年《列宁文集》俄文版
第20卷

译自《列宁全集》俄文第5版
第52卷第137—138页

274

给雅库特贫苦农民代表会议的电报[239]

(4月9日或10日)

雅库茨克　贫苦农民代表会议主席团

列宁同志委托我向你们的代表会议转达他的祝贺。列宁同志表示希望,从沙皇制度压迫下[获得了自由的]**获得了自由的**、从酋长奴役下[得到解放的]**得到解放的**[雅库特]**雅库特**[贫苦农民]**劳动群众**一定会[觉醒]**觉醒起来**,并在俄罗斯的工人和农民的帮助下走上［共产主义的］**彻底巩固劳动者自己政权**的道路。

全俄中央执行委员会委员　**阿莫索夫**①

同意，并作以上修改②。

列　宁

载于1932年《列宁文集》俄文版
第20卷

译自《列宁全集》俄文第5版
第52卷第138—139页

275

致维·米·莫洛托夫

（4月9日和21日之间）

莫洛托夫同志：如果我没有记错的话，报纸上刊登了中央关于五一节的一封信或通告，其中有**揭穿宗教的谎言**或类似的话。

这是不行的。这很不策略。正当复活节的时候，应当建议写**另外的内容**：

不是揭穿谎言，

而是**一定要避免对宗教的任何侮辱**。

应当再发表一封信或通告[240]。如果书记处不同意，就提交

---

① 在电报下方秘书写的"阿莫索夫请求准许发出这份电报"一句被列宁勾掉。——俄文版编者注

② 列宁修改和补充的词是用黑体字排印的，方括号内是列宁删去的词。——编者注

政治局。

列 宁

载于 1945 年《列宁文集》俄文版
第 35 卷

译自《列宁全集》俄文第 5 版
第 52 卷第 140 页

276

给瓦·瓦·佛敏的电报

(4 月 10 日)

顿河畔罗斯托夫　全俄肃反委员会代表
鲁萨诺夫速转佛敏同志。亲自解码。
寄自莫斯科　全俄肃反委员会

中央决定任命**捷尔任斯基**同志为交通人民委员,叶姆沙诺夫为第一副人民委员,您为第二副人民委员。柯列加耶夫以及从中央机关再抽调一人参加部务委员会。请您用密码电告您的意见,您的想法,其中包括:需要有人代理职务时,哪位专家合适[241]。

列 宁

1921 年 4 月 10 日

载于 1932 年《列宁文集》俄文版
第 20 卷

译自《列宁全集》俄文第 5 版
第 52 卷第 140 页

277

给德·伊·库尔斯基的批示[242]

（4 月 11 日）

库尔斯基同志：

请立即就此事是否**合法**，然后就事情本身提出结论性意见，并退还我。[243]

列　宁

4 月 11 日

载于 1959 年《列宁文集》俄文版
第 36 卷

译自《列宁全集》俄文第 5 版
第 52 卷第 141 页

278

致罗·爱·克拉松

1921 年 4 月 11 日

克拉松同志：

没有收到您的报告[244]，我感到奇怪。我给拉德琴柯打过电话。

为什么？

5 月份工程就要开始，而您却什么也没有提供。

简单写一下,为什么拖拉?

您做了哪些事?

敬礼!

列　宁

译自《列宁全集》俄文第5版
第52卷第141页

279

给秘书的指示[245]

(4月11日)

给他们写一封信:"我**不**满意你们的答复。彼得·谢苗诺维奇·奥萨德奇已被任命为**国家计划委员会**副主席。请**确切、详尽**地告知,**是谁(名字)**①,**在什么时候**,并且**为什么**逮捕奥萨德奇。"

列　宁

4月11日

译自《列宁文集》俄文版第37卷
第288页

---

① "名字"二字是写在"谁"字下面的。——俄文版编者注

280

给格·马·克尔日扎诺夫斯基的批示[246]

(4 月 11 日)

格·马·:

今天,4 月 11 日,晚上 11 点我和季诺维也夫谈了话。他明天想和您谈一谈。有人反对巴奇马诺夫。请简单写几句给我并退还。

列　宁

译自《列宁文集》俄文版第 40 卷
第 80—81 页

281

给格·马·克尔日扎诺夫斯基的批示

(4 月 11 日和 13 日之间)

格·马·:

请您**亲自**同季诺维也夫谈一谈;要得出一个结果来。[247]

列　宁

译自《列宁文集》俄文版第 40 卷
第 81 页

282

致格·马·克尔日扎诺夫斯基

4月12日

格·马·：

　　昨天和斯米尔加谈了。他今天要和您谈。

　　确定国家计划(不作为制度,而作为**计划**)的基本轮廓的问题,已经刻不容缓。

　　现在您已知道粮食税和其他法令。这就是政策。请您更精确地计算一下(考虑到各种不同的收成情况),究竟能得到多少。

　　燃料问题更是迫在眉睫。浮运停顿了。

　　在这样的春季里,歉收会使运输停顿下来。

　　让拉姆津他们在两天内给我一份**简单的**总结：**三种**数字(木柴、煤炭、石油)

　　　　1918???

　　　　1919

　　　　1920

　　特别是 1921 年各年度半年的

　　　　和 1922 年的计划

　　1920 年的燃料计划

四种数字：原定多少？

　　　　实得多少？

　　　　原定数打算如何分配(只要主要项目)？

实得数是如何分配的?

星期四早晨以前送来。我要根据这个材料决定对外贸易问题。今天就布置下去。明天我们谈谈。

敬礼!

列　宁

载于 1933 年《列宁全集》俄文
第 2、3 版第 29 卷

译自《列宁全集》俄文第 5 版
第 52 卷第 141—142 页

283

致埃·马·斯克良斯基

（4月12日以后）

是中央作的决定。

让他们向中央申诉好了。[248]

载于 1942 年《列宁文集》俄文版
第 34 卷

译自《列宁全集》俄文第 5 版
第 52 卷第 132 页

284

致尼·彼·哥尔布诺夫

（4月12日和14日之间）

哥尔布诺夫同志:请看一遍[249],告诉我(要快),**并立即**为提交

劳动国防委员会作准备。

（报告人应当是**拉姆津**或**克鲁格**。）

列　宁

关于恩巴的问题，请准备好在星期五（4 月 15 日）提交**劳动国防委员会。**

载于 1932 年《列宁文集》俄文版
第 20 卷

译自《列宁全集》俄文第 5 版
第 52 卷第 143 页

285

致格·马·克尔日扎诺夫斯基

（4 月 13 日）

格·马·：

任务清楚了吗？

应该设想，我们在 1921 — 1922 年会遇到同样的或者更加严重的

歉收，

燃料紧缺（由于粮食和马的饲料的不足）。

从这一观点出发，估计一下，必须向国外购买多少，以便**无论如何**解决最迫切的需要，就是说，一定要弄到不足的那部分粮食（向国外直接购买食物和到俄国边疆地区去换取粮食）并弄到必需的最低限额的燃料。

只有**从这一观点看来**是必需的订货申请，才可以而且应该认为是合理的。

电业方面的一切订货申请并非都符合这一点。仅仅证明电能节省燃料是不够的。

还要证明，在粮食和燃料极端紧缺的**条件下**，**1921——1922年度的这笔**开支是**必要的**。

列　宁

载于1924年在莫斯科出版的格·马·克尔日扎诺夫斯基《商品交换和计划工作》一书

译自《列宁全集》俄文第5版第52卷第142——143页

286

致列·米·卡拉汉

（4月13日以后）

卡拉汉同志：

关于给什克洛夫斯基及其家属办理签证的电报您是什么时候发出的？[250]

请把抄件送给我。

万一这份电报丢失，请再次向柯普发一个正式命令：要求办理签证。

我很不安，因为拖得太不像话了，结果还是我的责任。

致共产主义的敬礼！

列　宁

译自《列宁全集》俄文第5版
第52卷第144页

287

致列·波·加米涅夫

4月14日

加米涅夫同志：听说工人们过三四个月将要求废除自由贸易。他们说不想让官僚们吃白面包。

是否应事先采取措施：

（1）马上全力办休养所。夏秋两季增加休养所的数量。然后我们给"休养员"间或也买"白面包"，轮流来；

（2）仔细考虑一下给儿童或"获奖者"买礼物的其他**轮流办法**。

但是第一点更重要。简单谈谈您的意见以及工作情况。

（3）在伊万诺沃-沃兹涅先斯克必须成立一所1 000—1 500人的**斯维尔德洛夫大学**。请不要忘记。

敬礼！

列　宁

载于1932年《列宁文集》俄文版
第20卷

译自《列宁全集》俄文第5版
第52卷第144页

288

致阿·马·尼古拉耶夫

4月14日

尼古拉耶夫同志：

您通知我说，伊万·尼古拉耶维奇·**切博塔廖夫**被列为克里木电磁波实验室主要创建者罗曼诺夫教授的助手。

据我本人了解，伊万·尼古拉耶维奇·切博塔廖夫是个诚实的和忠于职守的人。我可以推荐他。

人民委员会主席

弗·乌里扬诺夫（列宁）

载于1932年《列宁文集》俄文版
第20卷

译自《列宁全集》俄文第5版
第52卷第145页

289

致格·列·皮达可夫

4月14日

皮达可夫同志：

给您寄去关于租让问题的材料（**秘密**，绝对不能发表）。这是对您的问题的答复。

您会看到,我们是如何实行租让政策的。

关于顿巴斯的问题,我们**正等待**您的工作结果。增加10%,我的理解是**超出6亿普特**这个计划[251],而不是"超出"……上一年!

"要是有粮食嘛,那我……"您怎么好意思重复这一套?那当然啦,如果**给您**……

不,你们要**自己**努力去获得一切:包括盐和**换盐**的粮食等等。

要有主动精神,首创精神,搞好地方流转,而不是乞求:要是别人给我……　这是耻辱!

敬礼!

列　宁

载于1959年《列宁文集》俄文版
第36卷

译自《列宁全集》俄文第5版
第52卷第145页

290

致米·费·弗拉基米尔斯基

(4月14日)

致副内务人民委员

弗拉基米尔斯基同志

随函寄去卡卢加省佩列梅什利县扎博罗夫斯克乡戈洛夫尼诺

村公民寄给我的上诉信[252]和该乡扎博罗夫斯克镇的决议。

我命令对整个案子进行调查,就地查明情况,追究犯罪者的责任,采取措施撤掉不称职的人,并给这个村的农民以切实的帮助。

通过人民委员会办公厅主任**哥尔布诺夫**同志将结果报告给我。

人民委员会主席

弗·乌里扬诺夫(列宁)

载于1959年《列宁文集》俄文版
第36卷

译自《列宁全集》俄文第5版
第52卷第146页

291

同叶·阿·普列奥布拉任斯基
互递的便条[253]

(4月14日)

印制<u>大面值</u>新币,<u>每月可印1 500亿</u>,或者,按旧卢布计算,每月可印
1 500亿×10 000＝<u>15 000 000亿</u>。

每100万卢布要比现在的100万卢布减少用纸约⁴/₅。

仅印大面值的不妥。**应作总的、整体的比较。**

译自《列宁文集》俄文版第38卷
第358页

292

给彼得格勒苏维埃的电话

（4 月 14 日）

打电话

季诺维也夫同志：此事务请办妥。[254]

列　宁

译自《列宁文集》俄文版第 40 卷
第 81 页

293

给莫·伊·弗鲁姆金和
亚·格·别洛博罗多夫的电报

（4 月 15 日）

直达电报

罗斯托夫　粮食人民委员部特派员弗鲁姆金
劳动军委员会　别洛博罗多夫

收到你们的第 4960/P 号电报后，中央部门仍不断地收到不
同来源的消息：有奥尔忠尼启则从梯弗利斯发来的，有阿塞拜疆粮

食人民委员穆萨别科夫从巴库发来的,都谈到为保证巴库粮食供应采取的措施不够,这样今后可能发生更大的困难。请把这个问题提交劳动军委员会专门讨论。要采取坚决措施供应巴库,同时供应格鲁吉亚和亚美尼亚,并根据第 293 号文件将实际供应措施定期向中央部门汇报。立即复电。

劳动国防委员会主席　列宁

1921 年 4 月 15 日

载于 1932 年《列宁文集》俄文版第 20 卷

译自《列宁全集》俄文第 5 版第 52 卷第 146—147 页

294

给亚·德·瞿鲁巴的批示[255]

(4 月 15 日)

瞿鲁巴同志:依我看,要对他进行训斥。毫无意义的牢骚和托词。本应在全俄中央执行委员会作出决定之前(和之后——在 3 月份而不是 4 月份——立即)通过直达电报谈一谈。不该发牢骚,而应当及时请全俄中央执行委员会作出专门决定。真像个愚蠢的爱发牢骚的蠢婆娘。

列　宁

载于 1932 年《列宁文集》俄文版第 20 卷

译自《列宁全集》俄文第 5 版第 52 卷 147 页

295

致维·米·莫洛托夫

(4 月 15 日)

莫洛托夫同志：刚从李可夫那里得知，教授们（莫斯科高等技术学校的）**还不知道决定**（昨天的）。**256**

这太不像话了，这样误事真是骇人听闻。关于中央的办事机构问题我要提交政治局。的确，**不该这样**。

卢那察尔斯基的声明草案**257**昨天**就准备好了**。昨天就应该**宣读**。

您必须马上下令把这些事情都办妥，并**检查**是否都执行了？

必须检查和督促。

不容许拖延。

列　宁

载于 1959 年《列宁文集》俄文版
第 36 卷

译自《列宁全集》俄文第 5 版
第 52 卷第 147—148 页

296

致列·波·加米涅夫**258**

(4 月 15 日)

加米涅夫同志：依我看，应当同意并在**完成余粮收集任务的**省和县里**进行试验**。

请您**立即**在委员会里通过，我们再用打电话征求意见的方式在政治局里通过。

非常紧急。

列　宁

译自《列宁全集》俄文第5版
第52卷第148页

297

致伊·伊·拉德琴柯

1921年4月16日

拉德琴柯同志：刚才列扎瓦把克拉松的报告（3月23日的）[259]给了我。抄件（或**原件**？）已送泥炭总委员会，也就是说已送给您了。

请加倍注意，并立即给我回音：您什么时候能提出最后的正式的结论性意见？

应当抓紧，以便赶**在**克拉松离开德国**前**作出答复。

盼复。

您的　**列宁**

载于1932年《列宁文集》俄文版
第20卷

译自《列宁全集》俄文第5版
第52卷第148页

298

致克拉拉·蔡特金和保尔·莱维①

1921 年 4 月 16 日

蔡特金和莱维同志:

亲爱的朋友们！非常感谢你们的来信。很遗憾,最近几周我十分繁忙,十分疲劳,几乎根本没有可能看德文报刊。我只看到过公开信[260]并认为这封信是**完全正确的**策略(我谴责了我们那些反对这封公开信的"左派"所持的相反的意见)。至于不久前德国发生的罢工运动和起事的消息,我根本没有看到[261]。我乐于相信,执行委员会的代表所维护的立即行动"以便支援俄国人"的策略是愚蠢的策略,过左的策略,因为这个代表往往过左[262]。依我看,在这种情况下你们不应该让步,而应该抗议,并立即正式把问题向执行局全会提出。

你们对塞拉蒂的策略,我认为是错误的。为塞拉蒂作任何辩护、哪怕是作部分辩护都是错误的。而退出中央委员会呢!!?? 这怎么说也是最大的错误！如果我们容忍这样的做法,即中央委员会的负责成员处于少数时就退出中央委员会,那么共产党就永远不能正常地发展和壮大[263]。不要退出,最好是和执行委员会**共同**就争论的问题进行几次讨论。现在莱维同志想写本小册子,也就

---

① 列宁在信的副本上批注:"我给莱维和蔡特金的回信。1921年4月16日","存档。再复制**两三份**","**退回**","1921年5月17日收"。——俄文版编者注

是想加深矛盾！这一切是为了什么?? 我相信，这是个大错误[264]。

为什么不等一等呢?6 月 1 日将在这里召开代表大会[265]。为什么不**在代表大会前**在这里非正式地讨论一下呢？即不要公开辩论，不要退出，不要写有关分歧的小册子。我们经过考验的力量十分少，所以我对同志们声明退出等举动确实感到不安。凡是做得到的和某些做不到的事都必须去做，但无论如何要避免退出和激化矛盾。

2—3 月里我们的局势是严重的。一个农民的国家，农户占居民的大多数。动摇，破产，不满。但我们不应当过于悲观。我们及时地作了让步。所以我相信，我们一定会胜利。

致衷心的问候和最良好的祝愿！

你们的　列宁

原文是德文

载于 1958 年《和平和社会主义问题》杂志第 2 期

译自《列宁全集》俄文第 5 版
第 52 卷第 149—150 页

299

给格·康·奥尔忠尼启则的电报[①]

4 月 17 日　　　　　　　　　　　　　　　密码

致奥尔忠尼启则

刚刚从斯大林那里得知，您和穆苏里同法国公司签订了

---

① 列宁在文献上方批示："**斯大林**同志：如无反对意见，请发出（或委托斯克良斯基发出）。"——俄文版编者注

5 000万法郎的合同,并得知装载价值800万法郎货物的"柳西斯"号轮船已抵达。请告知是否属实并扼要汇报详情:你们那里谁主管对外贸易人民委员部?格鲁吉亚、亚美尼亚、阿塞拜疆在这方面是否已联合?同谢列布罗夫斯基是否已商妥?

列　宁

发往埃里温

载于1945年《列宁文集》俄文版
第35卷

译自《列宁全集》俄文第5版
第52卷第150页

300

给维·米·莫洛托夫的批示[266]

(4月17日)

莫洛托夫同志:送政治局全体委员传阅。应当提交政治局。依我看,应把章程告诉**他们**,要求**他们**提出修改意见。非常重要。

列　宁
4月17日

载于1959年《列宁文集》俄文版
第36卷

译自《列宁全集》俄文第5版
第52卷第151页

301

致维·米·莫洛托夫并转
俄共(布)中央政治局委员

(4月17日)

致莫洛托夫同志

知照政治局全体委员。

关于**布琼尼部战士**等问题非常重要。[267]

列　宁

4月17日

译自《列宁全集》俄文第5版
第52卷第151页

302

致列·波·加米涅夫

(4月17日)

加米涅夫同志：

应当在星期二提交政治局。

第1、2、4节,报告起草人的意见是**正确的**。[268]

列 宁

4月17日

载于1932年《列宁文集》俄文版
第20卷

译自《列宁全集》俄文第5版
第52卷第151页

303

给格·康·奥尔忠尼启则的电报

(4月17日)

据悉,格鲁吉亚留下了一家格鲁吉亚国家银行,全部职员个个业务熟练,还有外国代表机构的存款。如果这件事属实,必须把银行保存下来作为对外贸易的信贷机关,现正在筹划外高加索各共和国的经济联合,也许还可以把它改为整个外高加索的银行。

目前在国外,特别是马尔托夫、策列铁里等人,正在就格鲁吉亚苏维埃化一事进行疯狂的反俄罗斯联邦的宣传。必须让格鲁吉亚革命委员会展开强大的反宣传,其中应当指出:第一,俄罗斯联邦的缔造和平的作用;第二,推翻了格鲁吉亚资产阶级政府的格鲁吉亚工农兵群众的积极带头作用;第三,阿塞拜疆和亚美尼亚苏维埃政府的作用,它们支持了亚美尼亚、鞑靼和格鲁吉亚的起义者,其目的是反对格鲁吉亚资产阶级政府的侵略步骤而进行自卫,因为这个资产阶级政府在梯弗利斯成立了阿塞拜疆和亚美尼亚资产阶级政府,妄图从内部破坏亚美尼亚和阿塞拜疆的苏维埃制度。

　　请仔细搜集揭露格鲁吉亚孟什维克政府的材料,并带到莫斯科来提交全会。

列　宁

发往埃里温

载于1945年《列宁文集》俄文版
第35卷

译自《列宁全集》俄文第5版
第52卷第153页

304

致维·米·莫洛托夫并转
俄共(布)中央政治局[269]

(4月17日)

　　莫洛托夫并转政治局:依我看,提建议者说得不对。他搞形式主义。如果有"比马尔托夫左的"这类**小册子**的话,那我们是会看的。而现在,他的建议行不通。他没有认真深入研究过这件事。

列　宁

4月17日

译自《列宁文集》俄文版第37卷
第289页

305

致弗·巴·米柳亭和
瓦·亚·阿瓦涅索夫

（4月18日）

致米柳亭同志

阿瓦涅索夫同志

为同各区域经济委员会建立更紧密的联系，我命令成立一个有**波波夫**同志参加的专门委员会，以制定各经济委员会主席关于委员会工作报告的格式并规定报告期限。

人民委员会主席

载于1932年《列宁文集》俄文版
第20卷

译自《列宁全集》俄文第5版
第52卷第152页

306

致阿·伊·李可夫、
弗·巴·米柳亭、安·马·列扎瓦

（4月18日）

我认为必须给巴库石油委员会以一定的自主权，可以用石油产品从波斯、土耳其和欧洲换取设备及供应工人所需的衣服和粮食,因此请在明天人民委员会开会之前提出你们的结论性意见和共同商定的决定草案。**270**

人民委员会主席

弗·乌里扬诺夫(列宁)

载于1932年《列宁文集》俄文版
第20卷

译自《列宁全集》俄文第5版
第52卷第152页

307

给尼·彼·哥尔布诺夫的批示和
在阿·马·尼古拉耶夫的信上作的标记

(4月18日)

哥尔布诺夫同志:请帮助改进,达到×时,请告诉我。

列 宁

……发明了一种新的光电管,这种光电管接上放大管,就能在一定距离(20—30米)内测定所发出的无线电(振荡)能。把话筒对准目标(黑的或白的),在这种光电管的作用下可通过无线电接收台把影像传到屏幕上。仪器经过改进可达到下列效果:(1)在屏幕上能看到无线电话旁说话人的活动影像;(2)在屏幕上可以显示出在几百俄里外活动的敌军飞行中队或分舰队。

……这是**俄罗斯**工程师米哈伊尔·亚历山德罗维奇·邦契-布鲁耶维奇发明的。

致同志的敬礼!

阿·尼古拉耶夫

载于1932年《列宁文集》俄文版
第20卷

译自《列宁全集》俄文第5版
第52卷第154页

308

致阿·马·尼古拉耶夫

（4 月 18 日以后）

您过去漫不经心，现在还是漫不经心。事情已经无声无息了。我不记得政治局的决定。似乎还要搜集一些补充材料？克拉辛的反应，不知是不了解，还是否定。请您注意。要提醒莫洛托夫。请向克拉辛索取**一份文件**。要搜集正式的**反映**。

译自《列宁文集》俄文版第 37 卷
第 288 页

309

致约·维·斯大林[271]

（4 月 18 日或 19 日）

斯大林同志：

我反对佛敏的建议。不能"按俄罗斯的办法"，应当"按格鲁吉亚的办法"。

我们将提交政治局。

列　宁

译自《列宁全集》俄文第 5 版
第 52 卷第 154 页

310

致叶·阿·普列奥布拉任斯基

4月19日

普列奥布拉任斯基同志:

从您今天谈的某些意见中可以看出,您认为政治局有关教授问题的决定是错误的[272]。

恐怕这里面有误解。恐怕您对决定理解得不准确。

至于说卡林尼科夫(好像是这个姓)是个反动分子——我很倾向于这种看法。那里还有一些居心险恶的立宪民主党人,这也毫无疑问。但是要用**别的办法**去揭露他们。而且要抓住具体的把柄来揭露他们。交给科兹明这样一个任务(只是他有点缺乏头脑,和他打交道要注意点):要根据确切的事实、行为、言论去揭露。那时候,我们关押他一个月,一年。会得到教训的。

对居心险恶的立宪民主党人也这样办。

如果阶级敌人诽谤了伊格纳托夫(? 好像是这个姓吧? 我不认识他),也这样办。

准备好材料,核实好,**当众**加以揭露和谴责,给予惩处,以儆效尤。

军事专家的叛变问题要揭露。但所有的军事专家都被吸收来工作了。卢那察尔斯基和波克罗夫斯基不会"**揭露**"自己的专家,他们生自己的气,无缘无故地拿大家出气。

这就是波克罗夫斯基的错误。我和您的分歧可能并不那么多。

最糟糕的是教育人民委员部没有章法,缺乏约束;连他们的党支部也都"松懈"得太不像样了。

直到现在教育人民委员部还未能制定出"揭露"和**处分**专家、揭露和教育党支部的**办法**。

致共产主义的敬礼!

列　宁

载于1942年《列宁文集》俄文版
第34卷

译自《列宁全集》俄文第5版
第52卷第155页

311

致安·马·列扎瓦

(4月19日)

致副对外贸易人民委员列扎瓦同志

知照:副粮食人民委员布留哈诺夫同志

最高国民经济委员会主席李可夫同志

请研究一下给您寄去的向西欧工人合作社提供在西伯利亚进行原粮加工的租让合同总则草案和 **C. M. 格利金**起草的草案说明[273],并请同最高国民经济委员会和粮食人民委员部协商后,于4月22日会议前向劳动国防委员会提出一份说明该草案实质的报告和一份劳动国防委员会为实行**格利金**建议(如果这些建议被认为合理和有益的话)所应采取的具体措施的决定草案。

人民委员会主席

弗·乌里扬诺夫(列宁)

载于1932年《列宁文集》俄文版
第20卷

译自《列宁全集》俄文第5版
第52卷第156页

312

致尼·亚·谢马什柯

1921年4月19日

　　卫生人民委员部　谢马什柯同志，
　　如此人不在,交代理其职务的人

请告诉我,最近(特别是近几天)莫斯科是否发生过霍乱和其他传染病;

有多少起(如果发生过的话);

同上年比,增加多少;

决定采取哪些城市防疫卫生措施和其他防疫措施(如果有这样决定的话),实行了哪些措施。

人民委员会主席

弗·乌里扬诺夫(列宁)

载于1945年《列宁文集》俄文版
第35卷

译自《列宁全集》俄文第5版
第52卷第156—157页

313

致瓦·亚·阿瓦涅索夫

致副工农检查人民委员阿瓦涅索夫同志

1921年4月19日

请您立即组织一个由工农检查院、劳动人民委员部和农业人民委员部的代表组成的委员会，来研究随函寄去的教徒农业生产联合组织（集体）第一次全俄代表大会的决定和决议，并向人民委员会提出报告[274]。

期限4月26日。

人民委员会主席

弗·乌里扬诺夫（列宁）

载于1932年《列宁文集》俄文版第20卷

译自《列宁全集》俄文第5版第52卷第157页

314

给B.H.鲁索的电话[275]

（4月19日）

打电话

极为遗憾，我无法接受您的邀请，因为中央政治局已决定明天开会，不能延期。

　　我向学员们祝贺，并请向他们转达，我热烈祝愿他们取得进一步的成就。

列　宁

载于 1932 年《列宁文集》俄文版
第 20 卷　　　　　　　　　　　　　译自《列宁全集》俄文第 5 版
　　　　　　　　　　　　　　　　　第 52 卷第 157 页

315

给秘书的指示

（4 月 19 日）

　　将此电文（以及关于勒拿采金工业公司的电文）抄件送克尔日扎诺夫斯基[276]。今后所有这类电报都要送他。关于石油问题，以我的名义再书面告诉他："关于油罐车的材料现送上，请在星期五前准备好一份报告，谈谈应当如何分配和使用油罐车，以便最大限度地从格罗兹尼运出尽可能多的石油（一天至少 350 车）。"

列　宁

4 月 19 日

载于 1932 年《列宁文集》俄文版
第 20 卷　　　　　　　　　　　　　译自《列宁全集》俄文第 5 版
　　　　　　　　　　　　　　　　　第 52 卷第 158 页

316

给秘书的指示

（不早于 4 月 19 日）

请把我这里**有关运石油的油罐车**的材料都收集起来，并全部送**克尔日扎诺夫斯基**。

载于 1932 年《列宁文集》俄文版
第 20 卷

译自《列宁全集》俄文第 5 版
第 52 卷第 158 页

317

☆致粮食人民委员部²⁷⁷

（4 月 20 日）

致布留哈诺夫同志或欣丘克同志，
或哈拉托夫同志

请进行这一**协商**（同水运总管理局、教育人民委员部和**国防委员会特派员**①），通过召集会议（由各人民委员作决定），或采

---

① 指国防委员会红军和红海军供给特派员。——编者注

取其他的办法进行,以便提交劳动国防委员会星期五作最后决定。

劳动国防委员会主席　**列宁**

4 月 20 日

载于 1932 年《列宁文集》俄文版
第 20 卷

译自《列宁全集》俄文第 5 版
第 52 卷第 158—159 页

318

致叶·雅罗斯拉夫斯基[278]

(不早于 4 月 20 日)

依我看,**务必**两人都要。有好处,因为他们将捍卫马克思主义(如果他们转而宣传孟什维主义,我们就揭露他们:**必须加以监视**)。

可以吸收他们两人参加制定**详细的**哲学教学**大纲**(和讲义**提纲**)以及哲学书籍**出版**计划的工作。

列　宁

载于 1932 年《列宁文集》俄文版
第 20 卷

译自《列宁全集》俄文第 5 版
第 52 卷第 159 页

319

给莫·伊·弗鲁姆金的电报

（4月21日）

致弗鲁姆金

国家计划委员会主席团也认为必须设立一个直属东南边疆区经济委员会的计划委员会。关于人选问题请通过直达电报同克尔日扎诺夫斯基商量。材料正在收集，下周内寄出。

人民委员会主席　**列宁**

载于1959年《列宁文集》俄文版
第36卷

译自《列宁全集》俄文第5版
第52卷第159页

320

致尼·巴·布留哈诺夫

（4月21日和28日之间）

布留哈诺夫同志：

现给您送去我论粮食税一文（以及小册子）①的手稿。已

---

① 见本版全集第41卷第192—233页。——编者注

发排。

如果您想看看，**请明天以前**看完，并把您的看法和修改意见交给我。

明天退给我。

致共产主义的敬礼！

列　宁

载于1932年《列宁文集》俄文版
第20卷

译自《列宁全集》俄文第5版
第52卷第174页

321

致格·马·克尔日扎诺夫斯基[279]

（4月22日）

致克尔日扎诺夫斯基

您是否要讲话？

如果要讲，报告人讲完**马上就**由您讲好不好？（以便快点结束）。

要不要马上拟出决定草案（大致为：各工会、矿工和木材工人参加，燃料总管理委员会和各**矿山**总管理局或矿业总管理局予以保证）。

载于1932年《列宁文集》俄文版
第20卷

译自《列宁全集》俄文第5版
第52卷第160页

322

致阿·巴·哈拉托夫[280]

(4月22日)

哈拉托夫同志:这件事应当办到。从列扎瓦的简报看(今天,4月22日,已给您送去了),这笔债我们可以用从国外买来的东西偿还。

列　宁

4月22日

载于1932年《列宁文集》俄文版
第20卷

译自《列宁全集》俄文第5版
第52卷第160页

323

致外交人民委员部和全俄肃反委员会

(4月22日)

外交人民委员部

全俄肃反委员会

有人向我报告说,化学家和发明家格里戈里·谢苗诺维奇·**彼得罗夫**出国一事受到阻挠。

彼得罗夫有沃伊柯夫1921年3月29日签发的对外贸易人民

委员部第 1554(A)012 号委托书。

有发明评审委员会 1921 年 2 月 9 日关于发给彼得罗夫 1 500 万卢布奖金等的决定(是米海洛夫斯基签署的)。

请外交人民委员部和全俄肃反委员会下令立即放他出国。如果此事仍有障碍,请立即向我报告。

人民委员会主席
弗·乌里扬诺夫(列宁)

译自《列宁全集》俄文第 5 版
第 52 卷第 160—161 页

324

致 H.Л.施佩克托罗夫、
彼·拉·沃伊柯夫、阿·季·哥尔茨曼、
列·纳·克里茨曼、C.B.格罗曼

(4 月 23 日)

兹宣布对下列同志给予严重警告处分,如果重犯,失职人员将被送交法庭审判,请各知照:

施佩克托罗夫同志(陆军人民委员部)、**沃伊柯夫**同志(对外贸易人民委员部)、**哥尔茨曼**同志(全俄工会中央理事会),因为他们未出席劳动国防委员会 4 月 23 日上午 10 时的委员会会议,而关于这次会议,4 月 22 日晚 10 时前就已当面或用人民委员会秘书处的电话通知了他们。

还有克里茨曼同志,已通过哥尔茨曼向他转达了通知。

以及**格罗曼**——运输器材司司长,因为该司不设值班员,以致无法通知他参加委员会会议。

人民委员会主席

弗·乌里扬诺夫(列宁)

载于 1932 年《列宁文集》俄文版
第 20 卷   译自《列宁全集》俄文第 5 版
第 52 卷第 161 页

325

给列·米·卡拉汉的批示和
给维·列·柯普的电报

(4 月 23 日)

请用密码发出,并告诉我是什么时间发出的。

列　宁

4 月 23 日

致柯普

务请从速为什克洛夫斯基及其家属办理签证。领到签证后,请即通知我。

列　宁

译自《列宁全集》俄文第 5 版
第 52 卷第 162 页

326

致米·费·弗拉基米尔斯基、
安·马·列扎瓦、弗·巴·米柳亭

1921 年 4 月 23 日

　　致副内务人民委员弗拉基米尔斯基同志
　　副对外贸易人民委员列扎瓦同志和
　　最高国民经济委员会副主席米柳亭同志

　　今送去卡累利阿劳动公社执行委员会提交的两个草案,请你们组织一次会议,由卡累利阿劳动公社执行委员会主席居林同志参加,并召集其他有关部门的代表参加,对这两个草案进行研究和协商,以便星期二(1921 年 4 月 26 日)将两个草案的定稿提交人民委员会。

　　我原则上完全支持这两个草案[281]。

人民委员会主席
弗·乌里扬诺夫(列宁)

载于 1959 年《列宁文集》俄文版
第 36 卷

译自《列宁全集》俄文第 5 版
第 52 卷第 162 页

327

致格·叶·季诺维也夫

4 月 24 日

致季诺维也夫同志

鉴于《**俄罗斯地图集**》的"试印本"根本不合乎要求（虽然搞了好几个月），请把以前和现在领导这项工作的**所有**负责人的名单告诉我。现将缺点简单列举如下。

昨天给我送来了《**俄罗斯地图集**》——"试印本"（第一国家制图社，原伊林制图社印）。

《俄罗斯地图集》可以而且应当成为一本教学地图集。

但为此需要作许多修改和补充，因为试印本根本不合乎要求。

下面列举的仅仅是必须加以改正的最主要的缺点。

1. 没有"出版者的说明"（过去有）。要写这样的说明，如：本教学地图集是按什么什么计划以《**铁路地图**》为范本绘制的。

2. 既无地图编号，也无图例（过去有）。要补上。各分图不应当按铁路线，或**不仅仅**是按铁路线，同时也要按**省份**来绘制。地图的编号应包括列入的**全部**省份，而且编号的各省，在图中应当**完整**绘出。

第一幅图中绘制不完整的省份有彼得格勒、普斯科夫等省。没有标出名称的有切列波韦茨等省。

其他各图中也有同样的缺点。要改正。

3.各共和国(如乌克兰)和自治州的界线都要特别标明。大部分都没有这样做。无论是乌克兰,还是白俄罗斯。(德意志人公社? 马里州? 高加索各共和国?)

4.铁路线审定到哪一日期为止(比如截至 1921 年 1 月 1 日止)。标得不准确。没有标明已建成的。没画出正在兴建的。要改正。

5.所有的地图都应附上(在背面或用小的附页)一小段说明文字:国界是根据什么什么条约(在什么时间被核准或批准的)绘制的。自治州是**什么时间**确定的。各省和主要城市的人口是根据 1920 年 8 月的**调查,等等**。

6.各图的编号疏忽得令人可笑,竟采用了即保留了旧的编号:№Х 是莫斯科,№ХII 是克里木等等!! 应采用新的编号。

7.在№ХIV 图中无论是**鞑靼共和国**,还是**巴什基尔**共和国都绘得不完整。应该绘得完整。**所有的**自治州也是一样。各自治州的**民族**构成应根据最新的资料加以说明(放在说明文字中)。

8.漏掉了旧图中的下列各图:

　　　　萨拉托夫及其周围各省

　　　　辛比尔斯克、奔萨及其周围各省

　　　　顿河畔罗斯托夫及其周围各省

　　　　斯摩棱斯克及其周围各省(白俄罗斯)

　　　　第聂伯河右岸乌克兰地区

　　　　高加索(必须标明新成立的各共和国的边界线)

地图集应当是完整的。包括**所有的省份**。不完整的地图集毫无用处,而试印本极不完整,简直太不像话了。

9.不要在下面和旁边附加说明(用黑体字)按铁路线计算的距

离(这是照搬旧图的),而应当标明短的、**不仅按铁路线计算的**距离。

10.加一幅电气化计划图(用《向苏维埃第八次代表大会提出的电气化计划》一书中的)。

11.加一幅高等学校(综合性大学等等)和各省教育机关分布图(即使是现有的资料也好)。要补上。

12.加一幅无线电台分布图。

13.历史地图(最后的两幅新图)不适用。不完整。有错误。需要的不是这两幅,而是:

(1)一幅**同样**大小的**苏俄历史地图**。

  各条战线按日期绘制(例如:1918年5月;1918年12月;1919年5月或6月;1919年11月或12月;1920年1月和11月),注明:当时的哪些战线。

  整个俄罗斯联邦和**所有**毗邻共和国(原帝国版图内的)的国界。

(2)一幅包括西伯利亚在内的**整个**俄罗斯联邦地图,画在一张图上[①],小幅的也行。

列　宁

1921年4月24日

载于1932年《列宁文集》俄文版第20卷

译自《列宁全集》俄文第5版第52卷第163—165页

---

① 关于出版教学地图集问题,见本版全集第49卷第536、566号文献,本卷第442、465、538号文献,第51卷第305号文献,第52卷第239号文献;《列宁文集》俄文版第20卷第321—322页;《列宁文稿》人民出版社版第16卷第424页。——编者注

328

致列·波·加米涅夫

4月24日

加米涅夫同志：

伊涅萨·阿尔曼德的孩子们向我提出了请求，对此我是衷心支持的：

（1）您能否派人在伊涅萨·阿尔曼德的墓上栽上花？

（2）能否派人安放一块不大的墓石或墓碑？

如果能行，请简单给我写一下您是通过谁（什么机关或企业）做的，以便孩子们能再到那里去找他们，核实一下并送上碑文等。

如果不行，也请简单写一下：也许可以向私人定做？或者我应给什么地方写信？您是否知道应给什么地方写？

您的　**列宁**

译自《列宁全集》俄文第5版
第52卷第166页

329

致伊·阿·泰奥多罗维奇[282]

1921年4月25日

致泰奥多罗维奇同志

抄送:粮食人民委员部　布留哈诺夫

最高国民经济委员会　米柳亭

由于抗旱措施问题极为紧迫,请您立即召开有关人民委员部的代表开会,以便不迟于星期三(1921年4月27日)能够向劳动国防委员会提出一份经过仔细研究并取得一致意见的法令草案。

劳动国防委员会主席

弗·乌里扬诺夫(列宁)

载于1945年《列宁文集》俄文版第35卷

译自《列宁全集》俄文第5版第52卷第166页

330

致雅·斯·加涅茨基

1921年4月25日

加涅茨基同志:我的两名女秘书去里加找您:

(1)安娜·彼得罗夫娜·基扎斯和

(2)纳塔莉娅·斯捷潘诺夫娜·勒柏辛斯卡娅。

我因工作关系认识她俩已有几年了。她们极为忠诚。在我这里工作很艰苦：既无休息时间，也无节假日。她们累坏了。应该让她们休息。请您给她们提前发工资（而且要多给些）。再不要给她们工作了，让她们治疗、休息、**补养一下**。

敬礼！

您的   **列宁**

载于1924年2月13日《真理报》第35号

译自《列宁全集》俄文第5版第52卷第169页

331

致尼·巴·布留哈诺夫、列·纳·克里茨曼、米·巴·托姆斯基、А.И.波嘉耶夫

1921年4月26日

致布留哈诺夫

克里茨曼

托姆斯基或其副手(安德列耶夫?)

波嘉耶夫同志

由于支援捕鱼运动的问题刻不容缓，请你们在今天而且尽可

РОССІЙСКАЯ
ФЕДЕРАТИВНАЯ
СОВѢТСКАЯ РЕСПУБЛИКА.

ПРЕДСѢДАТЕЛЬ
СОВѢТА.
НАРОДНЫХЪ КОМИССАРОВЪ.

Москва, Кремль.

25. IV. 1921 г.
№ 275

[Рукописный текст:]

Тов. Теодоровичу.

(копии К. Кириллу Дрожжакову
  „   Чичерину)

Ввиду крайней неотлож-
ности вопроса о мерах борьбы
с засухой прошу Вас собрать
немедленно совещание представи-
телей заинтересованных наркоматов
с тем, чтобы проект декрета мог
быть внесён, в разработанном и
согласованном виде, не позже
среды, 27. IV. 921, в СТО.

Пр. СТО. Ульянов (Ленин)

1921 年 4 月 25 日列宁给伊·阿·泰奥多罗维奇的批示

（按原稿缩小）

能马上就召开会议,讨论波嘉耶夫同志(渔业和鱼品工业总管理局)的建议,并请他也参加会议。会议的参加者是:粮食人民委员部、利用委员会、全俄工会中央理事会和波嘉耶夫同志。今天向人民委员会提出报告[283]。

人民委员会主席

弗·乌里扬诺夫(列宁)

载于1932年《列宁文集》俄文版　　　　　译自《列宁全集》俄文第5版
第20卷　　　　　　　　　　　　　　　第52卷第169页

332

致尼·彼·哥尔布诺夫

1921年4月26日

哥尔布诺夫同志:

　　我不得不向您提出警告:我们的办公厅工作太混乱。从所附的电话记录可以看出,4月24日(几时?)发出,

4月25日11时25分接到

(也就是说电话记录**走了**11个小时!)。

我收到

已是在4月26日12时。

太不像话了!

我命令您立刻进行准确而全面的调查,查明失职人员,并写份

材料给我。必须重新审查和制定办公厅的工作制度。

人民委员会主席

弗·乌里扬诺夫（列宁）

载于1932年《列宁文集》俄文版　　　　　　译自《列宁全集》俄文第5版
第20卷　　　　　　　　　　　　　　　　第52卷第170页

333

致维·米·莫洛托夫
并转俄共（布）中央政治局委员

（4月26日）

莫洛托夫同志：

住房的事糟透了[284]。

请立即打电话征求**政治局**各位委员的意见后加以解决，因为一天也不能再等了（今天就应该由**人民委员会**通过）：

（1）对哥尔布诺夫干劲不足、贻误工作提出警告（把这件事写信告诉大家并**争取**由中央**及时**作出决定的，应该是他，而不是契切林。哥尔布诺夫把这件事推给契切林是可耻的。这简直是懒得出奇了）。

（2）成立一个（对党中央，也对人民委员会）**负责的三人小组**，任务是无论如何也要**如期**安排出必要的**全部**住房（依我看，**一座旅馆**比许多单独住宅在政治上更为合适）。

我提议：

（α）哥尔布诺夫

(β)全俄肃反委员会由温什利赫特**本人负责**

(γ)弗拉基米尔斯基的委员会出一名。

特急!

列　宁

译自《列宁全集》俄文第 5 版
第 52 卷第 170—171 页

334

致阿·奥·阿尔斯基[285]

1921 年 4 月 26 日

阿尔斯基同志:

刚才我从小委员会的会议记录中得知,1 个金卢布折合 750 个苏维埃卢布。

这很可笑。更糟的是:这可能造成大量的舞弊行为。

这是什么时候决定的? 谁决定的? 请找出准确的条文核对一下。提出修改方案。

必须认真调查,是否由此而发生过舞弊行为。

致共产主义的敬礼!

列　宁

载于 1959 年《列宁文集》俄文版　　　　译自《列宁全集》俄文第 5 版
第 36 卷　　　　　　　　　　　　　　　第 52 卷第 171 页

335

致维·米·莫洛托夫

1921年4月26日

莫洛托夫同志:

刚才我从小委员会的会议记录中得知,有一个"**人民委员会休养所**",而且这个休养所"归人民委员会办公厅管理"。

萨普龙诺夫给我来信说,似乎原来的组织局关于此事有过决定。

要查一下。

我认为这是不对的。

我建议通过组织局予以撤销,并决定:

(1)这个休养所应归卫生人民委员部管理;

(2)行政领导应由**中央**组织局任命;

(3)名称应是"第……号休养所"(因为休养所很多)。

(我知道,在那里休养的**不全是**人民委员。)

列　宁

译自《列宁全集》俄文第5版
第52卷第171—172页

336

致 Л.Г.埃利斯曼[286]

1921 年 4 月 26 日

致埃利斯曼同志

据最高运输委员会称,由于迟迟未收到克里木财物外运的计划,克里木的外运工作将停顿下来,而这是不能容许的。

兹命令您把上述计划不迟于星期三(4 月 27 日)提交最高运输委员会,以便在星期四(1921 年 4 月 28 日)最高运输委员会的会议上及时研究。

人民委员会主席

弗·乌里扬诺夫(列宁)

附言:命令您把有关克里木的财物及其外运情况的材料给我送来。

列　宁

译自《列宁文集》俄文版第 37 卷
第 290—291 页

337

致安·马·列扎瓦

（4 月 28 日以前）

列扎瓦同志：

由格鲁吉亚为**俄国**对外贸易作**掩护**，是极其重要的。这对意大利、对**德国**和**美国**都便利。

（1）物色一个**精明的**人派往那里做对外贸易人民委员部的代表。要快点！

（2）关于这一点请和斯大林谈详细些。今天就谈。

（3）简单写两句把结果告诉我。

需要一个经巴统进行对外贸易的计划（和基金）。

您没有对外贸易计划。您在白白地浪费，而且还容许别人浪费。我将和您斗争。

用于买 1921 年的粮食和燃料。**一分钱也不多给**。这就是向你们提出的**方针**。按这个方针制定计划，而不要屈服于"压力"和"影响"。

列　宁

载于 1942 年《列宁文集》俄文版第 34 卷　　　　译自《列宁全集》俄文第 5 版第 52 卷第 172 页

338

致费·埃·捷尔任斯基

4 月 29 日

捷尔任斯基同志:

伊·伊·斯克沃尔佐夫-斯捷潘诺夫(视察各地后)回来了。他谈到:不论是铁路**运输**还是水路**运输**都受到极大的**威胁**。

第一,粮贩极为猖狂。

第二,在各铁路线上到处都有**苏维埃资产者**发的**几十节**装载"代销货物"的**车皮**。借口是公务,实际是贩卖粮食。这是在养肥苏维埃资产者。

他说铁路职员都是些粮贩子,投机倒把分子。必须采取**严厉**的措施。请简单写两句告诉我[287]。

您的　列宁

载于1959年《列宁文集》俄文版
第 36 卷

译自《列宁全集》俄文第 5 版
第 52 卷第 173 页

339

致列·达·托洛茨基

4 月 30 日

托洛茨基同志：

沙图诺夫斯基的小册子《水力和革命的彼得格勒》[288]我读过了。

写得很差劲。**夸夸其谈**而已。有用的东西**一点也没有**。

唯一的一点有用的意思是在第 15 页：

"根据一些杰出的水力专家的意见，有 8 个月就足以取得这一伟大业绩的实际成果。"

专家是谁呢？没有这样的专家(我问过克尔日扎诺夫斯基，没有这样的专家)。沙图诺夫斯基写了他自己并不了解的东西(克尔日扎诺夫斯基是这样评价的)。**除了**这一条**空洞的**意见，整个小册子里**什么也没有**。

让沙图诺夫斯基来证明并提出**实际的**建议吧，否则废话仍然是废话。

您的 **列宁**

载于 1932 年《列宁文集》俄文版第 20 卷

译自《列宁全集》俄文第 5 版第 52 卷第 173—174 页

340

致 A.A.布尔杜科夫[1]

（4 月 30 日）

致莫斯科国民教育局总务主任

布尔杜科夫

请给伊·伊·斯克沃尔佐夫（斯捷潘诺夫）在莫斯科近郊安排一个夏天休假的地方，尽可能要有个菜园子。

载于 1932 年《列宁文集》俄文版
第 20 卷

译自《列宁全集》俄文第 5 版
第 52 卷第 174 页

341

致列·纳·克里茨曼

（4 月）

克里茨曼同志：

利用委员会对克里木的战利品进行了分配。

5%—10%的各种物品分给**海军总部**。

---

① 列宁在便条上方批示："4 月 30 日寄出。提醒我。"——俄文版编者注

这是为什么？

我们很穷，但是我们在没有任何保证能防止法国击沉我们船只的情况下，却要保持和发展**海军总部**。

依我看，此事既无计划，也未加考虑。恐怕只是墨守陈规而已。盼复。

列　宁

载于1958年《历史文献》杂志　　　　　译自《列宁全集》俄文第5版
第2期　　　　　　　　　　　　　　　　第52卷第175页

342

关于莫斯科高等技术学校的便条[289]

（4月）

他说，扎卢茨基根据合同曾被任命为**副手**，而现在沃尔金和阿尼克斯特成了**副手**。

他说，扎卢茨基和推荐他的全体教授，包括沙特兰和奥萨德奇（**他**来过我这儿）都感到非常难堪。

他说，扎卢茨基拒绝了。他说，莫斯科的教授们的态度不能令人满意，这**不能全**怪他们。职业教育总局的政策摇摆不定。

译自《列宁文集》俄文版第39卷
第284页

343

致约·斯·温什利赫特[290]

1921年5月1日　　　　　　　　　　　　**秘密**

全俄肃反委员会　温什利赫特同志

兹命令彻底查明购买无用的新肿凡纳明一案,并严厉惩办营私舞弊的罪犯以及对这一舞弊行为失察的人员。执行情况要汇报。

人民委员会主席
弗·乌里扬诺夫(列宁)

译自《列宁文集》俄文版第37卷
第291—292页

344

致格·叶·季诺维也夫[291]

(5月3日)

季诺维也夫同志:从信中可以看出,托洛茨基火气极大。沙图诺夫斯基的小册子是一堆废话。请把此件退给我,并注明您对此问题有什么**决定**和计划[292]。

列　宁

5 月 3 日

发往彼得格勒

载于 1932 年《列宁文集》俄文版
第 20 卷

译自《列宁全集》俄文第 5 版
第 52 卷第 175 页

345

致叶·亚·利特肯斯[293]

（5 月 4 日以前）

（1）请把丘季诺夫的事快些报告**政治局**。

（2）把马尔金"交给"组织局。（或交通人民委员部捷尔任斯基?）[294]

（3）我同意——原则上——支持。具体事实我不了解[295]。

译自《列宁文集》俄文版第 37 卷
第 292—293 页

346

致格·叶·季诺维也夫

（5月5日）

季诺维也夫同志：

有人告诉我：

（1）雕塑家金茨堡正在塑造普列汉诺夫的半身像，需要**材料**，粘土等等；

（2）普列汉诺夫和查苏利奇的墓无人照管。

能否就这两点发个命令，让照料一下，催促和检查一下？[296]

敬礼！

列　宁

5月5日

发往彼得格勒

载于1945年《列宁文集》俄文版第35卷

译自《列宁全集》俄文第5版第52卷第177页

347

给克·叶·伏罗希洛夫的电报①

（5月5日）

密码

致伏罗希洛夫

请您命令骑兵集团军的指挥员们，在集团军转移时要全力协助地方粮食机关，因为莫斯科急切需要粮食支援，执行情况请专门检查[297]。

列　宁

发往叶卡捷琳诺斯拉夫

载于1942年《列宁文集》俄文版
第34卷

译自《列宁全集》俄文第5版
第52卷第177页

---

① 列宁在电报的上方批示："斯克良斯基同志：请吩咐用密码拍发，并退给我。**列宁**　5月5日"。——俄文版编者注

348

致小人民委员会

（5月5日）

致小委员会

由**劳动国防委员会**送交你们一份柏林—莫斯科**航空**交通方案（是陆军人民委员部＋外交人民委员部＋全俄肃反委员会提出的）。

请严格审核**这要花多少钱**，并告诉我。[298]

列　宁

5月5日

载于1959年《列宁文集》俄文版
第36卷

译自《列宁全集》俄文第5版
第52卷第178页

349

致莫·伊·弗鲁姆金和
格·康·奥尔忠尼启则

1921年5月5日

顿河畔罗斯托夫　　弗鲁姆金同志和

梯弗利斯或巴库　　奥尔忠尼启则同志

或他们的副手

奥丽珈·潘捷莱蒙诺夫娜·勒柏辛斯卡娅现患肺病，务请您帮助安排好对她的治疗。她的双亲潘捷莱蒙·尼古拉耶维奇·勒柏辛斯基和奥丽珈·波里索夫娜·勒柏辛斯卡娅都是老布尔什维克，也请妥为安置，因为他们本人决不会提出要求帮助，而支持他们和帮助他们是完全应该的。

帮助他们做了哪些事，请简单写几句告诉我。

致共产主义的敬礼！

列　宁

译自《列宁文集》俄文版第40卷
第82—83页

350

致叶·亚·利特肯斯

（5月6日）

利特肯斯同志：见面时忘了请您检查一下编纂**现代**（从普希金到高尔基）俄语（简明）词典的学者委员会的工作情况。

关于这个问题我早就同波克罗夫斯基和卢那察尔斯基商量过许多次**299**。

工作是否在进行？究竟在做些什么？请了解一下，并写信把确实情况告诉我。

致共产主义的敬礼！

列　宁

5月6日

载于1932年《列宁文集》俄文版
第20卷

译自《列宁全集》俄文第5版
第52卷第178页

351

给秘书的指示**300**

（5月6日）

关于**斯维里河水电站**建设者被捕一案，必须了解清楚：

（1）由谁负责审理，案子进行到什么阶段；

(2)至今未受到具体指控的人是否已释放；

(3)可以假释的是否已假释；

(4)为起诉而作的技术鉴定是否可靠？

载于1945年《列宁文集》俄文版
第35卷

译自《列宁全集》俄文第5版
第52卷第178—179页

352

致阿·瓦·卢那察尔斯基

(5月6日)

您同意把马雅可夫斯基的《一亿五千万》[301]出版5 000册，难道不害臊吗？

胡说八道，尽是蠢话，十足的蠢话，装腔作势。

依我看，这类东西10篇里只能印1篇，而且**不能超过1 500册**，供给图书馆和一些怪人。

卢那察尔斯基支持未来主义，应该受到痛斥。

列　宁

5月6日

载于1957年《共产党人》杂志
第18期

译自《列宁全集》俄文第5版
第52卷第179页

353

致米·尼·波克罗夫斯基

(5月6日)

波克罗夫斯基同志:再次请您帮助同未来主义等等作斗争。

(1)卢那察尔斯基通过部务委员会(唉!)决定出版马雅可夫斯基的《一亿五千万》。

能否制止这件事?必须制止这件事。我们约定好,出版这些未来主义者的作品一年不准超过两次,**并且不能超过 1 500 册** 。

(2)听说卢那察尔斯基又撑走了一位据说是"**现实主义**"画家基谢利斯,却直接和**间接地**领来了一个未来主义者。

能不能找到一些可靠的**反**未来主义者?

列 宁

载于1957年《共产党人》杂志
第18期

译自《列宁全集》俄文第5版
第52卷第179—180页

354

致伊·加·亚历山德罗夫

(5月6日)

请代表国家计划委员会为亚—恩巴铁路工程[302]检查委员会

就地物色一位工程师,不但要可靠,而且要**有实际经验**,

以便很好地考虑**主要问题**:

保护材料(在下列各种条件下)

(α)停止施工,

(β)不立即停止,而是在入秋前停止,

(γ)由重点工程改为一般工程,

(δ)结束施工,但**不铺轨**,

等等。

译自《列宁全集》俄文第5版
第52卷第180页

355

致格·瓦·契切林

(5月6日和10日之间)

契切林同志:

依我看,此件要发表,**不过要加必要的评论**,要加得非常**巧妙**,不然我们的编辑会做出蠢事的。或者由您写这种**必要的评论**,或者由您委托别人写,但您必须检查。[303]

列　宁

载于1959年《列宁文集》俄文版
第36卷

译自《列宁全集》俄文第5版
第52卷第180页

356

致瓦·亚·斯莫尔亚尼诺夫

（5月6日以后）

斯莫尔亚尼诺夫同志：请您注意（近几天发表在《**消息报**》上？或《**经济生活报**》上？）别利亚科夫谈纳罗福明斯克纺织厂的文章[304]。收集一下以前有关此事的全部辩论情况。**要深入了解**。**要研究**材料。把结果告诉我。

事情看来很重要。

敬礼！

列　宁

载于1959年《列宁文集》俄文版
第36卷

译自《列宁全集》俄文第5版
第52卷第181页

357

给维·列·柯普的电报

（5月7日）

请用密码发给柯普：

柯普①：请立即把德国政府发给什克洛夫斯基的签证寄出。

———

① 在上角有格·瓦·契切林手写的附言："如此人不在，交卢托维诺夫。"——俄文版编者注

请卢托维诺夫不要再反对此事,他这样做既不合法——因为有政治局的决定,对此决定无人提出过异议;实质上也不正确——因为谁也没有把什克洛夫斯基提升到高的职位,这里只涉及帮助他的家属和对人员的使用。[305]

列　宁

请柯普火速秘密转告托马斯,说我请他把我给莱维和蔡特金的信立即转交给收信人,同时请把这封信再抄一份寄给我[306]。

列　宁

发往柏林

译自《列宁全集》俄文第5版
第52卷第181页

358

致尼·彼·哥尔布诺夫

(5月7日)

哥尔布诺夫同志:

我今天在报上看到,喀山试验了一种用以放大电话传声和向**群众**广播的**扩音器**(效果很好)。

请通过奥斯特里亚科夫核实一下。如果属实,应当在莫斯科和彼得格勒安装,而且顺便检查一下他们的全部工作。

让他们交给我一个简短的**书面**报告:

(1)他们的工作进度计划;

(2)莫斯科能通话2 000俄里的电话局的工作进度计划。工作何时完成。

(3)收话机什么时候能制成。正在制造中的收话机的**数字**。

(4)扩音器什么时候能制成。

敬礼!

列　宁

载于1933年《列宁文集》俄文版
第23卷　　　　　　　　　　　　　译自《列宁全集》俄文第5版
第53卷第159—160页

359

致国家出版社

致国家出版社

抄送:雅罗斯拉夫斯基同志

1921年5月8日

　　雅罗斯拉夫斯基同志告诉我,有一种意见认为他的小册子《论粮食税》不该发行,根据他的请求,我认为必须通知你们:依我看,小册子值得发行。如有其他意见,必须把问题正式提交俄共中央[307]。

　　致共产主义的敬礼!

弗·乌里扬诺夫(列宁)

载于1959年《列宁文集》俄文版
第36卷　　　　　　　　　　　　　译自《列宁全集》俄文第5版
第52卷第182页

360

致叶·亚·利特肯斯

(5月9日)

利特肯斯同志:

您的信(关于词典问题)恰恰是不对的。**308**

您不是使米·尼·波克罗夫斯基**摆脱**行政管理工作,反而把**行政管理工作推给**了他。

行政管理人员要做的事是:命令(1)查找**文件**(是否有过决定?谁的决定?什么时候的?谁负责?)。

(2)如果"事情**没有进展**",了解一下**为什么**(如果是由于**口粮**问题——缺多少份?——那么,或许可以等到秋天再办?)

致共产主义的敬礼!

列 宁

附言:我记得波克罗夫斯基不止一次地对我**说过**,但是他不**管行政管理工作**。

关键就在于此! 也许您要等波克罗夫斯基去休假**以后**再查找文件?

载于1932年《列宁文集》俄文版
第20卷

译自《列宁全集》俄文第5版
第52卷第182—183页

361

☆致《真理报》编辑部和
《消息报》编辑部

1921年5月9日

请加倍注意《最新消息报》[309](巴黎)第309号上的一篇文章：《米留可夫和阿夫克森齐耶夫访问美国人》。

必须经常注意这一类的文章和短评；这样的东西很多；把它们加以**综合报道**，提醒我们的各主管部门和广大工农读者：

白卫资产阶级更聪明，他们非常了解租让和对外贸易对于苏维埃政权的意义，

所以他们现在把破坏俄罗斯联邦同外国的通商条约、破坏租让政策作为他们的**主要**任务。

关于这一点，请简单写两句告诉我[310]。

致共产主义的敬礼！

列　宁

载于1924年《生活》杂志第1期

译自《列宁全集》俄文第5版
第52卷第183页

362

致列·波·克拉辛

（5月9日）

克拉辛同志：要加倍注意。克雷什科是不是很爱饶舌？外交家要善于守口如瓶，或者话要说得等于不说。克雷什科会吗？他懂得这点吗？[311]

列　宁

5月9日

译自《列宁全集》俄文第5版
第52卷第183页

363

致格·瓦·契切林[312]

（5月9日）

契切林同志：

请您简单写几句：他是谁？有影响吗？不过是美国对布尔什维克的恶毒攻击？还是有更大的意义？

列　宁

5月9日

译自《列宁文集》俄文版第39卷
第287页

364

致列·波·克拉辛

（不晚于 5 月 10 日）

应当狠狠地批评您。

（1）粮食订购晚了。我们的情况糟得很。

（2）没有利用一切来源（瑞典等国，哪怕数量**很少**）。

（3）没有准确的情报：本来**就近**可以买到粮食，尽管价格很高，数量很少。

要在人民委员部里**特别**抓紧这方面的全部工作[313]。

载于 1932 年《列宁文集》俄文版 第 20 卷

译自《列宁全集》俄文第 5 版 第 52 卷第 184 页

365

致尼·巴·布留哈诺夫

（5 月 10 日）

布留哈诺夫同志：

请仔细阅读此件，然后退给我。

要更冷静（哈拉托夫有急躁情绪）更密切地**每天**注视这件事。

我的意见是：马上在**柏林**订购**劣等的**（?）菜豆和在里加订购少

量脂油。**马上就办**。

今天就答复[314]。

列　宁

载于1959年《列宁文集》俄文版
第36卷

译自《列宁全集》俄文第5版
第52卷第184页

366

给苏维埃政府代表团的电报

（5月10日）

密码

伦敦　苏维埃政府代表团

已发给你们的购买200万普特粮食的通知必须立即开始执行。先随便在什么地方采购几批，即使数量不大也行，不要受价格限制。你们可以用这笔款购买其他各种食品和罐头。能不能从加拿大尽快买到些什么？对能迅速运到波罗的海各港口的可以给予适当奖励。[315]

人民委员会主席　**列宁**①

5月10日

载于1945年《列宁文集》俄文版
第35卷

译自《列宁全集》俄文第5版
第52卷第184—185页

---

① 签署该电的还有对外贸易人民委员列·波·克拉辛。——俄文版编者注

367

给人民委员会秘书的指示[316]

（5 月 10 日）

列入人民委员会的议事日程，抄件马上送布留哈诺夫（如果他还没有的话）或者在傍晚前把这份给他，好让他提出结论性意见。应当削减其他人的，而这些人所要求的应当拨给。

列　宁

5 月 10 日

载于 1959 年《列宁文集》俄文版
第 36 卷

译自《列宁全集》俄文第 5 版
第 52 卷第 185 页

368

给恩·奥新斯基和伊·阿·泰奥多罗维奇的电话

（5 月 10 日）

打电话给奥新斯基和泰奥多罗维奇：

农业人民委员部非法缺席，我担心他们对税收问题（羊毛、烟草)没有认真研究,不能充分保护农民的利益[317]。请答复。

列　宁

载于1945年《列宁文集》俄文版　　　　　　　译自《列宁全集》俄文第5版
第35卷　　　　　　　　　　　　　　　　　第52卷第185页

369

致维·米·莫洛托夫

(5月10日)

莫洛托夫同志:

过去是否遇到过这样的问题,即把俄共党员中的下列这一部分人单独列出来:

他们**不参加**行政管理,不担任指挥、管理及**任何**行政职务,也不担任工会、合作社的**任何**职务。

也就是说,这部分俄共党员**专门**从事思想工作,从事宣传鼓动而**不担任**任何行政管理职务。

能不能做到这一点?应该不应该做到这一点?

不然的话,我们管理机关的那种……肮脏事情,会使党蒙受严重的损失。是在表决时区分,**还是单独计算**表决票数?[318]

列　宁

载于1924年在莫斯科出版的　　　　　　　译自《列宁全集》俄文第5版
维·米·莫洛托夫《党和列宁的　　　　　　第52卷第186页
号召》一书

370

致尼·巴·布留哈诺夫

5月11日

布留哈诺夫同志：送去一份密电[319]。请仔细阅读，把数字记下来，然后退给我。

要求您拟出一个**精确的**使用**计划**，即5月15日—6月15日从外国采购的食品的分配计划。

首先考虑圣彼得堡和莫斯科。

每次收到有关新采购的**大宗**货物的紧急报告之后，要重新调整这个计划。

请把第一份这样的计划给我送来。

鱼是**这样**安排的。

菜豆(事情解决了吗?)是**这样**安排的。

小麦是这样安排的。

仔细考虑一下，能否**在报刊上**透露点消息，以安定人心。

致共产主义的敬礼！

列　宁

载于1959年《列宁文集》俄文版第36卷

译自《列宁全集》俄文第5版第52卷第186—187页

371

致莫斯科省土地局^①

致莫斯科省土地局

1921年5月11日

索尔达坚科夫医院的工人合作社请求把彼得罗夫菜园转交给索尔达坚科夫医院、霍登卡医院和拖拉机修配厂的全体工人——总数接近3 000人。

我支持工人集体和罗扎诺夫医生的这项请求，请立即予以满足。如莫斯科省土地局处理此事遇到障碍，请今天就告诉我这些障碍何在以及莫斯科省土地局有什么实质性意见³²⁰。

劳动国防委员会主席
弗·乌里扬诺夫（列宁）

载于1959年《列宁文集》俄文版　　　　　　译自《列宁全集》俄文第5版
第36卷　　　　　　　　　　　　　　　　　第52卷第187页

---

① 在信的抄件上有列宁的批注："抄件。5月11日"和"5月12日2时打电话"。——俄文版编者注

372

致阿·萨·叶努基泽³²¹

（5 月 11 日）

叶努基泽同志：务请抓紧办理此事。可否派一名得力的**负责人**？要正式给他任务。把抄件给我。

敬礼！

列　宁

译自《列宁全集》俄文第 5 版
第 52 卷第 188 页

373

致德·伊·库尔斯基

（5 月 12 日）

绝密

司法人民委员部　库尔斯基同志

劳动国防委员会接到红军和红海军供给特派员今年 5 月 10 日的第 8086 号申请报告（抄件附上）。这份报告泄露了军队人数的绝密情况。如果申请报告的措辞改得更恰当些，本来可以不引用关于军队人数的材料。此外,公文没有密封又不派专人递送,而是邮寄来的。结果,在记入办公厅收文簿时已被拆开,而且在经过邮政总局时也可能已经泄密了。

请进行调查[322]。

人民委员会主席

弗·乌里扬诺夫(列宁)

载于 1942 年《列宁文集》俄文版　　　译自《列宁全集》俄文第 5 版
第 34 卷　　　　　　　　　　　　第 52 卷第 188 页

374

致格·马·克尔日扎诺夫斯基

(不早于 5 月 12 日)

1

格·马·:

附上初步拟出的国家建筑工程委员会新的成员名单。

您有什么意见?

您了解**鲁多米涅尔**及其他专家吗?

能了解到吗?

穆斯特呢?

我很担心国家建筑工程委员会里有问题。为什么把阿尔费罗夫"弄走了"?

为什么想把戈尔德贝格"弄走"？

是否安排萨普龙诺夫任国家建筑工程委员会主席？

给他安排的专家是谁？

(2)第二：斯米尔加得到了他所要求的一切！

拉姆津和克鲁格着手做了吗？**认真吗**？

您还了解什么情况？

您的 **列宁**

2

致国家建筑工程委员会①

参加国家建筑工程委员会会务委员会的有：

马尔柯夫，谢·德·，任**"副主席"**……

? **鲁多米涅尔**任**"副主席"**（共产党员）（建筑工会中央委员会经济部工程师）

?? **普罗佐尔**

扎哈罗夫（来自建筑工会中央委员会）

可能 穆斯特，技术员（主管过莫斯科建筑工程局）。

萨普龙诺夫任国家建筑工程委员会主席

（免去戈尔德贝格的职务）

整个建议由建筑工会中央委员会提出，经最高国民经济委员会主席团批准[323]。

载于1933年《列宁文集》俄文版 第23卷

译自《列宁全集》俄文第5版 第52卷第175—176页

---

① 列宁在上面批注："最高国民经济委员会主席团通过"。——俄文版编者注

375

向阿·伊·斯维杰尔斯基提出的问题

1921年5月13日

斯维杰尔斯基

（1）有多少商品？

[阿·伊·斯维杰尔斯基的答复]

采购完需要3 000万金卢布。已预收到**1 400万**卢布的商品。还需要600万卢布的商品。现有**总共2 000万卢布的商品。**

（2）调出多少？

总额近800万卢布。

（3）给西伯利亚多少？

约为400万卢布。

（4）给高加索多少？

总额超过300万卢布。

以前发往各地的总额为**300万**卢布。

食盐包括不包括在你们的商品交换总额内？如果包括，有多少？

包括。但有多少，我和欣丘克都不知道。我们过去在**码头等地**存放的总共有**700多万普特**。

载于1959年《列宁文集》俄文版第36卷

译自《列宁全集》俄文第5版第52卷第189页

376

致列·波·加米涅夫

(5月13日)

是否应由莫斯科委员会在6月15日前专门协助(在宣传鼓动等方面)**阿尔乔姆**(加上3—4—5个新手,包括**非党工人**)?[324]

<table>
<tr><td>载于1932年《列宁文集》俄文版
第20卷</td><td>译自《列宁全集》俄文第5版
第52卷第189页</td></tr>
</table>

377

致米·伊·加里宁

(5月14日以前)

我完全支持奥新斯基的草案,并请在星期六以前准备好您向政治局提出的结论性意见,以便星期二在人民委员会和星期三在全俄中央执行委员会通过。[325]

劳动国防委员会主席

弗·乌里扬诺夫(列宁)

译自《列宁全集》俄文第5版
第52卷第190页

378

给彼·拉·沃伊柯夫的电话

(5月14日)

致沃伊柯夫同志

请今天就告诉我,为什么和由于谁的过错,科扎科夫和皮沃瓦罗夫两同志为摩尔曼购买捕鱼设备的挪威之行一直未能实现(请附上文件抄件)[326]。

劳动国防委员会主席　**列宁**

1921年5月14日

载于1959年《列宁文集》俄文版　　　　　　译自《列宁全集》俄文第5版
第36卷　　　　　　　　　　　　　　　　第52卷第190页

379

致 M.Ф.索柯洛夫①

致撤回波兰资财事务管理局秘书
M.索柯洛夫同志

5月16日

尊敬的同志:

您为5月18日写的报告草稿[327]我已经收到并读过了。您说

---

①　列宁在信的上方批注:"(列宁寄)(要收条)**致 M.索柯洛夫**。小尼基塔大街18号"。——俄文版编者注

1921 年 5 月 16 日列宁给 **М.Ф.**索柯洛夫的信的第 1 页

（按原稿缩小）

我"写得忘乎所以"。您说,一方面,把森林、土地等租出去,培植**国家资本主义**,另一方面,又"谈论"(列宁)"剥夺地主"。

您觉得这是个矛盾。

您错了。剥夺按俄文的意思是**没收财产**。租赁者**不**是产权人。可见,没有矛盾。

培植资本主义(**有限度地**和巧妙地,这在我的小册子①中已经不止一次地讲过了)而又不把财产还给地主,这是可以做到的。租赁是**有期限的**合同。无论是产权还是监督权都**在我们手中**,在工人国家手中。

您说:"如果租赁者**总想着可能被剥夺**,哪个蠢货还肯花钱去好好生产……"

剥夺是**事实**,而不是什么**可能性**。这差别很大。**在事实上被剥夺以前**,没有一个资本家同意为我们效劳,成为租赁者。而现在,"他们",这些资本家,打了三年仗,在同我们作战时花掉了自己的(以及英法资本家的,而这是世界上的头号**富豪**)几亿金卢布。现在他们在国外过着穷日子。他们能有什么选择呢? 他们来签订合同,就能在 10 年内得到不坏的收入,否则会……倒毙在国外,他们有什么理由不同意签订合同呢? 许多人会犹豫不决。如果 100个当中有 5 个肯来试一试,这就不坏了。

您说:

"只有当我们**彻底消灭了**那个叫做官僚主义的总管理局和中央管理局的脓疮以后,才**可能有群众的自主精神**。"

我虽然没有在地方上待过,但是我知道这个官僚主义及其一

---

① 见本版全集第 41 卷第 192—233 页。——编者注

切危害性。您的错误是认为它可以像"脓疮"一样立刻消灭、"彻底消灭"。

这是错误的。可以赶走沙皇,赶走地主,赶走资本家。这我们已经做到了。但是,在一个农民国家中,却无法"赶走"、无法"彻底消灭"官僚主义。只能慢慢地经过顽强的努力**减少**它。

您在另一处说,"抛弃""官僚主义的脓疮",——这个问题的提法本身就不正确。这是对问题不理解。"抛弃"这种脓疮是**不可能的**。只能对它**进行治疗**。在**这种**情况下用外科手术是荒谬的,**不可能的**;只能**慢慢地治疗**。——其他办法,不是有意骗人就是出于幼稚。

您正是幼稚,请原谅我的直率。您自己也说您还年轻。

您说您同官僚主义者作过两三次斗争的尝试,结果都遭到了失败,因此就对治疗不再抱希望,那太幼稚了。第一,我对您的这种不成功的尝试的回答是,第一,不应当是两三次,而应当是二三十次,反复地干,从头做起。

第二,什么地方可以证明您斗争得法、斗争巧妙呢?官僚主义者是些狡猾的家伙,其中有许多坏蛋诡计多端。赤手空拳是战胜不了他们的。您斗争是否得法呢?是否完全按照军事艺术的规则去**包围**"敌人"的?我不知道。

您引证恩格斯的话也没有用[328]。是不是某个"知识分子"提示您引这段话的?毫无用处的引证,甚至比毫无用处更糟。有股教条主义的气味。好像已经陷于绝望。可是对我们说来,陷于绝望不是可笑便是可耻。

在一个农民的、又是大伤了元气的国家中,同官僚主义作斗争需要很长的时间,要坚持不懈地进行这种斗争,不要一遭到失败就垂头丧气。

　　"抛弃""总管理局"？这是空话。您用什么来**代替**它们呢？这点您不知道。不**抛弃**，而应该清洗、治疗，十次百次地治疗和清洗。并且不要垂头丧气。

　　如果您要作这个报告(我绝对不反对这样做)，请把我给您的这封信也宣读一下。

　　握手！请不要"灰心丧气"。

列　宁

载于 1924 年 1 月 1 日《真理报》
第 1 号

译自《列宁全集》俄文第 5 版
第 52 卷第 190—194 页

380

致莉·亚·福季耶娃[329]

(5 月 16 日)

福季耶娃同志：

　　请告诉哥伊赫巴尔格，**记录不能用**，因为本应当说明，**通知是什么时候发出去的**。

　　应当修改记录。只有这样，我才能提出警告，并提交小人民委员会或大人民委员会。

列　宁

载于 1959 年《列宁文集》俄文版
第 36 卷

译自《列宁全集》俄文第 5 版
第 52 卷第 195 页

381

致伯恩哈德·赖兴巴赫[330]

(5月16日)

尊敬的赖兴巴赫同志:

刚才,5月16日1时半,我收到并读了您的来信。非常抱歉,我根本找不出时间同您谈话。很遗憾,最近几周我非常疲劳,几乎不可能答应会见任何人,连刻不容缓的工作,甚至连阅读极其重要的德文文件也不得不放一放。

我现在根本无法肯定地答应在最近会见您,尚请原谅。如果这是绝对必要的话,为什么您不提出一个简短的书面建议呢?

再一次请您原谅。

致共产主义的敬礼!

列 宁

译自《列宁文集》俄文版第40卷
第83页

382

致米·费·弗拉基米尔斯基

(5月17日)

弗拉基米尔斯基同志:

俄罗斯联邦区划工作的情况如何?

我觉得这项工作应当抓紧,并要同国家计划委员会取得一致意见。

请写信告诉我,委员会里都有谁,工作进展如何等等。

致共产主义的敬礼!

弗·乌里扬诺夫(列宁)

载于1945年《列宁文集》俄文版   译自《列宁全集》俄文第5版
第35卷   第52卷第195页

383

致叶·亚·利特肯斯

致利特肯斯同志

1921年5月17日

由于派了"新扫帚"[331]去全俄中央执行委员会中央出版物发行处,应借此机会规定**明确的行政管理责任**:

(1)对全俄中央执行委员会中央出版物发行处**处长**和**省办事处处长**应负**什么责任**作出极其明确的书面规定,

(2)对图书馆网也应这样做:

(a)国家图书馆(公共图书馆和鲁勉采夫图书馆),

(b)省图书馆,

(c)县图书馆,

(d)**乡图书馆**(如果不是为时尚早的话? 如果您并未决定
暂时只规定到县图书馆的话)……

（3）您（和我们）必须**绝对**准确地知道：如果**每一本**苏维埃的书出版后过了**一个月**（两个星期？六个星期？），**每一个图书馆**还没有这本书的话，该把**谁**关押起来（**既**关全俄中央执行委员会中央出版物发行处的人，**也关图书馆网**的人；一定要关这**两个单位**的人）。关于此事，请给我送一份**简要的**报告。

列　宁

载于1932年《列宁文集》俄文版
第20卷

译自《列宁全集》俄文第5版
第52卷第195—196页

384

致米·瓦·伏龙芝

致伏龙芝同志

抄送：彼得罗夫斯基同志和拉柯夫斯基同志及

乌克兰共产党中央委员会³³²

1921年5月18日

布哈林同志说，南方大丰收。

现在**整个**苏维埃政权的**首要问题**，我们生死攸关的问题，是从乌克兰收上2亿到3亿普特粮食。

为此，首要的——是盐。要全部收上来，在所有产盐地周围由部队设置三道岗哨，一俄磅盐也不准放走，不准盗走。

这是生死攸关的问题。

要采用军事办法。每一道手续都要明确指定负责人。把他们的名单给我(都要通过盐业总管理局)。

您就是盐务总指挥。

一切由您负责。**333**

劳动国防委员会主席

弗·乌里扬诺夫(列宁)

译自《列宁全集》俄文第 5 版
第 52 卷第 196—197 页

385

致维·米·莫洛托夫**334**

(5 月 19 日)

莫洛托夫同志:

根据上告材料

我命令**今天**给布留哈诺夫发一份由全俄中央执行委员会主席和中央委员会书记签字的电报:

(1)给那些**头头**(各省执行委员会主席等人)以严重警告,

(2)如有再犯,将把他们送交法庭审判,

(3)**立即**将那些在满足中央需要之前就把粮食**供给地方**的负责人送交法庭审判。

列　宁

译自《列宁全集》俄文第 5 版
第 52 卷第 197 页

386

给亚·巴·谢列布罗夫斯基的电报

发电报

巴库　　阿塞拜疆石油委员会

或梯弗利斯　　谢列布罗夫斯基，或发往他的所在地

1921 年 5 月 19 日

您给谢尔戈的那份啰里啰唆的电报[335]我已经看过了。

请简短准确地报告，您为巴库工人弄到多少衣服和粮食。目前工人为数不多，其衣食供应尚且得不到保障，还要增加工人数量，那是荒唐的。

列　宁

载于 1932 年《列宁文集》俄文版
第 20 卷

译自《列宁全集》俄文第 5 版
第 52 卷第 197—198 页

387

致维·巴·诺根和尼·巴·布留哈诺夫

（1）纺织企业总管理委员会　　诺根同志
（2）粮食人民委员部　　布留哈诺夫同志

5 月 19 日

拉柯夫斯基来电话抱怨说，原来答应给他们的布匹**没有给**。

而据说尼古拉耶夫的农民乐意拿粮食换布匹。除正式提出询问之外,请立即打电话全面了解一下情况,并催促一下,同时把粮食人民委员部和纺织企业总管理委员会的负责人的名单给我送来。谁负责发运布匹?拖延是可耻的,是犯罪。**336**

列　宁

载于1932年《列宁文集》俄文版　　　　　译自《列宁全集》俄文第5版
第20卷　　　　　　　　　　　　　　　第52卷第198页

388

致叶·亚·利特肯斯

5月19日

请利用波克罗夫斯基休假的机会,开始编纂俄语词典的工作,这样可以不加重他的行政管理事务的负担。

(1)请委派三五个优秀的语文学家组成一个委员会。他们必须在两星期内订出计划,提出正式的委员会的成员名单(以[确定]工作、它的内容、期限等等)。

(2)任务:编一部简明的(以**小"拉鲁斯"337**为样本)俄语(从普希金到高尔基)词典。标准的现代俄语词典。采用新的正字法。

(3)**业务指导**中心应根据他们(这三五个人)的报告**批准**这项工作。这样我们在入秋前可以开始工作。**338**

载于1932年《列宁文集》俄文版　　　　　译自《列宁全集》俄文第5版
第20卷　　　　　　　　　　　　　　　第52卷第198—199页

389

致瓦·亚·斯莫尔亚尼诺夫

(5月19日)

给人民委员会和劳动国防委员会办公厅副主任
斯莫尔亚尼诺夫同志的任务

(1)同各区域经济会议保持联系,根据经济会议发来的电报、材料和记录了解它们的工作情况,定期向劳动国防委员会主席报告它们的工作成果以及它们完成劳动国防委员会各项任务的情况;同时就发生的问题,在请示**列宁**同志或经有关人民委员部同意后,向它们作出解释和指示。

(2)审阅各省经济会议的记录和材料,以检查劳动国防委员会的各项决定和一般指令的执行情况,详细了解那些至关重要的、具有典型意义的省经济会议的工作情况(开列这些经济会议的名单,报**列宁**同志批准)。

(3)熟悉经济系统各人民委员部部务委员会、国家计划委员会以及根据劳动国防委员会的决定设立的各计划委员会的工作情况。

(4)根据报纸、经济机关和统计机关的报告及专门出版物,了解国家经济生活状况。

(5)了解劳动国防委员会最重要的决定和任务的实际执行情况,并报告**列宁**同志。

(6)完成劳动国防委员会主席和人民委员会办公厅主任交办

的有关经济、经营和生产方面的专门任务。

（7）把将要提到劳动国防委员会议事日程上来的那些准备得不够充分的有关经济、经营和生产方面的问题准备好。

（8）把研究过的材料中的问题，经列宁同志同意后，主动加以整理并通过相应的人民委员部或者直接提交劳动国防委员会。

为了使**斯莫尔亚尼诺夫**同志能够完成这些任务，各区域经济委员会和各省经济会议的全部上报材料，无论是电报还是邮件，都应直接送交**斯莫尔亚尼诺夫**同志，由他把一切必要的问题报告**列宁**同志。

人民委员会和劳动国防委员会秘书同各区域经济委员会以及各省经济会议的通信联系，都要经**斯莫尔亚尼诺夫**同志同意，但有关人民委员会和劳动国防委员会各项决定的通知不在此列，这些通知由秘书处直接发出。劳动国防委员会的议事日程在分送给该委员会各委员之前，须经**斯莫尔亚尼诺夫**同志过目。

人民委员会和劳动国防委员会主席

弗·乌里扬诺夫（列宁）[1]

第3条里补充了："国家计划委员会"。

增加第9条："经常同《经济生活报》的编辑磋商，使该报的工作同劳动国防委员会的工作完全协调一致。"

劳动国防委员会主席

弗·乌里扬诺夫（列宁）

1921年5月19日

---

[1]　签署该文献的还有人民委员会办公厅主任尼·彼·哥尔布诺夫。——俄文版编者注

注意:就此问题写一简讯登在《**经济生活报**》上。

列　宁

译自《**列宁全集**》俄文第5版
第52卷第199—201页

390

致格·瓦·契切林

5月19日

契切林同志:

根据昨天的谈话,今天政治局将会作出决定。我已经给莫洛托夫写了条子[339]。莫洛托夫会打电话(不写条子)通知您两名全权代表的任命:最高国民经济委员会会务委员波格丹诺夫和彼得格勒人苏达科夫。电话里不要提名道姓,不要提国家。条子也不写。

请您亲自再同来人[340]谈一次,向他说明(不提我)下面这些想法:

对他们最有利的是:彼得格勒、乌拉尔、库兹涅茨克煤田、顿巴斯和巴库的电气化。5座超大型电站决定一切。

最有利的**形式**是**租让**。

他们想既给予帮助,又为自己捞到**好处**吗? 我们也同样。最好是采取租让形式。法律上靠得住。它给承租人提供业务自由、生产和使用产品的自由。给我们提供充分的保证。给他们也提供充分的保证。便于扩大事业(他们的股份占 50%，我们的也占 50%。我们和他们**还**可以各吸收 40% 的资本，而 5 亿元(据说他们有 5 亿元?)可以用做头几年的收入。以此吸收新的资本)。

租让是风险最小的形式。私人资本。任何一个国家都不可能反对。

其他国家看到租让**开始**，可能会而且一定会羡慕。这对我们和他们都有利。

先生们，请承租上述 **5 个**地区的¼的最好的工厂吧。那里的资源极其丰富。那里**什么都**有。5 个地区的位置从**各**方面来说都非常方便。

5 个大型电站是保证一切的**物质**基础。假如 5 个地区实现了电气化，那么**它们**就不会再受奴役。

为什么恰恰是电气化呢?

请您务必把我们那本书《电气化计划》给他看。200 名优秀的学者已经作了权衡和计算。

最少的燃料，最大的保证*。最快的速度。最"现代的"水平。

我们愿意为进口电机、电力设备等**付钱**，所以他们会获得最大的现实保证。

他们的工人(甚至那些对他们的政策和我们的政策都不特别拥护的工人)**大多数**将会满怀热情地**拥护**俄国实行的这些租让。一句话，

从法律上、

从经济上、

从对全世界的政治意义上看，

这笔交易都会是理想的。这种有利于我们的交易,也一定会使**他们在几年里**达到他们的目的。这是很清楚的。

请您把这一切向他们解释清楚。此件请保存。

承租人有权按自己的愿望进行生产和按自己的愿望使用产品,这一条特别恰当。

敬礼!

列　宁

附言:**冬天**通过利巴瓦、波罗的港和摩尔曼斯克可以而且应该确保货物的运入

* 没有电气化,燃料要白白浪费一半。实现了电气化,**并且只有**实现了电气化,我们才能保存99％的燃料,并且能**节约**一半燃料。

译自《列宁文集》俄文版第39卷第288—289页

391

☆致最高国民经济委员会主席团

(5月20日)

2月2日我通过哥尔布诺夫把**科特利亚罗夫**同志的来信——办字第785号文件——发给了您。其中建议把各大城市闲置不用的卷扬机连同全套设备用于采矿业,还附有如下批示:

"应当搜集情况并弄清楚这方面能不能为支援采矿业做点什么。把多余的东西都要过来。"从最高国民经济委员会的文件来看,为完成这项任务有五个委员会曾进行过工作:

(1)最高国民经济委员会金属局金属统计和分配委员会关于把电梯设备供给顿巴斯使用的会议(2月11日)。

(2)调查楼房电梯情况的专门委员会(工作到2月23日)。

(3)金属局技术处专家技术会议(3月22—24日前后)。

(4)煤炭总委员会采矿技术处关于利用莫斯科市及其他大城市的卷扬机以解决煤炭工业矿井需要问题的会议(4月16日)。最后还有

(5)中央生产委员会4月22日的会议,第321号记录,第238条。

第三个委员会已经明确肯定,完全可以把一部分电梯设备用于采矿业。但实际上迄今为止什么事也没有办;事情在无限期地、毫无意义地拖延着。

我命令5月25日把这个问题提交劳动国防委员会,并附上决定草案,内容大致如下:

"责成最高国民经济委员会主席团会同内务人民委员部把莫斯科、彼得格勒和其他大城市能用于采矿业的卷扬机部件,如绞车、鼓轮、钢丝绳之类利用起来。

同时,应按照金属局技术处1921年3月24日会议记录的规定,进行使用卷扬机设备的必要试验。这项试验由于很重要,应列为突击任务。"

补充:(1)委派一名负责人。

(2)惩处办事拖拉(自3月至5月)的责任者。

报告由尼·彼·哥尔布诺夫来作。[341]

人民委员会主席

弗·乌里扬诺夫(列宁)

载于 1932 年《列宁文集》俄文版
第 20 卷

译自《列宁全集》俄文第 5 版
第 52 卷第 201—202 页

392

致约·斯·温什利赫特[342]

(5 月 20 日)

致全俄肃反委员会温什利赫特同志

送上外交人民委员部签证处查询全俄肃反委员会外事部办理科扎科夫和皮沃瓦罗夫护照签证情况的抄件,我要指出:

1. 不管各种事务如何紧迫,决不容许办事拖拉。

2. 我对达维多夫同志迟迟不答复人民委员会办公厅主任哥尔布诺夫同志今年 5 月 17 日就这一问题打的电话(电话记录第 5396 号)一事提出警告,并且

3. 命令毫不拖延地尽快解决问题。

人民委员会和劳动国防委员会主席

弗·乌里扬诺夫(列宁)

译自《列宁文集》俄文版第 39 卷
第 290 页

393

给秘书的指示³⁴³

（5 月 20 日和 25 日之间）

转告斯莫尔亚尼诺夫：

（1）立即送主管部门提出结论性意见，以便

（2）**星期三**，5 月 25 日，由**劳动国防委员会**通过。

列　宁

载于 1959 年《列宁文集》俄文版
第 36 卷

译自《列宁全集》俄文第 5 版
第 52 卷第 203 页

394

致恩·奥新斯基

（5 月 21 日）

奥新斯基同志：

您被任命为指令审核委员会主席。劳动国防委员会的决定您
收到了吗？³⁴⁴

指令（草案）4 时给您送去。写得匆忙，我很疲倦，很多地方尚
待修改和补充。

请在委员会里审阅一遍**送去排版**(我已同全俄肃反委员会印刷厂谈妥:他们会**很快**排成单页)。这个单页即草案要在国民经济委员会和工会的代表大会上发给大家。让他们在小组里加以讨论并选出各委员会。

同他们讨论之后,提交(星期三或星期五)劳动国防委员会批准。

至于怎样送全俄肃反委员会印刷厂,请同福季耶娃商量,她会事先和别连基通电话[345]。

附言:每个问题都要送有关的人民委员部审阅[346]。

列　宁

载于1932年《列宁文集》俄文版　　　　　　译自《列宁全集》俄文第5版
第20卷　　　　　　　　　　　　　　　　第52卷第202—203页

395

致约·斯·温什利赫特[347]

(5月21日)

我从1917年起就认识雅拉瓦同志,我可以证明,他毫无疑问是诚实的,请下令立即退还他被没收的钱。请把您的命令抄送一份给我,写上负责执行者的名字。

其次,我要求把有关搜查雅拉瓦同志处的全部文件都要来寄给我。附件请退还。

致共产主义的敬礼!

列　宁

译自《列宁全集》俄文第5版
第52卷第203—204页

396

致尼·列·美舍利亚科夫①

(5月23日)

美舍利亚科夫同志:

请您告诉我,您5月9日来信(给党中央的,第72/150号)所提的问题有哪些已经解决了**348**。依我看,**无论是苏维埃**系统还是**党的**系统都必须颁布**一项法规**。

大致包括:

(1)免费但**要收条**,只限于中央委员＋全俄中央执行委员会委员(?);

(2)对其他人只要收条:给省或县地方图书馆的,保证在一个月内交给它们;

(3)总的分发数量是多少,其余的只供应图书馆;

----

① 列宁在信上批示:"给美舍利亚科夫发一封同样的信。用公文纸,并另抄一份。"
　　——俄文版编者注

（4）检查方法。

列　宁

5 月 23 日

载于 1932 年《列宁文集》俄文版
第 20 卷

译自《列宁全集》俄文第 5 版
第 52 卷第 204 页

397

致伊·伊·拉德琴柯

（5 月 23 日）

泥炭总委员会

伊·伊·拉德琴柯

列宁寄

拉德琴柯同志：

这就是您违背我的劝告的一例。

关于沙图拉工程的材料您是 4 月 14 日发出的,篇幅太大了。**没有单独列出的**明确建议。

我当时很忙,没法看;结果压到了 5 月 23 日。

而您却默不作声！

这太不像话了！

本来应当附上两份材料：

（1）说你们请求取消“政治部”[349],因为它根本不中用(写 5 行字就够)。说有关文件已转交列宁。

(2)说你们请求签发一份这样的电报(或电话稿):为什么不发

给人家那2(4)个锅炉,要讲明原因,不准拖拉。**列宁**。

然后把**这两份**材料抄送**福季耶娃**,好让她提醒我。

这样做,就能把事情办妥,而我大概在4月15日或16日也就

能签发了。

今后**全要这样办**。

附上两三份5行字的短材料,加上给福季耶娃的抄件,这并不

难。实际结论应当由您自己提出,而不应该迫使我从几十页材料

中去提取5行字的实际结论。

将这封信念给文特尔听听,并给我寄来您和他的**收条**,说明这

些意见你们两个人**都明白了**,并**决定执行**。

列　宁

1921年5月23日

载于1932年《列宁文集》俄文版 第20卷　　　　　　　　　译自《列宁全集》俄文第5版 第52卷第205页

398

致莉·亚·福季耶娃

(5月23日)

福季耶娃同志:

对有关沙图拉工程的那份材料(纸夹,第3号)的处理,您显然

有过错。

收到的日期是 4 月 14 日。

今天是 5 月 23 日。

您压下了,既没有提醒我,也没有提醒斯莫尔亚尼诺夫。

这样不行。

不许积压。您应该或者自己看,或者交给斯莫尔亚尼诺夫看,或者交给哥尔布诺夫看。

请现在就转给斯莫尔亚尼诺夫,用我的公文纸写上我对他的委托:

(α)立即查问(打电话),办成了什么没有。

(β)如果没有,就马上按正式手续办,把两个公文拿来我签字:

(aa)取消"政治部",

(bb)拨给 2(—4?)个锅炉(?)等等。[350]

列 宁

5 月 23 日

载于 1932 年《列宁文集》俄文版
第 20 卷

译自《列宁全集》俄文第 5 版
第 52 卷第 206 页

399

致罗·爱·克拉松

(5 月 24 日)

克拉松同志:

您 1921 年 5 月 20 日发的材料已经收到和读过了。[351]最近恐怕不能见面,因为我很忙。

过一两个星期您提醒一下人民委员会秘书**福季耶娃**。

关于问题的本身：您的信使我感到惊讶。这类申诉通常来自不会同拖拉作风作斗争的工人。可是您呢？斯塔尔科夫呢？为什么您和斯塔尔科夫都没有及时给我写信？为什么在德国待了**好几个月**的斯塔尔科夫没有给我写过**一次信**?? 依我看，为此应该给他处分。

为什么他和您只是"诉苦"？却没有提出**明确的改进意见**，比如，让人民委员会（或对外贸易人民委员部，或其他什么机关）作出什么什么决定。（不要要求**所有的**工厂都怎么样，等等。）

整个问题现在都谈到了吧，是不是这样？

（泥炭总委员会已经把问题解决了吗?）

敬礼！

列　宁

载于1932年《列宁文集》俄文版
第20卷

译自《列宁全集》俄文第5版
第52卷第206—207页

400

致格·伊·博基[①]

1921年5月24日

博基同志：

您的电话已经收到了。我十分不满意。[352]

---

① 列宁在信上批示："交福季耶娃：复制副本后秘密发出"。——俄文版编者注

这样不行。

您应该对事情作详细调查并向我提供确切情况,而不该谈这种"一知半解的看法":说什么事情"被夸大了"……"完全杜绝盗窃现象是不可能的"(??!!)

这是胡闹,而不是报告。

(1)把**全体**负责人的名字都告诉我;

(2)介绍一下工作的组织情况;

(3)把**盗窃现象**列举出来;

完全,准确;

时间;总数。

(4)**一共**有多少工作人员?

(他们大体上由哪些人组成?工龄? 等等。)

(5)**那里**究竟采取了哪些措施来杜绝盗窃现象?

要确切说明是什么措施。

(6)那里是何时审判和惩办的(1920 年 4 月?)? 有多少次大的审判? 受惩办人的总数多少?

收到此信后要告诉我,并告诉**完成**日期[353]。

人民委员会主席

弗·乌里扬诺夫(列宁)

载于1959 年《列宁文集》俄文版
第 36 卷

译自《列宁全集》俄文第 5 版
第 52 卷第 207—208 页

401

致瓦·亚·斯莫尔亚尼诺夫[354]

（5 月 24 日）

致斯莫尔亚尼诺夫

请一阅。**可以办到的**，您**亲自**办。如果您自己办不了，就退给我，并**尽快**提醒我。

列　宁

5 月 24 日

载于 1933 年在莫斯科出版的瓦·瓦·佛敏《列宁和运输业》一书

译自《列宁全集》俄文第 5 版第 52 卷第 208 页

402

给秘书的指示

（5 月 24 日）

注意

（1）送斯莫尔亚尼诺夫阅[355]。

（2）了解这个县有哪些行业和企业，职工情况如何（有多少？

在什么地方?)

（3）根据中央委员会1921年5月10日的决议，列入人民委员会或劳动国防委员会的议事日程[356]。

列　宁

载于1959年《列宁文集》俄文版
第36卷

译自《列宁全集》俄文第5版
第52卷第208页

403

致尼·亚·谢马什柯

（5月24日）

谢马什柯同志：

有人告诉我，阿瓦涅索夫身体非常不好，据说是少一叶肺(?)，还有其他的病，但他仍硬撑着。

请您指定几个十分可靠的教授，让他们提出一份书面意见（既要有诊断，也要有治疗措施）。

致共产主义的敬礼！

列　宁

载于1933年《列宁文集》俄文版
第23卷

译自《列宁全集》俄文第5版
第52卷第209页

404

致维·米·莫洛托夫

(不晚于 5 月 25 日)

　　莫洛托夫同志:我有两个女秘书(基扎斯和勒柏辛斯卡娅)现正在里加疗养。加涅茨基**根据我的请求**安排她们住在海边①。这件事需要正式定一下。怎么办呢? 我建议由**组织局**作出如下决定:(1)或者委托加涅茨基把**组织局**从这边送去休养的人安排到里加(或拉脱维亚其他地方);或者(2)委托加涅茨基在拉脱维亚建立**一两个休养所**,送人去那里休养要通过组织局,去那里休养的人,应当一半是工人,一半是苏维埃工作人员。**第二个方案好一些。**

　　您的意见呢?

译自《列宁全集》俄文第 5 版
第 52 卷第 209 页

405

致格·马·克尔日扎诺夫斯基

5 月 25 日

克尔日扎诺夫斯基同志:

　　《劳动国防委员会指令》**草案**②想必已经给您送去了。

---

① 见本卷第 330 号文献。——编者注
② 见本版全集第 41 卷第 259—285 页。——编者注

请您(和主席团——应当让国家计划委员会的全体委员都知道)从以下两方面考虑一下：

(1)在这个草案中有您的"主管部门"的问题：电气化问题和国家计划委员会地方机关的问题。你们大家应当仔细地分析和研究，使这个详细的**问题清单更加确切**，并得到**补充**(或者修改)。

(2)其余的问题不归国家计划委员会主管，但其中**很多问题**实质上和它有关。希望国家计划委员会提出意见(不是非提出不可)。

列　宁

附言：是抽出一些国家计划委员会委员来研究县的报告和所有的经济报告好，还是发给国家计划委员会全体委员每人几份报告材料，**责成**他们阅读和**研究**好？您是怎么想的？

顺便提一下：一定要**由专人**来研究当前的经济计划(1921年)。国家计划委员会的每个委员分别负责这项工作的**某一**方面或部分。反过来说，从当前的计划来看，1921年经济工作的**每一**方面或部分都由一定的人来负责研究。一定要把意见寄给我。

载于1928年《列宁研究院集刊》
第3集

译自《列宁全集》俄文第5版
第52卷第210页

406

致米·费·弗拉基米尔斯基[357]

5月25日

弗拉基米尔斯基同志:

请您看一遍《劳动国防委员会指令草案》,并把您的意见告诉我:将报告发到**所有的**人民委员部(那时我们将以**人民委员会**的名义,而不以**劳动国防委员会**的名义通过),每个县的报告(简报)印100—300份,是否合适。

致共产主义的敬礼!

列　宁

载于1932年《列宁文集》俄文版　　　　　　译自《列宁全集》俄文第5版
第20卷　　　　　　　　　　　　　　　　第52卷第211页

407

致尼·巴·布留哈诺夫①

(5月25日)

布留哈诺夫同志:

看来,粮食人民委员部的纪律松弛,而且松弛得很厉害。

---

① 列宁在信的上方批示:"用公文纸抄写两份。"——俄文版编者注

这是绝对不能容许的。

要尽一切力量加强纪律,而且立即加强,否则我们就摆脱不了饥饿。

(1)粮食人民委员部应该**在各省**和**各县**指定负责人,以便掌握**抓住哪些人**((a)县粮食委员?(b)县执行委员会主席?(c)县军事委员?? 至少要指定 3 名负责人)。

(2)对任何一次违纪行为(把指定给中央的粮食拿来给地方),**都必须逮捕**违纪人员(通过全俄中央执行委员会)。

您总是写一些长篇大论的材料来抱怨[358],确切点说:**是诉苦**,而不是提出一些实际建议:

> "责成全俄中央执行委员会逮捕不执行命令而致使中央挨饿的**某某等人**"。

这才是粮食人民委员部应该提交政治局的建议。

(3)要立即开展这类运动,对玩忽职守、缺乏准备等等的各地省粮食委员要**毫不留情予以逮捕**。

粮食人民委员部要对机关水平低下及贯彻不力负责。

载于 1932 年《列宁文集》俄文版第 20 卷

译自《列宁全集》俄文第 5 版第 52 卷第 211—212 页

408

致波·德·维吉列夫

1921 年 5 月 25 日

维吉列夫同志：

非常感谢您5月13日从华沙写来的信[359]。

当然，要找到我的（和季诺维也夫的）书希望不大。

如果还可以设法打听到的话，那么我请求打听一下。我在那里留下了一份我要发表的手稿（关于 1907 年德国农业的统计调查）[360]。可能是在卢博米尔斯基耶戈街 47 号和 49 号（这两所房子我都住过）。在阁楼上，是我 1914 年 8 月离开那里时留下的。这是在克拉科夫。

也可能是在波罗宁，在我住过的那所房子里，记得您到我那里去过一次。

东西倒不要紧，而书和手稿还是想找回来。

再一次衷心感谢您为此事操劳，并致崇高的敬礼！

您的 **列宁**

发往华沙

载于 1932 年《列宁文集》俄文版
第 20 卷

译自《列宁全集》俄文第 5 版
第 52 卷第 212 页

409

致尼·彼·哥尔布诺夫[361]

（5 月 25 日）

哥尔布诺夫同志：

画了着重标记的那几条，请尽最大可能办到。请退还此件，并注明哪些已经办到了[362]。

列　宁

5 月 25 日

载于 1959 年《列宁文集》俄文版
第 36 卷

译自《列宁全集》俄文第 5 版
第 52 卷第 213 页

410

致约·斯·温什利赫特

1921 年 5 月 25 日

致温什利赫特同志

现将此信背面所附**克拉辛**同志的来信摘抄送上[363]，请尽快把您的意见告诉我。

人民委员会主席

弗·乌里扬诺夫(列宁)

译自《列宁文集》俄文版第 38 卷
第 362 页

411

致阿·巴·哈拉托夫

1921 年 5 月 26 日

哈拉托夫同志:

我不得不非常遗憾地指出,粮食人民委员部"分配局"①的工作**没有改进**。

还是乱糟糟一团数字。

未加整理核实的数字支配了您,而不是相反。

您给我的是一堆数字,一堆没有整理核实的原始材料[364]。

莫斯科人今天就来了,大喊大叫:丝毫没有改进。

我叫布留哈诺夫和斯维杰尔斯基来。他们把维辛斯基领来了。他提供的数字如下:

8 天(5 月 18—25 日)供应了莫斯科 165 车皮粮食(没有燕麦)。

$165 \div 8 = 20 \frac{5}{8}$。莫斯科人讲:往往连 18 车皮粮食也没有。

其次:今后 5 天,26—31 日,将供应(维辛斯基说)90 车皮粮

---

① 指粮食人民委员部分配管理局。——编者注

食+**63**车皮**燕麦**。莫斯科人讲:燕麦一天超不过1 000[普特]!!!

这就是说,实际上情况是在**恶化**:

!!

5月26—31日

同5月18—25日相比!!!

!! ‖ 是恶化,而不是您所许诺的改善:

原来每天20$^5/_8$车皮粮食,

将变成每天**18**车皮**粮食**+1(?)车皮燕麦(?)。

我再次请求:要言简意赅。宁肯数字少些,但要**比较说明问题**。

光是粮食数字不更好吗?只要粮食数字。**不要燕麦**数字。但是要准确:每天供应莫斯科多少。请集中考虑这个问题。

列 宁

载于1932年《列宁文集》俄文版
第20卷

译自《列宁全集》俄文第5版
第52卷第213—214页

412

致格·马·克尔日扎诺夫斯基

1921年5月26日

克尔日扎诺夫斯基同志:

我认为国家计划委员会有必要编制两个材料:

(1)由统计分委员会编制一种数字指标。

即编制我国经济生活主要资料的月报(数字和曲线图)。大致

内容包括:

　　燃料产量

　　矿石产量

　　铁产量。

　　关于其他工业部门的主要资料:

　　从事生产的工人的百分比;

　　未播种面积的百分比;

　　农业生产状况;

　　待修机车的百分比;

　　普特/俄里的绝对值;

　　木材、木柴等等;

　　粮食的供应情况等等;

　　电气化情况;

　　(每一项都和上一年及战前比较)。

　　没有这些,我们就不能看到经济生活的全貌。

　　这是国家计划委员会工作的基础之一。

　　(2)**经济**统计分委员会。

　　必须使中央统计局成为我们**日常工作的**分析机关,而不是"学术性的"分析机关。大致内容包括:

　　供养了多少不必要的人?

　　有多少不必要的工厂?

　　应如何重新调配原料? 劳动力?

　　军队的经济工作如何?

　　统计人员应当成为我们的**实际助手**,而不是搞烦琐哲学。

请考虑一下,并把结果给我简单写几句。

您的 列宁

载于1924年在莫斯科出版的
格·马·克尔日扎诺夫斯基
《商品交换和计划工作》一书

译自《列宁全集》俄文第5版
第52卷第214—215页

413

致格·马·克尔日扎诺夫斯基

(5月26日)

克尔日扎诺夫斯基同志:

记得您对我说过,必须把孟什维克**调离**那个地方[365]。此事要交给**专门委员会**去办。

这个委员会如何组成?

如何检查它的工作?

将此件退回时,请简单给我写几句[366]。

列 宁

5月26日

载于1932年《列宁文集》俄文版
第20卷

译自《列宁全集》俄文第5版
第52卷第215页

414

给亚·巴·谢列布罗夫斯基的电报

1921 年 5 月 26 日

巴库
阿塞拜疆石油委员会
谢列布罗夫斯基

您第 3632 号电报所提 1 000 吨面粉和 30 000 套制服一事，请按一般规定办，但要快[367]。您答应要写的信，我没有收到[368]。

列　宁

载于 1932 年《列宁文集》俄文版
第 20 卷

译自《列宁全集》俄文第 5 版
第 52 卷第 216 页

415

致维·米·莫洛托夫[369]

（5 月 26 日）

依我看，务必委派一名**专人**做责任**编辑**，负责**仔细**整理发言，加以压缩，删掉一切不完全适合公开发表的内容。

列　宁

5 月 26 日

载于 1945 年《列宁文集》俄文版
第 35 卷

译自《列宁全集》俄文第 5 版
第 52 卷第 216 页

416

致维·米·莫洛托夫

（5 月 26 日）

莫洛托夫同志：

利扎列夫的报告极为重要[370]。应当加倍重视，并通过一些十分客观的人加以核实。

别洛博罗多夫是不是搞错了？

那里是否有滥用职权的现象？

找谁去核实好呢？

列　宁

5 月 26 日

译自《列宁全集》俄文第 5 版
第 52 卷第 216—217 页

417

致克拉拉·蔡特金[371]

(5月26日)

没有拉狄克的小册子《谈一个叛徒的真实历史》。他只送来过对他的第一本小册子[372]的补充《莱维的堕落》。

列　宁

译自《列宁文集》俄文版第39卷
第292页

418

致伊·捷·斯米尔加

(5月27日)

致斯米尔加同志
抄送:石油总委员会
古布金同志

无论在报刊上还是在来自地方的报告中,关于巴库情况恶化的消息愈来愈多。

必须加强对巴库的注意和关心。

请向**劳动国防委员会**提出一个计划,如何采取一系列措施包括向国外购买物资来支援巴库。

要始终"监视",巴库在做什么,**以及我们用什么去支援**。

要查明两项(1. **有什么**;2. **送去了什么**)简明的总结数字,并且不断加以检查。**373**

劳动国防委员会主席　**列宁**

载于1932年《列宁文集》俄文版　　　　　　译自《列宁全集》俄文第5版
第20卷　　　　　　　　　　　　　　　　　第52卷第217页

419

给费·埃·捷尔任斯基的电报³⁷⁴

(5 月 27 日)

急·

南方军区　　全俄肃反委员会主席**捷尔任斯基**,
发往他的所在地
抄送:莫斯科　　**沃伊诺夫**、反破坏运输三人小组

全体乌克兰同志最坚决地要求加强同到乌克兰去私贩粮食的活动作斗争,这种活动有可能破坏为支援遭受饥饿的共和国中心城市而进行的初见成效的粮食收购工作。请着重注意,并向我报告,是否采取了紧急措施,究竟采取了哪些措施,效果如何。

劳动国防委员会主席　**列宁**

载于1933年《列宁文集》俄文版　　　　　　译自《列宁全集》俄文第5版
第23卷　　　　　　　　　　　　　　　　　第52卷第217—218页

420

给彼得格勒区域经济委员会、
工会理事会和执行委员会的电报①

(5月27日)

按下述三个地址各发一份

(1)彼得格勒　区域经济委员会

(2)彼得格勒工会理事会　阿夫杰耶夫和乌格拉诺夫

(3)彼得格勒执行委员会　米哈伊洛夫

鉴于米哈伊洛夫同志就不发给"电犁工作小组"工人奖励粮[375]一事提出申诉,并且考虑到制造20部电犁对秋耕具有重要意义,我命令火速就此问题调整看法并取得一致意见[376]。5月27日。请十分确切地给我答复。

劳动国防委员会主席　列宁

载于1932年《列宁文集》俄文版
第20卷

译自《列宁全集》俄文第5版
第52卷第218页

---

① 这份电报在1921年5月31日又重发了一次。——俄文版编者注

421

致约·斯·温什利赫特

(5月27日)

全俄肃反委员会　温什利赫特同志

请立即选派一位极其负责的同志来进行下列工作:

(1)5月6日,劳动国防委员会决定立即向乌克兰发运供**商品交换**用的纺织品,利用委员会也作了决定,并办理了开具凭单等一切手续,但纺织企业总管理委员会和粮食人民委员部至今仍未执行这一决定,要查一下原因。

(2)原普罗霍罗夫工厂缺少发运纺织品所需的包装材料而又不采取相应措施生产包装材料,请仔细查明这一过错的责任者。

(3)专门监督从普罗霍罗夫工厂向乌克兰发运纺织品的工作。

(4)查明全部情况后,追究负责人的责任。

(5)24小时内把结果报劳动国防委员会办公厅副主任斯莫尔亚尼诺夫同志转告我。

劳动国防委员会主席

译自《列宁文集》俄文版第40卷
第84—85页

422

致瓦·亚·斯莫尔亚尼诺夫[377]

（5月27日或28日）

斯莫尔亚尼诺夫同志：

我认识拉德琴柯已经很久了，还是在1917年革命以前。对他可以完全信任。要尽量帮助他。请把结果告诉我。

列　宁

载于1932年《列宁文集》俄文版
第20卷

译自《列宁全集》俄文第5版
第52卷第219页

423

☆给"亚—恩巴工程"委员会的指令

（根据回忆整理）[378]

1921年5月28日

要尽最大的可能准确地检查：

究竟完成了多少工程（完成了哪一部分）；

究竟有多少材料、铁轨等等以及粮食和其他物资运到了指定地点；放在何处；这些材料和运到的全部物资的保管条件；在不损

失、不被盗或损失最少的情况下运回这些材料、铁轨和其他全部物资的条件,即具体可能性;可能和大概会损失多少;

这样对实际情况经过准确地核实、就地进行细致的调查,是一项最重要的任务。

在完成这项任务的基础上,掌握了准确的数据,就应该对整个问题本身作出结论:"亚—恩巴工程"的建设是停工呢(如果是停,那么怎么个停法? 在什么期限内能停下来? 等等)还是不停? 如此等等。

劳动国防委员会主席

弗·乌里扬诺夫(列宁)

载于1932年《列宁文集》俄文版 第20卷

译自《列宁全集》俄文第5版 第52卷第219页

424

给卡·伯·拉狄克和 格·叶·季诺维也夫的电话

打电话

致拉狄克

和季诺维也夫

5月28日晚7时50分

我刚才收到柏林发来的一份由**蔡特金**署名的电报,电文如下:

"党中央以种种借口拒绝批准反对派的全权代表布拉斯和安娜·盖尔前去参加大会。因此,在与我观点相同的两个同志没有得到参加大会的保证之前,我也拒绝前往"。

请拉狄克和季诺维也夫打电话把自己的意见告诉我:是劝告中央委员会同意布拉斯和安娜·盖尔前来出席大会好呢? 还是大家和我根本不表态好?[379]

列　宁

5 月 28 日

译自《列宁全集》俄文第 5 版
第 52 卷第 220 页

425

给尼·彼·哥尔布诺夫的指示[380]

（5 月 28 日）

尼·彼·哥尔布诺夫同志:

请审阅所有材料并设法尽快解决。

列　宁

5 月 28 日

译自《列宁文集》俄文版第 38 卷
第 362 页

426

致卡·伯·拉狄克^①

（5月29日）

拉狄克同志：

请您答复我：

（1）你们（您和季诺维也夫）是否收到了我那封附有蔡特金电文的信？

您的意见如何？

（2）共产国际代表大会拟于何时开幕？

（3）我的关于俄共策略的报告安排在哪一天？（如果要安排这个报告的话？）[381]

（4）我那本论粮食税的小册子送去翻译了吗？是不是让译成所有那三种外文？何时能出版？[382]

敬礼！

列　宁

5月29日

译自《列宁全集》俄文第5版
第52卷第220—221页

---

① 列宁在信的上方批示：“立即抄送季诺维也夫和**科别茨基**。**急**”。——俄文版编者注

427

致瓦·亚·斯莫尔亚尼诺夫

（5月29日）

致斯莫尔亚尼诺夫

请一阅；尽快把问题提交**劳动国防委员会**。请把这封信送交伊·伊·拉德琴柯**本人**（泥炭总委员会），让他写上意见退给我。**383**

列　宁

5月29日

载于1932年《列宁文集》俄文版第20卷

译自《列宁全集》俄文第5版第52卷第221页

428

致阿·巴·哈拉托夫**384**

（5月29日）

哈拉托夫同志：

您的意见如何？

（1）能否在国际代表大会开幕前夕供应莫斯科工人**一些小麦**？能供应多少？

(2)6月份彼得格勒和莫斯科的**粮食**供应能保证改善到什么程度?

不必谈细节。

最多写上2—4个数字即可(按车皮计算)。

列　宁

5月29日

载于1932年《列宁文集》俄文版
第20卷　　　　　　　　　　　　　译自《列宁全集》俄文第5版
　　　　　　　　　　　　　　　　第52卷第221页

429

致瓦·亚·斯莫尔亚尼诺夫[385]

(5月29日)

致斯莫尔亚尼诺夫

请进行调查并把结果告诉我。您同波嘉耶夫协商后就采取紧急措施。

列　宁

5月29日

为什么5月14日的电报我5月28日才收到???

列　宁

载于1932年《列宁文集》俄文版
第20卷　　　　　　　　　　　　　译自《列宁全集》俄文第5版
　　　　　　　　　　　　　　　　第52卷第222页

430

致阿·奥·阿尔斯基

1921 年 5 月 29 日

阿尔斯基同志:请您重视这份报告。这份报告是由我同捷尔任斯基同志商量后专门委派的全俄肃反委员会的一个同志提交的。我从一些绝对可靠的共产党员那里获悉,国家珍品库有问题,所以我派人进行了调查,这份报告就是调查的结果。[386]

博基同志的汇报也完全证实了这一点。

请您高度重视这个问题。

首先是您,其次是财政人民委员部**全体**部务委员,特别是巴沙同志,应当以十倍的努力来做国家珍品库的工作。如果在最短期间内不能改变国家珍品库的局面(**完全消除**盗窃的可能性,同时加快整个工作进程和扩大工作规模),那么不仅要追究财政人民委员部副人民委员和**全体**部务委员的党内责任,而且要追究他们的刑事责任。

由于国家珍品库的工作进展缓慢(冬天工作更困难,**许多工作**要在冬季之前做完),由于那里屡次被盗,共和国损失**巨大**,因为正是在目前,在困难时期,我们必须**迅速**得到**尽可能多的**贵重物品,以便同国外交换商品。

必须:

(1)及时地、经常地同博基同志协商,以便最迅速地改组国家珍品库;

（2）使保卫工作和监督工作做得尽量完善（设特种栅栏；木栅栏；更衣橱或更衣栅栏；突然搜查；制定几套完全符合**刑事侦察**工作规则的双重和三重突然检查制度，如此等等）；

（3）必要时，从莫斯科吸收几十名或**几百名**责任心强而且绝对诚实的共产党员来参加（比如说每月或每两个月一次）白天和**夜间的**突然检查。对工作人员和**检查人员**的指示应当**极其详细具体**。

（4）财政人民委员部**全体**部务委员无一例外必须至少每月一次，在白天和夜间**亲自**到国家珍品库的工作现场和可能被盗的一切地方进行突然检查。副人民委员必须亲自填写记录这些检查的保密本。

鉴于这份文件的**保密**性质，请您让财政人民委员部**全体**部务委员亲自**在文件**上签名后，立即**退**给我。

劳动国防委员会主席

弗·乌里扬诺夫（列宁）

5月29日

（附言：如果丘茨卡耶夫还没有走的话，叫他也看看：他的过错也不少！）

译自《列宁全集》俄文第5版
第52卷第222—223页

431

致尤·赫·卢托维诺夫

5月30日

卢托维诺夫同志:

看了您5月20日的来信,我很担忧。我曾希望,您在柏林稍事休息,把病养好,"从旁观的角度"看一看(旁观者清),再思考思考,会得出一些清楚、明确的结论。您在这里的时候,看得出是有不满"情绪"的。情绪,就是某种几乎是盲目的、无意识的、未加深思的东西。我想,好吧,这回该消除情绪,得出清楚、明确的结论了。我想过,也许我们对这些结论也还会有分歧,但毕竟"反对派"的"奠基人"之一(您在信中是这样自称的)会得出明确、清楚的结论了。

你的来信之所以令人担忧,是因为其中所谈的既不清楚,也不明确;相反,还是通篇情绪阴暗,再加上"言词激烈"。

不应该这样。

事实(您自己谈到了这一点)是顽强的东西。那么就请看一看,您提到的究竟是些什么样的事实。下面我就把您举出的**全部事实**罗列出来:

(1)铁路工会中央委员会是"由一些老官僚主义者"组成的。

难道这是事实吗? 人名呢? 除了鲁祖塔克,其他人我都不认识。但是,我知道这个委员会的组成是经过仔细研究的。错误可能会有。应当予以纠正。但为此,首先必须把这些错误明确地指出来,以使阴暗情绪(以及往往隐藏在阴暗之中的**谣言**,因为谣言是喜欢阴暗和匿名的)没有存在的余地。

人名您没有指出来。事实也没有。

是鲁祖塔克吗?他哪一点不称职?他"体力衰弱"?那您在我们这里把体力不衰弱的找出来。等我们把越飞和索柯里尼柯夫的病治好以后,马上就让鲁祖塔克从土耳其斯坦回来。

我们的"派别倾向性"究竟是指什么呢?是指安排党代表大会多数派的人当了铁路工会中央委员会的领导吗?依您看,这就是"派性"?如果是这样,那就请您给我解释解释何谓派性,何谓党性吧。

前几天,在五金工会代表大会上,原"工人反对派"的一位领袖提出了一份中央委员会的名单,其中 22 名俄共党员里有 19 名是原"工人反对派"的人,您是否要说这就是"党性"?[387]如果这不是"派别倾向性"、不是派别复活的话,那么您使用派性这个概念,似乎用得十分特别,似乎很不寻常,甚至与常人根本不同。

(2)领导全俄工会中央理事会的是一个"精疲力竭的人"。是说托姆斯基吗?原来打算用三人书记处来代替他,而现在干脆把他换掉了。这么一来,您对准派性开的枪,反而打了您自己。而这才是**事实**。

(3)您在同驻柏林使团的胡作非为作斗争时遭到了"来自莫斯科直至伊里奇的疯狂抵抗"。

对不起,这是捏造。

您对克拉辛为之辩护的斯托莫尼亚科夫赞不绝口。原使团是由柯普率领的。柯普被撤掉了,留下了斯托莫尼亚科夫。

这是什么呢?是"莫斯科的疯狂抵抗",

还是对莫斯科的疯狂诽谤？

从"事实"来看，这两句不客气的话哪一句更接近事实真相？啊？

驻柏林使团是胡作非为过，莫斯科（和克拉辛）加强了**您**所倍加赞赏的斯托莫尼亚科夫的权力，因而对您同这些坏事作的斗争并没有妨碍，也没有抵抗，而是提供了帮助。

（4）您说您在这里（在柏林）发现了一批"无耻透顶的坏蛋和窃贼"，而莫斯科却不把他们撤掉。

人名呢？一个也没有。

这是事实还是谣言？

还是您不知道该怎样向中央、向组织局、向政治局、向中央全会递送控告材料？

无论是政治局还是全会，连一份您的控告材料**也没有收到过**。这就是事实。

（附带说说，对于什克洛夫斯基，我和您有过分歧，但是您并没有把分歧提到政治局**388**。我在革命前的年代里就知道什克洛夫斯基是布尔什维克。他作为一个正直的人，本可以帮助您同"坏蛋和窃贼"作斗争。可是您却阻挠他去柏林，虽然他在这里不是工作人员，也没有任职。）

（5）格尔热宾。关于他，也**仅仅**关于他，我昨天看到了您和斯托莫尼亚科夫向中央委员会递交的反对意见。这个意见我们将在最近一次会议上加以研究。**389**

关于格尔热宾，我们中央委员会里有过分歧。有些人说：干脆就不用他，因为他作为一个出版商，可能敲我们的竹杠。另一些人说：他这个出版商出版东西价钱可以便宜一些。宁可让他敲去一万,只要出版东西价钱便宜一些,质量好一些。

于是成立了一个小组,持两种意见的人各占一半。我没有参加小组,原因是我"偏向"高尔基(某些人这样认为),而高尔基是为格尔热宾辩护的。

小组对这件事的决定**是一致作出的**。怎么决定的,我记不确切了;好像是——如果能便宜一些的话,就在格尔热宾那儿买。

由此可见,您的结论:"不是从国家利益出发",而是从安抚高尔基出发,——这说得完全不对。您还写道:"我确信"!!! 如果人们在对不难核实的事实进行核实之前就形成自己的"信念",那么这叫做什么呢?

(6)罗蒙诺索夫是个出色的专家,但"克拉辛揭发他搞了一些罪大恶极的交易"。

不对。如果克拉辛揭发出罗蒙诺索夫犯有罪行的话,罗蒙诺索夫就会被撤职并送交法庭审判。您只知其一……就把它编成了谣言。

克拉辛给我和中央委员会写信说:罗蒙诺索夫是个出色的专家,但是不太适合搞贸易,出了一些差错。克拉辛到了这里,见到了罗蒙诺索夫,审阅了材料以后,他不仅没有提过罪行,而且连差错也不提了。

您自己选择吧:是向监察委员会(或随便什么机关)就罗蒙诺索夫的罪行严肃地提出起诉呢,还是把轻率地放出来的谣传收回去?

(7)"派到这里贸易处工作的,比如说,有这样的坏人:过去是工厂主,苏维埃政权没收了他的全部裘皮,而今又派他去出售这些裘皮。得了吧,这会有什么结果呢?"

您就是这样写的。这怎么能不叫人担忧呢。整整一个反对派的奠基人竟然作出这样的推断！

这就好比一个愚昧无知的庄稼汉说："没收了上千个沙皇将军的土地，还取消了他们的官衔，可是又把这些将军安插到红军里去了"！是的，我们这里大概有一千多个在沙皇时代曾是将军和地主的人在红军中担任要职。而红军却胜利了。

愚昧无知的庄稼汉，老天爷会宽恕他。可是对您会宽恕吗？

如果您**知道**谁是"坏人"，那么您作为苏维埃政权的一个负责人怎么可以不提他的**姓名**呢？怎么可以不对这个**某某人**提出起诉呢？

而如果您不知道姓名，那就是说，这又是传闻？又是谣言？

我把您信中全部貌似事实，哪怕稍微有点貌似事实的东西都逐字逐句地列举出来了。结果是：一无所有，还是一无所有。

假如我不了解您的话，那么在收到像您这样的来信以后，我会说：

或者这是一个神经有毛病的人，他只会歇斯底里地抓住一些片言只语的谣传，而不会去思考、推断和核实；

或者这是一个由于觉悟不高和愚昧无知而毫无辨别能力的人，他上了谣言的当；

或者这是一个改头换面的孟什维克，他在有意散布谣言。

但是我了解您，所以我对您说，您的信是一份绝妙的"自我写照"。它表明"反对派的奠基人"热衷于无论如何都要扮演反对派的角色，热衷于牛头不对马嘴地叫喊什么任人唯亲啦、官气十足啦、制度如何啦，等等。

您写道："问题并不在于某些个人，而在于制度本身。现在我要提出的问题是：是无产阶级，还是意志不坚定的、没有固定阶级特性的小资产阶级知识分子。"

这是可笑的。正是您的来信，才恰恰是一份极好的自我写照，它向我们表明作者是一个意志不坚定的小资产阶级知识分子的典型。这是因为在现实中，有些人就其职业而言是无产者，就其实际的阶级作用而言往往变成了意志不坚定的小资产阶级知识分子。

意志不坚定的小资产阶级知识分子见到一点丑恶现象和罪恶行为，总是怨天尤人、痛哭流涕、张皇失措，控制不了自己，一听到谣传便人云亦云，大发议论，语无伦次地谈论什么"制度"。

无产者(不是就其过去的职业而言，而是就其实际的阶级作用而言)见到了罪恶行为就脚踏实地地去开展斗争：他公开地、正式地支持提拔好干部伊万，建议撤换坏干部彼得，对坏人西多尔、对季特的包庇行为、对米龙罪大恶极的交易提出控告——而且干劲十足地、坚定不移地把案子查到底。他(在担任新的工作，经过两三个月的锻炼并切实熟悉新的环境以后)会提出一些切实可行的、符合实际的建议：实行什么样的委员制或政委制，对这个地方的规章制度作什么样的修改，把哪些确实可靠的(具有多少年党龄的)共产党员调到哪些地方去工作。

正是这样一些无产者，即使他们的职业不再是无产者，也同样有能力建设红军并带领红军打胜仗(这和军事专家及军事官僚中那些数以千计的叛徒和坏人是截然不同的)。

正是这样一些无产者，就其阶级作用而言，永远不会落到意志不坚定的小资产阶级知识分子的地步——这种知识分子一听到谣言就惊恐不安，张皇失措，把片言只语的谣传说成是"制度"。

这就是我给您的坦率的回答。哪怕偶尔能给您一个全面的答复也好,下一次恐怕就抽不出这种时间了。

鉴于过去的友谊,我劝您:把神经治治吧。这样才会受理智而不是情绪的控制了。

致同志的敬礼!

列　宁

载于1959年《列宁文集》俄文版
第36卷

译自《列宁全集》俄文第5版
第52卷第224—229页

432

致瓦·亚·斯莫尔亚尼诺夫[390]

(5月30日)

斯莫尔亚尼诺夫同志:这件事要核实。怎样核实? 同佛敏、列扎瓦两人协商,要不要委派两名**可靠的**专家,由佛敏和列扎瓦亲自为他们推荐的专家担保?

请和他们两人联系一下并把结果告诉我。

列　宁

5月30日

译自《列宁全集》俄文第5版
第52卷第229页

433

致埃·马·斯克良斯基

1921年5月30日

斯克良斯基同志：

关于利用军队搞经济建设的问题。

这个问题一刻也不能忘记。

要全面考虑,作好准备,制定这方面的一整套计划并始终不渝地加以贯彻。

这个问题有两个方面显得特别突出：

(1)目前的最紧迫的经济工作(护盐和采盐;燃料方面的工作以及其他等等)；

(2)今后若干年内实现国家统一经济计划方面的工作。十年内要完成的电气化计划(第一批工程)需要 37 000 万个劳动日。这等于军队每年每人要出(37÷1.6)＝24 个劳动日,也就是**每月两天**。

当然,军队的部署现状,向各劳动地点运送以及其他等等情况,都会带来无数的困难。但是,军队仍然能够而且应当(**借助普遍军训**)为电气化事业提供巨大的援助。应当从思想上、组织上和经济上使军队同这个伟大的事业紧紧地联系在一起,并且要始终如一地致力于这一伟大的事业。

请您在共和国革命军事委员会里宣读这封信并把这个问题提出来。如能听到共和国革命军事委员会成员对这个问题的看法或者得到他们的哪怕是简短的意见,我都会感到高兴[391]。

劳动国防委员会主席

弗·乌里扬诺夫(列宁)

载于1932年《列宁文集》俄文版
第20卷

译自《列宁全集》俄文第5版
第52卷第229—230页

434

致阿·奥·阿尔斯基

（5月30日）

阿尔斯基同志:

　　来信的人我不认识;他提到的那个人我也不记得。

　　应按一般规定研究他的请求,并给他**答复**[392]。

列　宁

5月30日

载于1932年《列宁文集》俄文版
第20卷

译自《列宁全集》俄文第5版
第52卷第230页

435

给尼·巴·布留哈诺夫的电话[393]

1921 年 5 月 30 日

粮食人民委员部　布留哈诺夫同志

抄送:斯莫尔亚尼诺夫同志

必须尽快把麻袋给乌克兰粮食人民委员弗拉基米罗夫同志送去,同时要尽快发运供**乌克兰商品交换用的**商品。您今后发出什么指示,请通知我。实际做的情况究竟如何,请您今天就确切地汇报,今后每天都要正式地书面汇报。此事由布留哈诺夫亲自负责。对各项具体措施也要指定负责人。

劳动国防委员会主席　**列宁**

载于 1959 年《列宁文集》俄文版
第 36 卷

译自《列宁全集》俄文第 5 版
第 52 卷第 231 页

436

给克拉斯诺达尔执行
委员会主席的电报[394]

（5 月 30 日）

电　报

高加索　克拉斯诺达尔执行委员会主席

抄送:莫斯科　格拉纳特内街 14 号 7 室　雅里洛夫

请把 3 月 24 日在克拉斯诺达尔没收的阿尔谢尼·雅里洛夫家里以及曾在他家住过的德籍巴伐利亚农妇泰蕾察·毛勒的全部财产、衣服和其他家用什物退还给阿尔谢尼·雅里洛夫家。如无法退还原物,我命令以实物赔偿。我确认,无论根据雅里洛夫的财产状况还是思想情况,都不可能把他划为资产阶级。

人民委员会主席　**列宁**

1921 年 5 月 30 日

译自《列宁文集》俄文版第 37 卷
第 296 页

437

致瓦·亚·斯莫尔亚尼诺夫[395]

（5月31日）

致斯莫尔亚尼诺夫

请反复核实，并**按我的专门指示**加以催促。

此事极为重要。再起草一份文件，**今天**就送到人民委员会交我签署。

列 宁

载于1932年《列宁文集》俄文版
第20卷

译自《列宁全集》俄文第5版
第52卷第231页

438

给约·斯·温什利赫特、瓦·瓦·佛敏、尼·巴·布留哈诺夫的电话

（5月31日）

全俄肃反委员会　　温什利赫特同志

交通人民委员部　　佛敏同志

粮食人民委员部　　布留哈诺夫同志

现需尽快把纺织品从莫斯科运往哈尔科夫，供乌克兰进行商

品交换用,请对此事实行最严格的监督。

请给铁路沿线下达指示。问题极为重要。请报告执行情况。

劳动国防委员会主席   **列宁**

载于1932年《列宁文集》俄文版
第20卷

译自《列宁全集》俄文第5版
第52卷第232页

439

致格·库·科罗廖夫[396]

(5月31日)

中央关于设特派巡视员的决定是中央全会的决定。

就是说,是不容争辩的。

(我个人完全同意这个决定。)

我觉得,您本人也务必到各地走走。

(1)中央机关需要加强,需要**密切**同地方的**联系**。

(2)您在省里的工作,应由您的那些副手接替,要提拔年轻人。

(3)您能够(而且也应当)经常**亲自**到伊万诺沃-沃兹涅先斯克省去,检查并帮助那里的工作,同组织局协商后提拔新干部,等等。

(4)不需要当理论家。做一个**共产党员**就够了。您是搞经济工作的。而我们正是[需要]有一批搞经济工作的人(代表中央)去督促、检查、指导地方。

载于1924年《探照灯》杂志
第2期

译自《列宁全集》俄文第5版
第52卷第232—233页

440

致格·德·瞿鲁巴

（5 月 31 日）

致国家建筑工程委员会副主席瞿鲁巴同志

抄送：国家建筑工程委员会主席萨普龙诺夫同志

　　　最高国民经济委员会主席波格丹诺夫同志

请您用最简短的几句话告诉我，要卡希拉工程迅速竣工的明确指示（遵照政治局的决定）[397]，您是否下达了，是何时下达的。究竟给了谁？

究竟谁在工地直接负责如期竣工？

是否需要中央部门进行特别督促或采取特别措施来保证任务准时完成？

（我亲眼看见，卡希拉公路旁的"架式"电线杆眼看要倒在地上了。活干得很不好。会不会因此发生伤亡事故？[398]）

劳动国防委员会主席

弗·乌里扬诺夫（列宁）

载于 1932 年《列宁文集》俄文版　　　　译自《列宁全集》俄文第 5 版
第 20 卷　　　　　　　　　　　　　　　第 52 卷第 233 页

441

☆致邮电人民委员部

抄送:劳动国防委员会秘书处

5月31日

我重申人民委员会办公厅主任给邮电人民委员部部务委员**尼古拉耶夫**同志的电话指示,并命令于星期三,即6月1日,在劳动国防委员会作有关无线电话第一期工程进度计划的报告(即在莫斯科四周,半径为2000俄里的范围内,为各省城、县城安装无线电话接收机一事),并把有关无线电话工程的全部问题列入这一天的议事日程,具体有:把原**阿诺索夫**工厂移交给邮电人民委员部管理的问题,关于由中央部门直接向无线电话各项工程拨款的问题,等等。

责成邮电人民委员部明确指定专人负责按期完成提交劳动国防委员会审核的无线电话工程的全部计划**399**。

人民委员会主席
弗·乌里扬诺夫(列宁)

译自《列宁全集》俄文第5版
第52卷第233—234页

442

致米·巴·巴甫洛维奇

民族事务人民委员部   巴甫洛维奇同志

1921年5月31日

巴甫洛维奇同志:

关于出版(在彼得格勒)教学地图集一事我已商妥。

附上几幅帝国主义形势图是非常重要的。

您能不能承担这项工作?

大致包括:

(1)1876年——1914年——1921年殖民地分布图,并附上半殖民地国家(土耳其、波斯、中国等)的地图,或用特别的线条标出。

(2)殖民地和半殖民地的简单统计材料。

(3)金融依赖关系图。例如,每个国家的±数字(以百万法郎或十亿法郎为单位),这个国家欠别国多少,别国欠这个国家多少;

也以1876年——1914年——1921年作对比

(如果把1876年当做垄断前资本主义的顶点的话)。

(4)世界铁路交通图,并注明在每个国家中谁是最大的铁路所有者(英国人、法国人、北美等)。

也许这会弄得太乱?可以找出适当的形式,主要的最有普遍意义的东西应十分简略地标出来。

(5)引起争夺的那些原料的主要产地分布图(石油、矿石等),

也要加说明(某个国家所占的％或金额(以百万法郎为单位))。

我们一定要把这类地图加进**教科书**,当然,要附简要的说明。

为了做好辅助工作,可以给您一名统计人员做助手。

请答复,您是否承担这项工作,怎样做,何时开始[400]。

致共产主义的敬礼!

人民委员会主席
弗·乌里扬诺夫(**列宁**)

载于1923年《探照灯》杂志　　　　译自《列宁全集》俄文第5版
第21期　　　　　　　　　　　　第52卷第234—235页

443

致伊·捷·斯米尔加

1921年5月31日

斯米尔加同志:

莫斯科今年冬季可能发生的缺烧柴的问题具有**特殊的**重要性。这个问题在政治上是头等重要的。莫斯科在1921—1922年度获得的燃料不能比1920—1921年度的**少**。

无论如何也不能少。

应当(1)由达尼舍夫斯基专门负责这项工作;

(2)把整个这项工作具体分为几个组成部分,每一部分都要明确**指定**专人负责;

(3)调一些工作人员专门加强莫斯科燃料局(你们是不是把戈尔德贝格调过去?还要吸收拉德琴柯参加,哪怕是只占用他一部分时间也好,等等)。

(4)您**本人**务必反复进行专门的特殊检查、纠正,要严加督促。

请您一定把有关上述全部紧急工作和督促措施的明确计划交给我,并告诉我什么时候交。

劳动国防委员会主席

弗·乌里扬诺夫(列宁)

载于 1959 年《列宁文集》俄文版
第 36 卷

译自《列宁全集》俄文第 5 版
第 52 卷第 235—236 页

444

致瓦·亚·斯莫尔亚尼诺夫

(5 月 31 日)

致斯莫尔亚尼诺夫同志

要提醒我关于"受保护的"即个人专用的车厢的问题。据说在各铁路线上这样的车厢有 900 节!!

简直太不像话了!

据说此案在人民委员会里压着。请全面了解一下,并把结果告诉我。[401]

列 宁

1921 年 5 月 31 日

载于 1932 年《列宁文集》俄文版
第 20 卷

译自《列宁全集》俄文第 5 版
第 52 卷第 236 页

445

致尼·彼·哥尔布诺夫

（5 月 31 日）

尼·彼·哥尔布诺夫同志：

  附去的材料请一阅。[402]

  请仔细研究一下，并加以核实。

  您应当知道，切尔特科夫已经控告过司法人民委员部一次，说他们对教徒农业生产联合组织的态度不正确。控告材料经专门委员会审查过（委员会主席是米·尼·波克罗夫斯基[①]。可向他作补充了解）。

  切尔特科夫的控告当时被认为是**没有根据的**。

  请您注意这一点，并仔细研究这个问题。请加以正确引导。

                                     列 宁

载于 1932 年《列宁文集》俄文版
第 20 卷

译自《列宁全集》俄文第 5 版
第 52 卷第 237 页

---

  ① 见本卷第 8 号文献。——编者注

446

给各人民委员部的命令

1921 年 5 月 31 日

凡未按我 5 月 28 日信①中要求把对各地方机关的指令草案的修改意见和补充意见送来的人民委员部，务必不迟于今天将其送交委员会。**403**

对不执行此令者严加追究。

人民委员会主席
弗·乌里扬诺夫（列宁）

载于 1959 年《列宁文集》俄文版　　　　　译自《列宁全集》俄文第 5 版
第 36 卷　　　　　　　　　　　　　　　第 52 卷第 237 页

447

致维·米·莫洛托夫并转
俄共（布）中央政治局委员

（5 月 31 日）

整个电话记录错得**一塌糊涂**。**404**

---

① 见本版全集第 41 卷第 343—344 页。——编者注

建议作如下决定:

（1）马上，而且务必在今天，不能再晚，一定要把克拉辛提出的给斯托莫尼亚科夫的全部证件寄出去；

（2）再物色几名可担任驻德国全权政治代表职务的候选人[405]。

列　宁

译自《列宁全集》俄文第5版
第52卷第238页

448

致叶·亚·利特肯斯

（5月底）

利特肯斯同志：

那么，关于词典问题我们就这样商定：

（1）过一个月左右（波克罗夫斯基不在），请您作出**正式**决定，并指定**一个或几个负责人**。

（2）根据这个决定，制定一个工作**计划**，不仅指明负责人，而且指明开支和口粮的数量。

根据计划应当从8月或者9月起开始工作。

列　宁

载于1932年《列宁文集》俄文版
第20卷

译自《列宁全集》俄文第5版
第52卷第238页

449

致安·马·列扎瓦和阿·伊·李可夫①

(不早于 5 月)

致列扎瓦和李可夫同志

显然,我们这里(以及对外贸易人民委员部)的工作很乱。

应该有个记录:提了什么要求? 什么时候? 谁提的? 谁批准的?

结果,什么记录也没有。真是乱透了。时间在流逝。

掘土机很急需。

为什么不在德国订购?

不在美国订购?

不在瑞典订购?

雷涅是谁派去的?**406**

列　宁

载于 1933 年《列宁文集》俄文版
第 23 卷

译自《列宁全集》俄文第 5 版
第 52 卷第 239 页

---

① 列宁在信的左边批注:"[掘土机问题]"。——俄文版编者注

450

致瓦·亚·阿瓦涅索夫

（不早于 5 月）

请把您的有关**掘土机**的资料收集一下（里面好像有些问题）；同**哥尔布诺夫**以及**斯莫尔亚尼诺夫**商量一下，并把结果告诉我。

载于 1932 年《列宁文集》俄文版
第 20 卷

译自《列宁全集》俄文第 5 版
第 52 卷第 239 页

451

致埃·马·斯克良斯基

（5 月—7 月上半月）

图哈切夫斯基那里的情况怎样？

他还没有抓到安东诺夫吗？[407]

您是否在催促他？

什么时候向政治局汇报？

译自《列宁全集》俄文第 5 版
第 52 卷第 240 页

452

致维·米·莫洛托夫[408]

(6月1日)

致莫洛托夫同志

附上瓦西里耶夫同志给我的来信,请您

(1)或者安排组织局进行检查(中央关于消灭安东诺夫匪帮这一任务的执行情况),或者由中央书记处通过看材料以及召回斯克良斯基同志和另外别的什么人的办法进行这种检查;

(2)**亲自**将附去的信件**秘密**转交斯克良斯基同志,让他看后退给我,并写上他采取了哪些督促措施(交您,另抄一份给我)。[409]

致共产主义的敬礼!

列　宁

1921年6月1日

载于1959年《列宁文集》俄文版
第36卷

译自《列宁全集》俄文第5版
第52卷第240—241页

453

致瓦·亚·阿瓦涅索夫

6月1日

阿瓦涅索夫同志：

您应当就地方经济会议问题草拟一个给工农检查院各级地方机关的通告。

(1)要求给您一份工农检查院参加各级经济会议的所有代表的**名**单。

(2)要求名单每次更改都立即通知您。

(3)要求派去的代表或者是共产党员，或者是经**个人特别**介绍的忠实可靠的非党员。

(4)严格要求他们坚持汇报，**特别是**汇报关于吸收非党员参加、向**他们**非党员作报告的情况和关于经济委员会的工作情况。

为了使地方遵照执行，所有这一切都需经全俄中央执行委员会主席团批准。

列　宁

载于1928年《列宁文集》俄文版
第8卷

译自《列宁全集》俄文第5版
第52卷第241页

454

致《全俄中央执行委员会消息报》编辑部

(6 月 1 日)

斯切克洛夫同志：请将下面的信用八点铅字刊登在《消息报》上。

致共产主义的敬礼！

列　宁

1921 年 6 月 1 日

给编辑部的信

最近我曾提到在高尔察克手下当过部长的前孟什维克伊·马伊斯基的名字。伊·马伊斯基同志给我来信，抗议把他同马尔托夫之流和切尔诺夫之流搞混了，并且声明：他马伊斯基现在已是俄共党员，在鄂木斯克担任苏维埃公职，任西伯利亚革命委员会经济部部长。

我认为我有责任让广大读者知道伊·马伊斯基同志的这一声明。[410]

尼·列宁

1921 年 6 月 1 日

载于 1921 年 6 月 2 日《全俄中央执行委员会消息报》第 119 号(非全文)

译自《列宁全集》俄文第 5 版第 52 卷第 242 页

455

致约·斯·温什利赫特

1921年6月1日

温什利赫特同志:

我已明确警告过不要把彼得·谢苗诺维奇·奥萨德奇同社会革命党人帕维尔·谢尔盖耶维奇·奥萨德奇搞混,警告的抄件也已寄给彼得格勒省肃反委员会,但他们置若罔闻,还是在彼得格勒对国家计划委员会副主席彼得·谢苗诺维奇·奥萨德奇进行了搜查。我要求立即调查,确切告知对搜查负有罪责者的姓名,并追究其责任。[411]

人民委员会主席

译自《列宁文集》俄文版第37卷
第297页

456

致格·马·克尔日扎诺夫斯基

(6月2日)

致国家计划委员会主席团

克尔日扎诺夫斯基同志

有人指出,劳动国防委员会给国家计划委员会下达各项具体任务时,从各人民委员部所属计划委员会的职能的角度来看,这些任务分配得并非总是合理的。

鉴于这一情况,同时也为了使国家计划委员会的整个工作安排得更加合理,有必要把日常工作和责任落实到国家计划委员会所有委员个人。

国家计划委员会的所有委员,除每次由主席团以专门决定加以特殊规定者外,均应接受主席团分配的任务,从计划是否合理、各项计划实际完成如何(如:燃料的节约;燃料的运输;铁路的运载不足;非必需企业的关闭;从节约粮食和提高劳动生产率的角度来进行粮食的分配,等等)的角度来系统地研究有关某些经济职能完成情况的全部材料。

如果工作需要从不同角度或用不同方法去研究和检查计划,也可以把同一任务交给两个或更多的委员去做。

只要采取这种办法,劳动国防委员会用各种具体任务分散整个国家计划委员会对全局工作的注意的情况就会减少。此外,国家计划委员会的工作效率将更加提高,各委员的职责也将更加明确。

请将这一建议提交主席团讨论,然后将主席团的决定告诉我[412]。

载于1939年《红色文献》杂志
第5期

译自《列宁全集》俄文第5版
第52卷第242—243页

457

给约·斯·温什利赫特的电话[413]

（6月2日）

抄件

急。秘密

致全俄肃反委员会副主席温什利赫特同志

请就下列问题进行调查并在明天以前给我一个确切而详尽的回答：

(1)5月27日在彼得格勒逮捕了**潘·安·舒尔克维奇**教授（电工学院）、**H.H.马丁诺维奇**教授（彼得格勒大学和东方学院）、**舍尔巴**教授（彼得格勒大学比较语言学教授）、**Б.С.马尔丁诺夫**教授（彼得格勒大学民法教授）、高级动物学家**亚·康·莫尔德维尔科**(科学院)、**季哈诺夫**教授（民用工程学院）的妻子、**波·叶·沃罗比约夫**教授（第一工学院），是否属实。

(2)潘特莱·安东诺维奇·舒尔克维奇教授已是第五次被捕，而波里斯·叶夫多基莫维奇·沃罗比约夫教授则是第三次被捕，是否属实。

(3)逮捕的原因是什么，为什么一定要选择逮捕这一强制措施？要知道他们是逃不掉的。

(4)全俄肃反委员会、省肃反委员会或其他各级肃反委员会发出的逮捕证,是否不指名而由逮捕人"酌定",如是这样,则发给了哪些人员(级别、职务、政治水平)。

人民委员会主席

弗·乌里扬诺夫(列宁)

译自《列宁全集》俄文第5版
第52卷第243—244页

458

给秘书的指示[414]

(6月2日和4日之间)

(1)写信告诉列扎瓦,依我看,他们(对外贸易人民委员部)好像应该添置自己的房子(同全俄肃反委员会协商)(送我签字)。

(2)此信转送莫洛托夫参阅。[415]

译自《列宁文集》俄文版第37卷
第297页

459

致阿·奥·阿尔斯基

1921年6月3日

阿尔斯基同志:

我想给劳动研究所所长**加斯捷夫**同志帮一下忙。

他需要添置50万金卢布的东西。这一点我们现在当然办不到。能否用罗曼诺夫卢布在德国多少购买一点什么呢？

请考虑并打听清楚，尽可能设法给他弄到一笔款子。这样的机构，我们即使在困难的情况下也应当给以支持。[416]

致共产主义的敬礼！

列　宁

载于1924年《劳动组织》杂志
第1期

译自《列宁全集》俄文第5版
第52卷第244—245页

460

致埃·马·斯克良斯基

1921年6月3日

斯克良斯基同志：

来人切韦廖夫同志是1908年入党的俄共党员，乌拉尔工人，参加红军已有三年，曾任第23师师长，现任第111旅政治委员，请您予以接见。他对我们所犯错误的看法，我觉得很有价值。[417]

请尽可能仔细听取他的汇报，并下令把这个问题好好重新研究一下。请把结果告诉我。

致共产主义的敬礼！

列　宁

载于1924年2月19日《劳动
权力报》第41号

译自《列宁全集》俄文第5版
第52卷第245页

461

致伊·米·古布金

石油总委员会

古布金同志

1921年6月3日

我在翻阅《石油与页岩经济》杂志时，在第1—4期合刊（1921年）中偶然发现了一篇短文（第199页），标题是《关于在油田钻井中用水泥浆代替金属管》。

原来这适用于回转钻探。我从巴库方面的报告[418]中看到过，我们在巴库就是这样干的。

由于钻探的不足，我们正濒临毁灭，还在断送巴库。

现在**可以**用水泥等等来代替铁管！水泥等等总比铁管容易弄到，并且据你们的杂志说，这花不了"几个钱"。

你们竟把这样的消息埋没在纯学术性杂志的一篇小小的短文中，这种杂志在俄罗斯联邦大概100万人当中只有一个人能看懂。

为什么不大加宣扬呢？为什么不交给普通报刊去发表呢？为什么不成立一个由实际工作者组成的工作小组呢？为什么不通过劳动国防委员会采取鼓励措施呢？[419]

劳动国防委员会主席　**弗·乌里扬诺夫（列宁）**

载于1932年《列宁文集》俄文版第20卷

译自《列宁全集》俄文第5版第52卷第245—246页

462

致格·李·什克洛夫斯基[420]

6月3日

什克洛夫斯基同志：

很抱歉，无论今天还是明天我都没有时间。星期一也是从早晨起就有会。您最好写个便条来。

卢托维诺夫昨天来电报说："什克洛夫斯基的出国签证已取到。"

敬礼！

列　宁

译自《列宁全集》俄文第5版
第52卷第246页

463

致维·米·莫洛托夫

（6月4日以前）

莫洛托夫同志：请告诉我，您同克拉辛就什克洛夫斯基的事是否已作出某种明确的决定。您告诉过我已作出决定，对吗？

有书面决定吗？请送一份抄件来；可交秘书办。

什克洛夫斯基对于是否动身犹豫不决,他认为斯托莫尼亚科夫(?)阻挠(??)得对。

这件事有点叫人讨厌。

致共产主义的敬礼!

列　宁

译自《列宁全集》俄文第5版
第52卷第246—247页

464

致格·李·什克洛夫斯基

6月4日

什克洛夫斯基同志:我刚给捷连斯基打了电话。我的印象是:莫斯科有人对您抱有成见,或者说有人反对您,或者说有些不融洽;所以事情会办不成。捷连斯基是这样正式对我说的:"我们很多领导人都了解什克洛夫斯基同志。我个人认为可以在公用事业局给他安排一个局务委员的位置,但不是让他代替费尔德曼。请让什克洛夫斯基同志来找我,我们具体研究一下这种安排行不行。"照我看,同莫斯科其他有影响的人物的意见相比,捷连斯基个人的意见对您的任命(当局务委员,大概是公用事业局的)更为有利。您自己决定,是照我们昨天谈的那样"从头开始"呢,还是同捷连斯基面谈一下试试。

敬礼!

列 宁

附言:刚才又同奥布赫大夫谈到与莫斯科通的电话。奥布赫说,费尔德曼原打算辞职,但"他们"**说服了**他没有这么做。

我手头只有莫洛托夫送来的组织局的决定,这是您已经知道的。这解决不了问题。**421**

译自《列宁全集》俄文第5版
第52卷第247页

465

给秘书的指示

(6月4日)

(1)催问他**422**一下:让他按他答应过我的那样,把工作进度计划(绘制新地图集)送来。

(2)向拉狄克要他写给拉品斯基的信的抄件(帝国主义形势图)或者要他写个简短的说明来,附上**拉品斯基**的通讯地址**423**。

列 宁

6月4日

译自《列宁全集》俄文第5版
第52卷第248页

466

致格·马·克尔日扎诺夫斯基

（6月4日）

格列勃·马克西米利安诺维奇：

能否为我准备两三页有关电气化成就的材料，供我在共产国际第三次代表大会上作报告用。

只要绝对准确的实际材料，不要计划

（1）卡希拉电站发电量是多少？

（2）是否还有类似的电站？

（3）现有电站的并联情况？

实际供电数。

（4）农村中的小电站数？

不知道数目（1921年）吗？

间接的资料呢？

如没有困难，就请布置下去，但**不要超过两三页**。

如有困难，则作罢，我就泛泛地讲讲算了[424]。

您的　**列宁**

载于1932年《列宁文集》俄文版
第20卷

译自《列宁全集》俄文第5版
第52卷第248页

467

致维·米·莫洛托夫

（不早于 6 月 4 日）

莫洛托夫同志：

附上什克洛夫斯基的来信，请一阅。

中央不是明明有决定吗？书面的正式的（政治局的）决定："到对外贸易人民委员部，派往柏林工作"。

抵制这一决定的有卢托维诺夫，现在还有斯托莫尼亚科夫。什么原因？我不大清楚，但猜想是：卢托维诺夫指责列宁使用什克洛夫斯基是"任人唯亲"（!!）。有人对组织局作出的不让什克洛夫斯基出国的决定被政治局撤销一事心怀不满。**425**

形成了一张荒唐的阴谋诡计网。什克洛夫斯基留在俄国绝对不合适。他的家庭（子女多，妻子有病）在俄国**不**适应。在这里只能造成一大堆麻烦。他无疑是个正直的人，第一次（1905 年）革命时就是布尔什维克。我本人、季诺维也夫和当时在瑞士的所有布尔什维克都了解他。契切林对他在国外的工作是满意的。克拉辛也是如此。

卢托维诺夫（现在还有斯托莫尼亚科夫）的抵制简直是对中央决定的令人气愤的**破坏**。你们不满意吗？那就向中央全会或中央监察委员会上告吧，这是你们的神圣**权利**。他们**不**上告，而是**暗中破坏**，把什克洛夫斯基弄到几乎想自杀的地步。他们不愿懂得，这样做的**结果**就是对一个人暗中进行阴险的、卑鄙的陷害。

对外贸易人民委员部到处是贼;柯普显然养了一帮贼。看来不得不撤掉柯普。尤其应当重用那些既懂外语又懂贸易的正直的人。

请您或者通过中央书记处(或者——也许对您更方便一些?——交中央监察委员会**索尔茨**处理)**严肃地告诫**(最好是书面吧?)斯托莫尼亚科夫:停止抵制,否则会弄到被开除出党的地步。要他向什克洛夫斯基道歉并放弃抵制。

请写几句话告诉我。

致共产主义的敬礼!

列　宁

译自《列宁全集》俄文第 5 版
第 52 卷第 249—250 页

468

致格·马·克尔日扎诺夫斯基

(6月5日)

克尔日扎诺夫斯基同志:

向共产国际第三次代表大会的代表介绍电气化计划的工作不知道是否已经完全准备就绪。

如果还没有,**务必**在一两个星期内完成。

应当展出(在大会的侧厅里)

(1)电气化示意图,附上**三种**文字的简要说明

(2)分区示意图,同上

(3)电气化平衡表 $\left\{\begin{array}{l}37\ 000\ \text{万个工作日、}\\ \text{砖、}\\ \text{铜及其他}\end{array}\right.$

(4)最重要的地方的、小型的新电站分布图。

应当有一本用**三种**文字出版的**篇幅不大的**(16—24页)小册子,即"电气化计划"纲要。[426]

星期二(6月7日)我不能到人民委员会来。

如果有人提出关于利用委员会的问题,那您**自己**准备应付这场严重的战斗,并提出**明确的**建议,以便到时候向中央委员会和全俄中央执行委员会投诉[427]。

您的　**列宁**

秘密告诉您:

彼得格勒发现新阴谋。知识分子参加了。有些是同奥萨德奇来往较多的教授。为此对他的一些朋友进行了搜查,**做得很对**。[428]

要小心!!!

载于1932年《列宁文集》俄文版　　　译自《列宁全集》俄文第5版
第20卷　　　　　　　　　　　　　第52卷第250—251页

469

致莫·伊·弗鲁姆金

6月5日

弗鲁姆金同志：

在为东南经济委员会准备商品方面出了这样荒唐的事情，我既要责备对外贸易人民委员部（太不像话！），**也要**责备**您**[429]。您光是诉苦，而本来早在4月就应当向劳动国防委员会提出明确的**建议**：(1)拨发金卢布的进度计划；(2)发运羊毛的进度计划**等等**。

但您从4月一直诉苦到6月。

现在应当做完尚未做完的工作。

星期三前向劳动国防委员会提出有**详细**措施的精确拟定的进度计划（我可以在明天，6月6日，任命一个工作组，同各人民委员协商后任命）。

这件事要同欣丘克商量好（他好像懂贸易。在粮食人民委员部里**没有一个人懂**）。

请立即来信告诉我，您现在能否保证**好好地**做点事情，以及具体能做什么。

能否**切实地**安排好同君士坦丁堡的贸易？难道还要再出现一次"安科纳"号事件[430]？还要再碰上投机商，骗子手（还有破产者：在君士坦丁堡这种人**多得很**），而结果只能使自己和东南经济委员会的全部"商品交换业务"声名狼藉？

东南经济委员会应当**更多地**发挥主动性，但也要更多地负起责任。

（如果您不再到那里去，那就请您给别洛博罗多夫或卡冈诺维奇发直达电报，把**我这封信的全部内容**告诉他们；最后，尽力取得**好效果并切实进行检查**。）

叫东南经济委员会不要再诉苦了，而要**及时**向劳动国防委员会提出**切实可行的**建议并及时对其执行情况进行监督。[431]

盼复。

致共产主义的敬礼！

列　宁

载于1932年《列宁文集》俄文版
第20卷

译自《列宁全集》俄文第5版
第52卷第251—252页

470

致安・马・列扎瓦

6月5日

列扎瓦同志：

对外贸易人民委员部的情况糟糕透了。

在您生病期间，克拉辛再一次暴露了他的弱点：过于自信，有时几乎忘乎所以。"我什么都行，我什么都办得到。"

他就有这么一个特点。

尽管他"运气好"，很机灵，有才干，有办法，但我不敢担保有朝一日他不会因此而出尽丑，丢尽脸。

这样是不行的。克拉辛来过这里，看见您有病，可是他**什么也没有做**。

只留下了一个沃伊柯夫,这个人显然不行,确切些说:他办不了。

劳动国防委员会在6月3日几乎谈崩了。1921年3月25日劳动国防委员会作过决定,要对外贸易人民委员部在4月15日前**必须**向东南经济委员会提供700万金卢布。

可是根本没有办。沃伊柯夫借口他似乎听克拉辛说过,同君士坦丁堡不能做生意;说那里全是骗子。

如果克拉辛这样说过,那他有朝一日要因此受到法庭审判。克拉辛应该**或者是**严格执行劳动国防委员会3月25日的决定,**或者是**向中央建议取消劳动国防委员会的这一决定,**或者是**不通过君士坦丁堡而用别的办法来满足东南经济委员会的需求(这第三项全要靠"运气好")。

三项中如果一项也没有办,克拉辛就犯了法,就破坏了全部工作。这样是不行的。

我请您:

(1)把此信抄件(或者原信)送克拉辛,

(2)亲自同弗鲁姆金和欣丘克商量,

(3)亲自检查劳动国防委员会各项决定的执行情况,**不要指望**沃伊柯夫,

(4)认真考虑以塔拉图塔或派克斯或其他您所中意的任何一个干练的、**办事可靠的**人代替沃伊柯夫。

至于谢列布罗夫斯基和巴库,我现在极其担心对外贸易人民委员部在东南边疆区干的事又会重演。

这样的事我决不能再容忍。

我命令以我的名义给谢列布罗夫斯基和拉比诺维奇发如下电

报。您如有异议或修改意见,请立即告诉我。

"巴库,谢列布罗夫斯基。抄送:巴库或梯弗利斯　拉比诺维奇和奥尔忠尼启则。

我对谢列布罗夫斯基同对俄通商工业金融公司签订的合同深感不安,并且对这件事由拉比诺维奇报告(可惜未加说明,也未提出实际的建议),而不是由谢列布罗夫斯基本人报告这一点感到惊讶。[432]合同很奇怪。对俄通商工业金融公司不会行骗,这有保证吗?怎么能让它垄断呢?我绝不反对阿塞拜疆对外贸易人民委员部和阿塞拜疆石油委员会同君士坦丁堡直接进行贸易,我愿意支持巴库的相当广泛的自主权,但需要有保证。请立即回答我:谢列布罗夫斯基在君士坦丁堡购买的全部货物的准确清单是否已由可靠的信使送出,究竟何时送出的;还有合同详情报告送出没有,何时送出的。我责成谢列布罗夫斯基每次派信使送信件时都要用电报通知信使的名字和出发日期。现已向对俄通商工业金融公司订购的究竟是什么。三个收件人都应给我复电[433]。**机密之处用密码**①。

　　　　　劳动国防委员会主席　**列宁**"

萨美尔那里有消息吗?那里在干什么?他向您送交工作报告吗?多长时间一次?详细的还是简短的?请回信。

致共产主义的敬礼!

　　　　　　　　　　　　　列　宁

载于1932年《列宁文集》俄文版　　　　译自《列宁全集》俄文第5版
第20卷　　　　　　　　　　　　　第52卷第252—254页

---

①　列宁在"机密之处用密码"几个字下面画了着重线,并写道:"画了着重线的用密码"。——俄文版编者注

471

致伊·伊·拉德琴柯

1921年6月5日

拉德琴柯同志：不要对泥炭水力开采管理局吹毛求疵。这项工作已被**法令**确认是**极端**重要的[434]。

泥炭总委员会**有义务**认真贯彻这项法令。

这是一项重大的发明。即使发明者有些任性，也应善于同他们共事。

现在我还没有看到有任性的情况。

基尔皮奇尼科夫是发明者。应当放开他，派他出去。反对的意见可能完全是**出于政治上的考虑**。如果您有反对的意见，请**秘密**告诉我。

如果没有，务必派基尔皮奇尼科夫出去。

我非常清楚并高度评价您主持泥炭总委员会工作的功劳。您使那里的工作做得很出色。我恳切希望您：**别犯错误**，不要对泥炭水力开采管理局吹毛求疵。

敬礼！

列　宁

载于1932年《列宁文集》俄文版第20卷

译自《列宁全集》俄文第5版第52卷第254—255页

472

致罗·爱·克拉松

1921年6月5日

克拉松同志：

　　请您把如何帮助泥炭水力开采管理局的**明确**建议告诉我（如果我不在或者我没有空，就告诉斯莫尔亚尼诺夫）。

　　错过1921年，您也是有些责任的。

　　注意，不要再错过1922年。

　　您在德国为什么不以1万到5万**金**卢布奖励泥炭脱水法的发明呢？在您动身之前我们不是谈过这件事吗？

　　是因为没有钱吗（应当预先向**劳动国防委员会**提出来）？还是因为这种奖励需要的钱太多？多少？还是另有原因？现在有没有可能在德国、加拿大和美国通过公证手续来保证支付诸如此类的奖金呢？

　　敬礼！

列　宁

载于1932年《列宁文集》俄文版
第20卷

译自《列宁全集》俄文第5版
第52卷第255页

473

致叶·阿·普列奥布拉任斯基

(6月5日)

普列奥布拉任斯基同志:

您给我打电话的时候,我未能跟您谈一谈。

应该解决利特肯斯的问题。我愈来愈确信必须作出**这样的**
决定:

(1)任命利特肯斯为国民教育人民委员部负责人。

(2)公布任命。

(3)并公布:"凡涉及与广大学生有关的各总局如社会教育总
局、职业教育总局和政治教育总委员会的问题,利特肯斯要通过同
领导这些总局的同志**协商**来行使自己的权力"。

(4)凡**直接或间接**同管理工作有关的该人民委员部的一切**日
常**事务,都必须通过利特肯斯。

这一条也公布。

否则,就会出现没完没了的混乱,利特肯斯会感到"极端苦
恼",我们(中央委员会和政府)也无从知道利特肯斯是否**经住了考
验**。这是因为至今还没有给他规定**明确的**权限。

您用不着担心(有第3条,而且要**公布**):利特肯斯绝不会**无故**
"侵犯"您的。

请立即回信,我现在不能到莫斯科去。

我急于把此事提交中央委员会。

此信请退还给我,我没有留下上述建议的底稿。

致共产主义的敬礼!

列　宁

附言:职业教育总局**鉴定**和**提升**专家一事**须正式**着手:100—200人立即进行登记,填写卡片。

载于1932年《列宁文集》俄文版第20卷

译自《列宁全集》俄文第5版第52卷第255—256页

474

致瓦·亚·阿瓦涅索夫

6月5日

阿瓦涅索夫同志:我不能出席明天的委员会会议[435]。在**全部**议案讨论完毕并**即将**提交全俄中央执行委员会主席团批准前(想必会批准吧?),请您**将讨论稿给我送来**,一定要让我**有可能**在全俄中央执行委员会批准之前加以修改(劳动国防委员会和人民委员会的指令、省经济会议条例等)。

还务请督促全俄中央执行委员会主席团给省执行委员会以**严厉的**处分(至少要逮捕汽车运输部门负责人及其他有关人员;至少要申斥"省主席")[436]。如果处分轻了,您就**上告**中央,我支持您。

请给我一简短回信。

致共产主义的敬礼!

列　宁

载于1945年《列宁文集》俄文版
第35卷

译自《列宁全集》俄文第5版
第52卷第256—257页

475

致瓦·亚·斯莫尔亚尼诺夫

(6月5日或6日)

致斯莫尔亚尼诺夫

这太岂有此理了[437]。请火速同阿瓦涅索夫和林业总委员会主席商量,撤销(**和他们共同处理**)阿斯特拉罕人的这项决定,并向**劳动国防委员会**提出把这些人交付法庭审判的问题。

列　宁

载于1932年《列宁文集》俄文版
第20卷

译自《列宁全集》俄文第5版
第52卷第257页

476

致莉·亚·福季耶娃

(6月6日)

致福季耶娃

莉·亚·：

请将附件**读一下**，了解内容后分发出去。我需要（秘密地）给拉德琴柯、克拉松、弗鲁姆金和普列奥布拉任斯基的信的抄件①。

请**抄**一份（密件）送列扎瓦。他若无异议，请**立即**用电报发出；若有异议，请**打电话**告诉我。

您看，我的墨水太糟糕了，请给我送一小瓶好的来，自来水笔用的。

再把下面的电报发出去：

哈尔科夫　萨美尔

对外贸易人民委员部在乌克兰的情况如何？你们供交换用的商品有多少？确实拿到手了吗？正在驶往南方港口的轮船有多少艘？能否送个书面的详细材料来？这种材料过去送给过谁，什么时候送过？请来电简告或打电话告诉我的秘书福季耶娃。

　　　　　　　　　劳动国防委员会主席　**列宁**

---

① 见本卷第469、471、472、473号文献。——编者注

打电话查一下,**萨美尔**是否在哈尔科夫;如果不在的话,究竟在哪里,什么时候回来。(如打通电话,请把他的回答准确地记录下来。)

请再多送些信封来。还需少许纸张。

致共产主义的敬礼!

列　宁

请图书管理员给我暂借两本**海涅**的诗集,还有**歌德**的《浮士德》,都要德文的,最好是小开本。

对我写的全部信件,包括这几封和前几封,请催促对方回信(特别是催**阿尔斯基**)[438]。

译自《列宁全集》俄文第 5 版
第 52 卷第 257—258 页

477

致安·马·列扎瓦[439]

(6月6日)

急!

列扎瓦同志:

请您加上**无条件地**一词("我绝不**无条件地**反对阿塞拜疆对外贸易人民委员部同君士坦丁堡直接进行贸易"等等)。加上这个词后,请把电报发出去。

等您回信(附言:在罗斯托夫签订 3 500 万法郎的合同究竟是怎么一回事?)

　　致共产主义的敬礼!

列　宁

译自《列宁全集》俄文第 5 版
第 52 卷第 259 页

478

致瓦·亚·斯莫尔亚尼诺夫[440]

(6月6日)

　　斯莫尔亚尼诺夫同志:应该召开交通人民委员部＋最高国民经济委员会＋(? 工农检查院?)人民委员的紧急会议来处理这件事。佛敏本来能够也应该**亲自**处理这件事。请打电话联系并作好安排。

列　宁

载于 1933 年在莫斯科出版的
瓦·瓦·佛敏《列宁和运输业》
一书

译自《列宁全集》俄文第 5 版
第 52 卷第 259 页

479

致尼·彼·哥尔布诺夫[441]

（6月6日）

尼·彼·哥尔布诺夫同志：

　　请您同有关同志（首先同莫洛托夫）商谈一下，**争取**迅速给什克洛夫斯基以实际**帮助**。

　　请把结果简短地写信告诉我。[442]

列　宁

译自《列宁全集》俄文第 5 版
第 52 卷第 259 页

480

致帕·伊·波波夫

1921 年 6 月 6 日

中央统计局

波波夫同志

波波夫同志：

　　对我们的谈话，我应当补充的是，中央统计局的工作性质必须彻底改变。

中央统计局在1920年8月28日收集了极其丰富的资料，并且正在进行大量的日常统计工作，现在却**倾向于**出版一般性的汇编、通报等等。

这应当放到次要地位。

纸张和印刷厂，我们都没有。

中央统计局各机构应当同各省经济委员会和劳动国防委员会取得更密切、更直接的联系。中央统计局应当根据自己的材料手稿编出参考手册和综合资料。

这些材料是否已经整理成可供迅速查考（和综合）各种问题的资料呢？

中央统计局做得不够的、却又是它首先应当做的主要事情，就**是为社会主义改造的实际需要服务**。

资产阶级的统计机构已经完全不适应这种要求了。我们的中央统计局仍在走老路。这是不行的。

国家分配粮食如何分配得合理并有利于提高劳动生产率；为把生产集中于最少数较好的企业而设法关闭多余的企业；加紧燃料的生产和运输；节约燃料的消耗；检查这种节约的办法；检查国家发放的粮食数量同劳动效果和生产规模之间是否适应的办法；军队的经济工作中的上述问题；中央（各人民委员部）和地方（各执行委员会、所属各部）的办事机构和苏维埃机关的工作中的上述问题，——大体有这样一些最重要的问题。

资产阶级统计学从来没有做过这些事。

我们中央统计局应当做这样的事。要把问题提出来。立即开列出属于上述性质的最重要的、最迫切的实际题目。把工作分配下去。对那些首倡者、带头从事**这种**工作的优秀统计人员要给予鼓励。

请您把这个问题提出来，并把实际结果、工作计划、采取的措施告诉我。

劳动国防委员会主席　**列宁**

译自《列宁文集》俄文版第 37 卷
第 299—300 页

481

致伊·伊·拉德琴柯

（秘密）

泥炭总委员会　　**拉德琴柯**同志

6月7日

亲爱的伊万·伊万内奇：

您看到一些非苏维埃人（有一部分甚至可能是苏维埃政权的敌人）利用自己的发明牟取暴利而感到痛心，对此我是完全理解的。我非常相信您的看法，基尔皮奇尼科夫就是这样的人。当然，克拉松也不是拥护我们的。

但不管您的愤怒心情怎样理所当然，您还是应当避免犯错误，不要让这种情绪支配自己，这就是问题的实质。

那些发明家不是我们的人，但我们必须利用他们。宁可让他们尝尝甜头,赚点钱,捞一把;但他们必须**也为我们**推进这项对俄罗斯联邦有极其重要意义的事业。

让我们来更详细地研究一下给予这些人的**任务**吧。可以提出这样一个计划:

(1)允许基尔皮奇尼科夫出差,但以完成明确规定的任务为条件;把这些任务开列清楚。

(2)派两三个政治上可靠的人(工人、我们的工程师等),作为"政治委员"跟他同去。给他们以明确的指示。

上述两项,同克尔日扎诺夫斯基协商后我们再定下来。

(3)在我们国内建立一个专门中心,为泥炭水力开采管理局订购最好的机器,用这些专门的机器来装备这个专门中心,即专门企业,要求这个中心**以独特的方式**推进这项工作。

能找到办这件事的人吗?

(4)**由泥炭总委员会**拿出一笔钱(1—3万**金卢布**)奖励加拿大和德国为泥炭水力开采管理局提供的泥炭脱水的最好方法和最好的样机等等。

您的　**列宁**

附言:我感到奇怪,克拉松在德国竟**没有**给人奖励,虽然我跟他谈过此事。他是否在从中阻挠?可否直接通过**泥炭总委员会**来办?在这件事上不要吝惜钱。

载于1932年《列宁文集》俄文版
第20卷

译自《列宁全集》俄文第5版
第52卷第260—261页

482

致彼·伊·斯图契卡[443]

致斯图契卡同志　　　　　　　　　　　（秘密）

6月7日

斯图契卡同志：

您请求的事我已经办了，今天已写信给契切林，叫他向拉脱维亚政府施加更大的压力，并叫他发电报给加涅茨基，说我要求他务必施加压力，营救工人。

致崇高的敬礼并为拉脱维亚共产主义运动的成就表示祝贺！

您的　**列宁**

载于1932年《列宁文集》俄文版　　　　　译自《列宁全集》俄文第5版
第20卷　　　　　　　　　　　　　　　　第52卷第261页

483

☆致尼·彼·哥尔布诺夫

（6月7日）

哥尔布诺夫同志：请把下面这封信寄给有关的**县和省**的国营农场，别提是我写的，然后检查执行情况：

　　据报告,农民对莫斯科近郊"哥尔克"**国营农场**的经营不善甚为愤慨。他们说,这里原来是个富庶的井井有条的庄园,现在却弄得一塌糊涂。过去养鱼的池塘要完蛋了,而现在池塘"干了"。必须设法从莫斯科找个会养鱼、会管理池塘的人,派到那里去。要给"哥尔克"国营农场提出这样的任务:一定要吸引附近的农民参加,从养鱼的收益中**分给他们一份,而且份额要大些**,但不要让农场垮台,而要振兴农场[444]。

　　致共产主义的敬礼!

列　宁

载于1945年《列宁文集》俄文版
第35卷

译自《列宁全集》俄文第5版
第52卷第261—262页

484

致维·米·莫洛托夫

(6月7日)

致莫洛托夫同志

　　我们一定要通过电话谈谈**派克斯**的事(**苏维埃1号楼第335号房间**)。他在工农检查院担任过职务,也在西伯利亚革命委员会工作过。主要是不想出国工作。他丝毫不反对去对外贸人民委员部(他懂法语,也懂点德语)。如果远东局合适,他愿意去那里。

　　他不愿意在粮食人民委员部和合作社部门工作。

不一定要在莫斯科。

也同意做党的工作。

载于 1932 年《列宁文集》俄文版
第 20 卷

译自《列宁全集》俄文第 5 版
第 52 卷第 262 页

485

给尼·彼·哥尔布诺夫的指示[445]

（6 月 7 日）

尼·彼·哥尔布诺夫同志：请同契切林和全俄肃反委员会谈一谈，并催他们赶快解决。

列　宁

6 月 7 日

译自《列宁文集》俄文版第 38 卷
第 363 页

486

致格·瓦·契切林

6 月 7 日

契切林同志：

我不在市内，因此答复略迟。但仍应送我，急件一小时后我能收到（由福季耶娃安排）。

我完全赞同您的意见:(1)应当派柯普去完成该项**特殊任务**♯。

(2)我们**必须**(同斯托莫尼亚科夫相反——如果我对一份电报的理解是正确的话,他是持相反意见的)同两部分人都建立联系,签订"合同",一部分是同斯托莫尼亚科夫联系的,另一部分是他们的对手、是同您所知道的人联系的。**446**

一定要同两部分人联系。

(3)应当尽力支持同星期四将要走的那些人签订已有眉目的合同。

您是问"我们可以接受什么样的合资形式和管理组织"吗?依我看,有多种多样。我们已经答复过:对我们来说,**最合适的是租让**。你们不愿意吗?那就请提出你们的建议来!

如果**我们**不得不提出具体合同,那就让波格丹诺夫(**最高国民经济委员会**主席)派人拟出草案,赶快送给我。您可以把这封信的有关部分转给他。我们需要设备,**为此我们要向他们提供他们希**望得到的东西。多少呢?应当算一算,**并讲讲价钱**。

致共产主义的敬礼!

列 宁

请您向拉脱维亚政府施加更大的压力,要求交换在里加军事法庭受审的拉脱维亚工人。请就此事给加涅茨基发一份电报,告诉他:我特别请他施加更大的压力,一定要把他们营救出来。**447**

译自《列宁文集》俄文版第39卷
第292—293页

♯　事先要明确说明:只为办这件事,不办其他任何事,而且只是**短期**的。

487

致格·瓦·契切林①

6月7日

契切林同志：我刚把附上的信②写完，就收到了您的来信。

我建议由政治局批准这个答复。请您请求莫洛托夫用电话征询意见的方式加以通过。

我提议作出如下决定：

（1）原则上接受同柯普联系的那些德国人的建议。

（2）条件是绝对保密以及

（3）采取完全合法的、正当的、无害的、合适的形式：租让或者某种类似的方式，以使我们对承租人关心什么、生产什么以及为谁生产等问题不承担任何责任。

（4）最好以"中立"国公民的名义签订合同以掩人耳目，但也不是非如此不可；

（5）我们绝对必须得到的实际保证是：保证我们不会上当，保证我们能得到设备、燃料，一句话，保证我们的生产能发展；

（6）写信告诉斯托莫尼亚科夫：请给予帮助或者不要妨碍；这是一项特殊事务。用中央的名义写。

（7）用中央的名义指示柯普：只为办这项特殊事务短期去一

---

① 列宁在这封信的信封上批示："**秘密**。［**急**］。送**契切林**同志。（列宁寄）"。
——俄文版编者注

② 见上一号文献。——编者注

趟。不办其他任何事。(指示抄送斯托莫尼亚科夫)

这些就是我提交政治局批准的建议。

当然我只坚持基本的东西,具体细节不坚持。

关于**两人**小组。假如有必要,明天,星期三,我来一下。但是依我看,这是多余的。可以**通信**,也可以电话**联系**。

要是小组认为对半合营有危险(这样做有什么危险?),那就讲讲价钱吧,但不是非坚持不可。依我看,或者是租让,或者是对半,或者是采取别的方式;这不重要。

致共产主义的敬礼!

列　宁

附言:明仁斯基未必合适。**柯普**(只要对外贸易人民委员部不出面)行不行? 不行的话,再找别人。

译自《列宁文集》俄文版第39卷
第293—294页

488

致维·米·莫洛托夫

(6月7日以后)

莫洛托夫同志:

(1)关于派克斯的材料,请交组织局和政治局**全体**委员传阅。

请亲自接见派克斯15分钟。依我看,他适合担任重要的经济工作(而**不是**去大学)。如果这里没有适合他做的工作,可否派他到西伯利亚伊·尼·斯米尔诺夫那里去,**替换**一个人?

(2)我**不**认识米·扎·曼努伊尔斯基,不好发表意见。我建议您**问问伊万诺沃-沃兹涅先斯克方面的人**,并向人民委员们打听一下。

(3)关于租让彼得格勒港口的问题,**人民委员会**只**在原则上作了决定**(我未参加),**已提交专门委员会研究**。[448] 在这个专门委员会里契切林和捷尔任斯基都**不得不**进行斗争。

请写信将此事告诉他们(还有**季诺维也夫**)。

专门委员会讨论后还要再提交**人民委员会**。就是说,拿到政治局还太早。契切林和捷尔任斯基着急也没有用,他们对苏维埃的通常办事程序还缺乏真正深入的了解。

致共产主义的敬礼!

列　宁

译自《列宁全集》俄文第 5 版
第 52 卷第 262—263 页

489

给维·米·莫洛托夫的信的片断①

(6月8日)

(2)据柯普说,**费多罗夫斯基**吸收阿布拉莫维奇(孟什维克)担任

---

① 信的开头部分没有保存下来。——俄文版编者注

了苏维埃职务。

建议组织局作出如下决定:

    (a)立即解除阿布拉莫维奇的职务;

    (b)责成费多罗夫斯基立即作出解释,他怎么能够未经中央同意就吸收阿布拉莫维奇担任职务(或给他工作)。[449]

      (为此必须**处分**费多罗夫斯基,以儆效尤。)

(3)关于参议员法朗士,鉴于外交人民委员部和对外贸易人民委员部意见有分歧,我建议再征求一下对外贸易人民委员部的意见(就外交人民委员部的反对意见,也就是就这些反对意见的实质),然后再由中央委员会作出决定。

敬礼!

列 宁

6 月 8 日

译自《列宁全集》俄文第 5 版
第 52 卷第 263 页和《列宁文
集》俄文版第 39 卷第 295 页

490

致瓦·亚·斯莫尔亚尼诺夫[450]

(6 月 8 日)

斯莫尔亚尼诺夫同志:

    请召开由(1)俄共中央委员会或共产国际

    (2)最高国民经济委员会

(3)全俄工会中央理事会

派人参加的专门委员会会议,以便作出答复。

如果同意的话,要**非常谨慎**,条件要**特别严格**。

列　宁

6月8日

译自《列宁文集》俄文版第38卷
第364页

491

致伊·米·古布金

石油总委员会

古布金同志

1921年6月10日

古布金同志:您的来信和摘录完全把事情解释清楚了。[451]既然这只是个**建议**,当然情况就不同了。我记得,这篇英文文章的最重要部分在俄国杂志上被删掉了。

应该拟出帮助巴库的**确切**措施,提交**劳动国防委员会**,并**监督**执行。

致同志的敬礼!

列　宁

载于1932年《列宁文集》俄文版
第20卷

译自《列宁全集》俄文第5版
第52卷第264页

492

致 Я.M.尤罗夫斯基

（6 月 10 日）

致 Я.M.尤罗夫斯基同志

（收信单位：**全俄肃反委员会**或财政人民委员部）

尤罗夫斯基同志：

您 6 月 2 日的来信由于秘书的差错我直到今天（6 月 10 日）才收到。[452]

请通过所有的机关（特别是中央委员会）采取行动，提出最妥善地处理此事的明确建议。

您是参加者，您就要承担责任。

事情很糟糕——请提出正式建议来加以改进。

您跟我讲过的那些情况是根本不够的。[453]

致共产主义的敬礼！

列　宁

载于 1959 年《列宁文集》俄文版第 36 卷

译自《列宁全集》俄文第 5 版第 52 卷第 264 页

493

致维·米·莫洛托夫

（6月10日）

致莫洛托夫

应当征询政治局委员们的意见。我**同意**让他入境。[454]

列　宁

6月10日

译自《列宁文集》俄文版第38卷
第364页

494

致维·米·莫洛托夫[455]

（6月10日）

莫洛托夫同志：是否要召开政治局会议？

或者让阿瓦涅索夫简要说明理由，通过征求意见作出决定？

列　宁

6月10日

译自《列宁文集》俄文版第38卷
第364页

495

致格·马·克尔日扎诺夫斯基

秘密

致**克尔日扎诺夫斯基**同志

6月10日

克尔日扎诺夫斯基同志：

由于忙于共产国际的事情，恐怕最近**不能**同您见面了。

因此简短地写这封信。

这个"无赖"极为狡猾。**456** 我甚至怀疑他是故意利用我的信。**457**应该从**战略上**加以考虑。

是否可以这样做：

(1)两三周后，对工作**实际情况**作一概述，在附注中则对不做工作的共产党员表示蔑视？

(2)把任务尽快落实到个人。**不要拖延**。

(3)对这个"无赖"也要同样分配一项任务。并且

(4)把**同一**任务同时交给另一个更为精明能干而又谨慎的人。

(5)为驳斥这个无赖收集证据确凿的材料，并(在5—7周或2—3周后，不要在最近几天)把它上报中央委员会？

我再说一遍，必须认真考虑怎样斗争，因为这个无赖在撒谎，他靠谎言**可能占上风**。

巴利耶夫的草案，请你们**充分**利用，然后送来(交福季耶娃转)。**458**

要敦促拉姆津做些实际工作,让他向最高国民经济委员会和劳动国防委员会提些切实可行的建议。我一直担心,**非常**担心他**学究气太浓**!!

您的 **列宁**

载于1959年《列宁文集》俄文版 第36卷

译自《列宁全集》俄文第5版 第52卷第269—270页

496

致格·马·克尔日扎诺夫斯基

(6月11日)

致克尔日扎诺夫斯基同志

格·马·:

谢列达的打算(关于"咬了一口"一事等等)和您的打算,看来都不错。两者都应该做。[459]

附上瓦什科夫的报告,因为您也许没有抄件。(如有,则请退回。)依我看,此件可在《经济生活报》上刊登。只是应对原文稍作修改。这是一。

纠正笔误。这是二。

清楚地列出:

(1)已竣工的(沙图拉工程?)距莫斯科多少俄里?

发电(现在)多少千瓦?

(2)即将竣工的(卡希拉工程?)

（3）完成二分之一的（乌特金湾？）

（4）开工不久的（基泽尔？）

　　　　　（沃尔霍夫？）**460**

这些都是大型电站，然后**还要列出小电站**。

1917—1921年的统计表**最有用**。不清楚的是，已建成的（或已投产的）电站是按年度**分别**列出的，还是**所有年度的都放在一起**？

1917年投产的	2座——2 480千瓦	
1918年**又增加**？	8座——4 757	
1919年**又增加**？	36座——1 648千瓦	
1920年又增加	100座——8 699千瓦	
1921年（几个月？）：	39座——2 004千瓦？	

应该讲得准确些。**461**

　　　　　　　　　　您的　列宁

载于1932年《列宁文集》俄文版
第20卷

译自《列宁全集》俄文第5版
第52卷第270—271页

497

致维·米·莫洛托夫并转
俄共（布）中央书记处

6月11日

莫洛托夫同志：

　　我和党的中央机关的所有工作人员在1908—1909年都认识苏连·斯潘达良。他是一位非常宝贵的、出色的工作人员。斯塔索娃应该是认识他的，那些高加索人（也许包括叶努基泽）可能也认识他。根据苏连的请求，他的父亲于 1910—1911 年在巴黎期间曾得到过我们的帮助①。

我建议中央书记处：

（1）把附信翻译出来；**462**

（2）向斯塔索娃、叶努基泽和其他认识苏连及其父亲的人了解一下（如果书记处认为有必要进一步了解的话）；了解一下有关派往梯弗利斯的事；

（3）责成在瑞士的**巴戈茨基**（红十字会？）或在伦敦的**克雷什科**同苏连的父亲进行通信联系并资助这位杰出革命家的父亲。

致共产主义的敬礼！

列　宁

译自《列宁全集》俄文第 5 版
第 52 卷第 271—272 页

498

致格·叶·季诺维也夫

致季诺维也夫同志

6月11日　　　　　　　　　　　　　　　　　　　　　　**急**

季诺维也夫同志：

我刚刚看完库西宁的提纲和文章（专题报告）的一半。

---

①　见本版全集第 46 卷第 62 号文献。——编者注

我附上意见后退还给了他。[463]

我绝对坚持，一定要在这次代表大会上，让他，**只让他**((就是说，不让库恩·贝拉))作专题报告。

必须这样做。

他了解情况并**善于思考**(这在革命者当中是很难得的)。

必须立即找到**一位**真正的德国人，嘱咐他

立即严格地进行文字修改，

向打字员口授修改后的稿子。

在代表大会上代库西宁宣读专题报告(要库西宁在三日内写完后半部分)。

这个德国人会读得很漂亮。好处是很大的。[464]

问题将**被提出来**：而作为开始，这就足够足够了。

敬礼！

列　宁

附言：我给莱维的信的抄件您没有退还我。[465] **请一定退还**。如果不还，我决不答应。

寄往彼得格勒

载于1959年《列宁文集》俄文版
第36卷

译自《列宁全集》俄文第5版
第52卷第272—273页

499

致小人民委员会[466]

（6月11日）

致小委员会

我很担心，隶属于内务人民委员部，它将成为衙门，得不到居民信任。为什么不设法把内务人民委员部拥有的**同样的财力和人力**拿出来交给邮电人民委员部？在那里它将成为**大家都能利用的问事机构**。划归内务人民委员部原则上是错误的。原则上必须划归邮电人民委员部。

请再议一次，如有不同意见，可提交大人民委员会。[467]

列　宁

6月11日

载于1959年《列宁文集》俄文版
第36卷

译自《列宁全集》俄文第5版
第52卷第273页

500

致尼·彼·哥尔布诺夫

（6月12日）

哥尔布诺夫同志：人民委员会关于在关闭非必要的工厂并把

生产集中于最大企业后实行**集体供应**(企业所需粮食)的决定草案搁浅了。

这份草案是拉林和哥尔茨曼(全俄工会中央理事会)提交政治局的。政治局于 5 月 10 日作出决定:**修改后提交人民委员会**。[468]

工会代表大会**也**作出了决定。[469]

这以后就搁浅了!

请您给拉林和全俄工会中央理事会打电话,索取政治局 5 月 10 日的决定,并**催促他们尽快办理此事**。我担心,由于全俄工会中央理事会更换班子,此事可能被压下了。

此事务必**加速**办理。

请于明日,星期一,6 月 13 日,把您奔走和调查的**结果**打电话告诉我。

敬礼!

列　宁

载于 1932 年《列宁文集》俄文版
第 20 卷

译自《列宁全集》俄文第 5 版
第 52 卷第 274 页

501

同伊·阿·泰奥多罗维奇的来往便条

(不晚于 6 月 13 日)

泰奥多罗维奇同志:

身体怎么样?

您得了什么病？

是否需要给您安排休养？

对肉类征税的情况如何？[470]

得了流行性感冒，现在好些了。休养可以等奥新斯基同志来后再安排。

对肉类征税一事正在同波嘉耶夫同志（渔业和鱼品工业总管理局）一起加紧进行。

种子的事，凡是能办到的，正在尽最大的努力去办。

译自《列宁文集》俄文版第 37 卷
第 300 页

502

致叶·亚·利特肯斯

（6 月 14 日）

致利特肯斯

"明确职权"的问题由于我同普列奥布拉任斯基进行了几次"协商"而拖下来了。

我建议任命您为"人民委员部负责人"并予以公布[①]，您为什么要反对？

从党的系统（或者也从苏维埃的系统）补充说明一点：凡涉及各总局（即（1）职业教育总局、（2）社会教育总局、（3）政治教育总委

---

①   见本卷第 473 号文献。——编者注

员会)的**一切**,负责人通过与各"**总局局长**"**协商**处理(即不是个人管理;当然,他有权提交**人民委员部**部务委员会处理)。

至于中央出版物发行处:您的**明确的**书面建议呢? 中央委员会应该作出怎样的决定?**471**

您还没有提出这样的决定草案来。

列　宁

载于1932年《列宁文集》俄文版
第20卷

译自《列宁全集》俄文第5版
第52卷第274—275页

503

致叶·亚·利特肯斯

(6月14日)

利特肯斯同志:

这就是说,可以这样来了结这件事:

(1)您尽快向政治局提出报告(5分钟)。

(2)设法与莫洛托夫谈妥,把我的这张便条给他,让他提请**组织局**通过(组织局和中央书记处都要这样办),要"加强对教育人民委员部的支持,为此要经常与利特肯斯同志会晤"。

请将这样做的用意口头告知莫洛托夫。

列　宁

载于1932年《列宁文集》俄文版
第20卷

译自《列宁全集》俄文第5版
第52卷第275页

504

致尤·拉林[472]

（6 月 14 日和 18 日之间）

补充：

Ⅲ　　对节约燃料和节约粮食者必须给以奖励。

载于 1932 年《列宁文集》俄文版
第 20 卷

译自《列宁全集》俄文第 5 版
第 52 卷第 276 页

505

致威廉·克南、
奥古斯特·塔尔海默、保尔·弗勒利希

6 月 16 日　　　致克南、

塔尔海默、

弗勒利希同志

尊敬的同志们：

　　你们写给我党中央委员会的信的抄件我已经收到了。非常感谢。昨天我已作了口头答复。我愿借此机会强调指出，我坚决收回我使用过的不礼貌的粗鲁言词，并在此用书面形式再一次表示我已口头表示过的歉意。[473]

致共产主义的敬礼！

列　宁

原文是德文

译自《列宁全集》俄文第 5 版
第 52 卷第 276 页

506

致尼·彼·哥尔布诺夫

（6 月 16 日）

哥尔布诺夫同志：

　　请答复他们，建议**交换**图书。**474**

列　宁

6 月 16 日

载于 1945 年《列宁文集》俄文版
第 35 卷

译自《列宁全集》俄文第 5 版
第 52 卷第 277 页

507

致彼·阿·波格丹诺夫

致最高国民经济委员会主席波格丹诺夫同志
抄送：国家建筑工程委员会主席**萨普龙诺夫**同志

1921 年 6 月 16 日

文特尔给我来信指出，为了认真贯彻政治局关于尽快完成卡希拉工程的指示,必须采取一系列**特别措施**。这封信的抄件已给您送去。我命令尽快研究这个问题,采取适当措施,为此需立即提交劳动国防委员会。对每一项已做了哪些工作,请写一准确材料,最晚在 1921 年 6 月 22 日送交人民委员会办公厅主任哥尔布诺夫转我。

人民委员会主席

弗·乌里扬诺夫(列宁)

载于 1961 年《历史文献》杂志
第 5 期

译自《列宁全集》俄文第 5 版
第 52 卷第 277 页

508

致瓦·亚·斯莫尔亚尼诺夫[475]

(6 月 16 日)

斯莫尔亚尼诺夫同志:*此事要抓紧。经常催促。*

您一定要亲自打电话**跟萨美尔谈谈**(代表我)。为了施加压力,必要时可找李可夫签字。请于星期六,6 月 18 日,写信告诉我。

列 宁

译自《列宁全集》俄文第 5 版
第 52 卷第 277—278 页

509

致维·米·莫洛托夫
并转俄共(布)中央政治局委员

6月17日

莫洛托夫同志:

我刚才与波格丹诺夫谈妥了,政治局作出如下决定:

萨普龙诺夫留任最高国民经济委员会副主席,责成最高国民经济委员会主席从建筑工人中另行物色一人担任国家建筑工程委员会主席。

据波格丹诺夫说,萨普龙诺夫是不会反对的。

我**完全赞**同这样的决定(代替已通过的决定)。

请用打电话或写便条的方式征询政治局各委员的意见。[476]

列 宁

译自《列宁全集》俄文第5版
第52卷第278页

510

给秘书的指示和给米·伊·加里宁、
阿·萨·叶努基泽、德·伊·库尔斯基、
费·埃·捷尔任斯基的信

(6月17日)

请立即将我的信**用公文纸**一式五份抄送：

    (1)全俄中央执行委员会主席或**副主席**

    (2)全俄中央执行委员会秘书

    (3)库尔斯基

    (4)捷尔任斯基

务请尽快研究此信提出的两个问题(宽大处理和取走塔甘采夫寓所中属于他个人的物品)。请把你们的意见,即使是最简单的意见,告诉我。[477]

人民委员会主席　列宁

译自《列宁全集》俄文第5版
第52卷第278—279页

511

给格·康·奥尔忠尼启则的电报[478]

（6月18日）

立即发直达电报

巴　库

奥尔忠尼启则

谢列布罗夫斯基不应对我电报的语气见怪，因为我当时在为巴库的命运不安。我认为谢列布罗夫斯基是一位极其可贵的工作人员。要求您经常地准确地报告争取巴库石油业好转的工作结果，以及对外贸易业务的结果。此电请交谢列布罗夫斯基一阅。

劳动国防委员会主席　**列宁**

载于1932年《列宁文集》俄文版
第20卷

译自《列宁全集》俄文第5版
第52卷第279页

512

给维·米·莫洛托夫的批示[479]

（6月18日）

莫洛托夫同志：

看来，应当更多地区别对待。

列 宁

6月18日

译自《列宁文集》俄文版第39卷
第297页

513

致维·米·莫洛托夫

（6月18日）

莫洛托夫同志：

应该以征求意见的方式作出决定。我赞成：干一段时间，有条件地，不担任对外贸易人民委员部的任何职务。[480]

列 宁

6月18日

译自《列宁文集》俄文版第39卷
第298页

514

致小人民委员会

(6月18日)

小人民委员会:

第 1 节**第 8 条删去国家计划委员会。**[481]

在征求**国家计划委员会**的意见后,对国家计划委员会的任务要仔细考虑并写成专门条文。

列　宁

6月18日

译自《列宁文集》俄文版第 38 卷
第 365 页

515

给维·米·莫洛托夫的批示

(6月18日)

致莫洛托夫

我完全**赞成**。此事必须正式办理:把政治局的决定载入记录。[482]

列 宁

6 月 18 日

译自《列宁全集》俄文第 5 版
第 54 卷第 441 页

516

给秘书的指示[483]

(6 月 19 日)

快给布留哈诺夫、哈拉托夫和弗鲁姆金打电话,索取他们给埃利亚瓦的复信的抄件。

他们应该发电报答复埃利亚瓦。

列 宁

6 月 19 日

载于 1932 年《列宁文集》俄文版
第 20 卷

译自《列宁全集》俄文第 5 版
第 52 卷第 279 页

517

致埃·马·斯克良斯基

6月19日

斯克良斯基同志：请把您那里的工作人员莉迪亚·德米特里耶夫娜·格里巴诺娃调到我们秘书处来。我们这里有一部分秘书被抽调到地方上去了。忠实可靠、经验丰富的工作人员应当得到提拔。我希望您能同意这样提拔格里巴诺娃，我们大家对她的工作经验都感到满意。

致共产主义的敬礼！

列　宁

译自《列宁全集》俄文第5版
第52卷第280页

518

给维·米·莫洛托夫的批示[484]

(6月19日)

秘密

致莫洛托夫同志

我完全同意契切林的意见。

列 宁

6月19日

译自《列宁文集》俄文版第38卷
第367页

519

致阿·奥·阿尔斯基

(不晚于6月20日)

阿尔斯基同志:是否已采取措施来**加速**和**加强**国家珍品库的工作?

动员共产党员的工作呢?[485]

总之:究竟要用**多少个月**,究竟能做完**哪几件事**? 如果问题"卡住"，过错就在**您**身上，因为在这种情况下您应当**迅速**上告，一直告到**最高一级**即政治局。

但要迅速。

应当利用**夏天**，而您可能会错过这个夏天。我警告您，责任将全部由您负。要抓紧，并告到我这里来（有关劳动国防委员会的）；如果不属于我的职权范围，可上告政治局[486]。

载于1959年《列宁文集》俄文版
第36卷

译自《列宁全集》俄文第5版
第52卷第281页

520

致德·伊·库尔斯基[487]

（6月20日）

秘密

库尔斯基同志：此事很重要。请您极严格又极迅速地处理（您亲自督办）这一破坏同大不列颠签订的条约的事件（同列扎瓦和加米涅夫协商处理）。事情进展情况**每周**向我报告**两次**。

列　宁

6月20日

译自《列宁全集》俄文第5版
第52卷第280页

521

给维·米·莫洛托夫的批示

(6月20日)

莫洛托夫同志：我同意。[488]

列　宁

6月20日

译自《列宁文集》俄文版第38卷
第367页

522

致莫·伊·弗鲁姆金

(6月21日)

弗鲁姆金同志：

我本想与您见面，但很难找到时间。定个联系的办法吧（打电话，把通讯地址也告诉我，以便我**随时都**能**找到**您）。

与批发贸易公司谈判得怎样了？我还没有看到合同。[489]

您是否同意废除这项合同。

如不同意，是否今天向人民委员会提出来。

提出来吧，并立即通知列扎瓦和沃伊柯夫。

请把答复交送信人带回。

列　宁

载于1932年《列宁文集》俄文版
第20卷

译自《列宁全集》俄文第5版
第52卷第281—282页

523

致安·马·列扎瓦[490]

急

致列扎瓦同志

抄送:弗鲁姆金同志

6月21日

列扎瓦同志:请您尽快与弗鲁姆金协商(**批发贸易公司**问题),以便**不晚于明天**,即6月22日,提交**劳动国防委员会**。

没有劳动国防委员会的决定,**不要废除合同**,而只要尽快为**劳动国防委员会**6月22日的决定作好准备。

准备工作应与弗鲁姆金共同进行。

请您把此信转给沃伊柯夫同志或您所委派负责此事的部务委员。

致共产主义的敬礼!

列　宁

载于1932年《列宁文集》俄文版
第20卷

译自《列宁全集》俄文第5版
第52卷第282页

524

致阿·伊·李可夫

致李可夫同志

6月21日

李可夫同志:我已收到谢列布罗夫斯基送来的文件(同对俄通商工业金融公司签订的合同,其他对外贸易合同等等)。[491]

应当加以研究。怎么办?我想委派布留哈诺夫(可由弗鲁姆金代替)、列扎瓦(可由沃伊柯夫代替)和欣丘克三人进行研究(明天以前)。

想征得您的同意。

我想今天就以人民委员会主席名义给他们下指示,要他们进行研究并在明日以前把结论性意见上报劳动国防委员会。

列　宁

载于1932年《列宁文集》俄文版
第20卷

译自《列宁全集》俄文第5版
第52卷第282—283页

525

致尼·巴·布留哈诺夫、
彼·拉·沃伊柯夫和列·米·欣丘克

致布留哈诺夫、

沃伊柯夫、

欣丘克同志

1921 年 6 月 21 日

现把谢列布罗夫斯基同志送来的材料交给欣丘克同志，请他召集会议：

主席欣丘克

参加人——布留哈诺夫或弗鲁姆金

或由布留哈诺夫同志指

定的另一名部务委员。

列扎瓦同志有权让沃伊柯夫同志或其他部务委员代替。

任务——研究谢列布罗夫斯基的材料并在星期三，即 6 月 22 日前提出自己的结论性意见，以便在 6 月 22 日晚 6 时交**劳动国防委员会**。**492**

人民委员会主席

弗·乌里扬诺夫（列宁）

载于 1932 年《列宁文集》俄文版　　　　译自《列宁全集》俄文第 5 版
第 20 卷　　　　　　　　　　　　　第 52 卷第 283 页

526

致伊·阿·泰奥多罗维奇

6 月 21 日

泰奥多罗维奇同志:

对肉类征税现已实行。

现在全力促进**城郊的**国营农场、工业的(即属于产业工人的)国营农场、军队以及其他单位来发展肉畜饲养业,您是否认为是适时的?

您曾经说过,专家们认为发展养兔业和养猪业(不靠粮食)是可能的。为什么不在这方面立即用法令规定一系列措施呢。

请给我简单写两句。

您的 列宁

载于 1932 年《列宁文集》俄文版
第 20 卷

译自《列宁全集》俄文第 5 版
第 52 卷第 284 页

527

给秘书的指示

6 月 21 日

我需要找到俄国社会民主工党**孟什维克**全国代表会议**关于格鲁吉亚孟什维克的决议的铅印本**,记得这个决议是在 1919 年末或

1920年初通过的。**493**

　　这个决议起初发表在一家报纸上(好像是当时**印刷工人**的报纸)后来又印成了**小册子**。

　　记得这个决议叫做**关于党的统一**的决议。

　　请打电话问：

　　　　(1)我的图书管理员①

　　　　(2)米哈·茨哈卡雅(**通过叶努基泽**)

　　　　(3)叶努基泽

　　　　(4)《**真理报**》编辑美舍利亚科夫

〔他们是否知道哪儿能找到?

列　宁

译自《列宁全集》俄文第5版
第52卷第284—285页

528

致路·卡·马尔滕斯

1921年6月22日

马尔滕斯同志：

　　关于来俄国的美国移民的文件,您交得不是地方,应该受到责备。**494**

　　我6月20日才读到这些文件。不应该通过布哈林转交,而应该将一些实际建议写成俄文,不超过20行,送交劳动国防委员会,

---

　　① 指舒·姆·马努恰里扬茨。——编者注

而把抄件给我，同时附上一封短信。

　　由于交得不是地方而拖延了。

　　现在谈谈实质问题。我赞成，**如果**美国工人和移民能随身带来：

　　（1）够吃两年的粮食（您说，过去这样做过，就是说，这是可能的）；

　　（2）够穿两年的衣服；

　　（3）劳动工具。

第1条（和第2条）最重要。200美元不怎么重要。如能做到第1条，我同意**予以全力支持**。

　　为了快办，请立即起草劳动国防委员会决定草案，就在今天提交（如果您赶在3时以前拟出）劳动国防委员会，我们6时就作决定；如果您赶不及，也请在6时提交劳动国防委员会，我们成立一个专门委员会，在星期五，即6月24日，作出决定。

　　决定草案：（1）条件——上述三点，（2）负责人（您＋1名美国工人＋1名劳动人民委员部代表？），（3）我们的帮助（提供土地、木材、矿场等等），（4）资金方面的某些规定。

　　请把复信交送信人带回。

人民委员会主席

弗·乌里扬诺夫（列宁）

　　附言：写完此信后我发现劳动国防委员会今天议事日程中已列入这个问题。请研究我提出的上述各点。**495**

载于1932年《列宁文集》俄文版　　　译自《列宁全集》俄文第5版
第20卷　　　　　　　　　　　　　第52卷第285—286页

529

致米·瓦·雷库诺夫

（6 月 22 日）

雷库诺夫同志：

您的来信读过了，**差不多所有各点**我都完全同意。⁴⁹⁶

关于吸收商人一事，说得非常对。

我即转给各中央委员。

要极力坚持。

敬礼！

列　宁

载于 1932 年《列宁文集》俄文版
第 20 卷

译自《列宁全集》俄文第 5 版
第 52 卷第 286 页

530

致小人民委员会⁴⁹⁷

（6 月 22 日）

致小委员会

请从速研究。应帮助他们，钱一定要给。

政治局有指示,**务必**在1921年内完成卡希拉工程。应该<u>检查</u>
<u>执行情况</u>。

列 宁

6月22日

载于1959年《列宁文集》俄文版
第36卷

译自《列宁全集》俄文第5版
第52卷第286—287页

531

致马·马·李维诺夫

1921年6月23日

李维诺夫同志:

来人彼什科夫,是高尔基的儿子,共产党员。

当他作为信使第一次到意大利时,我们与外交人民委员部商
定,把彼什科夫留在意大利。**498**

现在让他回来了,似乎也是对的,因为不这样就不能得到沃罗
夫斯基送来的消息和文件。

可他又要去了,而**他们还是不想把他留在那里**。

他需要休息,这是早已答应了他的。**现在**能否设法把他留在
那里? 请您尽量这么做,<u>并给我打个电话来</u>。

致共产主义的敬礼!

列 宁

载于1942年《列宁文集》俄文版
第34卷

译自《列宁全集》俄文第5版
第52卷第287—288页

532

致维·列·柯普

（6 月 23 日）

哥尔布诺夫同志交外交人民委员部
发往柏林
柏林 **柯普**

由于 6 月 7—8 日对希尔格下了禁止他发放签证的总的指示，5 月 30 日已经批准发给什克洛夫斯基的签证作废了。尽管已经收到您 14 日的来电，希尔格却迄今尚未得到马尔察恩关于发给什克洛夫斯基及其家属签证的指示。**499**

请催一下。

列 宁

6 月 23 日

译自《列宁全集》俄文第 5 版
第 52 卷第 288 页

533

给格·康·奥尔忠尼启则的电报

(6月23日)

密码电报

巴库   奥尔忠尼启则

立即转告谢列布罗夫斯基:"信使巴比宁送来的密件完全撕破了。

巴比宁所作的解释不能令人满意。巴比宁是有罪的,至少是对交办的事情漫不经心。

我要求今后不再派他送任何文件。收回委托书。"

请告知,你们是否很好安排了斯大林,是否能保证他不提前跑掉。

人民委员会主席   **列宁**

译自《列宁文集》俄文版第39卷
第298—299页

534

给格·列·皮达可夫的电报

(6月24日)

巴赫姆特

中央煤炭工业管理局局长皮达可夫

抄送：省执行委员会主席

1921年6月24日

我因病不在，今天才读到您6月6日的第1/4266号来电。[500]请告诉我，您是否与鲁希莫维奇、尤诺夫、梅津采夫意见有分歧？如有，是些什么分歧？省经济委员会是否采取行动？关于同工会各机构协商的问题，省经济委员会作出哪些决定？关于粮食问题，特别是你们省内商品交换以及经过塔甘罗格与国外进行商品交换问题，省经济委员会规定并采取了哪些紧急措施。[501]

劳动国防委员会主席　**列宁**

载于1932年《列宁文集》俄文版第20卷　　译自《列宁全集》俄文第5版第52卷第288—289页

535

致维·鲁·明仁斯基

1921年6月24日

明仁斯基同志：

高尔基昨天来我这里，他说您答应过帮他忙，似乎是指专家委员会的工作。[502]

他要两辆小轿车。

难道您没有权力从彼得格勒省肃反委员会拿出这么一点东西给他吗？

如果您办不到，请立即给我来信，我去请斯克良斯基帮忙。

应当尽快帮助高尔基，因为他为了这件事才没有出国。**而他正在咯血！**

因此，或者是您迅速下命令，行使权力，力争**办到**（而不是停留在纸上）。

万一您办不到，请立即答复我并退回此信，我去找军事部门。[503]

致共产主义的敬礼！

列　宁

载于1932年《列宁文集》俄文版
第20卷

译自《列宁全集》俄文第5版
第52卷第289页

536

致格·伊·博基

1921 年 6 月 25 日

您 6 月 23 日的报告收到了。[504]

无论如何也得在夏季里把这件事办到底。昨天,巴沙向人民委员会提出了您的部分要求,这些要求在经过协商后将被采纳。[505]

对于必须进行的改革,请拟一份尽可能确切的进度计划交给我(预先与巴沙或阿尔斯基商妥,最好与两人都商妥),并每周向我报告一次执行情况。

致共产主义的敬礼!

列　宁

译自《列宁全集》俄文第 5 版
第 52 卷第 290 页

537

致莫·伊·弗鲁姆金

6 月 25 日

弗鲁姆金同志:

您的建议我读过了。同意。今天就提交政治局。[506]只是请仔细研究如下补充:"责成列扎瓦、欣丘克、弗鲁姆金+?? 组成一个小组,立即起草一个以专门的出口物资(原料、木材等)抵偿此款(1亿)的计划,偿付须极其严格地进行,情况每周上报一次。名称:紧急开支的特别抵偿。"

　　致共产主义的敬礼!

列　宁

载于1932年《列宁文集》俄文版　　　　　译自《列宁全集》俄文第5版
第20卷　　　　　　　　　　　　　　　第52卷第290页

538

致弗·德·凯萨罗夫和伊·约·约诺夫

彼得格勒

(1)委员会主席凯萨罗夫

(2)约诺夫

1921年6月25日

关于教学地图集

　　地图集材料已收到。匆匆翻了一下,作了少许补充(用红墨水笔写在文字说明中)。

　　请把下列材料给我送来:

　　(1)工作进度计划(不要按最好的条件来订——"假如"给这个

又给那个；而要按**现有**条件订）；特别要规定什么时候完成。

（2）各委员分工情况。

（3）编绘完毕准备付印的文字说明和地图。

（4）对是否希望和有可能吸收阿努钦和博尔佐夫参加这一工作的问题（对这个问题不论作肯定或否定的答复，都要说明理由）提出的结论性意见。

（5）对委员会各委员或其主席是否承担我在给巴甫洛维奇的信（抄件附上）中谈到的补充工作的问题提出的结论性意见。巴甫洛维奇没有接受。我已经要一位在德国的同志做，但还没有得到答复①。如委员会能做，那就好了。**507**

人民委员会主席

弗·乌里扬诺夫（列宁）

载于1932年《列宁文集》俄文版　　　　　　译自《列宁全集》俄文第5版
第20卷　　　　　　　　　　　　　　　　　　第52卷第291页

539

致 某 人[508]

（6月25日）

请注意。我不认识他。这是克尔日扎诺夫斯基的评语。

我相信，可以找到上百个老的（1917年以前的）五金工人

---

①　见本卷第442、465号文献。——编者注

党员。

载于1932年《列宁文集》俄文版
第20卷

译自《列宁全集》俄文第5版
第52卷第292页

540

致阿·萨·叶努基泽[509]

6月25日

叶努基泽同志：

谢谢您的来信。[510]

送上司法人民委员部重大案件侦查员托尔霍夫斯科伊同志5月31日写的立案书的抄件。

由于您制止审理这一案件，并正式替普拉东诺夫同志的(令人愤慨的!)拖拉作风承担全部责任，我就不再提出这个案件了。您是否同意对普拉东诺夫同志作一个书面批评，警告他如再犯类似错误，您就不再保护他，他就将受到非常严厉的处分，直至剥夺几年内担任苏维埃公职的权利。

您给普拉东诺夫的信的抄件务请寄给我。[511]

侦查员托尔霍夫斯科伊的立案书请退还。

您的   列宁

载于1959年《列宁文集》俄文版
第36卷

译自《列宁全集》俄文第5版
第52卷第292页

541

致格·马·克尔日扎诺夫斯基①

(6月25日)

格·马·：

提醒您一下：

关于电站。应会同**莫斯科委员会**或其下属的一个专门委员会＋莫斯科肃反委员会给您制定一个1921年12月1日以前（或另定一个相近的期限）彻底清洗孟什维克的**进度计划**。**512**

国家计划委员会则应制定各项工作的**具体**计划：

(α)对现行各项计划进行实际检查（有哪些，如何检查）；

(β)精简机构（也要定出工作期限）；

(γ)精简人员，**等等**。

要准确**具体的**计划。

敬礼！

列　宁

载于1932年《列宁文集》俄文版
第20卷　　　　　　　　　　　　　译自《列宁全集》俄文第5版
第52卷第293页

---

① 见本卷第413号文献。——编者注

542

致格·马·克尔日扎诺夫斯基

1921年6月25日

克尔日扎诺夫斯基同志:

请对附上的材料的主要内容提出意见(简短的)交给我。[513]意见**不要**写在材料上面。

附上的两个材料均须退回。

请打电话告诉我的女秘书,**什么时候**能把意见送来。

致共产主义的敬礼!

列　宁

译自《列宁全集》俄文第5版
第52卷第293页

543

给秘书的指示[514]

6月25日**夜11时**

此事应通过最高国民经济委员会主席团委员**马尔滕斯加紧**督促办理。

星期一告诉我。

列　宁

译自《列宁全集》俄文第5版
第52卷第294页

544

给在伦敦的苏维埃贸易代表团的电报草稿[515]

(6月26日和7月2日之间)

对你们6月20日的来函逐条说明如下：

(1)同意把4个企业(克什特姆、埃基巴斯图兹、里杰尔、塔纳雷克)都租让出去。(2)专用铁路线可以租让；至于铁路干线，同意采取一定方式保证承租人的利益。(3)期限问题要讲讲价钱。(4)我方将支付一定数量的苏维埃币；要讲讲价钱。(5)提成额要讲讲价钱。不以石油为标准。[516](6)同意保证不受侵犯。

如对方不同意把相当于他们为自己运来的粮食和装备50%—100%的粮食和装备交给我们(我们保证付钱)，我们就不予租让。

载于1959年《列宁文集》俄文版
第36卷

译自《列宁全集》俄文第5版
第52卷第280—281页

附　　录

1920 年

1

给克里木各革命委员会的电报⁵¹⁷

（11 月 19 日）

秘密

致克里木半岛各革命委员会

　　我英勇部队已占领克里木半岛，存放国外进口货物和国内出口货物的各种仓库，已随之由我方掌管。当前，我苏维埃联邦共和国正紧张地在为消除经济破坏而斗争，迫切需要向红军和重点生产企业供应最必需的生产资料、材料和半成品。凡克里木半岛现有的和我们从敌方缴获的物资，都应由跨部门的战利品清点委员会极其详细地登记造册，这些详细的清单应上报莫斯科无主财产接收委员会①，抄送利用委员会②。一切当地出产的货物也应同样

---

①　指劳动国防委员会红军和红海军供给特派员所属的无主财产接收委员会。——编者注
②　指劳动国防委员会俄罗斯联邦资源利用委员会。——编者注

加以保护以防任何盗窃,并详细登记造册,同样应上报无主财产接收委员会,抄送利用委员会。其中有出口价值的货物我们要用于向国外换取我们极为需要的生产资料,其余部分则应最合理地用于国内需要,即供应红军、各生产企业和居民。任何个人和单位,凡违反本命令及听任这些战利品被盗者,定将严惩不贷。

劳动国防委员会主席　　列宁

载于 1942 年 2 月 23 日《真理报》　　　　译自《列宁全集》俄文第 5 版
第 54 号　　　　　　　　　　　　　　　　第 52 卷第 297—298 页

2

给各省执行委员会、
省林业委员会、铁路林业委员会、
劳动国防委员会燃料特派员的电报[518]

(11 月 24 日)

各铁路线在雪橇可以行驶之前均面临燃料匮乏的危险。如各单位无条件地履行自己的职责,通过各林业委员会坚决而协调的工作,这一危机是可以克服,也一定能克服的。劳动国防委员会 10 月 6 日和 22 日的决定已把铁路的燃料供应工作当做一项战斗任务。现命令各省执行委员会主席采取紧急措施,以使:(1)各省林业委员会、铁路林业委员会、区林业委员会完成林业总委员会关于木柴的采伐和运输的计划任务;(2)各省劳动委员会坚决而有计划地按林业委员会的要求实施劳动和畜力运输义务制;(3)从事木柴的采伐、运输、锯截和装载的人力和畜力不得调作他用;(4)各省粮食委员会遵照粮食人民委员部分配的任务如数供应各林业委员会所需的饲料粮;(5)各林业委员会每周要按时向林业总委员会详细报告已运出多少木柴,已运至哪条铁路线,已锯了多少长材。

人民委员会主席　**列宁**①

1920年11月24日

载于1942年《列宁文集》俄文版　　　　　　　译自《列宁全集》俄文第5版
第34卷　　　　　　　　　　　　　　　　第52卷第298—299页

3

给各省执行委员会的电报

(12月8日)

抄送:交通人民委员部

鉴于修复河运和海运船只至为重要,现命令各省执行委员会由其主席负责,取消不必要的手续,杜绝拖拉现象,全力协助各水运部门,为其提供材料、粮食、人力和房舍。

劳动国防委员会主席　**列宁**

载于1942年《列宁文集》俄文版　　　　　　　译自《列宁全集》俄文第5版
第34卷　　　　　　　　　　　　　　　　第52卷第299页

---

①　签署该电的还有林业总委员会主席阿·洛莫夫。——俄文版编者注

4

给弗拉基高加索革命委员会的电报

（12月18日）

弗拉基高加索　革命委员会
抄送：高加索方面军革命军事委员会委员
奥尔忠尼启则

　　据人民委员会得到的消息，1919年国内战争期间阿拉吉尔村居民中为摆脱反革命匪帮的蹂躏而出逃的300多户难民，现滞留在阿尔顿村和弗拉基高加索城，处境非常困难。尽管他们多方奔走，至今仍未能返回故乡，也未能得到帮助以迁居新的地方。请迅速满足难民的合理要求，并为其定居给予有效的帮助。

　　　　　　　　　　　人民委员会主席　　列宁[①]

载于1942年《列宁文集》俄文版
第34卷

译自《列宁全集》俄文第5版
第52卷第299—300页

[①]　签署该电的还有外交人民委员格·瓦·契切林。——俄文版编者注

5

☆给部队司令米·瓦·伏龙芝、康·阿·阿夫克森齐耶夫斯基、亚·米·波斯特尼柯夫,乌克兰各车站军事代表和各铁路区段军事代表,第 4 集团军、第 6 集团军和第 1 骑兵集团军司令,基辅军区司令亚·伊·叶戈罗夫的电报

(12 月 25 日)

抄送:乌克兰人民委员会、总司令

　　国防委员会决定采取坚决有力的措施为南方交通区各铁路线上的军用列车卸货,特别是为那些已抵达有条件卸货的(就粮食供应和场地情况来说)车站的军用列车卸货。[519]国防委员会命令,不论有何困难和障碍,必须立即卸货,因为燃料的极端缺乏以及千方百计把粮食运至各工人中心的迫切需要都要求这样做。国防委员会命令所有机关均应把此项命令当做战斗命令,竭尽全力完成任务。

列　宁

载于 1942 年《列宁文集》俄文版
第 34 卷

译自《列宁全集》俄文第 5 版
第 52 卷第 300—301 页

1921 年

6

给穆斯塔法·基马尔的电报[520]

致土耳其大国民议会主席
穆斯塔法·基马尔

1 月 7 日

我们高兴地收到了您对宣布山民自治一事的来电。苏维埃政府根据您的来电确信,苏维埃俄国对加入俄罗斯联邦的各民族的政策得到了您的同情。根据每个民族享有自决权的原则,苏维埃俄国赋予其境内各民族以自治权,并支持它们建立地方共和国。只有实行这一原则才能建立起存在于苏维埃俄国各民族之间的以相互谅解和相互信任为基础的兄弟关系。只有这样的政策才能使俄国的各民族强盛起来并联合成一个强大的、能同包围我们的无数敌人抗争的大家庭。由于我们组成一个伟大的整体,我们不仅能击退我们敌人的直接进攻,而且除此之外,还能使我们的共同敌人施展的各种阴谋无法得逞。我高兴地指出,我们在少数民族问题上采取的措施得到了您的正确理解和赞同,这必将有利于建立良好的相互谅解和相互信任。

　　请允许我就您的来电再次对您表示感谢，并向以不可阻挡之势为本国的独立和昌盛而斗争的土耳其人民及其政府致以最衷心的祝愿！

列　宁

原文是法文

载于1957年《共产党人》杂志
第15期

译自《列宁全集》俄文第5版
第52卷第301—302页

7

为路易丝·布赖恩特(里德)写的证明[521]

1921年1月12日

　　兹证明持件人路易丝·布赖恩特(Louise Bryant)同志是美国共产党人，已故共产国际执行委员会委员约翰·里德同志的妻子。

　　务请党和苏维埃机关尽力协助路易丝·布赖恩特同志。

人民委员会主席

弗·乌里扬诺夫(列宁)

载于1957年《外国文学》杂志
第11期

译自《列宁全集》俄文第5版
第52卷第302页

8

☆致瑞典红十字会总会[522]

（2月2日）

对第 2371 号来信的复信

俄罗斯社会主义联邦苏维埃共和国政府以衷心感激的心情接受瑞典红十字会向彼得格勒公社病人寄赠各种药品这一人道主义援助。

然而，遗憾的是，俄国苏维埃政府不得不谢绝瑞典红十字会总会提出的要巴甫洛夫教授去瑞典进行科学研究工作的请求，因为苏维埃共和国现在已进入紧张的经济建设时期，这就要求调动国内一切精神力量和创造力量，而且必须得到像巴甫洛夫教授这样杰出的科学家的有效的协助和合作。

由于几乎所有西欧强国都以公开或隐蔽的方式对俄国进行封锁和战争，尽管苏维埃政府一贯致力于为俄国的科学研究工作创造尽可能良好的条件，但是它在这方面的可能性受到了限制。不言而喻，所有西欧国家与俄国断绝关系并对俄国采取敌对态度无助于两个阵营的科学家的相互联系；这些情况几乎完全排除了俄国科学家和西欧科学家之间进行十分有益的接触和交换意见以及交流学术成果的可能性。同样，由于这种情况，也无法得到学术文献资料和教材。

现在,俄国一切敌人的军事进攻都已被击溃,同西欧各国的相互联系正在逐步地、稳固地重新建立起来,因此有希望为发展和利用俄国的学术成果创造必要的条件。

人民委员会主席

弗·乌里扬诺夫(列宁)

原文是德文

载于1959年在莫斯科出版的《苏联对外政策文件汇编》第3卷

译自《列宁全集》俄文第5版第52卷第302—303页

9

☆给各省执行委员会、省革命委员会、

西伯利亚革命委员会、巴什基尔

革命委员会、吉尔吉斯革命委员会、

土耳其斯坦革命委员会、鞑靼革命委员会、

阿塞拜疆革命委员会主席的电报

(2月3日)

为了查明各共和国居民的阶级构成,为了对居民按行业和职业分类,为了研究农业生产的规模、类型和形式,为了确定工业的地理分布和对各种企业按类型、形式及组织分类,为了研究国民教育和其他工作的组织情况,责成省统计局以突击方式在规定的时间内整理出1920年的统计调查材料。

整理的计划由中央统计局确定,并经有联邦各共和国统计机

关代表参加的第三次全俄代表会议[523]和统计委员会审核。统计
调查材料是各共和国为有计划地组织生产和设置苏维埃机构所必
需的。

　　鉴于此项工作的重要性和突击性，各省执行委员会和省革命
委员会及其各部门应尽力协助省统计局调进工作人员，并为此动
员它所需要的力量，保证为省统计局提供房舍、取暖、照明、供应粮
食和保证它正常工作所必需的其他条件。

　　对省统计局的工作要亲自监督、关心和负责，为此每周要省统
计局局长汇报，并排除一切妨碍工作迅速进行的障碍，对一切不肯
协助省统计局的个人和机关要追究责任。每月 1 日将工作进展情
况通知中央统计局，以便向我报告。

人民委员会主席　　列宁

载于 1959 年《列宁文集》俄文版　　　　　译自《列宁全集》俄文第 5 版
第 36 卷　　　　　　　　　　　　　　　第 52 卷第 304—305 页

10

给莫·伊·弗鲁姆金的电报[524]

（2 月 15 日）

顿河畔罗斯托夫
粮食人民委员部特派员弗鲁姆金

　　据马尔柯夫报告，高加索粮食装运量减少是因为运到车站的

粮食不足,这一情况使我、粮食人民委员部和交通人民委员部十分不安。这样,就会使以重大牺牲为代价而取得的保证东南铁路线获得正常燃料供应的一切努力毫无成效。我命令您立即报来由您签名的证明马尔柯夫的报告属实的材料,并说明最近装运量减少的原因。我要指出,从西伯利亚运出粮食极为困难,中央为了播种运动顺利进行而决定在整个欧俄停止采购粮食,在这种情况下,整个供应任务大部分由北高加索承担。您的责任是:包括种子在内每月运出粮食600万普特,为此要采取坚决行动,相应地提高粮食的采购量;要切实保证每天经巴泰斯克—察里津线往中部地区装运粮食平均每昼夜不少于200车皮。国防委员会已采取措施保障装运工作的进行。您的办公厅主任吉森通过直达电报转告哈拉托夫,说您打算在5月1日前只给中部地区700万普特。由于中部地区粮食供应事实上已发生危机,这样是绝对不行的。目前形势迫使中央部门密切注视采购进展情况和每日的实际发货量。请立即于今日告知整个高加索和各省、各车站的实际现存量,告知您对今后的采购工作、如何保证每天的装运量以及中央部门应在哪些方面给以迅速支援的设想,以便报告国防委员会。

劳动国防委员会主席　列宁

1921年2月15日

载于1932年《列宁文集》俄文版第20卷

译自《列宁全集》俄文第5版第52卷第305—306页

11

给莫·伊·弗鲁姆金和
谢·德·马尔柯夫的电报[525]

（2月16日）

直达电报

顿河畔罗斯托夫　　弗鲁姆金、马尔柯夫

　　由于共和国粮食情况极为紧张，特别是由于来自西伯利亚的粮食供应暂告中断，必须采取果断措施尽最大可能加紧从北高加索向中部地区装运粮食的工作。目前，高加索具有十分特殊的意义，这使得您和高加索的全体粮食和运输工作人员承担着特殊的责任。我再次强调，必须每天向中部地区发运200车皮粮食。除了报告实际装运量以外，请每天发直达电报向我本人和粮食人民委员部报告：（1）已运至各火车站的粮食有多少；（2）已运至各附属仓库的粮食有多少；（3）用畜力每昼夜运至火车站的粮食有多少。

国防委员会主席　列宁

载于1932年《列宁文集》俄文版
第20卷

译自《列宁全集》俄文第5版
第52卷第306—307页

12

给 П.К.卡冈诺维奇的电报

(2 月 16 日)

鄂木斯克　西伯利亚粮食委员会
卡冈诺维奇

　　鉴于共和国粮食情况极为紧张,特发出战斗命令:作出一切努力最大限度地增加往中部地区发运粮食的数量。请每天发直达电报向我本人和粮食人民委员部报告:(1)各火车站的粮食现存量;(2)每昼夜运抵火车站的粮食数量;(3)每昼夜向中部地区及其他地方装运粮食各多少;(4)如果装运不足,原因何在。

国防委员会主席　**列宁**

载于 1932 年《列宁文集》俄文版
第 20 卷

译自《列宁全集》俄文第 5 版
第 52 卷第 307 页

13

给伊·捷·斯米尔加的电报

(2 月 18 日)

致东南劳动军委员会主席斯米尔加

　　劳动国防委员会再次强调,高加索的粮食是俄国中部地区主要的甚至唯一的粮食供应来源。因此,应当把粮食人民委员部和交通人民委员部的地方机构在粮食采购、收存和向中部地区发运方面的工作更紧密有力地统一起来。请立即商讨你们应采取哪些最有力的措施,并用直达电报准确地报告劳动国防委员会。

劳动国防委员会主席

弗·乌里扬诺夫(列宁)

载于 1934 年《无产阶级革命》杂志
第 3 期

译自《列宁全集》俄文第 5 版
第 52 卷第 307 — 308 页

14

给克·格·拉柯夫斯基的电报[526]

(2 月 23 日)

直达电报

哈尔科夫　　拉柯夫斯基

抄送:弗拉基米罗夫

　　考虑到与西伯利亚的联系长期中断,为了使中部地区的粮食危机能得到稍许缓和,经过对可能运来的粮食进行极为精细的计算后,不得不最坚决地要求乌克兰粮食人民委员部每天向中部地区按时发运 40 车皮粮食。我迫切希望能按照弗拉基米罗夫第 3781 号急电所说发运 60 车皮,深信乌克兰粮食人民委员部将对这一请求作出热烈响应。我个人请求乌克兰粮食人民委员部尽最大努力,立即采取一切可行的措施以完成这项新的任务,从而在我们极为困难的时刻缓和我们的粮食紧张状况,在向俄国中部地区发运粮食的工作中给予切实的援助。

人民委员会主席　**列宁**

载于1921年3月3日《粮食报》
第41号(非全文)

译自《列宁全集》俄文第5版
第52卷第308页

15

给楚瓦什自治州执行委员会的电报[527]

(2月24日)

切博克萨雷　楚瓦什执行委员会

抄送:州粮食委员会

据悉,楚瓦什共和国[528]境内有35 000普特肉因缺乏畜力运输工具而未能运到火车站。由于即将解冻,肉类可能腐败,现命令以战斗姿态采取措施保证向粮食人民委员部提供运肉所需的运输工具。请立即电告所采取的措施。

人民委员会主席　**列宁**[①]

载于1945年《列宁文集》俄文版
第35卷

译自《列宁全集》俄文第5版
第52卷第309页

---

① 签署该电的还有副粮食人民委员尼·巴·布留哈诺夫。——俄文版编者注

16

给维亚特卡省粮食委员会、
省执行委员会、俄共(布)省委的电报[529]

(2月25日或26日)

　　我重申要毫不动摇地把完成粮食人民委员部关于按三月计划向各粮库发运粮食的任务作为战斗命令执行。同时,鉴于共和国的严重形势,我命令采取一切措施和拿出最大的干劲来完成所担负的任务。不要忘记,由于燃料不足各边远地区的粮食无法运往中部地区,旷日持久的粮食危机已经变得极其严重,只有所有的机关都紧张而自觉地工作,才能保证摆脱目前这种处境。

劳动国防委员会主席　列宁[①]

载于1921年3月3日《粮食报》
第41号

译自《列宁全集》俄文第5版
第52卷第310页

17

给克里木革命委员会的电报

(2月26日)

塞瓦斯托波尔　克里木革命委员会

　　请采取坚决措施切实保护好现已拨归卫生人民委员部用做疗

---

① 签署该电的还有副粮食人民委员尼·巴·布留哈诺夫。——俄文版编者注

养所的雅尔塔各宫殿和私人建筑里的艺术珍品、绘画、瓷器、青铜器、大理石雕像等等,因为我们已获悉这些东西要被运走。在莫斯科派去鉴别和保护上述物品的专门委员会到达之前,由你们负责妥善保管这些物品。

劳动国防委员会主席　列宁

载于1942年《列宁文集》俄文版第34卷　　　　　　　译自《列宁全集》俄文第5版第52卷第309—310页

18

给乌法省执行委员会主席的电报[530]

（3月1日）

乌　法

省执行委员会主席

请速转告乌法县布尔加科夫乡别克托沃村（沿奥伦堡大道距乌法36俄里）农民阿列克谢·罗曼诺维奇·沙波什尼科夫和塔拉斯·格里戈里耶维奇·康德罗夫[①]，请他们立即来莫斯科参加研究有关农民和农民经济的重要问题。要在莫斯科逗留数日。为此，请派一名精明能干的人去别克托沃村。如果两人同意，请立即安排他们乘坐党代表大会代表的车厢前来，保证他们途中所需食

---

① 看来是指塔拉斯·伊里奇·康德罗夫。——俄文版编者注

物及一切必需品,多加关照。结果如何请速发直达电报告知。

人民委员会主席　　**列宁**①

1921 年 3 月 1 日

载于 1959 年《列宁文集》俄文版
第 36 卷

译自《列宁全集》俄文第 5 版
第 52 卷第 311 页

19

☆给各省执行委员会主席和
各省工会主席的电报[531]

（3 月 20 日）

抄送:省党委、省粮食委员会

关于加强装运种子问题,尽管中央部门曾三令五申,尽管劳动国防委员会主席列宁同志下达了第 155、171、186 号战斗命令,但 2 月份和 3 月上半月仍收效甚微,整个这一段时间已经无可挽回地失去了。因此,在那些需要种子的省份,计划原定的播种工作已受到威胁,形势岌岌可危。这种情况不能再容忍了,必须毫不拖延地采取最坚决的措施装运种子。

因此,我命令各省执行委员会主席和省工会主席坚决完成下述各项任务:

---

① 签署该电的还有粮食人民委员亚·德·瞿鲁巴。——俄文版编者注

(1)把发运种子和农产品的任务当做战斗任务,直至圆满完成计划;

(2)每省在三日内抽调五名熟悉铁路运输的最积极认真的工作人员;

(3)立即为被抽调的同志去装运种子的地点提供必需的一切;

(4)用直达电报将被抽调的同志的姓名、党籍、年龄、特长通知粮食人民委员部中央运输局,以便任命他们为粮食人民委员部驻各铁路局、段的代表;

(5)责成苏维埃、党、军、铁路各机关和政权机构尽力协助被抽调的同志完成中央给各省粮食委员会的指令中规定的任务。

遵照苏维埃第八次代表大会和党的第十次代表大会的决定,为粮食而斗争,为恢复农业而斗争,合理地使用铁路运输,是当前的一项极为重要的战斗任务;能否保卫住我们的劳动共和国和全部革命成果取决于这项工作的成败。

收到此电后请报告劳动国防委员会,并抄送粮食人民委员部分配局。

劳动国防委员会主席

弗·乌里扬诺夫(列宁)①

载于1961年《历史文献》杂志
第5期

译自《列宁全集》俄文第5版
第52卷第311—313页

---

① 签署该电的还有全俄工会中央理事会主席米·巴·托姆斯基、副农业人民委员恩·奥新斯基、副粮食人民委员尼·巴·布留哈诺夫。——俄文版编者注

20

给各省国民经济委员会和工业局的电报

（3 月 21 日）

致各省国民经济委员会、工业局

抄送：省土地局和联邦各共和国农业人民委员部

苏维埃第八次代表大会决定要求共和国所有机关尽最大努力千方百计地满足播种运动的需要。请采取紧急的实际措施：

第一，给修配厂供应金属、燃料、润滑油、工具；

第二，和农业机关共同组织收集废旧金属并尽速分配给各修配厂；

第三，组织锻造用煤的采购工作；

第四，和农业机关共同组织收集和碾磨做肥料的磷灰石、草木灰、骨粉、托马斯炉渣；

第五，为播种运动提供运输工具；

第六，把当地无主货物中对播种运动有用的全部东西调配给各农业机关；

第七，采取措施查明地方工厂及作坊的情况并利用它们来生产最简单的农业机器和备用零件。

把支援播种运动而采取的一切战斗的即突击的措施电告最高国民经济委员会，并抄送农业人民委员部供应管理局、劳动国防委员会主席。

劳动国防委员会主席　**列宁**①

载于 1961 年《历史文献》杂志
第 5 期

译自《列宁全集》俄文第 5 版
第 52 卷第 313—314 页

21

发往辛菲罗波尔的电报

(3 月 24 日)

辛菲罗波尔
克里木革命委员会
抄送:克里木国民经济委员会
财政局
克里木劳动局
克里木粮食委员会
克里木肃反委员会
特别部
克里木统计局。

对第 1149 号答复如下。兹命令采取一切措施加速农业职业和人口普查以及对工业企业的调查。工农政府需要普查。这两项普查是苏维埃建设的基础。请以革命的方式扫除遇到的一切障

---

① 签署该电的还有最高国民经济委员会主席阿·伊·李可夫和副农业人民委员恩·奥新斯基。——俄文版编者注

碍。请保证克里木统计局所需的工作人员、办公用房、粮食、现金
（从贷给您用于普查的 3 000 万款项中支付）、200 普特纸张、突击
印制报表的印刷厂、办公用品,请组织好交通。一切苏维埃机关和
组织应积极帮助克里木统计局和它的代办机构。请和克里木统计
局一起拟出计划,为根据中央统计局的指示卓有成效地研究普查材
料创造条件。在进行这一件意义重大的国家大事时,决不允许迁延
时日。应该弄清克里木的情况,在工作计划规定的期限内完成。

　　请注意,工农政府要求您集中精力完成这一工作。凡妨碍普
查者定予严惩。请记住,如果普查进展不力或开展不好,工农政府
将首先追究您的责任。从 4 月 1 日起,请每周向中央统计局报告
工作进展情况,再由它向我汇报。**532**

人民委员会主席　　**列宁**①

3 月 24 日

译自《列宁文集》俄文版第 40 卷
第 77 页

22

给阿斯特拉罕省劳动委员会的电报⁵³³

（3 月 25 日）

阿斯特拉罕　省劳动委员会

兹命令:遵照普遍劳动义务制推行总委员会 1920 年 12 月 11

---

　　①　签署该电的还有中央统计局局长帕·伊·波波夫。——俄文版编者注

日的决定,以执行战斗命令的姿态采取坚决措施,坚定不移地如期为阿斯特拉罕地区渔业管理局完全地不折不扣地抽调 1 000 名男人和 4 000 名妇女。责成你们完成这项任务。请把抽调情况每周电告普遍劳动义务制推行总委员会。

国防委员会主席   **列宁**

载于 1932 年《列宁文集》俄文版
第 20 卷

译自《列宁全集》俄文第 5 版
第 52 卷第 314 页

23

☆给各省执行委员会主席,各省革命委员会
主席,西伯利亚革命委员会主席,
东南、乌拉尔劳动军委员会主席,
巴什基尔、吉尔吉斯、鞑靼、哥里、
乌克兰和土耳其斯坦共和国的电报

(4 月 1 日)

抄送:各省统计局

播种运动已经开始。播种的结果和收成的好坏将决定共和国来年有多少粮食和饲料,将影响国家的整个经济生活。请通过省统计局火速安排查清今年播种面积和牲畜头数的工作,同时对作物和牧草生长情况作不间断的统计调查,每月两次将调查结果火

速上报中央统计局转报人民委员会。

有关上述工作的方法和完成日期的指示已通过中央统计局第893、895 号通告向各省统计局下达。

请您亲自负责采取一切措施协助省统计局火速完成上述任务，一天也不得拖延。

工农政府要以您的报告为依据在确切规定的期限内制定实物税率，因此您省如不按时报告将耽误政府在安排农业、粮食以及征收实物税方面的计划工作。

人民委员会主席　**列宁**

载于 1961 年《历史文献》杂志第 5 期

译自《列宁全集》俄文第 5 版第 52 卷第 315 页

24

☆致 M.I.达亨[534]

（4 月 9 日）

美国　伊利诺伊州　哈伯德伍兹

阁下：

您 1920 年 12 月 20 日来函收悉，非常高兴。您愿将您在通讯方面的知识和经验贡献给俄罗斯联邦，对此我谨表谢意。

我不愿您立即长途跋涉、辛辛苦苦由美国前来莫斯科，但又希望任用您这位俄罗斯联邦极为需要的专家，故请您先同马尔滕斯同志接洽。他不久即将动身赴美，在他动身之前我将把您的情况全部向他介绍。

我建议您同马尔滕斯同志举行预备性会谈，如能达成双方都可接受的协议，您就可以前来莫斯科完成您的事业。[535]

请接受我最良好的祝愿！

您的

原文是英文　　　　　　　　　　　　　译自《列宁全集》俄文第5版
　　　　　　　　　　　　　　　　　　第54卷第439—440页

25

☆给各省播种委员会的电报

（4月11日）

兹命令就以下问题火速作出答复：对休闲地的初耕工作已经采取和正在采取哪些措施，其中包括：

（1）是否公布过有关这一问题的决定？什么内容？决定中是否注意到必须考虑不同村落的经济条件，包括现有的牲畜饲料地面积？

（2）是否已经给各地的工作人员发出了细则、指示？

（3）是否已经印出传单、宣传画？是否已采取其他措施对春耕休闲进行广泛宣传？

（4）是否已经运用农艺师的力量来调查研究各村落的经济条件和进行春耕休闲的宣传？

我要指出,对此项工作必须予以特别重视,必须以很大的干劲来进行,同时又要谨慎从事。要运用图拉省农业委员会的经验:如果有三分之一的村民赞成春耕休闲,那么就作出决定,全体村民必须进行春耕休闲。但是这样做的前提是:这三分之一的人不是因为受到威胁和恐吓而被迫同意的,这三分之一的人都是真正勤劳的业主,并且这一决定一定要在听取农艺师的结论性意见后付诸实施。

请将以上提出的四个问题不迟于4月18日电复农业人民委员部。

国防委员会主席　　列宁①

载于1961年《历史文献》杂志
第2期

译自《列宁全集》俄文第5版
第52卷第316页

26

给莫·伊·弗鲁姆金的电报[536]

(4月11日)

特急　立即拍发

顿河畔罗斯托夫　弗鲁姆金
抄送:区交通局长马尔柯夫

紧急直达列车的编组工作进行得极其不能令人满意。本应每

---

① 签署该电的还有副农业人民委员恩·奥新斯基。——俄文版编者注

昼夜发 70 车皮,可是在 4 月份 9 天总共只开出 4 列紧急直达列车。值得注意的是:现东南铁路线运粮直达列车极少,4 月 8 日总共只有 5 列。我要求按照我第 242 号电报的要求在最近几天内补足发往中部地区的列车数目,今后要无条件地、准时地认真完成战斗任务。您与粮食人民委员部的书信来往并没有给您停止执行任务或缩小任务的权利,特此提出警告。收报后请告知。

人民委员会主席　**列宁**

载于 1932 年《列宁文集》俄文版　　　　　　译自《列宁全集》俄文第 5 版
第 20 卷　　　　　　　　　　　　　　　　第 52 卷第 317 页

27

致阿富汗国王阿曼努拉汗[537]

(4 月 20 日以后)

致大阿富汗国圣明君主、
坚强的独立奠基人和捍卫者
阿富汗国王
阿曼努拉汗陛下

对您的亲笔来信和您对阿富汗和俄罗斯这两个伟大国家之间关系的诚挚友好的崇高设想,俄罗斯社会主义联邦苏维埃共和国政府谨向您表示感谢。

　　我荣幸地通知您，两国友好条约已于 1921 年 2 月 28 日由两国全权代表在莫斯科签订，并经俄罗斯苏维埃共和国最高机关——工人、农民和红军代表苏维埃全俄中央执行委员会批准。[538]

　　两国条约使阿富汗和俄罗斯之间两年来不断发展和加强的友谊与相互同情正式地巩固下来。大阿富汗国驻俄国代表，尊敬的穆罕默德·瓦利汗和俄罗斯联邦驻喀布尔特命全权代表雅柯夫·扎哈罗维奇·苏里茨为此做了许多工作。

　　俄罗斯苏维埃政府和大阿富汗国在东方有着共同的利益，两国都珍视自己的独立，都希望双方及东方各国人民获得独立和自由。两国之间互相亲近不仅是由于上述情况，而且特别是由于阿富汗和俄罗斯之间不存在可能引起分歧和哪怕是给俄阿友谊投下阴影的问题。旧的帝国主义俄国已经永远消失了。现在，大阿富汗国的北方邻邦是一个新的苏维埃俄国，它向东方各国人民，首先是向阿富汗人民伸出了友好的兄弟情谊之手。

　　大阿富汗国是第一批向我国派出外交代表的国家之一，这些代表在莫斯科受到了我们的愉快的欢迎。我们荣幸地指出，阿富汗人民签订的第一个友好条约就是同俄国签订的条约。

　　我们相信：我们的最诚挚的愿望必将得到实现；为了造福于两国人民，俄国将永远是大阿富汗国的第一个朋友。

　　俄罗斯联邦政府已采取措施消除阿富汗公职人员和俄国地方当局之间的微小误会。据我们得到的消息，地方上的关系已本着两个伟大国家之间存在的友好精神得到改善。

　　陛下在最近这封来信中提到双方对东方各国人民解放事业的同情，我们以十分赞同和高兴的心情接受这些想法。我们以与这些想法中所涉及的崇高思想相称的严肃态度来对待。我们已责成我们的特命全权代表苏里茨亲自向您阐述我们的想法。

俄罗斯联邦政府想再次指出：您的特命全权大使穆罕默德·瓦利汗在巩固两国友谊和签订友好条约方面作出了值得高度赞扬的贡献。

我确信俄国和阿富汗之间友谊的纽带将进一步巩固，请允许我向您表达我的友情和信心——大阿富汗国的独立是任何人的力量和阴谋都动摇不了的。

人民委员会主席

弗·乌里扬诺夫（列宁）

载于1960年在莫斯科出版的《苏联对外政策文件汇编》第4卷

译自《列宁全集》俄文第5版第52卷第317—319页

28

☆致国家出版社

（4月28日）

抄送：中央书库

兹命令您责成中央书库试做以下工作：

（1）从最重要的报纸（《全俄中央执行委员会消息报》、《真理报》、《经济生活报》、《彼得格勒真理报》）和乌克兰、高加索、西伯利亚、乌拉尔等地区主要报纸（同中央报纸合在一起不超过10种）中，找出5月份全月有关经济和生产问题的材料，包括全部工作报告和统计材料,把它们详细地分类剪贴成册,一式四份。

(2)对上列各报每个月的全部材料,包括通告在内,编出按字母顺序排列最详细的分类索引。

要定出上述工作的计件工资,如果工作完成得出色,人民委员会对之满意,经与全俄工会中央理事会奖励部磋商后应给予奖励,部分可给实物奖。

关于执行情况请通过人民委员会办公厅主任**哥尔布诺夫**同志向我报告。

人民委员会主席

弗·乌里扬诺夫(列宁)

载于1945年《列宁文集》俄文版
第35卷

译自《列宁全集》俄文第5版
第52卷第319—320页

29

给莫·伊·弗鲁姆金和
西伯利亚粮食委员会的电报[539]

(4月28日)

顿河畔罗斯托夫　弗鲁姆金
抄送:劳动军委员会　别洛博罗多夫
鄂木斯克　西伯利亚粮食委员会
西伯利亚革命委员会　斯米尔诺夫

鉴于粮食情况紧张,兹命令加强供应中部地区的粮食的装运工作，节日期间也决不容许间断。

劳动国防委员会主席　列宁

载于1945年《列宁文集》俄文版
第35卷

译自《列宁全集》俄文第5版
第52卷第320—321页

30

☆致各区域经济委员会

（4月29日）

通令

兹命令：

(1)将各经济委员会会议记录一式三份及时送劳动国防委员会办公厅，不得拖延；

(2)经济委员会记录须附上作为解决问题依据的全部材料（书面报告、提纲等等）的抄件，如会议有完整的速记记录亦应附上；

(3)经济委员会及各经济机构出版的经济报刊每种三份送劳动国防委员会办公厅。

劳动国防委员会主席　列宁

载于1945年《列宁文集》俄文版
第35卷

译自《列宁全集》俄文第5版
第52卷第321页

31

给西方面军革命军事委员会的电报

（4 月 29 日）

斯摩棱斯克　西方面军革命军事委员会
抄送：县粮食委员

　　鉴于从斯摩棱斯克省运出马铃薯种的任务完成情况极糟，除了我先前下达的第 155、171、186、292、299 号命令以及共和国革命军事委员会副主席斯克良斯基同志关于采取一切坚决措施和吸引一切力量来完成外运马铃薯种任务的第 20064 号电报外，现命令要坚定不移地以下列各点作为行动的指南并坚决加以完成：1. 宣布装运发往省外的马铃薯种的工作是斯摩棱斯克省的一项战斗任务。2. 在西方面军革命军事委员会委员、方面军粮食委员会主席和省粮食委员的直接领导下，立即成立一个委员会来负责监督执行劳动国防委员会主席关于完成外运任务的上述各项命令。3. 提供现有的一切汽车运输力量把马铃薯种运到各车站。4. 采取措施充分保证汽车运输用的混合燃料。5. 派出足够数量的红军战士和积极工作人员来完成马铃薯种的外运任务。6. 在从中央领到纸币之前，由战地金库垫出必需金额，同时派出专人来中央领取纸币。7. 在建立委员会方面，发直达电报向劳动国防委员会报告所采取的一切措施，并抄送中央运输局。马铃薯种能否得到保证取决于你们如何完成中央下达的任务,而保证马铃薯种具有重大的政治意义和经济意义。

劳动国防委员会主席　**列宁**①

译自《列宁文集》俄文版第 40 卷
第 81—82 页

32

☆ 给各省经济会议的电报[540]

(5月4日)

兹命令立即交来:(1)各省经济会议自成立以来的历次会议记录,并附上作为解决问题依据的全部材料,即报告、决定、决议、提纲等等。(2)今后,各省经济会议的会议记录连同第一条所述各项材料应上报劳动国防委员会,不得有任何拖延。(3)寄送各经济机构和合作社机构出版的经济报刊,每种三份。本命令由各省经济会议主席和秘书负责及时下达。

劳动国防委员会主席　**列宁**

1921 年 5 月 4 日

载于 1932 年《列宁文集》俄文版第 20 卷

译自《列宁全集》俄文第 5 版第 52 卷第 321—322 页

---

① 签署该电的还有副粮食人民委员尼·巴·布留哈诺夫和共和国革命军事委员会副主席埃·马·斯克良斯基。——俄文版编者注

33

给西伯利亚革命委员会和
西伯利亚粮食委员会的电报[541]

（5 月 4 日）

鄂木斯克　西伯利亚革命委员会
鄂木斯克　西伯利亚粮食委员会

　　由于北高加索方面停止装运粮食，中部地区供应状况发生危机，现命令如下：西伯利亚革命委员会和西伯利亚粮食委员会以执行战斗命令的姿态负责在 5 月份内向中部地区发运 300 万普特粮食。

　　经与卡冈诺维奇同志商妥，完成此项任务的计划如下：第一，水路通航以前，仍以战斗方式装运各火车站的粮食，包括原定交塞米巴拉金斯克和新尼古拉耶夫斯克用水路运输的粮食在内。第二，水路通航后，要改变原定的运输计划，首先将运往中部地区装运的粮食运到接运地。第三，立即着手在铁路附近地区用商品交换方式采购粮食，为此可暂投放西伯利亚现有的商品，然后拿日内由中部地区装运给西伯利亚的商品补偿。第四，建议在下列地区进行采购：彼得罗巴甫洛夫斯克、斯拉夫哥罗德、新尼古拉耶夫斯克、巴尔瑙尔。第五，按第一、第二两项向中部地区发运 200 万普特粮食，按第三项发运 100 万普特。第六，在上列地区及其他各地区用商品交换方式采购粮食以取缔投机倒把活动的同时,不取消余粮收集制。**542**

劳动国防委员会主席　**列宁**

载于1959年在新西伯利亚出版的《西伯利亚革命委员会文件资料汇编(1919年8月—1925年12月)》

译自《列宁全集》俄文第5版第52卷第322—323页

34

给伊·尼·斯米尔诺夫的电报[543]

(5月6日)

鄂木斯克　西伯利亚革命委员会主席斯米尔诺夫
抄送:西伯利亚粮食委员会

现答复您4月29日第224/7号来电。我认为您的做法是错误的,多留35万普特种子用于省内需要是不能允许的,这会置莫斯科和彼得格勒的供应工作于极端困难的境地。我撤销西伯利亚播种委员会关于增拨450多万普特种子的决定。同时我命令对不执行节日期间装运工作不得间断的命令一事作出解释①。请注意中部地区的粮食状况异常困难,我要求完全地、无条件地执行中央

---

① 见本卷《附录》第29号文献。——编者注

部门和粮食人民委员部的各项要求。

劳动国防委员会主席　**列宁**

载于 1959 年在新西伯利亚出版
的《西伯利亚革命委员会文件资
料汇编(1919 年 8 月— 1925 年
12 月)》

译自《列宁全集》俄文第 5 版
第 52 卷第 323 页

35

给康·戈·马克西莫夫的电报[544]

(5 月 6 日)

叶卡捷琳堡　区域经济委员会
主席马克西莫夫

　　在劳动国防委员会的档案里乌拉尔区域经济委员会和第 1 劳动军委员会的会议记录一份也没有。现命令火速把全部记录连同完整的附件,即自 1921 年 1 月 1 日起有关经济问题的各项决定送劳动国防委员会。今后应及时送交,不得拖延。

劳动国防委员会主席　**列宁**

载于 1945 年《列宁文集》俄文版
第 35 卷

译自《列宁全集》俄文第 5 版
第 52 卷第 324 页

36

给苏维埃政府代表团的电报[545]

（5月7日）

伦敦　苏维埃政府代表团

密码

请立即采购约200万普特小麦发至彼得格勒。最重要的一点是火速运达。亦可运来部分面粉和黑麦。每三天用密码汇报这一项突击任务的完成情况。

领取所需外汇的正式凭单随后补上。

列　宁[①]

5月7日

载于1960年在莫斯科出版的《苏联对外政策文件汇编》第4卷

译自《列宁全集》俄文第5版第52卷第324页

---

① 签署该电的还有列·波·克拉辛。——俄文版编者注

37

给莫·伊·弗鲁姆金的电报

（5 月 21 日）

顿河畔罗斯托夫

粮食人民委员部特派员

弗鲁姆金

抄送：第 11 集团军革命委员会

据悉，第 11 集团军的粮食情况非常困难、有断粮的危险。现命令你们最密切地关注该集团军的粮食供应情况，采取你们可能采取的一切措施，同时尽可能不妨碍完成中央部门的各项任务。

人民委员会主席　**列宁**[①]

载于 1942 年《列宁文集》俄文版
第 34 卷

译自《列宁全集》俄文第 5 版
第 52 卷第 325 页

[①] 签署该电的还有副粮食人民委员尼·巴·布留哈诺夫。——俄文版编者注

38

☆致最高国民经济委员会主席团[546]

（5 月 24 日）

抄送:最高国民经济委员会电力局和

中央计划委员会①

关于把莫斯科电车厂的锅炉交沙图拉工程使用一事曾多次作出过决定,3 月底又由燃料特别委员会、燃料总管理委员会、最高国民经济委员会电力局和国家计划委员会等单位的主席签署的决定对此加以确认,而沙图拉工程极为重要,因此请立即解决此问题,不得有任何拖延。[547]

人民委员会和劳动国防委员会主席

弗·乌里扬诺夫（列宁）

载于 1959 年《列宁文集》俄文版　　　　　译自《列宁全集》俄文第 5 版
第 36 卷　　　　　　　　　　　　　　　　第 52 卷第 325—326 页

---

① 指最高国民经济委员会所属的中央计划委员会。——编者注

39

给西伯利亚粮食委员会和
塞米巴拉金斯克省粮食委员会的电报[548]

（5月27日）

发无线电报

鄂木斯克　　西伯利亚粮食委员会
抄送：西伯利亚革命委员会
吉尔吉斯代表团
塞米巴拉金斯克　　省粮食委员会
塞米巴拉金斯克　　省播种委员会

据塞米巴拉金斯克省播种委员会委员巴拉博尔金个人报告，塞米巴拉金斯克省粮食委员会在阿乌尔斯克区保留了近2万垛没有脱粒的谷物。请重新研究和全面讨论一下这个问题：如果不拿出部分谷物贷给农民或作为脱粒的报酬付给农民，谷物就脱不了粒；如果贷放的谷物用于播种而且能够保证其余的谷物脱粒，我允许部分地不执行我下达的第410号命令①，把部分谷物（绝不可超过30万普特）用做种子，只是必须遵守上述条件，而且首先要考虑各工人中心和两个首都的粮食供应极端危急的情况。据此而采取的措施请立即电告我，抄件送粮食人民

---

① 见本卷《附录》第34号文献。——编者注

委员部。

人民委员会主席　**列宁**

载于 1932 年《列宁文集》俄文版
第 20 卷

译自《列宁全集》俄文第 5 版
第 52 卷第 326—327 页

40

给各省执行委员会、西伯利亚革命委员会、布哈拉革命委员会及各省粮食委员会、土耳其斯坦粮食人民委员部的电报[549]

（5 月 28 日）

抄送:各省粮食管理局、西伯利亚粮食人民委员部
　　各边疆区粮食管理局和各方面军粮食管理局

现在红军人数已大大减少并将不断削减,减到规定的员额,因此粮食困难对红军给养的影响最小。余粮收集的完成情况、改行粮食税以及全国总的粮食情况,都不能使中央部门有信心充分保证向红军部队供应必需的粮食,可是军队不应当断粮。因此,一切地方机构,首先是省执行委员会,应极其重视军队的供应问题,尽一切可能千方百计地予以帮助。各省粮食委员会必须通过商品交换在完成中央部门下达的任务的范围内首先满

足军队的需要。应尽量使军队少受取消余粮收集制、改行粮食税而加重的粮食困难的影响。这是当前过渡时期中各省执行委员会的一项突击任务。

人民委员会和劳动国防委员会主席　**列宁**

载于 1942 年《列宁文集》俄文版　　　　　　译自《列宁全集》俄文第 5 版
第 34 卷　　　　　　　　　　　　　　　　　第 52 卷第 327 页

41

给下诺夫哥罗德省经济会议的电报[550]

（6 月 2 日）

下诺夫哥罗德

经济会议

抄送：全俄肃反委员会

5 月 7 日劳动国防委员会办公厅给你们发去了第 417 号电报，内容如下："下诺夫哥罗德，经济会议。第 9 号记录载称 1921 年预定泥炭开采量为 6 769 800 普特，此数确否，请电告。"

5 月 26 日又向你们发去第 491 号电报催问。

鉴于迄今未收到对这两份电报的答复，我命令你们立即对拖拉的原因作出解释并对问题作出实质性回答，命令全俄肃反委员会调查拖拉的原因并惩办失职人员，将其姓名职务上报劳动国防委员会办公厅。**551**

劳动国防委员会主席

弗·乌里扬诺夫(列宁)

载于1945年《列宁文集》俄文版　　　　　译自《列宁全集》俄文第5版
第35卷　　　　　　　　　　　　　　　　第52卷第328页

42

给各省执行委员会主席的电报

（6月3日）

致省执行委员会主席

　　抄送:省统计局

　　进行共和国的经济建设,制定统一的经济计划,正确及时地实行粮食税,都要求国家统计工作作出特别的努力并有计划地开展工作;迅速整理省统计局已掌握的1920年统计调查材料,对春夏秋三季的播种面积、牲畜头数和状况、工业企业的生产率进行调查,进行对生产单位的分类调查、动态调查和预算调查。凡中央统计局向地方机构布置的任务,都应按统一的计划在规定期限内完成。我重申,必须采取措施保证省统计局的工作,其中包括保证统计局所需的人力,采取劳动义务制的办法吸收其他机关人员参加,并且广泛采用计件付酬原则,保证考察工作期间所需的交通工具,保证办公用房和各种设备,按时供应纸币和粮食。

人民委员会主席　**列宁**

载于1945年《列宁文集》俄文版
第35卷

译自《列宁全集》俄文第5版
第52卷第328—329页

43

给各省执行委员会主席的电报[552]

(6月4日)

种子问题电报

致省执行委员会主席

抄送:省工农检查院院长、省肃反委员会主席、
省委书记、省粮食委员会和省粮食委员

　　最近发现个别省份的省执行委员会,有时是省委所发布的决定根本违背中央部门的命令,改变中央部门制定的国家供应计划。这无疑将破坏苏维埃政权的威信,制造混乱,有利于苏维埃政权敌人的活动。除了对个别情况已决定进行追究,失职人员应对共和国负严重责任以外,我们认为有责任重申,必须执行中央机关包括粮食部门的命令,决不容许各地未经中央部门同意就发布根本改变中央部门命令的决定。上述规定,必须始终不渝地严加遵守。今后,凡破坏粮食人民委员部命令和供应计划的失职人员,定将严

惩不贷,希各周知。

劳动国防委员会主席　列宁①

载于1942年《列宁文集》俄文版　　　　　　译自《列宁全集》俄文第5版
第34卷　　　　　　　　　　　　　　　　第52卷第329—330页

44

给下诺夫哥罗德省执行委员会的电报[553]

(6月8日)

下诺夫哥罗德　省执行委员会
抄送:省运输器材局、伏尔加粮食局

下诺夫哥罗德港内停泊了大批盐船,亟待卸货。运到的盐近500万普特。由于伏尔加粮食局未能得到必要数量的装卸工,而且还由于劳动生产率很低,因此尽管基本口粮已予以充分满足,卸货工作进度仍极为缓慢。人民委员会于1921年5月31日作出决定,认为运盐是一项战斗任务。因此,特命令必须保证伏尔加粮食局得到足够的装卸工,以期在最短期间优先卸完驳船,使船只得以充分、迅速周转。请将工作进展情况告诉我。

劳动国防委员会主席　列宁

载于1932年《列宁文集》俄文版　　　　　　译自《列宁全集》俄文第5版
第20卷　　　　　　　　　　　　　　　　第52卷第330—331页

---

①　签署该电的还有全俄中央执行委员会主席米·伊·加里宁和俄共(布)中央委员会书记维·米·莫洛托夫。——俄文版编者注

45

给俄共(布)中央西伯利亚局的电报⁵⁵⁴

(6月13日)

鄂木斯克　俄共中央西伯利亚局
抄送:西伯利亚革命委员会　斯米尔诺夫
西伯利亚粮食委员会　卡尔马诺维奇

军队、两个首都、大工业中心的粮食危急状况迫使俄共中央在一个月前通过了一项非常决定,即作出一切努力,利用一切可能,力争从西伯利亚每昼夜向中部地区平均发运100车皮粮食,或每月发运300万普特,即使因此会损害西伯利亚本地的利益也要这样做。这项重大决定是根据共和国的整个形势作出的。只要把本地的消费量压至向你们指出的那种最低水平,西伯利亚现有粮食是能使这一任务切实完成的。西伯利亚革命委员会和西伯利亚粮食委员会5月18日来电承认,在6月7日之前,一个月内向中部地区发运300万普特粮食是完全可以实现的。但实际上,你们在这一期间总共只发运了约1 600车皮,而6月的头几天装载量并无任何增加。已发运的粮食仅略超过最低必要数量的50％,远远不敷需要,这使共和国的粮食困难日益严重,并在遭受饥饿的工人中心造成可能带来严重政治后果的极为不利的紧张气氛。考虑到上述情况,中央命令西伯利亚所有的党和苏维埃机关,由西伯利亚局和西伯利亚革命委员会主席斯米尔诺夫、西伯利亚粮食委员会主席卡尔马诺维奇亲自负责，以执行战斗命令的姿态英勇努力，全力以赴保证每天至少向中部地区按时发运 100 车皮粮食。这项任务必须无条件执行。收到此电后请立即向中央报告切实完成此项任务的有力保证措施，抄件送列宁，送粮食人民委员部分配局。

人民委员会主席　**列宁**①

载于 1959 年在新西伯利亚出版的《西伯利亚革命委员会文件资料汇编（1919 年 8 月— 1925 年 12 月）》

译自《列宁全集》俄文第 5 版第 52 卷第 331—332 页

46

给阿·巴·哈拉托夫、瓦·瓦·佛敏、安·安·安德列耶夫、阿·奥·阿尔斯基的电话[555]

（6 月 14 日）

致哈拉托夫（粮食人民委员部）、佛敏（交通人民委员部）、安德列耶夫（全俄工会中央理事会）、阿尔斯基（财政人民委员部）同志

应立即毫不拖延地采取坚决措施，保证伏尔加河中上游深水段挖泥工作所需的粮食和纸币。

请告诉我，根据今年 6 月 14 日从喀山寄来的由卡梅舍夫等人

---

①　签署该电的还有俄共（布）中央委员会书记维·米·莫洛托夫。——俄文版编者注

签署的劳动国防委员会运输总委员会考察队的报告及柯列加耶夫的第 2868 号来电，采取了哪些实际措施。[556]

劳动国防委员会主席　**列宁**

6 月 14 日于莫斯科克里姆林宫

载于 1959 年《列宁文集》俄文版
第 36 卷

译自《列宁全集》俄文第 5 版
第 52 卷第 332—333 页

47

致尼·博·埃斯蒙特

（6 月 24 日）

致共和国国防委员会军队供给副特派员

埃斯蒙特同志

抄送:最高国民经济委员会主席波格丹诺夫同志

请火速满足最高国民经济委员会主席**波格丹诺夫**同志第 211/280 号来文提出的要求，给卡希拉电站工程拨 100 顶大型防水布帐篷或 200 顶小型防水布帐篷。[557]

劳动国防委员会主席

弗·乌里扬诺夫（列宁）

1921 年 6 月 24 日

于莫斯科克里姆林宫

载于 1932 年《列宁文集》俄文版
第 20 卷

译自《列宁全集》俄文第 5 版
第 52 卷第 333 页

48

☆致劳动人民委员部

（6 月 25 日）

抄送:最高国民经济委员会主席

波格丹诺夫同志

兹命令你们火速满足最高国民经济委员会 6 月 13 日第 211308 号来文提出的要求,把卡希拉工程今年 6 月 15 日以前在职的职工全部留下,以战斗姿态在两周内为卡希拉工程如数抽调最高国民经济委员会主席团所要求的各类工人,如果无法抽调,则把西南方面军劳动军部队连同技术人员和器材一起调往卡希拉工程,同时采取措施使卡希拉委员会不要越过工程行政当局放走职工。[558]

人民委员会主席

弗·乌里扬诺夫（列宁）

载于 1932 年《列宁文集》俄文版　　　译自《列宁全集》俄文第 5 版
第 20 卷　　　　　　　　　　　　　　第 52 卷第 333—334 页

注　　释

1 指经济系统各人民委员部组织联系问题的专门委员会。该委员会于 1920 年 10 月 26 日人民委员会会议上成立,由列宁任主席。——1。

2 弗·亚·米歇尔逊当时是彼得罗夫斯基—拉祖莫夫斯基农学院(1923 年起为莫斯科季米里亚捷夫农学院)教授。他在寄给谢·帕·谢列达 的几篇文章中,依据科学资料,论述了多雨年份和干旱年份周期性交替 出现的问题。米歇尔逊教授预言很快即将出现干旱,并提出通过提高 工业和农业劳动生产率来同干旱作斗争的任务。在列宁作了指示之 后,米歇尔逊的文章于 1920 年 11 月 17 日刊登在《全俄中央执行委员 会消息报》第 258 号上,标题是《重要的警告》。第二天,《全俄中央执行 委员会消息报》又刊登了谢列达的文章《关于〈重要的警告〉一文》,文章 提出了预防灾荒的具体措施。——2。

3 这个批示写在提请列宁签署的小人民委员会 1920 年 11 月 4 日决定稿 上。决定内容是要求在预算之外给人民委员会办公厅拨款 500 万卢 布,供人民委员会所属医院购买蔬菜用。——3。

4 看来是指列宁 1920 年 11 月 8 日在俄共(布)中央全会上提出的提纲。 列宁的决议草案《工会的任务及其实现的方法》就是以这份提纲为基础 拟定的(见本版全集第 40 卷第 11—12 页)。——4。

5 这是列宁在俄共(布)中央全会 1920 年 11 月 8 日会议上给米·巴·托 姆斯基写的两张便条。1920 年 11 月 2—6 日举行的全俄工会第五次 代表会议讨论了改进工会工作以适应社会主义和平建设任务的问题。 列·达·托洛茨基在这次会议上提出了进一步"拧紧螺母"并"使工会国家化"的主张。这次中央全会研究了工会工作问题,否决了托洛茨基的提纲,采纳列宁的提纲作为决议基础,并选举列宁为起草决议的工会问题委员会成员,授权他在工会代表会议的共产党党团会议上作报告。——5。

6　在起草这份电报的纸上有莉·亚·福季耶娃给列宁的简短汇报:"波克罗夫斯基曾亲自同您谈过,您对他说,等到实在没有办法的时候可以找您。现已实在没有办法了。"

　　关于成立国立乌拉尔大学的法令是人民委员会于 1920 年 10 月 19 日批准的。——6。

7　1920 年 11 月 9 日列宁写信问阿·季·哥尔茨曼,是否可以给印出 7 期《俄罗斯国家电气化委员会公报》的印刷工人以实物奖励。哥尔茨曼当天回信说,俄罗斯国家电气化委员会在实物奖励问题上要求太高了。

　　这张便条是对哥尔茨曼这封来信的答复。——7。

8　列宁的这张便条是在收到宗教社团联合委员会主席弗·格·切尔特科夫 1920 年 11 月 10 日的来信后写的。切尔特科夫在信中写道,某些苏维埃负责人不执行列宁签署的人民委员会 1919 年 1 月 4 日的法令(该法令规定:凡因宗教信仰不能服兵役者,经人民法院批准,可以不服兵役而从事医务或其他工作)。

　　根据列宁的指示成立的专门委员会于 1920 年 11 月 14 日和 19 日召开了两次会议。11 月 23 日人民委员会听取了该专门委员会的工作汇报,12 月 14 日批准了对 1919 年 1 月 4 日法令的修改和补充意见。关于这个问题,另见本卷第 445 号文献。——7。

9　1920 年 11 月 11 日南方面军司令米·瓦·伏龙芝为避免继续流血,通过无线电建议彼·尼·弗兰格尔停止抵抗,保证对放下武器者实行赦免。弗兰格尔没有答复伏龙芝的建议,并对自己的部队隐瞒了这件事。——9。

10　研究在西伯利亚实行租让问题的委员会是 1920 年 10 月 30 日根据人

民委员会的决定成立的。该委员会于 11 月 16 日向人民委员会提出了法令草案。人民委员会委托由列宁、德·伊·库尔斯基、安·马·列扎瓦、弗·巴·米柳亭和谢·帕·谢列达组成的专门委员会于一周内修订好法令草案。1920 年 11 月 23 日人民委员会通过了租让法令并批准了该委员会提出的关于出版谈租让问题的小册子的建议。1920 年 11 月底到 12 月初出版了小册子《关于租让。1920 年 11 月 23 日人民委员会法令。法令全文。租让项目。地图》。——11。

11 这张便条是在收到 1920 年 11 月 7 日坦波夫省执行委员会特派全权代表、县粮食委员叶·格·帕尔菲奥诺夫给列宁的来信后写的。帕尔菲奥诺夫在信中写道，1920 年 6 月 A.A.巴雷什尼科夫工程师报告，说他发明了一种人造鞋掌，可以用来解决苏维埃共和国的急需。帕尔菲奥诺夫同巴雷什尼科夫一起来莫斯科找最高国民经济委员会制革工业总管理局。那里的专家对他们说，这项发明原则上是好的，但要作出最后决定还需要进行试验。帕尔菲奥诺夫认为试验进行得太慢，因此请求列宁指示尽快将这项发明投入生产。

列宁的信（参看本卷第 14 号文献）发出后，于 1920 年 11 月 19 日收到回信。信中写道，最高国民经济委员会科学技术局发明事务委员会讨论了巴雷什尼科夫 9 月 15 日递交委员会的报告，9 月 30 日发给他一个证件，证明收到了他的发明报告。该委员会汇报说，巴雷什尼科夫的发明同已有的这类发明没有多大区别，至于皮革质量如何要根据试验结果才能确定；制革工业总管理局作了初步试验，结果不能令人满意。巴雷什尼科夫正在改进自己的发明。最后结论要看下一步的试验结果才能作出。——12。

12 1920 年 11 月 20 日列宁收到了最高国民经济委员会科学技术局发明事务委员会对于他提出的所有问题的详细答复。复信的附件有：(1)委员会各组已审查的发明项目统计表，(2)认为有用并已部分采用的主要发明，(3)值得国家重视的发明项目，(4)鉴定专家 Ф.Н.布利斯塔诺夫对 A.A.巴雷什尼科夫工程师发明的皮革代用品的初步意见，(5)委员会 1920 年 11 月 1 日的工作总结，(6)关于技术局局长、军事工艺工程师 B.A.彼得罗夫的情况。

列宁同时还收到了委员会会务委员 A.K.考夫曼对委员会正式答复的补充,他汇报了委员会工作中的缺点及其产生的原因。——13。

13 1920 年 11 月 15 日斯大林从巴库给列宁发电报,报告了高加索剿匪斗争顺利进展的情况,认为必须加强对高加索战线的增援,以便有效地保卫巴库,抵御孟什维克格鲁吉亚可能发动的进攻。——14。

14 这里说的是娜·康·克鲁普斯卡娅对俄共(布)中央《关于无产阶级文化协会》这封公开信草稿的意见和补充。信的初稿是格·叶·季诺维也夫起草的,后来根据各中央委员和教育人民委员部的意见修改定稿。克鲁普斯卡娅建议对这封信作如下原则性的补充:"无产阶级文化协会是**在十月革命以前**产生的。当时这个协会宣称自己是一个'独立的'工人组织,即独立于克伦斯基时期的国民教育部。十月革命使情况发生了变化。无产阶级文化协会仍然保持'独立',但现在这已经是'独立'于苏维埃政权了。"克鲁普斯卡娅的修订稿里还有下面几句话:"实际上同共产主义相距甚远、而且是敌视共产主义的那些艺术家和哲学家,在标榜自己是真正的无产阶级的艺术家和哲学家的同时,不仅不去帮助无产阶级的青年认真学习,树立对所有的生活问题和艺术问题的共产主义态度,反而妨碍工人们……" 还有:"中央不仅不想束缚工人知识分子在艺术创作方面的主动精神,恰恰相反,中央倒是希望为这种精神创造比较健康的、正常的环境,让它有可能在整个艺术创作事业上富有成效地显示出来。"(见 1958 年《苏共历史问题》杂志第 1 期第 36 页)克鲁普斯卡娅还对信的草稿作了一系列比较小的修改。

俄共(布)中央《关于无产阶级文化协会》这封信的起草工作是在列宁的领导和亲自参加下进行的。列宁在《关于无产阶级文化》的决议和《俄共(布)中央全会关于无产阶级文化协会的决定草案》(见本版全集第 39 卷第 373—375 页,第 40 卷第 13 页)中所作的指示构成了党的这一重要文件的基础。俄共(布)中央《关于无产阶级文化协会》这封信于 1920 年 12 月 1 日发表在《真理报》上。——14。

15 1920 年 11 月 18 日农业人民委员部部务委员尼·伊·穆拉洛夫向列

宁汇报说,由于为农业人民委员部订购的电犁数量有限,不能满足伊万诺沃-沃兹涅先斯克工人的要求。在穆拉洛夫的这张便条上有秘书根据列宁的指示写的批语:"跟基谢廖夫联系一下,让伊万诺沃-沃兹涅先斯克的工人去找谢列达商量,他们要不要犁或拖拉机。"——15。

16　1920 年 11 月 16 日人民委员会根据安·马·列扎瓦的报告批准了《关于没收逃亡共和国境外或隐藏至今的公民的全部动产的决定》草案,并决定交德·伊·库尔斯基审定后由列宁签署。11 月 19 日列宁签署了这个决定(见《苏维埃政权法令汇编》1983 年俄文版第 11 卷第 245 — 246 页)。——16。

17　指劳动国防委员会根据列宁的报告于 1920 年 10 月 1 日通过的《关于向已被列为重点纺织企业的伊万诺沃-沃兹涅先斯克省恢复生产的工厂供应燃料和粮食的决定》。格·库·科罗廖夫的报告中把日期误写为 10 月 5 日。——17。

18　这封信是列宁在跟伊万诺沃-沃兹涅先斯克省执行委员会主席格·库·科罗廖夫谈话后发出的。科罗廖夫是因为该省出现粮食危机、各重点纺织厂燃料供应中断、工人不能及时得到工资而到莫斯科来的。1920 年 11 月 15 日科罗廖夫向列宁报告了该省的严重情况并递交了书面报告,其中提出了消除这种严重情况的必要措施。关于同列宁的这次谈话,科罗廖夫回忆说:"我开始向他叙述伊万诺沃工业方面的需要。列宁仿佛并不在听我的汇报,先后向我们提出了好几十个似乎与我的汇报内容无关的问题:'工人们在菜园里收获了多少东西? 他们是怎样安排菜园生产的? 他们用什么耕地? 住的问题怎么样?'他也没有忘了工人子弟。他说:'宁愿自己受苦受累,但一分钟也不能把孩子们忘掉……' 在与列宁谈话的时候,我想,我的汇报落空了,伊里奇忽略了主要的问题。可是,在谈话结束时,我终于明白,他对我讲的话一个字也没有漏掉,并且已经作出了自己的结论。他这种办事的才能使我惊讶不已。"(见《回忆列宁》1982 年人民出版社版第 4 卷第 264 — 265 页)

　　1920 年 11 月 16 日根据列宁指定的委员会的报告,人民委员会通过了向伊万诺沃-沃兹涅先斯克工人提供钱款和粮食的决定。第二天，即11月17日，根据该委员会的报告，劳动国防委员会通过了关于向伊万诺沃-沃兹涅先斯克供应粮食和燃料的决定。

关于支援伊万诺沃-沃兹涅先斯克各工厂的问题，还可参看本卷第273号文献。——18。

19 这封信是列宁在1920年11月16日同卡卢加省莫萨利斯克县农民代表尼·谢·博佳科夫谈余粮收集制问题后写的。——18。

20 谢·帕·谢列达和尼·巴·布留哈诺夫于1920年11月18日送来了列宁要的材料。——19。

21 苏维埃政府于1921年3月16日同英国签订了贸易协定。——21。

22 指英国取得格鲁吉亚孟什维克政府同意，准备用武力占领巴统一事。外交人民委员格·瓦·契切林于1920年11月16日就此事向格鲁吉亚孟什维克政府代表菲·耶·马哈拉泽发出照会，并致电英国外交大臣乔·纳·寇松。契切林指出，苏俄政府认为，占领巴统是企图在高加索重新挑起战争，是企图直接威胁苏维埃共和国的安全。他提请他们慎重考虑由此引起的严重后果，并指出占领者及其帮凶对此要承担全部责任。——21。

23 1920年11月14日列宁在亚罗波列茨村的农民大会上讲了话。列宁在讲话中提到了该区的电气化问题以及改进国民教育事业和发展工业的问题。11月18日，沃洛科拉姆斯克县亚罗波列茨乡14个村的代表写信给列宁，请求他帮他们：(1)领到亚罗波列茨乡电气化所必需的经费和材料；(2)派遣教师，提高国民教育；(3)发展亚麻种植业。

第一个指示是列宁在11月19日看了来信以后写的。当天列宁便发函询问梅扎-拉约沃仓库(军械总部的)中储存的有色金属的数量。第二个指示写在11月20日寄来的答复列宁询问的报告上。——22。

24 关于莫斯科省沃洛科拉姆斯克县亚罗波列茨乡电气化的报告于1920年11月29日寄给了列宁。——22。

25　指劳动国防委员会 1920 年 10 月 8 日关于向顿巴斯矿工供应服装的决定。——23。

26　劳动国防委员会在 1920 年 11 月 24 日的会议上成立了一个由粮食人民委员部、最高国民经济委员会、陆军人民委员部、国防委员会红军和红海军供给特派员、交通人民委员部、全俄工会中央理事会、矿工工会中央委员会的代表组成的临时工作会议，并委托它负责监督正常而迅速地供应顿巴斯一切必需的物资，以便把煤炭工业搞上去。——23。

27　这张便条是列宁在 1920 年 11 月 20 日同莫斯科省沃洛科拉姆斯克县卡希诺村的农民斯·阿·库尔科夫谈话后写的。库尔科夫向列宁谈了修建区发电站的计划，并请求帮助他们弄到一台直流发电机。为此列宁通过莫斯科国民经济委员会电力局了解"狄纳莫"工厂能否制造直流发电机。——24。

28　这是列宁对人民委员会《关于莫斯科各国立高等工艺美术学校的决定》草案第 4 节提的意见。第 4 节吸收了列宁的意见后，条文如下："被录取的大学生是在接受根据特别规定进行的监督的情况下来履行学习义务的。这些特别规定应在两周内由普遍劳动义务制推行总委员会和教育人民委员部共同制定并报人民委员会批准。"

　　列宁还把草案第 3 节附注中的"在预科"这几个字改为"在所有年级"。经列宁修改后的注释为："在所有年级必须讲授政治常识和共产主义世界观原理。"

　　1920 年 12 月 18 日人民委员会按修改稿通过了这个决定（见《苏维埃政权法令汇编》1986 年俄文版第 12 卷第 51—54 页）。——24。

29　这封短信写在副对外贸易人民委员安·马·列扎瓦的来信上。列扎瓦在信里抱怨外交人民委员部不能及时给对外贸易人民委员部工作人员发出国许可证，并请求列宁给予帮助。——25。

30　关于制造电耕农具的问题，小人民委员会在 1920 年 11 月 23 日、12 月 1 日和 3 日的会议上进行了讨论。11 月 23 日，星期二，人民委员会在听取了弗·巴·米柳亭关于制造福勒式电犁的订货情况的报告以后，成立了一个由最高国民经济委员会、粮食人民委员部和农业人民委员部的代表组成的专门委员会，以保证按期完成各项工作。人民委员会把原伊林工厂的1 000名工人的口粮标准改为后方红军的供应标准。——26。

31 斯大林通过直达电报向列宁报告了他从格·康·奥尔忠尼启则那里得到的以下方面的情报：格鲁吉亚孟什维克政府对苏维埃阿塞拜疆日益增大的威胁，土耳其和波斯的政治形势，以及英国在这一地区玩弄的阴谋诡计。同时斯大林还转告了奥尔忠尼启则针对当时的情况所提出的具体措施。斯大林请求列宁加快调动必要的增援部队以保卫苏维埃阿塞拜疆，并请列宁就有关问题给予指示。——26。

32 这个批示写在阿·阿·越飞1920年11月19日从里加寄给人民委员会主席、外交人民委员部、革命军事委员会主席和俄共(布)中央的报告上。在报告中越飞指出波兰和波罗的海沿岸国家(拉脱维亚、立陶宛、爱沙尼亚)劳动人民的经济状况十分困难，认为在同这些国家签订和约之前可以先提出向它们提供力所能及的援助的问题。同时批评了对外贸易人民委员部的政策，说该人民委员部"至今还在研究它的进出口计划，阻碍这方面的一切有益的创举"。在报告结尾处越飞提出，由于健康状况不好，请求准许他去克里木休假两周。——27。

33 给弗·巴·米柳亭的这两张便条是就将付印的小册子《关于租让。1920年11月23日人民委员会法令。法令全文。租让项目。地图》而写的。

　　第1张便条说的是小册子的矿山租让附图，图上用红色和蓝色晕线标出了准备租让的项目。第2张便条说的是对这一附图的说明。

　　在送给列宁审阅的小册子校样的第1页上有列宁的亲笔批注："没有改正。列宁用。见最后一页"。

　　在校样的最后一页上有米柳亭对列宁第2张便条的答复："关起来是可以的，可是问题在于大家太着急了。(矿山租让全文是费·费·瑟罗莫洛托夫赶写出来的。)如果印刷数量超过2 000份，问题还是可以挽回的。我主张给予警告。另外，要寄给哪些人，寄多少份，印多少份。再有，对国外，可以采取由我答问的形式，根据这本小册子作更详细的说明。"

遵照列宁的意见，小册子出版时加了详细说明，并把遗漏的地方都补上了。——28。

34 列宁在同副民族事务人民委员阿·扎·卡缅斯基谈话时提请他注意出版有关民族问题书籍的必要性。1920年11月26日卡缅斯基写信给列宁，说国家出版社迟迟不出版已经准备好的苏维埃政权三年来关于民族问题的决定汇编，请求列宁亲自过问此事。列宁的这个批示写在卡缅斯基的来信上。此后不久，1920年12月，国家出版社出版了民族事务人民委员部的文件汇编《三年来苏维埃政权的民族问题政策（1917年11月—1920年11月）》。——30。

35 1920年11月30日列宁收到了他向瓦·瓦·佛敏要的材料。——31。

36 这封短信写在1920年11月25日的一份关于农业人民委员部订制电耕设备的材料上。

1920年11月30日农业人民委员谢·帕·谢列达和农业电气化司司长 Б.И.乌格里莫夫寄给列宁一份材料，回答了列宁提出的问题。他们说，复制的订货单基本正确，4月1日前交货，春播能够用上电犁，还说莫斯科和彼得格勒两地的工厂已经开始生产订货。材料中还谈到生产订货的"职工未曾领到答应发给他们的基本口粮和奖励粮。工作全是靠一些积极分子享有的信任和威信带动起来的，要纠正这种不正常的状况，必须尽快批准关于订货的整个规定，特别是保证供应职工的口粮"。列宁在"不正常的"这几个字下面以及从"必须"这两个字开始到句末的下边画了两条着重线，并在这里加了几句话："事先不商量好，真奇怪。应该由谁来批准？是人民委员会吗？为什么农业人民委员部**不报上来**：（1）订货问题，（2）口粮问题？请谈一下你们的意见。　**列宁　11月30日**"。在文献的上方列宁批示："**两份文件要退给我**。"（参看《列宁文稿》人民出版社版第16卷第593页）

关于制造电耕农具问题，还可参看本卷第29、65、68、420号文献。

——31。

37　指劳动国防委员会1920年3月24日成立的由弗·古·格罗曼任主席的委员会(劳动国防委员会关于成立这个委员会的决定参看《列宁文稿》人民出版社版第16卷第165—166页)。委员会的任务是调查帝国主义战争和协约国组织的武装干涉及封锁对苏维埃国家的国民经济和社会生活各个方面的影响。由于该委员会未能完成交给它的任务,人民委员会于1920年9月7日决定:"委员会应于10月5日前撤销,全部工作移交对外贸易人民委员部。"10月5日人民委员会将安·马·列扎瓦关于撤销委员会的报告备案存查。——32。

38　指格·瓦·契切林1920年11月27日给列·波·克拉辛的急电的最后一段话:"对外贸易人民委员部和我们要恢复格罗曼的委员会,但是统计学家波波夫却加以阻挠,他想参加这个委员会。不知道为什么,人民委员会支持了他。摩擦在继续。我们指望能让委员会尽快开展工作。"列宁在这段话的下面画了着重线,又在旁边画上了三条线,并打上两个感叹号和两个问号。列宁给契切林的这封信就写在这份急电上。——33。

39　指瓦·伊·索洛维约夫写的关于教育人民委员部的条例草案和叶·亚·利特肯斯起草的改组教育人民委员部的提纲草案。他们把这两份草案都寄给了列宁。关于改组教育人民委员部的问题,参看本版全集第40卷第53、89—90、311—313、328—340、466—468页。——34。

40　苏维埃政权初期,学校分为第一、第二两级,相当于我国的小学和中学。1921年秋苏维埃俄国调整学制后,在学制表中,第二级学校学生的年龄为12—17岁。——34。

41　人民委员会于1920年11月3日、30日和12月18日连续讨论了取消货币税的问题。11月3日,人民委员会成立了一个由谢·叶·丘茨卡耶夫(主席)、尼·伊·布哈林、尼·尼·克列斯廷斯基、德·伊·库尔斯基、谢·帕·谢列达、费·费·瑟罗莫洛托夫、奥·尤·施米特组成的工作委员会(后又增加了米·费·弗拉基米尔斯基和亚·德·瞿鲁巴)。11月30日,人民委员会通过了列宁写的关于直接税的决定(见本版全集第40卷第52页)。12月18日,人民委员会原则上通过了丘茨卡耶夫提出的关于取消货币税的法令草案,并将草案交给由丘茨卡耶夫、库尔斯基和季·弗·萨普龙诺夫三人组成的工作小组。人民委员会责成该小组根据已作出的指示对草案进行修改,全体一致通过后交列宁签署并报送全俄中央执行委员会主席团。1921年2月3日全俄中央执行委员会主席团通过了关于暂停征收全国性的和地方的所有现行税的原则决定。后来由于实行新经济政策而改行新的财政政策,税收问题重又提上了日程。——35。

42 指俄共(布)中央政治局1920年11月27日通过的决定(见本版全集第40卷第45—46页)。——36。

43 关于列宁写这张便条的经过,安·伊·叶利扎罗娃在自己的回忆录里这样写道:"这件事情发生在1920年秋天。根据人民委员会的决定,1920年1月起我管的那个司从社会保障人民委员部合并到教育人民委员部。开始我不准备随这个司一起调去:我担心我在教育人民委员部搞不好工作,因为我同这个部在一些问题上有不同的看法,特别是在突然决定由一个我不熟识的教育人民委员部的女干部来替换我原来的副手之后,我更不想去了。弗拉基米尔·伊里奇劝我去试一试,如果事情实在搞不好,同这位副手确实无法共事,还可以再设法换调她。结果情况的确不好……" 安·伊·叶利扎罗娃把这一情况告诉了列宁,列宁就在人民委员会会议上交给了她这张便条(见《回忆列宁》1958年人民出版社版第373—374页)。——37。

44 这个批示写在共和国武装部队总司令谢·谢·加米涅夫和共和国革命军事委员会委员卡·克·达尼舍夫斯基1920年11月30日给共和国革命军事委员会主席的报告上。报告说,加强高加索防御的最好办法是扩充驻守当地的各师的编制并提高其素质,而不是再增调新的师去。

　　列宁将报告编上页码,在第1页上写道:"致斯大林,请看第4页。"他在第4页上写了这一批示。——38。

45 这个批示写在斯大林1920年12月3日就这个问题写的便条上。——38。

46 克里姆林宫警卫局向列宁报告说,当时在特罗伊茨基门站岗的哨兵是军校学员 Д.吉洪诺夫和 М.Р.阿尔乔莫夫,他们没有受到处分。——39。

47 米·尼·波克罗夫斯基的《俄国历史概要。第1部分和第2部分(上古至19世纪下半叶)》由国家出版社于1920年12月出版。——39。

48 1920年12月9日孔·Я.米哈列夫被录用为农业人民委员部中央供给管理局机耕局拖拉机处的司机。1921年1月被派到沃罗涅日省土地局当拖拉机手。——43。

49 这是列宁在看了有关萨马拉省农业租让项目的材料后写的。——43。

50 1920年12月8日俄共(布)中央全会通过了解除阿·伊·斯维杰尔斯基粮食人民委员部部务委员职务的决定,由阿·巴·哈拉托夫接任。同时责成粮食人民委员部采取更果断的措施,吸收工人参加该部所属各机构的管理工作,进一步更广泛更迅速地实现粮食人民委员部的工人化。

亚·德·瞿鲁巴反对解除斯维杰尔斯基的职务,并以辞去粮食人民委员的职务相威胁。1920年12月9日中央全会重申了上述决定,并拒绝了瞿鲁巴的辞职要求。——44。

51 这张便条是对格·瓦·契切林的一份报告的答复。报告说在雷瓦尔有一个叫 С.И.鲁日奇卡的人等候苏维埃俄国的入境签证。契切林写道:"列·波·克拉辛在为他申请入境签证时说,已发给斯特凡·苏日尔卡签证了。难道鲁日奇卡和苏日尔卡是同一个人?"

数理学博士斯特凡·苏日尔卡是驻伦敦的苏俄贸易代表团常任技术顾问。1920年9月30日代表团团长克拉辛致电契切林,请求允许苏日尔卡去苏维埃俄国,以便了解情况并同苏维埃专家洽谈。之后苏日尔卡仍应回到国外并在科学技术方面协助苏俄贸易代表团。列宁看了电报以后,给契切林发了一封信,信中附有一份给克拉辛的复电草稿。电文要求弄清楚:能否将军事机密告诉苏日尔卡,如何证明他是无线电报方面的大专家。列宁还说,他已打电话问过维·鲁·明仁斯基。明仁斯基回答说,苏日尔卡来俄国没有任何障碍。1920年10月3日,契切林通知克拉辛,批准苏日尔卡进入俄罗斯联邦。鲁日奇卡是另一个人。——45。

52 这封信还抄送叶·阿·普列奥布拉任斯基。列宁写这封信看来是因为他发现送给他审阅的小册子《关于租让。1920年11月23日人民委员会法令。法令全文。租让项目。地图》的校样中有遗漏(见本卷第32号文献)。

　　1920年12月14日列宁收到国家出版社副社长 Д.Л.魏斯的答复。魏斯报告了书籍印刷的制度并对小册子《关于租让》的印刷问题作了解释。——46。

53 指全俄工会中央理事会主席团1920年12月11日关于召开全俄运输工人第一次代表大会的组织委员会的工作(关于召开该代表大会的决定是俄共(布)中央于12月7日通过的)、代表大会的日程以及报告人的决定。代表大会于1921年3月22—31日在莫斯科举行。列宁在代表大会上讲了话(见本版全集第41卷第121—134页)。——47。

54 指雅·莫·沙图诺夫斯基1920年12月12日给列宁的信。信中笼统地提出了进一步缩短重体力劳动者的工作日,对有发明创造和提出合理化建议的人员给予物质奖励以及改进生产宣传等问题。列宁的批示就写在这封信上。——48。

55 指全俄中央执行委员会会议根据尼·巴·布留哈诺夫1920年9月26日的报告所通过的粮食问题的决议。该决议的第12条说:"为使粮食人民委员部领导核心的工作具有更大的灵活性,责成人民委员会将粮食人民委员部部务委员限定为7名(其中包括人民委员和副人民委员),责成粮食人民委员部明确规定每个部务委员的职责。"

　　1920年12月9日召开了俄共(布)中央全会,会上根据全俄中央执行委员会会议的决议,作出决定:粮食人民委员部部务委员为 7 名,其中包括人民委员在内。1920 年 12 月 14 日人民委员会批准了粮食人民委员部新部务委员会,成员有:人民委员亚·德·瞿鲁巴、副人民委员布留哈诺夫以及部务委员伊·斯·洛巴切夫、恩·奥新斯基、亚·彼·斯米尔诺夫、阿·巴·哈拉托夫、列·米·欣丘克。

　　列宁在 1920 年 12 月 8 日给瞿鲁巴的信中也谈到这个问题(见本卷第 48 号文献)。——50。

56 列宁于当天,即 1920 年 12 月 14 日就收到了亚·格·哥伊赫巴尔格给列·波·克拉辛的回电草稿,并于 12 月 16 日将这份草稿寄给了格·瓦·契切林,叫他提出意见。——51。

57 参加热那亚会议的苏俄代表团提出的关于赔偿外国武装干涉给苏俄造成损失的反要求为 390 亿金卢布。——51。

58 1920 年 12 月 13 日列宁接见了萨·米·捷尔-加布里耶良,他是受亚美尼亚革命委员会的派遣到莫斯科向列宁汇报亚美尼亚的政治和经济形势的。

　　由于达什纳克党人实行冒险主义政策,在协约国的挑唆下于 1920 年 9 月 24 日对土耳其开战,9 月 29 日土耳其军队转入进攻,先后占领了萨勒卡默什、卡尔斯、亚历山德罗波尔等地。土耳其军队在占领区制造了血腥的大暴行,大批亚美尼亚人遭屠杀,还有许多人死于饥饿和瘟疫。成千上万个亚美尼亚家庭离乡背井,成了难民,逃往亚美尼亚的非占领区寻求生路。

　　亚美尼亚的达什纳克党政府拒绝俄罗斯联邦从中调解,在 1920 年 12 月 2 日缔结了丧权辱国的亚历山德罗波尔条约。根据这个条约,亚美尼亚被宣布为土耳其的保护国。但是,这个条约没有生效,因为在这个条约签订之前,1920 年 11 月 29 日,达什纳克党政府被推翻。亚美尼亚苏维埃政府宣告成立。1921 年 3 月 16 日俄罗斯联邦和土耳其签订条约,实质上废除了亚历山德罗波尔条约。1921 年 10 月 13 日签订的卡尔斯条约最终解决了高加索的苏土边界问题。——52。

59　1920 年 12 月 19 日,列宁收到一份电话记录,称:下诺夫哥罗德省各县苏维埃代表大会选出了 23 名参加全俄苏维埃第八次代表大会的有发言权的代表;这些代表到莫斯科后,代表资格审查委员会不准他们参加大会,结果弄得他们没有住处。列宁看了后在"没有住处"几个字下边一连画了六道着重线,又在旁边画了三道竖线,标上"注意"字样,同时给人民委员会秘书安・彼・基扎斯写了这个指示。——54。

60　1920 年 12 月 19 日列宁参加了全俄苏维埃第八次代表大会农业委员会的工作。——55。

61　指《俄罗斯联邦行政区划略图》。列宁的指示于 1921 年 2 月 7 日得到执行。1921 年这张地图出版了两种:第一种是单色的,第二种补充了新的资料,是彩色的。——55。

62　这张便条是在 1920 年 12 月 22 日举行的全俄苏维埃第八次代表大会俄共(布)党团会议上写的。便条中所说的报告是指列宁当天所作的全俄中央执行委员会和人民委员会关于对外对内政策的报告(见本版全集第 40 卷第 132—161 页)。

　　　关于同谢・伊・古谢夫的争论,参看本版全集第 40 卷第 155—156 页和第 164 页。——57。

63　这个批示写在格・瓦・契切林来信的背面。谈的是出版 1920 年 12 月 21 日列宁在全俄苏维埃第八次代表大会俄共(布)党团会议上作的关于租让问题的报告。报告在当月印成了小册子。列宁看了小册子的条样。——58。

64　指列・米・米哈伊洛夫 1920 年 12 月中旬写给列宁的信。信中请求列宁对在 1921 年 4 月 1 日前制造出电犁一事给予帮助,并请求帮助解决电犁制造企业工人与泥炭水力开采管理局工人享受同等供应的问题。——58。

65　此件写在格・瓦・契切林 1920 年 12 月 30 日给俄共(布)中央政治局的来信上。契切林在信里说,白俄罗斯人民委员会主席亚・格・切尔维亚科夫指出,白俄罗斯和俄罗斯联邦之间的国家关系不够协调,妨碍了两个共和国之间的合作,从而造成了一种极不正常的状态。契切林表示赞成根据同乌克兰签订条约的同样原则,与白俄罗斯签订条约。

苏维埃白俄罗斯同俄罗斯联邦订立同盟条约的问题,是白俄罗斯共产党和苏维埃机关于1920年秋提出来的。1920年12月底和1921年1月初进行了谈判,1月16日签订了俄罗斯联邦和白俄罗斯苏维埃社会主义共和国工农同盟条约。1921年1月21日,白俄罗斯中央执行委员会会议批准了这一条约。——59。

66 指由列·波·加米涅夫领导的所谓联邦委员会。这个委员会负责研究与各苏维埃共和国之间的国家关系有关的各种问题。——59。

67 这份电报发给了彼得格勒国民经济委员会以及彼得格勒的波罗的海工厂、金属工厂、奥布霍夫工厂、"西门子—舒克尔特"工厂、"迪尤莫"工厂、北方电缆工厂和军械制造工厂的工厂管理委员会和工厂委员会,还发给了最高国民经济委员会电力局和金属局、莫斯科的"狄纳莫"工厂、"绝缘体"工厂和科利丘吉诺工厂。——61。

68 指1920年12月22—29日举行的全俄苏维埃第八次代表大会。格·马·克尔日扎诺夫斯基在会上作了关于俄罗斯电气化计划的报告。大会关于电气化报告的决议草案是列宁拟定的(见本版全集第40卷第195—196页)。——63。

69 指尼·亚·谢马什柯委托弗·德·邦契-布鲁耶维奇成立卫生检查站筹建委员会一事。这些卫生检查站将设立在莫斯科各火车站,以迎接红军复员部队列车的到来。在便条的背面有邦契-布鲁耶维奇给列宁的报告:"(1)委员会(组织委员会)星期五在卫生人民委员部开会。(2)已经配备了技术力量(最主要的)。(3)弄到了一部分物资。(4)已拟好筹建方案,待星期五通过。(5)星期六即将动工。"——64。

70 这个指示写在列·波·克拉辛提出的人民委员会《关于建立国外技术顾问处的决定》草案上。

1921年3月29日人民委员会通过了关于俄罗斯联邦驻德商务代表处下设外国科学技术局的决定。——64。

71　格·康·奥尔忠尼启则向外交人民委员部请示,波·古·姆季瓦尼能否离开土耳其。外交人民委员格·瓦·契切林认为,"姆季瓦尼不应离开,因为现在不能没有人管"。列宁根据契切林的意见,口授了这一电报稿,作为对奥尔忠尼启则的答复。电报稿由娜·谢·阿利卢耶娃记录,用直达电报发出。

姆季瓦尼当时是俄罗斯联邦驻土耳其外交代表。——65。

72　列宁的这张便条写在埃·马·斯克良斯基的来信上。信中报告说,某些铁路人员和军事通讯管理机关人员泄露机密。——65。

73　人民委员会多次开会讨论粮食问题。这张便条可能是在某次会议上副粮食人民委员尼·巴·布留哈诺夫就这一问题发言时写的。——67。

74　这一评论写在库恩·贝拉(署名:布拉西乌·科洛日瓦里)的小册子《从革命走向革命》最后一页和封三上。小册子是1920年在维也纳出版的。列宁还在小册子内多处作了批注。——67。

75　这个指示是在收到老民意党人 Л.И.博罗济奇(阿纳尼娜)的一封来信后写的。信中请求帮助她领到住房和部分家具。——68。

76　1920年6月15日人民委员会会议讨论了整顿农民移民的问题。根据人民委员会的决定,给西伯利亚革命委员会和各产粮省省执行委员会发了一份由列宁和谢·帕·谢列达签署的电报,要求查清安置移民的能力,并把一切必要的资料报人民委员会(见本版全集第49卷《附录》第23号文献)。——69。

77　这里说的是列宁对瑞典红十字会总会1920年11月9日给列宁的第2371号来信的复信稿。来信请求准许伊·彼·巴甫洛夫去瑞典,说"那里可以为他从事自己伟大的研究工作提供良好和安静的环境",来信还说"这个主意是诺贝尔基金会的科学界人士提出的,并得到瑞典红十字会的支持;此事巴甫洛夫教授并不知道"(见《苏联对外政策文件汇编》1959年俄文版第3卷第682页)。

列宁高度评价了巴甫洛夫的科学功绩,并给予了他以极大的照顾和关怀。1921年1月24日人民委员会通过了列宁写的《人民委员会关于保证伊·彼·巴甫洛夫院士及其助手从事科学工作的条件的决定》(见本版全集第40卷)。

关于这一问题,参看本卷第87号文献。列宁的复信,见本卷《附录》第8号文献。——70。

78 这个批示写在格·瓦·契切林1921年1月3日给列宁的来信上。来信报告了俄罗斯—乌克兰代表团团长阿·阿·越飞同波兰代表团团长扬·多姆勃斯基关于以俄罗斯和乌克兰为一方与以波兰为另一方缔结和约问题的谈判情况。多姆勃斯基要求苏维埃共和国向波兰赔偿7 300万金卢布的战费,越飞同意赔偿3 000万金卢布。

1921年3月18日缔结的和约规定双方都放弃赔偿战费和由战争造成的损失的要求。——71。

79 这个批示写在格·瓦·契切林的来信上。来信谈到就用苏维埃俄国扣押的人质交换被匈牙利霍尔蒂政府逮捕的匈牙利苏维埃共和国人民委员的问题同霍尔蒂政府进行谈判一事。契切林说,这次谈判的内容可能比较广泛,而匈牙利共产党人对苏维埃政府同霍尔蒂政府达成关于遣返战俘回国协议曾表示过不满,因此契切林向列宁请示:"……我想知道当问题涉及到我国外部安全时,我们是否可以同各黑帮政府进行政治谈判,您对这件事的原则态度如何。"——72。

80 1920年12月15日,列宁在莫斯科省韦列亚县博戈罗茨克乡莫杰诺沃村应农民的邀请在莫杰诺沃、沙利科沃和其他村庄农民参加的大会上作了关于当前形势的报告。并应农民的请求在大会记录上签了字。农民们反映,要他们交纳的粮食和干草数额太大,他们无力承担。列宁答复说,这个问题他当场解决不了,请他们派一个代表到莫斯科去谈。

尼·彼·哥布诺夫根据列宁的指示,对莫杰诺沃村农民的实际情况作了全面的调查。1921年3月5日停止征收莫杰诺沃村农民的粮草。在这项决定之前,莫杰诺沃村 1921 年 1 月 29 日全体农民大会讨论了征收粮草的问题,大会作了决定,认为要完成全部征收任务是不可能的。"但是,国家的处境非常困难,决定把自留量减到最低限度,以粮食和饲料支援国家。除已经上交的东西外,再交 3 普特黑麦,10 普特燕麦,31 普特马铃薯,24 普特干草。"——72。

81　这个批示写在列宁 1921 年 1 月 8 日收到的格·康·奥尔忠尼启则从顿河畔罗斯托夫发来的电报上。来电说:"谢·德·马尔柯夫同志的母亲在克里木。已两年半音信全无。孤身一人,且患病,没有任何生活来源。请协助寻找其下落,如果还活着,请安置到某个疗养院。她原来的地址是:阿卢普卡,果园,卢托维诺娃的别墅。"奥尔忠尼启则当时是俄共(布)中央委员会高加索局成员,马尔柯夫为弗拉基高加索铁路局局长。——75。

82　这个批示写在卫生检查站筹建委员会主席弗·德·邦契-布鲁耶维奇 1921 年 1 月 5 日给列宁的来信上。来信反映,莫斯科各车站修建的迎接红军复员部队列车的卫生检查站没有木柴。——75。

83　这里说的是莫斯科省波多利斯克县苏哈诺娃乡哥尔克村农民于 1921 年 1 月 9 日向莫斯科国民经济委员会提出的申请。他们请求协助他们利用邻近的"哥尔克"国营农场发电站解决该村的电力照明问题。申请书附有预算和说明,详细列出了解决哥尔克村电力照明所必需的材料。——76。

84　这张便条写在中央统计局局长帕·伊·波波夫给列宁的来信上。来信说:"在党的代表大会(3 月份)召开前,大概有必要作出对国民经济各部门状况的统计概述,并对代表大会将要审核的某些问题作出统计分析。我想得到您对这个问题的指示。我同哥尔布诺夫同志已谈妥关于如何分析与人民委员会以及劳动国防委员会工作有关的资料问题。"列宁在波波夫来信的最后两行旁边画了两道竖线。——77。

85　指尤·米·斯切克洛夫评述法国社会党图尔代表大会(1920 年 12 月

25—30 日)的《在公社的祖国》一文。该文作为社论刊登在 1921 年 1 月 13 日《全俄中央执行委员会消息报》第 7 号上。——77。

86 这份电报写在尼·亚·谢马什柯发给德·伊·乌里扬诺夫的电报抄件上,谢马什柯的电报内容如下:"请严令卫生局长全力协助疗养管理局作好准备,以便接待、安置和医治即将到达的莫斯科和彼得格勒的患病工人。必须采取最紧急的措施,因为这些病人将于 1 月 20 日到达。要根据人民委员会的命令,在汽车运送、住房、粮食和燃料供应方面给予保证。如果卫生局长不懂得这是对共和国劳动者应尽的事关全国的基本职责,那就务请另行任命他人。卫生人民委员谢马什柯。"

根据列宁 1920 年 12 月 21 日签署的人民委员会《关于利用克里木作为劳动者疗养地》的法令,卫生人民委员部应当在克里木设立一批疗养院,以便在 1921 年 1 月接纳 5 000 人,在春天接纳 25 000 人。——78。

87 这里说的是 1920 年 12 月 31 日—1921 年 1 月 4 日在莫斯科召开的党内国民教育问题研讨会所作的各项决议。由于这次研讨会对改组教育人民委员部问题的讨论变成了空泛的议论,所以列宁指示推迟执行研讨会所通过的决议。1921 年 1 月 26 日,俄共(布)中央全会讨论了这一问题;全会成立了以列宁为首的特别委员会。关于改组教育人民委员部的问题,还见本卷第 39、146、266、473、502 号文献和本版全集第 40 卷第 53、89 — 90、311 — 313、328 — 329、330 — 340、466 — 468 页。——79。

88 这个批示写在马·马·李维诺夫 1921 年 1 月 16 日从雷瓦尔发给格·瓦·契切林的电报上。李维诺夫在电报中说,荷兰石油工业辛迪加——荷兰皇家石油公司要求得到苏维埃俄国石油和煤油的出口垄断权和未开采的石油区的承租权。关于这一问题,还可看本卷第 102 号文献。——79。

89 德·泽·什克洛夫斯卡娅(格·李·什克洛夫斯基的妻子)在 1921 年 1 月 14 日给列宁的信中写道,自 1920 年 10 月从国外回到俄国以后,她本人特别是她的孩子们一直生病，无法适应这里的环境，所以请求列宁给予协助，把什克洛夫斯基派到国外去工作，同时让他全家也能同他一起出国。在信的末尾什克洛夫斯卡娅请求列宁给她回信，并附上了她在莫斯科的地址。

列宁在什克洛夫斯卡娅的来信上写道："致哥尔布诺夫同志。务请满足这个要求；这个要求是合情合理的。这一家人在俄国**是活不下去的**。**列宁**。请把地址记下来。转寄克列斯廷斯基。"关于什克洛夫斯基出国问题，见本卷第 97、157、159、161、286、325、357、462、463、464、467、479、532 号文献。——80。

90　1921 年 1 月 1 日—22 日，列宁住在哥尔克休假，只在俄共（布）中央和劳动国防委员会开会时到莫斯科来。——81。

91　指劳动国防委员会负责各燃料总管理机构的特派员亚·弗·埃杜克写的关于苏维埃共和国燃料供应现状与前景的报告书和调查材料。1921 年 1 月 20 日尼·彼·哥尔布诺夫和埃杜克就此问题拟出了实际建议。1 月 28 日劳动国防委员会成立了由瓦·亚·阿瓦涅索夫担任主席的燃料问题全权委员会；1 月 31 日，在审查了埃杜克关于铁路状况极端危急的报告之后，劳动国防委员会吸收埃杜克参加燃料问题全权委员会。2 月 2 日劳动国防委员会通过了关于燃料问题的决定。——82。

92　1920 年 12 月 30 日，在全俄苏维埃第八次代表大会俄共（布）党员代表、全俄工会中央理事会党员委员及莫斯科省工会理事会党员委员联席会议上，发生了一场关于扬·埃·鲁祖塔克是不是《工会在生产中的任务》这个提纲的作者问题的争论。为此，列宁要求全俄工会中央理事会提供有关提纲的来源的确凿材料。全俄工会中央理事会随即将 11 月 1 日理事会主席团会议第 44 号记录的摘抄件送给了列宁，并附送了索·阿·洛佐夫斯基的报告。列宁把收集到的材料和鲁祖塔克的提纲一起寄给《真理报》编辑部，1921 年 1 月 21 日编辑部发表了全部材料，并把列宁的信放在这些材料的前面刊登出来。——82。

93　弗拉基高加索铁路普罗列塔尔斯卡亚车站的铁路员工根据党支部的倡

议为莫斯科劳动者募集了粮食,由全体大会选出的 3 名代表把这些粮食送到莫斯科。在利斯基车站,打击投机倒把分子的巡查队没收了他们的面粉,给他们打了一个收条,并把粮食上交莫斯科附近的粮库。根据列宁的要求,尼·彼·哥尔布诺夫同代表们进行了详细的谈话。代表们向他讲述了铁路员工的生活、车站工作和劳动公社的情况,哥尔布诺夫答应把谈话的全部内容以及他们带来的信转达给列宁。第二天哥尔布诺夫把列宁的这封信转交给了代表们。——83。

94 这里说的是石油租让问题(见本卷第 95 号文献)。1921 年 1 月 24 日最高国民经济委员会主席团研究了这个问题,决定同意与荷兰石油工业辛迪加——荷兰皇家石油公司进行谈判,内容是:向辛迪加提供从巴库地区和格罗兹尼地区出口石油产品(达 1 亿普特)的权利,条件是由辛迪加提供出口所必需的大部分运输工具;向辛迪加提供开采新石油区(其中包括开采乌赫塔地区)的权利。辛迪加应以提供油田所必需的设备和铺设输油管作为补偿。1921 年 2 月 1 日人民委员会通过了以列宁写的草案(见《列宁文集》俄文版第 20 卷第 146 页)为基础的石油租让决定。在党的第十次代表大会上,列宁在俄共(布)中央政治工作报告中向代表大会通报了关于石油租让问题的讨论过程,并表示相信代表大会会赞同中央的立场(见本版全集第 41 卷第 16—18 页)。3 月 15 日第十次代表大会在《资本主义包围下的苏维埃共和国》的决议中原则上赞同租让格罗兹尼和巴库的部分油田(参看《苏联共产党代表大会、代表会议和中央全会决议汇编》1964 年人民出版社版第 2 分册第 109—111 页)。

关于石油租让问题还见本卷第 139、164、174、205、232、234、235、243、248 号文献,本版全集第 40 卷第 343—345、377—380 页;《列宁文集》俄文版第 20 卷第 125、126—159 页。——86。

95 指"留克斯"旅馆。乔治·哈迪当时住在那里。——87。

96 指人民委员会的下述决定:"责成哥尔布诺夫同志对人民委员会各项决定的执行情况,特别是对未规定完成日期的决定的执行情况进行严格监督。"——87。

97　这封信写在无线电实验室莫斯科办事处主任彼·阿·奥斯特里亚科夫1921年1月26日给列宁的报告上。奥斯特里亚科夫在报告中请求列宁帮助解决下诺夫哥罗德无线电实验室工作中的困难并批准他所草拟的决定草案。

　　　　1921年1月27日小人民委员会讨论了建设共和国无线电话网的决定草案，一致决定予以通过（见《苏维埃政权法令汇编》1986年俄文版第12卷第354—361页）。——88。

98　这个批示写在尤·拉林1921年1月26日给列宁和阿·伊·李可夫的辞职书上。拉林写道，鉴于已任命瓦·瓦·佛敏为最高运输委员会主席（人民委员会1月25日的决定），他（拉林）停止执行最高运输委员会副主席的职务。

　　　　1921年2月5日俄共（布）中央政治局讨论了最高运输委员会的问题，决定接受拉林的辞呈，责成李可夫以最妥善的形式执行这一决定，同时把最高运输委员会的全部领导权交给佛敏。——89。

99　这个批示写在潘·尼·勒柏辛斯基1921年1月26日给列宁的来信上。来信请求帮助他解决住房问题。——89。

100　列宁每两周收到一份索尔莫沃工厂制造开采泥炭用的履带式起重机工作进度的详细汇报。1921年6月24日的汇报说，起重机的装配工作即将结束，试验将在7月下半月进行。——90。

101　指人民委员会于1920年11月23日批准的关于租让的法令。——90。

102　1921年1月27日列宁接见了马·高尔基和彼得格勒科研机关、高等学校联合委员会代表团。代表团的成员有：俄罗斯科学院常任秘书谢·费·奥登堡院士、科学院副院长弗·安·斯切克洛夫院士和军医学院院长弗·尼·通科夫教授。他们交给列宁一份关于保证共和国科学研究工作的法令草案。列宁将这份草案连同他写在草案上的批示一起交给尼·彼·哥尔布诺夫。1921年2月1日人民委员会讨论了小人民委员会提出的关于保证俄罗斯联邦科学教育机构和科学技术机构正常工作所必需的经费的法令草案。——91。

103 这个批示写在俄罗斯科学院1921年1月21日给人民委员会的信上。信里申请把原属科学院院士A.A.沙赫马托夫的田庄古巴诺夫卡-沙赫马托夫卡收归国有并交给科学院,用以筹建科学家休养所。这所田庄在萨拉托夫省。1921年1月31日小人民委员会决定就此问题征求萨拉托夫省执行委员会的意见。——92。

104 列宁收到了他所需要的关于教育人民委员部各机关的材料,各种机关占用学校校舍问题的材料,关于第二级学校和职业技术教育的现行法令、决议和工作细则以及党的代表会议关于国民教育问题的材料。——93。

105 《工人边疆区报》(《Рабочий Край》)是苏俄地方报纸,在伊万诺沃-沃兹涅先斯克出版。1917年11月创刊时叫《工人之城报》,1918年3月改称《工人边疆区报》。现为伊万诺沃州的州报。——93。

106 这是列宁1921年1月28日在劳动国防委员会会议上就《全俄中央执行委员会消息报》刊登《关于制定应播计划的办法的指示》问题同玛·伊·格利亚谢尔互递的便条。人民委员会在1921年1月25日的会议上讨论了这项指示,然后交小人民委员会在两日内定稿。这个指示于1月27日通过,由列宁、尼·彼·哥尔布诺夫和莉·亚·福季耶娃签署,并遵照列宁的指示于1921年1月29日刊登在《全俄中央执行委员会消息报》第19号上(见《苏维埃政权法令汇编》1986年俄文版第12卷第233—239页)。——94。

107 这个批示写在瓦·瓦·沃罗夫斯基1921年1月28日给列宁的来信上。来信请求支持彼得格勒"电力"工厂提出的申请:给工程师E.K.叶夫宁的遗属发放口粮和钱。——95。

108 列宁的这张便条是在收到德国工程师J.L.施泰因贝格1921年1月10日和14日的两封来信后写的。来信报告了工程师和专家们在柏林组织的向苏俄提供技术支援的小组的活动以及该小组关于在俄国建立一系列租让企业的提议。施泰因贝格自愿担任俄罗斯联邦与德国工业界、银行界签订租让合同的中间人。列宁在信上画了一些着重线，并在为西伯利亚生产肉罐头提供设备的建议旁边批了"注意"二字。——96。

109　此件写在1921年1月29日阿·伊·李可夫等打来的下列电话记录上："列宁、托洛茨基、季诺维也夫、斯大林同志：我们参加劳动国防委员会乌拉尔工作委员会一事毫无结果。托洛茨基正乘自己的专列经萨马拉、车里雅宾斯克、叶卡捷琳堡而去。季诺维也夫也乘自己的专列——不知何时，已经离开彼得格勒。有人建议我们不管有什么列车，挂上一个车厢去追赶。我们不指望用这种办法追赶得上，我们也不指望这样去能收到有利于工作的效果，因为行前一次也没有商量过工作人员的任务以及大致的时间、地点和工作方法（乌拉尔又不是什么不熟悉的地方）。运输总委员会想单独去，再次打搅整个乌拉尔。务请给我们的代表团（瑟罗莫洛托夫、燃料总委员会、煤炭总委员会、林业总委员会、运输总委员会）提供专列，并指示劳动国防委员会的工作委员会将于何时何地开始工作，**或者**允许我们不参加该项工作并卸掉我们和我们代表的责任。

　　　　　　　李可夫、洛莫夫、瑟罗莫洛托夫、

　　　　　　　波格丹诺夫、埃斯蒙特"。

　　乌拉尔全权工作委员会是根据劳动国防委员会1921年1月28日的决定成立的。委员会主任是列·达·托洛茨基，委员包括格·叶·季诺维也夫、费·费·瑟罗莫洛托夫等人。成立这个委员会的目的是在乌拉尔为冶金和燃料采掘工业创造最有利的条件（在协调各机关的工作、住宅的布局、提供粮食、运输工具和劳动力等方面）（见《苏维埃政权法令汇编》1986年俄文版第12卷第240—241页）。

　　这个文献上有斯大林和列·波·加米涅夫的批语，指出工作委员会成员团结一致和统一组织此行十分必要。——97。

110　特维尔省斯塔里察县利戈沃村农民亚·伊·古谢夫受全省非党农民代表会议的委托去见列宁，于1921年1月30日受到了列宁的接见。列宁在接见结束时应古谢夫的请求写了这个题词。——98。

111 这封信是列宁对乌克兰中央执行委员会委员米·A.克鲁钦斯基的报告的答复。克鲁钦斯基在报告中对农业人民委员部的工作,其中也包括对新任副农业人民委员恩·奥新斯基的工作表示不满。——98。

112 这个批示写在矿工代表Γ.科特利亚罗夫1921年1月24日给列宁的来信上。来信建议把莫斯科各住宅楼电梯的钢丝绳拆下来转交矿井使用。矿井的机械因缺少钢丝绳而停工。关于这个问题,还可参看本卷第391号文献。——100。

113 1921年1月21日人民委员会秘书莉·亚·福季耶娃给列宁写了一封信,请求续假两周。这份电报就是为此事而拟的。——101。

114 阿·瓦·彼舍霍诺夫是俄国人民社会党领袖之一,曾任资产阶级临时政府粮食部长。1921年在乌克兰中央统计局工作,1922年1月20日俄共(布)中央政治局决定解除他的这个工作。——102。

115 此件写在小人民委员会副主席亚·格·哥伊赫巴尔格给俄共(布)中央的信上。哥伊赫巴尔格在信里说,根据现行规定,小人民委员会不能如同俄共(布)中央1920年12月8日所决定的那样批准叶·亚·利特肯斯为教育人民委员助理,建议任命他为第二副人民委员。因此,小人民委员会提请党中央重新审议中央的决定。——103。

116 指根据俄共(布)中央1921年1月26日的决定而成立的教育人民委员部改组工作委员会。——103。

117 《莱比锡人民报》(«Leipziger Volkszeitung»)是德国社会民主党的报纸(日报),1894—1933年出版。该报最初属于该党左翼,弗·梅林和罗·卢森堡曾多年担任它的编辑。1917—1922年是德国独立社会民主党的机关报,1922年以后成为右翼社会民主党人的机关报。——104。

118 《前进报》(«Vorwärts»)是德国社会民主党的中央机关报(日报),1876

年10月在莱比锡创刊,编辑是威·李卜克内西和威·哈森克莱维尔。1878年10月反社会党人非常法颁布后被查禁。1890年10月反社会党人非常法废除后,德国社会民主党哈雷代表大会决定把1884年在柏林创办的《柏林人民报》改名为《前进报》(全称是《前进。柏林人民报》),从1891年1月起作为中央机关报在柏林出版,由李卜克内西任主编。恩格斯曾为《前进报》撰稿,同机会主义的各种表现进行斗争。1895年恩格斯逝世以后,《前进报》逐渐转入党的右翼手中。它支持过俄国的经济派和孟什维克。第一次世界大战期间持社会沙文主义立场。俄国十月革命以后,进行反对苏维埃的宣传。1933年停刊。——104。

119　这份电报稿写在彼得格勒省委书记C.C.佐林1921年2月2日给列宁的来电上。佐林汇报了彼得格勒在燃料和粮食方面的严重情况,并请示,在这种困难时刻格·叶·季诺维也夫能否离开彼得格勒(季诺维也夫应到叶卡捷琳堡参加党的第十次代表大会前召开的党代表会议)。——105。

120　1921年2月1日人民委员会决定拨款1 500万金卢布,在国外为彼得格勒购买1 840万普特煤。——105。

121　指列宁随信寄给达·波·梁赞诺夫的两本书:恩格斯的《政治遗嘱。未发表的信件》(1920年柏林版)和《弗里德里希·恩格斯论文集。为纪念恩格斯诞辰一百周年而由恩斯特·德兰出版》(1920年维也纳版)。——105。

122　1921年2月1日人民委员会通过决定,责成小人民委员会检查各人民委员部执行劳动国防委员会和人民委员会各项决定和下达的任务的情况,关于重大原则性决定的执行问题要提交人民委员会。——106。

123　这张便条显然是在1921年2月2日的俄共(布)中央政治局会议上写的。会议通过了列宁提出的由扬·埃·鲁祖塔克代替外出的米·巴·托姆斯基参加俄共(布)中央设立的教育人民委员部改组工作委员会的建议。——107。

124 指斯大林发往巴库给格·康·奥尔忠尼启则的电报。斯大林的电报说,由于格鲁吉亚孟什维克政府加紧奉行反苏维埃的政策,有可能形成需要使用武力来保卫各苏维埃共和国的主权与安全的局面。因此斯大林询问部署在高加索的军队的状况和数量。——109。

125 这个批示写在雅罗斯拉夫尔省播种委员会主席 C.H.舍瓦尔金和省执行委员会主席 P.Я.列文 1921 年 2 月 4 日给列宁的来电上。来电说,他们已经发了 3 次电报(1 月 28 日、29 日和 2 月 1 日)给农业人民委员部部务委员瓦·弗·库拉耶夫,要求批准省里制定和通过的农作物播种计划,但至今未见答复。——112。

126 由于要改组教育人民委员部的工作,列宁研究了中央出版物发行处的问题。列宁在《中央委员会给教育人民委员部党员工作人员的指示》中以及在《论教育人民委员部的工作》一文(见本版全集第 40 卷第 328—329、330—340 页)中指出,向图书馆供应图书和报刊的工作做得不能令人满意,并认为必须改革书刊的分配制度。

　　1921 年 2 月 7 日列宁从波·费·马尔金那里收到了他提出的关于中央出版物发行处的建议。马尔金建议中央出版物发行处应成为教育人民委员部下属的一个独立部门,由它统一供应教育人民委员部各机关全部图书并集中掌握俄罗斯联邦的全部存书。列宁当天就把马尔金的建议转给了米·尼·波克罗夫斯基(见本卷第 138 号文献)。——112。

127 这张便条是在 1921 年 2 月 8 日人民委员会会议上写的。列·波·克拉辛在这张便条上答复列宁说:"(1)我大概在明天以前能提出报告。(2)应当到巴库找专家,这一带没有开采石油的内行,也从未有过。(3)应当派提赫文斯基担任主席并从这里指派几名巴库的专家(我可以推荐两三名)。"——114。

128 这个指示说的是有关德国工程师 J.L.施泰因贝格提出愿意为德国肉类

罐头厂商协会在摩尔曼斯克沿岸建鱼罐头工厂并提供相关设备做中间人一事。施泰因贝格在1921年1月27日给列·波·克拉辛的信中阐述了这个建议,他在同一天还给列宁写了一封信,并将给克拉辛的信的抄件附上。

2月14日罐头工业总管理局局务委员会主席 Л.С.罗森贝格寄来了对这些建议的意见,此后最高国民经济委员会主席团给施泰因贝格寄去如下答复:(1)在摩尔曼斯克沿岸建设和装备新的罐头工厂原则上是可以的,但要遵守一系列条件(具体内容另行商定),(2)租让国家掌管的现有肉类罐头工厂是不行的。——114。

129 1921年2月14日俄共(布)中央政治局会议通过了列宁所拟的电文。——117。

130 格鲁吉亚劳动者在布尔什维克的领导下,于1921年2月11日夜发动了反对孟什维克政府的武装起义。应格鲁吉亚劳动者的请求,苏俄政府指示第11集团军的部队支援起义者。在第11集团军部队的支援下,格鲁吉亚的工人和农民经过英勇奋战粉碎了孟什维克的部队,于2月25日解放了格鲁吉亚首都梯弗利斯,并宣告格鲁吉亚为苏维埃社会主义共和国。关于这个问题,还见本卷第144、189号文献。——117。

131 1921年2月15日俄共(布)中央政治局会议通过了列宁所拟的电文。——118。

132 由于在梯弗利斯省博尔恰洛县和阿哈尔卡拉基县部分地区的归属问题上发生争执,孟什维克的格鲁吉亚和达什纳克党人的亚美尼亚之间于1918年12月爆发了战争。英军司令部怀着殖民主义的目的进行了所谓的“和平调停”之后,双方停止了军事行动。博尔恰洛县北部归格鲁吉亚,南部归亚美尼亚,中部即洛里区被宣布为中立区,设立格鲁吉亚—亚美尼亚混合组成的基层行政机构,归协约国军事司令部管辖。1920年11月由于达什纳克党人的亚美尼亚与土耳其发生了战争,经协约国允许,孟什维克的格鲁吉亚部队占领了中立区。遭受残酷掠夺和蹂躏的中立区劳动居民在共产党人的领导下,于1921年2月11日夜举行了反对压迫者的武装起义。这次起义是格鲁吉亚劳动者反对孟什维克制度的全面起义的开端。——118。

133　1921年4月18日人民委员会根据小人民委员会的建议，批准了《关于解决工人预科宿舍问题的决定》。这一决定刊登于1921年4月29日《全俄中央执行委员会消息报》第93号。——119。

134　业务指导中心，或称一般理论和计划领导中心，是教育人民委员部的一个机构。根据人民委员会1921年2月11日批准的《教育人民委员部条例》，业务指导中心包括科学部和艺术部两个部。科学部（国家学术委员会）下设政治科学、技术科学、教育科学3个分部。艺术部（艺术总委员会）下设文学、戏剧、音乐、造型艺术、电影5个分部。此外，业务指导中心还包括档案总局和博物馆总局。——120。

135　这两张便条是列宁在俄共（布）中央政治局会议上写的。第一张便条是对尼·尼·克列斯廷斯基来条的答复。克列斯廷斯基的便条说，《真理报》编辑部收到一篇论述粮食税比余粮收集制优越的文章。列·波·加米涅夫把这篇文章转寄给克列斯廷斯基，要求一定在2月17日刊登。《真理报》编委会委员尼·列·美舍利亚科夫怀疑是否有必要急于发表这篇文章。克列斯廷斯基说，他基本上同意美舍利亚科夫的意见。

　　第二张便条是对克列斯廷斯基下述意见的答复。克列斯廷斯基说，他感到为难的是文章带有官方性质，几乎是以莫斯科苏维埃的名义写的，因为文章作者的署名是：莫斯科省粮食委员索罗金和莫斯科省土地局局长罗戈夫。

　　克列斯廷斯基在答复列宁的第二张便条时写道："斯大林认为，争论是不可避免的，如果不是由我们来提出争论的要点，在战略上是不利的；因此他主张，这篇文章事先不经过我们审阅不能刊登。这样，问题将由布哈林来决定。我立即打电话把这件事告诉玛丽娅·伊里尼奇娜和美舍利亚科夫。"2月16日俄共（布）中央政治局作出决定，文章可以刊登。

　　由彼·索罗金和米·罗戈夫署名的《余粮收集制还是实物税》一文作为供讨论的文章刊登于1921年2月17日和26日《真理报》第

35 号和第 43 号。1921 年 2 月 28 日列宁在莫斯科工农代表苏维埃全
体会议上的讲话中谈到过这篇文章(见本版全集第 40 卷第 373 页)。
——120。

136　这个批示写在《科学技术局改组方案》的打字稿上。《方案》打字稿上有
列宁的亲笔修改和批注。1921 年 2 月 24 日尼·彼·哥布诺夫收到
了科学技术局局务委员会副主席寄来的按照列宁指示修改过的方案。
《科学技术局条例》定稿后于 1921 年 10 月 19 日经最高国民经济委员
会主席团通过。根据列宁的建议,条例中加上了一条:科学技术局要负
责向国内介绍欧美技术。——121。

137　尼·伊·穆拉洛夫当天回信说:

　　"亲爱的弗拉基米尔·伊里奇:我从 1916 年起认识叶辛,他是个优
秀的共产党员(在旧军队里我和他在一个部队服役),是个好电工。他
精通业务实践,理论上差一些,但无论如何也要'胜过'10 个乌格里莫
夫教授那样的专家。他为人正直、忠诚、很有工作能力。但是没有能力
克服我们那种文牍主义的拖拉作风(这也是我的毛病)。我认为任命他
参加劳动国防委员会的那个委员会大有好处。"

　　根据列宁的建议,瓦·扎·叶辛被批准为劳动国防委员会计划委
员会委员。——122。

138　普遍劳动义务制推行总委员会原来和劳动人民委员部是平行机关。它
们同内务人民委员部及陆军人民委员部共同贯彻劳动义务制。工作中
的这种平行关系引起了不必要的摩擦。

　　1921 年 2 月 14 日,小人民委员会通过了人民委员会关于撤销普
遍劳动义务制推行总委员会和各地方推行委员会以及改组劳动人民委
员部的决定草案。这个决定列宁没有签署,而是转交人民委员会讨论,
关于这一点他在这份电报中通知了瓦·弗·施米特。2 月 19 日施米
特答复列宁,请求等他回到莫斯科后再对这一问题作最后决定。

　　1921 年 3 月 22 日人民委员会考虑了列宁的建议,在施米特出席
的情况下批准了关于撤销普遍劳动义务制推行总委员会和各地方推行
委员会以及改组劳动人民委员部的决定草案。1921 年 3 月 24 日全俄

中央执行委员会和人民委员会共同通过了《关于撤销普遍劳动义务制推行总委员会和各地方推行委员会以及改组劳动人民委员部的决定》。——123。

139 这个批示写在全俄中央执行委员会主席团1921年2月17日会议记录摘抄上。全俄中央执行委员会主席团就有关调查与意大利"安科纳"号轮船的货主签订合同一案问题作出决定："(1)将此案交全俄中央执行委员会最高法庭审理;(2)鉴于此案交最高法庭审理,舍印曼同志未经对外贸易人民委员部事先批准不得与外国公司签订贸易合同;(3)对弗鲁姆金同志给予警告,因为他本可以解除同'安科纳'号货主的合同,但是他没有这样做,结果是花了大笔钱,买了劣等货。"

阿·伊·斯维杰尔斯基在这份会议记录摘抄上写道:"弗鲁姆金的处境目前是如此复杂,将他送交法庭审判会完全破坏高加索的粮食工作;我们还没有人能够顶替弗鲁姆金。"

列宁在决定的第(3)项旁边画了两道线,并针对这一项写了这里收载的批示。——124。

140 这个批示写在全俄中央执行委员会主席团1921年2月17日会议记录摘抄上。全俄中央执行委员会主席团审议了救济梁赞省、卡卢加省、奥廖尔省、图拉省和察里津省受灾农民的问题,决定成立一个委员会来领导救济工作,批准米·伊·加里宁为委员会主席,彼·格·斯米多维奇为其副手,列·波·加米涅夫、亚·彼·斯米尔诺夫以及由全俄工会中央理事会提出的一名代表为委员。委员会负责在一周内订出救灾措施的计划,提请全俄中央执行委员会主席团审议。阿·伊·斯维杰尔斯基在摘抄上写道:"全俄中央执行委员会主席团的多数人在这个问题上有这样一种情绪:这个计划最好事先经政治局通过,这样政治局就可以作出必要的指示。"

这个批示是对斯维杰尔斯基这段话的答复。——124。

141 这张便条是列宁在1921年2月18日劳动国防委员会会上对尼·巴·布留哈诺夫来条的答复。布留哈诺夫询问列宁对全俄中央执行委员会主席团2月17日关于亚·李·舍印曼和莫·伊·弗鲁姆金的决定(见注 139)的意见。

　　亚·德·瞿鲁巴、安·马·列扎瓦和布留哈诺夫请求俄共(布)中央政治局重新审议全俄中央执行委员会主席团的决定。政治局 2 月 19 日研究了这一请求,作出如下决定:"请全俄中央执行委员会主席团重新审议决定,但限于以下范围:不涉及案情的实质,也不取消将此案转交法庭,以便查明谁是这起显然滥用职权的案件的责任者,但是要准确无误地说明,无论是弗鲁姆金同志,还是舍印曼同志,怀疑他们两人有什么可耻的行为都是没有根据的,送交法庭一事并不牵连到他们,因此把决定哪怕是在极微小的程度上看成有损于弗鲁姆金和舍印曼两同志都是毫无根据的。"——125。

142 这两张便条说的是列·波·加米涅夫在莫斯科代表会议上泄露了有关外高加索形势和苏维埃军队行动的机密情况问题。——126。

143 指弗·巴·米柳亭 1921 年 2 月 17 日在社会主义科学院作的报告《制定统一经济计划的方法》。这个报告的简要报道和提纲刊登在 1921 年 2 月 19 日《经济生活报》第 37 号上。对米柳亭关于经济计划问题的提纲的批评,见列宁的《论统一的经济计划》一文(本版全集第 40 卷)。——127。

144 看来斯大林当时身体有病。列宁特别关照:"一定要经**罗扎诺夫**医生的允许才能交**斯大林同志**。"(见《列宁文集》俄文版第 38 卷第 354 页)——128。

145 看来是指根据列宁的请求从国外运来的电工学课本(见本卷第 67 号文献)。——130。

146 1921 年,有一些美国工人表示愿意到苏维埃俄国参加经济建设。这些工人中有不少是十月革命前到美国去的俄国侨民。1919 年 5 月在美国成立的技术援助苏俄协会团结了不少愿意到俄国去的工人。苏维埃政府理解美国工人的愿望,并尽一切可能来帮助他们。人民委员会和劳动国防委员会曾不止一次讨论这个问题。1921 年 6 月 22 日劳动国防委员会批准了《关于美国工业侨民的决定》。该决定认为,"根据商定的保证美国工人团体和技术水平高的农业工人有一定程度的经济自主权的条件,采取向他们出租某些工业企业或成批企业的办法来发展这些企业是适宜的"(见《列宁文集》俄文版第20卷第202页)。劳动国防委员会还认为必须调整外国工人入境的规定,以利于吸引他们参加国内建设,提高生产力,同时责成最高国民经济委员会研究制定向这些工人出租企业的条件。关于这个问题,还可参看本卷第181、528、543号文献。——130。

147　根据劳动国防委员会1921年2月25日的决定成立了列宁询问的这个委员会。——130。

148　埃·马·斯克良斯基向伊·尼·斯米尔诺夫通报了清剿西伯利亚富农匪徒的部队的推进情况。——131。

149　这张便条是在1921年2月22日人民委员会会议上写的。尤·拉林在会上写便条问列宁是否已经收到他2月20日对俄罗斯国家电气化委员会的计划提出的意见。拉林在便条中说:"我认为,这个计划很像是在着手作实事求是的估计。"列宁的这一便条是对拉林的答复。

　　列宁在2月21日收到了拉林写的文章《克尔日扎诺夫斯基同志的俄罗斯联邦电气化计划》,列宁在文章上作了一些标记。——132。

150　这封信是在收到列·波·克拉辛1921年2月19日的报告《巴库和格罗兹尼的石油租让以及石油总委员会对这一问题的态度》后写的。在此之前,1921年2月8日,克拉辛向俄共(布)中央提交了一份报告书《关于油田丧失的危险性以及巴库和格罗兹尼的租让》。2月12日以前,列宁看了提交给他的石油专家们的材料(伊·米·古布金2月9日的报告《关于共和国各产油区的情况》,А.И.策夫钦斯基2月9日就《关于巴库区石油产地的淹水问题》的备忘录,季·尼·多谢尔2月10日的报告书,И.Н.斯特里若夫2月9日的报告书《关于石油产地的淹水问题》,Н.Н.斯米尔诺夫2月9日的简要报告《巴库的采油区》,还有小册子《1920年底巴库地区的石油工业状况。劳动国防委员会特派员关于石油开采与外运情况的报告》),并在这些材料上作了许多批注,画了许多着重线,然后,他于1921年2月12日写了《就石油租让问题给政治局委员的信》(见本版全集第40卷)。

　　2月23日早晨,列宁重新看了所有这些材料,然后写了这里收载的这封信。关于这个问题还可见本卷第139、164、174、205、232、234、235、248号文献;本版全集第40卷第377—380页;《列宁文集》俄文版第20卷第125、126—148页。——132。

151 克·格·拉柯夫斯基于1921年2月22日给列宁来电,建议把乌克兰未动用的粮食主要用于解决当地需要,一部分用于同其他国家进行商品交换,为乌克兰换进农业机器和农具。这是列宁对此电的答复,于2月25日发出。——134。

152 这是列宁在1921年2月25日晚劳动国防委员会开会时对尼·彼·哥尔布诺夫来条的答复。哥尔布诺夫的来条说:"提赫文斯基教授来了,他说您叫他来的,他请您指定会见时间。"——137。

153 这是列宁在原料工作会议期间在阿·巴·哈拉托夫的来信上的批示。来信报告说,伊万诺沃-沃兹涅先斯克的居民目前不能指望得到足够数量的面包,因此应该加紧把现存的黍子磨成面。——138。

154 列宁在同伊·阿·切库诺夫谈话之后,在来访登记册上登记的切库诺夫的姓名旁边批道:"这个老人头脑清醒,因宗教信仰而没有参加党。"——138。

155 列宁的这张便条是根据亚·德·瞿鲁巴关于到1921年2月1日为止粮食剩余情况的汇报而写的。汇报说,在俄国欧洲部分、西伯利亚和高加索有粮食4 030万普特,颗粒粮540万普特。——139。

156 看来是指收到的对由列宁和尼·巴·布留哈诺夫签署发给许多城市的电报(见本卷《附录》第16号文献)的复电。——140。

157 尼·彼·哥尔布诺夫向列宁提出下述书面问题:"季诺维也夫问,是否能支援粮食?"列宁的这张便条是对他的答复。——140。

158 1921年2—3月人民委员会讨论了关于恢复石油工业和在巴库及格罗兹尼地区提供石油租让的问题。这张便条与此有关,可能是列宁在人民委员会的一次会议上为答复列·波·克拉辛的便条而写的(参看本卷第139号文献)。——141。

159 这是列宁写在鞑靼苏维埃社会主义自治共和国人民委员会主席萨·加·赛德-加利耶夫给列宁和亚·尼·维诺库罗夫的来电上的批示。来电是为答复列宁和维诺库罗夫的询问(见本卷第121号文献)于1921年2月2日发来的。赛德-加利耶夫报告说:"我证实喀山刑事侦讯处前处长尼古拉·哥卢比亚特尼科夫去年3月2日亲自领导捕捉匪徒,身中两弹,数小时后死亡。哥卢比亚特尼科夫是一个精力充沛、绝对忠诚的人,曾侦破过许多重大盗窃案件。"维诺库罗夫把这份电报转给列宁,并附寄以下便条:"弗拉基米尔·伊里奇:我认为已牺牲的哥卢比亚特尼科夫同志是有功的,可以发给他的母亲特级抚恤金。必须让布留哈诺夫同志向萨马拉省粮食委员会证实已编入抚恤金领取册并应发给她所需要的衣服和鞋。请将电报抄件退回。"——141。

160 列宁是在得到了关于铁路运粮迟缓的令人不安的消息后写这张便条给最高运输委员会主席瓦·瓦·佛敏的。佛敏对列宁提出的问题作了逐项答复:"(1)列车速度定为200俄里。确定实行专门的监督。(2)这些列车现在在什么地方——手头没有材料。(3)我们目前尚无消息。鄂木斯克北部已开始运粮。那里需要空车。已采取措施。(4)罗斯托夫工作情况很好:27日——8列车,28日——也是8列车。(5)28日在维亚特卡以远有324节车皮在运粮,鄂木斯克北部有13列直达运粮列车。我认为,目前总的情况很快就会略有好转。"——143。

161 列宁将此便条连同阿·巴·哈拉托夫3月2日的来信一起寄给了瓦·瓦·佛敏。哈拉托夫向列宁报告了铁路运粮遇到的巨大困难。
　　　当天,佛敏作了如下书面答复:"哈拉托夫所说情况大体上是真实的。(1)目前还没有根据可以推断东南线会重新发生堵塞。铁路收到石油的情况是比较好的。直达运粮列车的速度提高了**一倍**,受阻滞时车速是58俄里,现在是108俄里。铁路上唯一的危险是可能因现场修理而发生某种阻碍,但是正在采取一切措施,以防止这种情况发生。(2)保护交通线路问题是当前和最近时期最重要的问题。必须特别注意鄂木斯克线、彼尔姆线、北方各线、萨马拉—兹拉托乌斯特线、东南线、顿涅茨线、弗拉基高加索线和**伏尔加河**,该河在一个半月到两个月之后,将成为能够维持铁路运输的燃料的唯一来源。

我们正在采取我们所能采取的一切办法。格鲁申、沃伊诺夫和我直接进行监督。"——144。

162 指Φ.泽明的提纲《建立俄罗斯联邦物质资源的统计与核算工作》。1921年5月12日列宁收到副财政人民委员阿·奥·阿尔斯基对这份提纲的书面意见。阿尔斯基肯定了提出国民经济的物资统计问题是适时的,同时也指出了作者的一些错误观点。——145。

163 指1921年3月2日粮食人民委员部收到的一份电报。电报说,由于马赫诺匪帮的袭击,乌克兰粮食机关的工作困难很大。电报指出,在这样的条件下,"几乎无法完成"保证顿巴斯和红军供应的"任务"。——145。

164 指人民委员会《关于回国的俄国工人和侨民以及他们所携带的物品入境问题的决定》草案。该草案是小人民委员会于1921年3月2日拟定的。草案严格规定了来俄国的工人可以随身携带的物品(外衣、鞋、内衣等)的数量。小人民委员会考虑了列宁在这里所作的批示,于3月3日删去了草案中关于限定携带物品的条款后通过了这项决定。——146。

165 列宁在收到安·马·列扎瓦签署的对外贸易委员会的会议记录后写了这封信。记录说,除委员会主席列扎瓦外,委员会的成员都没有出席该委员会1921年2月28日的会议。——147。

166 1921年5月20日埃·马·斯克良斯基告诉列宁,康德拉季·叶梅利亚诺夫的请求已实现。当天,列宁往谢斯特罗列茨克给康德拉季·叶

梅利亚诺夫的父亲尼·亚·叶梅利亚诺夫发了下述电报:"康德拉季·
叶梅利亚诺夫已被派往彼得格勒军事工程学院。敬礼! **列宁**"(参看
《列宁文稿》人民出版社版第17卷第41页)。——148。

167 列宁在全俄工会中央理事会党团委员会1921年3月3日的会议记录
第7项和第13项的页边上画了竖线并在第7项和第13项的条文下面
画了着重线。第7项写道:"将粮食人民委员部关于共和国粮食情况的
报告一项列入3月4日召开的全俄工会中央理事会党团会议议事日
程,并建议粮食人民委员部部务委员会就这一问题指定自己的报告
人。"第13项写道,必须把党团委员会通过的决定上报俄共(布)中央。
　　俄共(布)中央政治局于1921年3月3日通过了列宁的建议。
——149。

168 这是对米·尼·波克罗夫斯基的答复。波克罗夫斯基来信说:"弗拉基
米尔·伊里奇:我们正在筹办第一莫斯科大学社会科学系。我们任命
了所有能任教的共产党员。但是他们**实际**参加任课的可能性很小。很
想任用孟什维克(格罗曼、叶尔曼斯基、苏汉诺夫、切列万宁和马尔托
夫)。您对此有何看法?"——150。

169 看来是指工人反对派某些成员的发言。——150。

170 这是写在小人民委员会副主席亚·格·哥伊赫巴尔格的报告上的批
示。报告说,外交人民委员部违反了人民委员会1920年11月30日作
出的关于帝国主义战争、协约国武装干涉和封锁给苏维埃俄国造成损
失问题的调查委员会工作的决定。人民委员会的决定责成外交人民委
员部和对外贸易人民委员部把它们有关这一问题的现有全部材料转交
该调查委员会掌管。但是副外交人民委员列·米·卡拉汉在1921年
3月5日给列宁的信中(这封信列宁在当天就转给了哥伊赫巴尔格)报
告说,外交人民委员部也在研究战争和封锁造成的损失问题并请求把
案卷转交外交人民委员部的工作委员会。
　　1921年4月14日小人民委员会审议了关于外交人民委员部违反
人民委员会决定的问题并将卡拉汉关于外交人民委员部停止研究损失

问题的报告存案。——151。

171　指亚·格·哥伊赫巴尔格 1921 年 3 月 7 日的报告和列·米·卡拉汉 1921 年 3 月 5 日的来信。——151。

172　指 1921 年 3 月 7 日在俄共(布)中央全会上为审定以实物税代替余粮收集制的法令草案而成立的专门委员会,该草案后来在俄共(布)第十次代表大会上得到通过。参加这个委员会的有:列宁(主席)、亚·德·瞿鲁巴、列·波·加米涅夫和格·伊·彼得罗夫斯基。——151。

173　指俄共(布)第十次代表大会的开幕。——152。

174　这里说的是缔结苏维埃俄国和土耳其条约的莫斯科会议(1921 年 2 月 26 日—3 月 16 日),会上签订了俄罗斯联邦同土耳其友好睦邻条约。根据条约土耳其放弃了对巴统的领土要求,同意巴统是苏维埃格鲁吉亚的一部分,享有地方自治权。土耳其获得经巴统自由运货的权利。

　　　　巴统问题的发生,是由于临近末日的格鲁吉亚孟什维克政府根据协约国的建议在 3 月上旬同土耳其政府缔结了秘密协定,把巴统及其周围地区和另外两个地区划归土耳其。土耳其军队根据这一协定向巴统进军并于 1921 年 3 月 11 日占领了巴统。3 月 19 日土耳其军队撤离巴统。——153。

175　这里说的是派遣俄共(布)第十次代表大会的代表去平定喀琅施塔得的反革命叛乱一事。——154。

176　这是列宁写在菲·耶·马哈拉泽来信上的批示。来信报告了格鲁吉亚的军事和政治形势。信上有列宁的批语:“退我。”在信的第 3 页上,列宁在马哈拉泽谈到反对从中央向格鲁吉亚派遣大批特派员的地方画了着重线。——155。

177　1921 年 3 月 14 日小人民委员会通过决定:禁止所有人民委员部向格鲁吉亚派遣特派员,如要派遣须经人民委员会特别批准。——155。

178　指对外贸易人民委员部进行的向瑞典借款 1 亿瑞典克朗、40 年内偿还的借款谈判。瑞典方面对借款提出的条件是头两年收年利7％,其后直到还清借款为止收年利6％。向瑞典借款的谈判后来在1921年秋也进行过。但谈判最后没有取得结果。——156。

179 此件写在德·彼·博哥列波夫给列宁的便条上。博哥列波夫请列宁批条同意他参加党代表大会(大概是指俄共(布)第十次代表大会)。博哥列波夫写道:"如果您给我写一张参加代表大会的批条,我将找机会骂一下我们的经济政策。"——156。

180 这张便条是在亚·德·瞿鲁巴1921年3月15日在俄共(布)第十次代表大会第14次会议上作了关于以实物税代替余粮收集制的副报告后写的。关于这个问题的主报告是列宁作的(见本版全集第41卷第50—65页)。——157。

181 1920年秋,华盛顿·万德利普作为美国万德利普辛迪加的代表来莫斯科洽谈有关在堪察加和东经160°以东的东西伯利亚其余地区开发渔场、勘探并开采石油和煤炭的租让问题。10月底,合同草案拟就。根据合同,万德利普辛迪加获得为期60年的承租权。满35年后,苏维埃政府有权提前赎回全部租让企业。满60年后,各企业及其运转的设备无偿地转归苏维埃俄国所有。由于万德利普辛迪加没有得到美国政府以及美国有势力的财团的支持,这一合同后来没有签订。——159。

182 1921年3月15日,当时在里加担任同波兰进行谈判的苏俄和平代表团团长阿·阿·越飞给列宁写了一封信。他在信中对党中央不考虑他有丰富的政治工作,特别是外交工作的经验,经常把他从一个工作岗位调到另一个工作岗位一事表示不满。——160。

183 看来是指俄共(布)中央1920年12月7日全会,会上讨论了水运员工同运输工会中央委员会的冲突问题。列宁和他的拥护者在讨论这一问题时处于少数,因而尼·伊·布哈林提出的决议在列·达·托洛茨基的支持下得以通过。此事列宁在《党内危机》一文中作了分析(见本版全集第40卷)。——160。

184　指1921年3月14日在俄共（布）第十次代表大会第13次会议上选出的党中央委员会。3月16日，在代表大会闭幕后，召开了俄共（布）中央全会，选出了中央各领导机构。——163。

185　1921年3月19日列宁被告知，亨·奥·格拉夫季奥教授已经获释。——164。

186　此件上记有彼得格勒打来的如下电话答复："奥萨德奇是在喀琅施塔得事件期间由区三人小组提议逮捕的，现已释放。没有把他同另一个奥萨德奇搞混。"在答复上有全俄肃反委员会主席费·埃·捷尔任斯基的秘书 B.Л.格尔松写的批语："报告列宁同志"。参看本卷第279、455号文献。——165。

187　这是列宁写在《关于库班州某些矿藏分布情况的材料》上的批示。这份材料是交通人民委员部最高技术委员会副主席 П.С.雅努舍夫斯基写的。材料中具体谈到库班州蕴藏着大量的锰矿石。——166。

188　这是列宁写在格·瓦·契切林1921年3月18日给俄共（布）中央的信上的批示。契切林在信里说，据华·万德利普透露的消息，美国新任总统沃·哈定似乎赞成同苏维埃俄国建立贸易关系。因此契切林建议由正在举行的全俄中央执行委员会会议通过一项呼吁书，表示希望建立苏俄同美国之间的贸易关系。3月20日，全俄中央执行委员会通过了给美国国会和哈定总统的呼吁书，表示"苏维埃俄国自建国之日起就希望能同伟大的北美共和国很快建立友好关系"，提出"派一个专门代表团赴美同美国政府进行谈判，解决俄国和美国之间的事务关系以及恢复贸易的问题"。但是苏维埃政府的这一友好举动没有得到美国政府的响应。美国政府仍旧不肯承认苏维埃俄国。美国国务卿查·伊·休斯在1921年3月25日答复苏维埃政府呼吁书的声明中，还提出以苏维埃俄国恢复资产阶级制度作为发展苏美贸易的条件。——167。

189　指1921年3月俄共（布）第十次代表大会通过的决议《资本主义包围下的苏维埃共和国》。这个决议谈到租让的对象可以包括格罗兹尼和巴库的一部分油田(参看《苏联共产党代表大会、代表会议和中央全会决议汇编》1964 年人民出版社版第 2 分册第 110 页)。——168。

190 这个批示写在俄共(布)阿斯特拉罕省委、省执行委员会、省粮食委员会和省肃反委员会 1921 年 3 月 17 日的来电上。来电请求采取坚决措施肃清在卡尔梅克草原上活动的马斯拉科夫匪帮。由于供应阿斯特拉罕省的全部粮食储备集中在察里津,而察里津和阿斯特拉罕都没有抵御匪帮袭击的兵力,因此形势十分危急。

马斯拉科夫匪帮是活动在卡尔梅克草原上的最大一股政治土匪。匪首格·萨·马斯拉科夫(马斯拉克)原为红军布琼尼部旅长,在因违抗命令和滥用职权被交付军事革命法庭审判时率部叛变,提出"任何政权都是暴力,无政府状态才是秩序之母"的无政府主义口号。该匪帮破坏苏维埃政权地方机关,杀害苏维埃工作人员,1921 年 7 月被红军击溃,马斯拉科夫本人亦被击毙。——168。

191 指俄共(布)第十次代表大会上代表们给列宁递的字条,其中多数涉及粮食税以及与之有关的合作社、货币改革、贸易等问题,有些是有关党内生活和代表大会上讨论的其他问题。根据列宁的指示全部字条均由秘书按题目加以分类并编了目录。——168。

192 这个指示写在俄共(布)第十次代表大会代表第 4 集团军的 A.A.弗连克尔的来信上。弗连克尔在来信中应列宁关于向他推荐著名的优秀农民干部之请,开列了 4 位曾在第 4 集团军第 42 师服役的农民的住址和履历。——169。

193 帝国主义战争爆发时列宁正住在波兰扎科帕内附近的波罗宁村。1914年 7 月 25 日(8 月 7 日)奥地利当局搜查了列宁的住所。进行搜查的宪兵误把统计表当成了密码,因而没收了列宁关于土地问题的手稿。次日列宁被捕。由于波兰、俄国和奥地利的社会民主党人的营救,8 月 6日(19 日)列宁被释放出狱并获准离奥地利去瑞士。列宁离去时把自己的几乎全部藏书和文稿都留在了波罗宁和克拉科夫。列宁在 1914年 11 月给安·伊·乌里扬诺娃-叶利扎罗娃的信中写道:"我十分担心这些书的命运。"(见本版全集第53卷第254号文献)关于寻找列宁的克拉科夫—波罗宁文稿一事,见注359。——170。

194 指专为党的第十次代表大会的代表们出版的帕·伊·波波夫的小册子《苏维埃共和国及与它结成联邦的各共和国的粮食产量》。小册子扩充内容后于1921年在莫斯科出版,用的书名是《俄罗斯联邦及与它结成联邦的各共和国的粮食生产(粮食产量)》。——171。

195 这张便条是列宁读了安·叶·布利兹尼琴科的来信后写给交通人民委员亚·伊·叶姆沙诺夫的。布利兹尼琴科被任命为顿涅茨铁路局伊久姆修配厂厂长。叶姆沙诺夫在布利兹尼琴科赴任时让他带了一封介绍信,信中表示希望给布利兹尼琴科"以最广泛的协助,同时对修配厂的工作必须……毫不放松地加以监督,一旦生产率下降,应立即采取您认为必要的措施"。布利兹尼琴科写信给列宁:请求对上述介绍信作出解释。叶姆沙诺夫对列宁的便条答复说:"问题在于布利兹尼琴科同志从未担任过修配厂厂长,因此我请求……给他以各方面的协助并监督工作的成绩,一旦工作下降不致不可收拾。'必要的措施'是指行政管理方面的措施,即加强人力、物力,如果领导人不称职则予以撤换。"——172。

196 1921年3月初,农民阿·罗·沙波什尼科夫、塔·伊·康德罗夫应列宁的邀请来到了莫斯科(见本卷《附录》第18号文献)。他们同列宁、米·伊·加里宁、亚·德·瞿鲁巴谈了话,参加了批准以粮食税代替余粮收集制的法令的那次全俄中央执行委员会会议。这几个农民从莫斯科返回后,在乌法省非党农民代表会议上报告了他们莫斯科之行和会见列宁的情况。与会者致电瞿鲁巴,表示"他们怀着满意的心情庆祝关于土地使用的新法令的颁布"。——173。

197 这是列宁写在对外贸易人民委员部驻拉脱维亚办事机构负责人Э.Я.魏斯1921年3月19日的来信上的批示。魏斯在来信中谈了他对俄罗斯联邦驻拉脱维亚全权代表和商务代表雅·斯·加涅茨基的外交活动和商务活动的看法。——176。

198 指亚·德·瞿鲁巴的一项建议,内容是把原定于 1921 年 3 月 25 日批准劳动国防委员会俄罗斯联邦资源利用委员会成员一事推迟到劳动国防委员会下次会议进行。这项建议未被采纳。劳动国防委员会 3 月 25 日会议保留了这项议程,并批准由列·纳·克里茨曼、阿·季·哥尔茨曼和弗·米·斯米尔诺夫组成这个委员会。——179。

199 这是列宁写在尼·巴·布留哈诺夫打来的电话记录上的批示。布留哈诺夫报告说,劳动国防委员会 3 月 25 日决定把从国外收到的鞋转给军事部门,可是这些鞋是粮食人民委员部为工人订购的。布留哈诺夫请求"立即暂时停止向国防委员会特派员仓库运鞋并重新研究 1921 年 3 月 25 日会议就这一问题所通过的决定"。——182。

200 指同大北电报公司签订租让合同一事。该公司是连接苏俄同丹麦、日本、中国和瑞典的水下电报电缆的所有者。合同草案详细规定了上述各电报线的经营条件(见《苏联对外政策文件汇编》1960 年俄文版第 4 卷第 187—196 页)。大北电报公司理事会理事长 B.瓦伊曼 1921 年 6 月 24 日签署了合同。苏维埃政府方面于 1921 年 7 月 21 日由列宁签署了合同。根据签订的协议,合同的有效期为 25 年,到 1946 年 8 月 8 日为止。——184。

201 为答复这一便条,费·埃·捷尔任斯基当天就给列宁寄来了一份材料,叙述了在国外采购靴钉失败的经过。列宁在捷尔任斯基的报告上写了如下批语:"(**关于靴钉**问题)保存并提醒我"(参看《列宁文稿》人民出版社版第 16 卷第 827 页)。——185。

202 全乌克兰中央执行委员会主席格·伊·彼得罗夫斯基打来的电话说:"弗拉基米尔·伊里奇:鉴于乌克兰共产党中央政治局意见有分歧,我们请您就下述两种实行粮食税的办法谈谈您的意见:(1)按俄亩征收的统一粮食税,每亩收 3—5 普特,根据倡议者的计算,这样能提供大约 12 000 万普特,折合成小麦能提供 7 000 万普特粮食和 5 万普特其他食品(肉、油等等食品)。立即宣布实行粮食税以便取消余粮收集制改行粮食税。制定出一系列的过渡措施。(2)粮食税的总额为 13 000 万普特，不包括其他食品，从收获新粮起开始实行粮食税。下一步的余粮收集减少20％。完成余粮收集任务后的剩余部分可投入流转，进行商品交换。"——185。

203　指制定实行粮食税的实际措施的委员会，该委员会是根据1921年3月25日俄共(布)中央政治局的决定成立的。3月29日人民委员会批准该委员会由列·波·加米涅夫(主席)、安·马·列扎瓦、弗·巴·米柳亭、恩·奥新斯基和亚·德·瞿鲁巴组成。——185。

204　指俄共(布)中央委员会和人民委员会的财政委员会，该委员会是根据列宁的建议在党的第十次代表大会后不久建立的，任务是研究向新经济政策过渡的财政政策问题。财政委员会主席是叶·阿·普列奥布拉任斯基。——186。

205　俄共(布)中央政治局于1921年3月28日、人民委员会于3月29日先后通过了吸收叶·阿·普列奥布拉任斯基参加财政人民委员部部务委员会的决定。——186。

206　指租让合同基本原则草案。原来委托最高国民经济委员会主席阿·伊·李可夫负责拟定这个草案，由于草案迟迟定不出来，列宁亲自拟了草案。——187。

207　指人民委员会1921年2月1日关于石油租让问题的决定(见《列宁文集》俄文版第20卷第146页)。——187。

208　列宁对自己写的租让合同基本原则方案的草稿(见《列宁文集》俄文版第20卷第148页)作了一系列补充和修改。列宁的方案成为人民委员会3月29日通过的决定的基础。1921年4月11日列宁在全俄工会中央理事会共产党党团会议上作关于租让问题报告时，逐条宣读并解释了人民委员会《租让合同基本原则》决定(见本版全集第41卷第156—166页)。——188。

209　1921年3月28日列宁得到以下答复："租让委员会的成员是：洛莫夫、

列泽尔松、良道、沃尔姆斯。列泽尔松和良道都是工程师,一个是搞机械的,另一个是搞化学的。具体的租让项目根据其性质由有关专家和有关工业部门的同志来研究。石油租让由斯特里若夫、古布金和多谢尔来研究;森林租让由李贝尔曼来研究,等等。"——188。

210 当时西方各国资产阶级报刊不断指责苏俄政府破坏它1921年3月16日同英国签订的通商条约。针对这一情况,列宁在这张便条中提出要草拟一些指示,要求各人民委员部务必严格遵守同英国签订的条约。——188。

211 给列·波·克拉辛的有关石油租让问题的电报是伊·米·古布金起草的,于1921年3月28日即打电话的当天报请列宁批准。列宁对电文作了若干补充(参看《列宁文稿》人民出版社版第16卷第838—839页)。——189。

212 指格·列·皮达可夫1921年3月22日的来信,他在信中请求列宁协助把谢·伊·瑟尔佐夫派到顿巴斯做党的工作,据他说,这件事受到了乌克兰共产党中央委员会的阻挠,仅仅是因为在工会问题辩论时瑟尔佐夫追随过托洛茨基派。鉴于皮达可夫的请求,列宁于3月30日给在哈尔科夫的格·伊·彼得罗夫斯基和米·瓦·伏龙芝打了一个电话,要求弄清此事的全部情况并作出答复(见本卷第240号文献)。

　　皮达可夫的信还涉及有关租让的问题,他反对租让顿巴斯。——190。

213 指劳动国防委员会1920年12月15日的决定。决定规定了有关调运石油的一系列实际措施,从油罐车的修理与合理使用到确定运行的定额。专门规定了供给油田工人和铁路运输工人粮食和衣服的措施。——191。

214 这些意见是列宁看了人民委员会秘书莉·亚·福季耶娃转达的下述询问后写的:"裁减莫斯科省吃军粮人员工作委员会发生意见分歧:穆拉洛夫同意总司令加米涅夫关于调11 000名红军战士到莫斯科省以加

强卫戍部队警卫值勤的命令。哈拉托夫和哥尔茨曼则反对这项命令并建议征询劳动国防委员会各委员的意见，由劳动国防委员会来作决定。征询的结果如下：李可夫、斯克良斯基、布留哈诺夫、佛敏和奥新斯基建议在共和国革命军事委员会批准之前暂不执行总司令关于调 11 000 名红军战士到莫斯科省的命令。阿瓦涅索夫同意总司令的命令。阿尼克斯特建议暂不执行总司令的命令，把问题提交劳动国防委员会 3 月 30 日会议解决。您同意哪种意见？"

　　3 月 30 日劳动国防委员会通过决定，暂不执行总司令关于往莫斯科省调入 11 000 名红军战士的命令，并把问题提交共和国革命军事委员会作结论。——194。

215　指列宁收到的格·瓦·契切林给俄共（布）中央的信。契切林在信中建议向有穆斯林居民的共和国和地区的党组织发布特别通告，指出在进行反宗教宣传时必须掌握分寸，不得伤害穆斯林的宗教感情。契切林在自己的信中提到了纳·纳·纳里曼诺夫的一次讲话："当时纳里曼诺夫同志正是就这个问题给东方的宣传员们作过非常宝贵的指示。他对毛拉们讲的把教会同国家分离的话是有分寸地对待穆斯林的典范。"列宁在契切林信中建议发布通告以及介绍纳里曼诺夫讲话等处的下面画了着重线。——197。

216　此件写在华·万德利普的来信上。万德利普在信中告诉列宁，他打算给美国国务卿查·休斯发一份电报，反驳在美国存在的一种看法，即认为苏维埃俄国没有足够的原料储备来开展对外贸易。万德利普请求审阅他拟的电报草稿。——197。

217　见注 188。——197。

218　列宁给格·马·克尔日扎诺夫斯基寄去的是 С.И.库兹涅佐夫的报告《恩巴石油工业的需要》。——199。

219　见注 249。——199。

220　这是列宁在 1921 年 4 月 1 日收到的副对外贸易人民委员安·马·列

扎瓦的一封信上的批示。这封信是就同美国工业界人士华·万德利普进行谈判而写的。信中建议人民委员会作出决定,要求司法人民委员部紧急拟定一项有关调整对私人贸易和商品交换的许可的法案。列宁除对列扎瓦的建议表示同意外,还指示秘书让列扎瓦把俄罗斯联邦和美国签订贸易协定的条件通知万德利普并让列扎瓦拟出他所建议的人民委员会决定草案。——200。

221　1921年4月16日石油委员会主席亚·巴·谢列布罗夫斯基致电列宁,要求"正式下文承认石油委员会有一定的自主权,可以用石油产品从波斯、土耳其和欧洲换取设备及供应工人所需的衣服和粮食"。

　　4月18日列宁请阿·伊·李可夫、弗·巴·米柳亭和安·马·列扎瓦就授予石油委员会在用石油产品交换商品方面有一定自主权的问题提出结论性意见并提出一个共同商定的人民委员会对此问题的决定草案(见本卷第306号文献)。4月19日人民委员会任命了一个专门委员会,负责制定关于扩大阿塞拜疆石油委员会用石油产品从波斯、土耳其和欧洲换取供应工人用品方面的权限的决定草案。——201。

222　劳动人民委员瓦·弗·施米特于1921年4月2日召集了各部门联席会议,讨论列宁提出的问题。会议决定:"如果某个生产部门有计划地裁减不生产的在编工人人数,那么向该生产部门提供的粮食仍保持裁员之前粮食人民委员部规定的数量。"——204。

223　这个批示写在交通人民委员亚·伊·叶姆沙诺夫给列宁的信上。叶姆沙诺夫在信里说,交通人民委员部办公厅主任 C.B.德米特里耶夫斯基"为撰写一本革命生活特写的书"而提出解除他的行政工作的请求。叶姆沙诺夫支持这一请求,但他认为这个问题必须由党中央决定。

　　俄共(布)中央书记处1921年4月4日决定给德米特里耶夫斯基3个月的假期写书。——204。

224　此件写在弗·菲·哥林的来信上。哥林在信中告诉列宁,国立第一莫斯科大学的一个系主任不让他系统地讲授哲学课。哥林还说,那些宣传资产阶级观点的原孟什维克和立宪民主党人在大学里势力很大。

——205。

225　指格·康·奥尔忠尼启则对列宁1921年3月30日电报的答复（见本卷第238号文献）。——207。

226　泥炭水力开采管理局的问题在人民委员会的几次会议上讨论过。1921年4月5日人民委员会听取了В.Д.基尔皮奇尼科夫和伊·伊·拉德琴柯关于泥炭水力开采管理局工作进度的报告。鉴于泥炭水力开采企业极端重要，人民委员会通过了必须满足泥炭水力开采管理局的需要的决定。人民委员会责成由阿·季·哥尔茨曼、阿·巴·哈拉托夫和拉德琴柯组成的工作委员会在两天时间内详细定出满足泥炭水力开采管理局需要的范围和办法。人民委员会4月7日会议听取了该工作委员会的报告，决定拨给泥炭水力开采管理局2 500万卢布作为5个月内奖励业务熟练的技术人员之用。

　　劳动国防委员会4月6日会议讨论了有关保证泥炭会战的粮食供应措施的问题。——208。

227　美国宾夕法尼亚机器制造公司负责人、美国对苏维埃俄国贸易促进会领导人埃默森·詹宁斯1920年12月来到莫斯科。1921年3月他给列宁写信请求接见。

　　列宁读了詹宁斯的来信后，写了这封复信。列宁把詹宁斯的来信转给安·马·列扎瓦，同时寄去一张便条，其中要求"同样（如前）办理"。列宁指的是给美国电讯专家M.I.达亨来信的答复（见本卷《附录》第24号文献）。——209。

228　指格·马·克尔日扎诺夫斯基于1921年4月5日在国家计划委员会第一次会议上的发言全文。——210。

229　这是列宁在亚·德·瞿鲁巴给俄共（布）中央组织局的信上的批示。瞿鲁巴在信中请求通过决定，速送患严重心脏病的叶·费·罗兹米罗维奇随同即将启程出国治疗的同志们一起走。——214。

230　列宁给阿·巴·哈拉托夫寄去了他收到的格·康·奥尔忠尼启则从巴

库发来的电报。电报报告了高加索十分严重的粮食情况。

1921年4月9日列宁给奥尔忠尼启则发了复电(见本卷第271号文献)。此外,4月11日列宁看过莫·伊·弗鲁姆金对哈拉托夫的询问的答复后,签发了一份由粮食人民委员部起草的电报给弗鲁姆金,指出必须"采取最果断的措施保证阿塞拜疆、格鲁吉亚、亚美尼亚的供应,一天后报告供应进展情况和实际发运情况"。——215。

231　这个批示写在国家计划委员会主席格·马·克尔日扎诺夫斯基的来信上。克尔日扎诺夫斯基来信建议在彼得格勒区域经济会议中建立以居住在彼得格勒的国家计划委员会委员为核心的国家计划委员会工作人员小组,以协调莫斯科和彼得格勒、彼得格勒苏维埃和彼得格勒国民经济委员会在经济问题方面的关系,组长由彼得格勒国民经济委员会生产部主任 A.A.巴奇马诺夫担任。关于这个问题见本卷第280号文献。——216。

232　指最高国民经济委员会建设局局长埃·维·卢甘诺夫斯基给列宁寄来的信和他拟的关于改善在运输、工业以及最重要的公用企业里工作的职工的生活状况的法令草案。——216。

233　1921年4月7日人民委员会通过了对工人实行实物奖励的法令。法令说:"对某些最重要的工业部门的工人试行实物奖励,办法是发给工人一部分他们自己生产的产品用来换取农产品。"(见1921年4月9日《全俄中央执行委员会消息报》第76号)——216。

234　列宁在《论教育人民委员部的工作》(见本版全集第40卷)一文中指出了俄共(布)中央这些决定的意义。——217。

235　第一个批示写在列宁收到的彼·阿·科兹明给格·马·克尔日扎诺夫斯基的关于利用风力发动机来实现电气化的可能性的那封信的抄件上。列宁打了"×"号的是信中谈到如采用风力和水力-风力装置,"我们在十年内就能得到比俄罗斯国家电气化委员会的计划多4倍的电力"的地方。列宁在这些话下面画了着重线,并在页边上打了个问号。

打了"♯"号的是写信人谈到"……在技术经济基础上制定纲要的任务应当交给一个特别委员会,委员会可由我负责领导"的地方(参看《列宁文稿》人民出版社版第16卷第869页)。

第二个批示写在科兹明给列宁的来信上,这封信是和给克尔日扎诺夫斯基的信的抄件一起寄来的。

列宁在科兹明的这两封信上画了许多记号和着重线(同上书,第869—870页)。——218。

236 和这张便条一起寄给尼·彼·哥尔布诺夫的是有卡卢加省佩列梅什利县扎博罗夫斯克乡戈洛夫尼诺村49个农民签名的一封信。他们在信中向列宁报告了当地工作人员滥用职权的行为。1921年4月14日列宁指示副内务人民委员米·费·弗拉基米尔斯基调查这一案件,并惩处罪犯(见本卷第290号文献)。卡卢加省苏维埃执行委员会调查了农民的申诉并采取了消除滥用职权行为的措施。——219。

237 列·米·欣丘克在答复列宁时报告说,他将采取有力措施,利用军用列车加紧运送马铃薯种。他还向列宁报告了国内的马铃薯种从4月10日起开始装运,为加紧进行从国外采购马铃薯种的工作,已派出专门代表。——221。

238 在人民委员会4月12日(星期二)的会议上讨论了伊万诺沃-沃兹涅先斯克地区各重点工厂的急需问题。专门委员会拟定的决定草案在作了某些修改后被通过。草案规定了以钱款、燃料、机器和粮食支援各重点工厂的具体措施。——225。

239 1921年4月9日,列宁收到了在雅库特(丘拉普恰村)举行的第二次非党雅库特贫苦农民代表会议的致敬电后,委托全俄中央执行委员会委员、俄共(布)省常委会雅库特部长马·基·阿莫索夫草拟一份复电。列宁在复电上作了批示和修改。——225。

240 1921年4月21日,俄共(布)中央在《真理报》上发表了一封信,作为对早些时候发布的一份通告的补充。信中提出庆祝五一节时"绝不允许发表任何伤害居民群众宗教感情的言论"。——226。

241　瓦·瓦·佛敏在当天发出的复电中向列宁报告说,他认为部务委员会的组成是合适的,并建议吸收Φ.C.列别季为部务委员。关于专家中谁能够代理职务的问题,佛敏表示了否定的意见。——227。

242　这个批示写在列宁收到的一份莫斯科高等技术学校教师会议通过的决定上。莫斯科高等技术学校教师中有许多人持立宪民主党人观点,该校教师会议决定向列宁报告:会议认为职业技术教育总委员会在高等学校新章程实施前任命莫斯科高等技术学校新管理委员会是非法的,对新任命的管理委员会人员名单也不同意,要求把选举学校管理委员会的权利交给全体教师。教师们并罢教以示抗议。——228。

243　德·伊·库尔斯基答复说,他不认为职业技术教育总委员会任命新的管理委员会一事非法,因为莫斯科高等技术学校革命前的章程业已失效,而各高等技术学校的工作已由职业技术教育总委员会安排。与此同时,库尔斯基认为,没有吸收教授们推选的候选人参加管理委员会是不妥当的。

　　关于莫斯科高等技术学校的问题,还可参看本卷第295、310号文献。——228。

244　罗·爱·克拉松为泥炭水力开采管理局订货的报告是1921年3月23日从柏林寄给副对外贸易人民委员安·马·列扎瓦的。这份报告于1921年4月16日转交给了列宁(见本卷第297号文献)。——228。

245　这个指示写在1921年4月9日彼得格勒省肃反委员会对列宁询问彼·谢·奥萨德奇被捕原因的复信上(参看本卷第201号文献)。复信说,彼·谢·奥萨德奇"是在最近骚乱期间被当做政治上不可靠分子由一个革命三人小组逮捕的。彼得格勒肃反委员会绝对没有把他同那个具有确定政治背景的帕维尔·谢尔盖耶维奇·奥萨德奇搞混"。参看本卷第455号文献。——229。

246　1921年4月9日,最高国民经济委员会主席阿·伊·李可夫打电话给

列宁,表示反对任命 A.A.巴奇马诺夫负责彼得格勒区域经济会议国家
计划委员会工作人员小组的工作。李可夫还表示打算把巴奇马诺夫从
彼得格勒调莫斯科工作。列宁的这个批示写在李可夫的电话记录上
(参看注 231)。——230。

247 这个批示写在格·马·克尔日扎诺夫斯基的来信上。来信说,A.A.巴
奇马诺夫能够搞好彼得格勒的经济工作,是最合适的人选。——230。

248 这是列宁写在埃·马·斯克良斯基的报告上的批语。报告说,在通过
裁减红军员额的决定之后,某些军事领导人坚决要求扩大保留单位的
定员名额。——232。

249 指格·马·克尔日扎诺夫斯基 1921 年 4 月 12 日写的关于在当时不宜
扩大恩巴油田建设一事的信。这封信是根据列宁的指示起草的(见本
卷第 246 号文献)。

　　　4 月 15 日劳动国防委员会会议讨论了关于暂停亚—恩巴铁路支
线和输油管的建设问题。通过了列宁起草的关于亚—恩巴工程问题的
决议(见本版全集第 41 卷第 190—191 页)。4 月 29 日,劳动国防委员
会通过停止建设输油管的决定,5 月 6 日决定将亚—恩巴铁路的建设
由重点项目转为一般项目。同时还决定成立铁路工程检查委员会。委
员会的任务是列宁起草的,并于 5 月 11 日由劳动国防委员会批准(同
上书,第 251 页及本卷第 423 号文献)。——232。

250 列宁于 1921 年 4 月 13 日通过列·米·卡拉汉向柏林的维·列·柯普
提出为格·李·什克洛夫斯基及其家属办理签证。4 月 23 日列宁再
次致电柯普,请他尽快为什克洛夫斯基及其家属办理签证(见本卷第
325 号文献)。——234。

251 1920 年 12 月 22—29 日举行的全俄苏维埃第八次代表大会批准了
1921 年顿巴斯采煤 6 亿普特的计划。——237。

252 见注 236。——238。

253 列宁同财政人民委员部部务委员叶·阿·普列奥布拉任斯基互递的便条与币制改革有关。看来他们是在俄共(布)中央政治局1921年4月14日会议上互递的(参看本版全集第41卷第188—189页)。普列奥布拉任斯基便条上的着重线是列宁画的。——238。

254 这是列宁在格·马·克尔日扎诺夫斯基1921年4月14日打给彼得格勒苏维埃的电话稿上的批示。克尔日扎诺夫斯基在电话稿中说明了为什么任命 A.A.巴奇马诺夫为彼得格勒区域经济会议国家计划委员会工作人员小组组长的理由。——239。

255 这个批示写在劳动国防委员会特派员兼鄂木斯克区域粮食委员 П.К. 卡冈诺维奇的来电上。来电声称:在报刊上发表全俄中央执行委员会关于取消余粮收集制的决定和其他材料后,西伯利亚完成不了食品的采购任务。——240。

256 指俄共(布)中央政治局1921年4月14日关于莫斯科高等技术学校状况的决定。政治局撤销了职业技术教育总委员会对莫斯科高等技术学校管理委员会的任命,要求教育人民委员部把高等学校章程草案和管理委员会新成员名单以及关于共产党基层组织、非党学生、教授和教育人民委员部的作用与相互关系的指示草案送交俄共(布)中央审查。与此同时,政治局责成教育人民委员部谴责莫斯科高等技术学校的罢教教师。见注242、243。——241。

257 指教育人民委员部关于莫斯科高等技术学校状况的通告。这一通告刊登在1921年4月19日的《真理报》上,是由教育人民委员阿·瓦·卢那察尔斯基和俄共(布)中央书记维·米·莫洛托夫签署的。通告对莫斯科高等技术学校全体罢教教师提出了警告并指出这一类抗议方法是不能允许的。通告要求莫斯科高等技术学校和所有高等学校的共产党基层组织要同教授及非党学生建立起有助于搞好学校正常教学活动和发展苏维埃俄国学术的相互关系。——241。

258 这个批示写在俄罗斯联邦驻德国负责战俘事务的代表维·列·柯普的

来信上。柯普在信里建议在俄德合作社组织之间组织产品交换。柯普说，有可能同德国工人合作社签订这样的协定：它们向苏维埃俄国提供农村所需的日用品，以换取苏维埃合作社在农村中用日用品换来的粮食，它们只提取一部分粮食(50％)；其余部分粮食则留给俄国居民。

列宁把柯普的来信转给了负责制定实行粮食税的实际措施的委员会主席列·波·加米涅夫(委员会是根据政治局1921年3月25日的决定成立的，委员会的成员名单于3月29日经人民委员会批准)。粮食税委员会其他委员亚·德·瞿鲁巴、安·马·列扎瓦、恩·奥新斯基、弗·巴·米柳亭和俄罗斯联邦驻德国商务代表波·斯·斯托莫尼亚科夫在这封信的页边写了表示同意列宁建议的词句。4月15日，俄共(布)中央政治局用征询意见的办法通过了下述决定草案：基本上同意柯普的建议，并指示他与斯托莫尼亚科夫一起同德国工人合作社开始预备性谈判。这个决定于4月16日在政治局会议上得到批准。——241。

259　指罗·爱·克拉松《关于为泥炭水力开采管理局订货的报告》。列宁在报告上作了一系列批示并画了许多着重线(参看《列宁文稿》人民出版社版第16卷第885—887页)。4月18日，格·马·克尔日扎诺夫斯基和列宁又打电话向克拉松索要补充材料(同上书，第897页)。——242。

260　指德国统一共产党中央委员会致德国社会民主党、德国独立社会民主党、德国共产主义工人党及一切工会组织的"公开信"(载于1921年1月8日《红旗报》)。在这封信中，德国统一共产党中央委员会号召德国一切工人组织、工会组织和社会党组织采取共同行动来反对日益猖獗的反动势力和资本对劳动者生活权利的进攻。共产党人提出的共同行动的纲领包括以下要求：提高战争伤残者的抚恤金，消灭失业现象，由垄断组织出资来改善国家财政状况，由工厂委员会监督现有全部粮食、原料和燃料，所有停工企业开工，由农民苏维埃和农村雇农组织共同监督播种、收获和全部农产品的销售，立即解除一切资产阶级的军事化组织的武装并予以解散，建立工人自卫组织，大赦全部在押政治犯，立即恢复同苏维埃俄国的贸易和外交关系。

"公开信"提出的共同行动的建议,遭到了社会民主党和工会右翼领导的拒绝。——243。

261　指1921年3月德国中部无产阶级的革命斗争,通称三月行动。德国统一共产党在德国中部地区影响很大。德国政府当局为了镇压这里的革命运动,派遣公安警察和国防军进入这个地区,占领了一些重要企业,以挑动工人进行过早的没有准备的起义。德共梅泽堡专区党组织于3月21日号召进行总罢工以回答这个挑衅。罢工在几天之内扩展到整个德国中部,并在许多地区变成了工人反对反动派的武装斗争。德国统一共产党也于3月25日宣布全德总罢工。德国中部地区工人的这次斗争坚持到4月1日,终因敌我力量悬殊而被镇压下去。100多名工人惨遭屠杀,几千名工人被投入监狱。

德国统一共产党中央在三月行动中犯了许多错误,主要是在敌我力量十分悬殊的情况下没有指明这次斗争的防御性质,也没有在全国范围内把大多数工人群众争取到自己方面来。共产国际第三次代表大会讨论了德国的三月行动,指出了德国统一共产党的错误,同时也确认三月行动是几十万无产阶级群众反对资产阶级的英勇斗争。——243。

262　指库恩·贝拉,他当时是共产国际执行委员会主席团委员。——243。

263　保·莱维作为德国统一共产党的代表出席了1921年1月15—21日在里窝那举行的意大利社会党第十七次代表大会。在这次大会上意大利社会党发生了分裂。莱维开完代表大会回到德国后,即为以扎·塞拉蒂为首的意大利中派分子辩护。在德国统一共产党中央委员会通过了反对塞拉蒂及其追随者和欢迎建立意大利共产党的决议后,德国统一共产党五名中央委员(奥·布拉斯、恩·多伊米希、阿·霍夫曼、保·莱维、克·蔡特金)以不同意德国统一共产党中央委员会的意见为理由于1921年2月24日退出中央委员会。——243。

264　1921年3月29日,保·莱维给列宁写了一封信。本文献便是对该信的答复。莱维在信中谴责三月行动,声明他辞去党的领导职务,并将写一本小册子阐明自己的观点。

　　1921年4月初,莱维出版了一本小册子《我们的道路。反对盲动主义》。他在这本小册子中把千百万德国无产者的斗争称为"巴枯宁式的暴乱"。莱维鼓动工人谴责共产党人,似乎起义失败的全部责任都应由共产党人负责。1921年4月15日,德国统一共产党中央委员会鉴于莱维粗暴破坏党的纪律和出版小册子给党造成危害而把他开除出党,并要求他交出国会议员当选证书。1921年4月29日,共产国际执行委员会同意德国统一共产党中央委员会关于开除莱维出党的决定。因三月行动而引起的策略分歧问题提交共产国际第三次代表大会讨论。第三次代表大会批准开除莱维出党。后来莱维彻底转到了社会民主党的立场,并进行反对共产国际的活动。——244。

265　指共产国际第三次代表大会。代表大会于1921年6月22日在莫斯科开幕。——244。

266　这个批示写在国立莫斯科大学临时主席团和科学教学法委员会部分成员就培养苏维埃专家问题给俄共(布)中央政治局的报告书上。报告书的作者们批评了老教授们反对高等学校改革的活动,并对教育人民委员部部务委员会通过的高等学校章程草案提出了修改建议。

　　1921年4月20日,俄共(布)中央政治局建议教育人民委员部暂不公布高等学校章程,以便最后定稿并再讨论一下这个问题。——245。

267　这个批语写在亚·格·别洛博罗多夫从顿河畔罗斯托夫寄给列宁的来信上。来信介绍了斯塔夫罗波尔省苏维埃第一次代表大会的情况。列宁在信上画了许多着重线,他要求政治局委员注意别洛博罗多夫报告的下面这个地方:"省里来了新的力量:复员的斯塔夫罗波尔农民——由指挥员率领的布琼尼部和日洛巴部的战士。他们极其团结,是一种在省内生活中能起相当大作用的成分。在他们当中有许多共产党员。这是我们党内的农民侧翼。他们与其他农民群众所不同的只是具有较高的觉悟,但却完全保留了农民的世界观和农村的情绪。他们是大会全体代表中最突出的一部分。"——246。

268 这个批语写在哈尔科夫省委书记 В.И.伊万诺夫关于实行粮食税的报告上。报告的第 1 节主张按俄亩征收统一的实物税,并建议规定一种办法,使农民确切知道"一年一次向他征收多少,而且要使收多少税绝不由地方粮食部门的代表擅自作主"(列宁在此处页边批注:"注意")。报告的第 2 节分析了乌克兰谷物税额多少的问题。在第 4 节里提出了利用合作社进行商品交换。列宁加了批语和着重线的报告全文载于《列宁文稿》人民出版社版第 16 卷第 889—893 页。——247。

269 这个批语写在全俄肃反委员会特派专员伊·维·瓦尔金(姆格拉泽)给俄共(布)中央和俄共(布)莫斯科委员会执行委员会的关于对各小资产阶级政党的态度问题的报告上。瓦尔金在报告中建议让孟什维克、社会革命党和无政府主义者中的某些派别和集团合法化。

　　俄共(布)中央政治局 1921 年 4 月 14 日会议讨论并否决了瓦尔金关于在莫斯科苏维埃改选期间释放某些未被指控策划反苏维埃政权暴乱的孟什维克和社会革命党人的建议。

　　1921 年 4 月 23 日,政治局会议讨论了孟什维克对选举期间不释放他们的抗议书。会议决定责成全俄中央执行委员会主席团驳回孟什维克的抗议书,因为他们的首领费·伊·唐恩和尼·亚·罗日柯夫"犯有参与喀琅施塔得叛乱的罪行"。——248。

270 见注 221。——250。

271 这张便条是列宁在收到副交通人民委员瓦·瓦·佛敏的来电后写的。佛敏在电报中建议将格鲁吉亚和阿布哈兹各港口(巴统、波季、苏呼姆)的港务局划归俄罗斯联邦设在罗斯托夫或新罗西斯克的海运管理局领导。格鲁吉亚革命委员会对这一建议表示反对。

　　1921 年 4 月 19 日,俄共(布)中央政治局支持格鲁吉亚革命委员会的意见,决定将格鲁吉亚和阿布哈兹各港口交给格鲁吉亚管辖,并责成海运管理局对这些港口给予一切物质上的援助。——251。

272 见注 256。——252。

273 C.M.格利金按照列宁的建议在《关于向西欧工人合作社提供在西伯利亚进行原粮加工的租让的合同草案》一文中阐述了自己的基本论点。该文于1921年4月24日发表在《经济生活报》第89号上，4月27日该报又刊登了由格利金署名的《向西欧工人合作社提供在西伯利亚进行原粮加工的租让合同总则草案》。——253。

274 1921年5月4日，瓦·亚·阿瓦涅索夫向人民委员会送交了报告。他在报告中分析了教徒农业生产联合组织第一次全俄代表大会的决定和决议（代表大会于1921年3月19—26日举行），指出代表大会的各项决定同苏维埃国家的政策相矛盾。他建议制定措施，防止中央和地方的居民受到教徒的有害影响。鉴于教徒农业生产联合组织代表大会的反苏维埃立场，小人民委员会在5月16日的会议上要求司法人民委员部协同农业人民委员部和全俄肃反委员会在一周内向各地发出相应的指示。——255。

275 这个电话稿是列宁对莫斯科军区副司令B.H.鲁索的答复。鲁索邀请列宁于1921年4月20日出席为纪念莫斯科军区弗·伊·列宁体育训练班成立一周年而举行的阅兵式。——255。

276 这是列宁写在瓦·瓦·佛敏的来电上的批示。来电报告说，每天可以从格罗兹尼运出350节油罐车石油产品，并建议组织好运输。

列宁在电报上方批示：“今天提交人民委员会”。就在当天，即4月19日，人民委员会通过决定，指示由最高国民经济委员会、交通人民委员部的代表和瓦·亚·阿瓦涅索夫组成的委员会审查佛敏的建议，并将这一问题的决定草案提交劳动国防委员会。5月6日，星期五，劳动国防委员会会议讨论了从格罗兹尼运出石油和最充分地利用油罐车的建议。5月11日列宁签署了劳动国防委员会就此问题起草的详细决定。

关于勒拿采金工业公司的那份电报，是谢·叶·丘茨卡耶夫发给列宁的。电报谈的是勒拿金矿的情况。劳动国防委员会1921年4月22日和27日会议研究了这个问题。会议通过的决定要求西伯利亚革命委员会“采取一切必要的措施，按照最高国民经济委员会主席团批准的生产规划恢复勒拿金矿的生产"。——256。

277　列宁的这个批示写在劳动国防委员会1921年4月20日会议记录摘抄上。这次会议决定将曾在中亚开展以商品交换粮食活动的谢·瓦·马雷舍夫的流动驳船商队的人员和物资调往莫斯科归粮食人民委员部调遣(指调驳船商队全体人员去伏尔加河、卡马河和别拉亚河进行交换商品)。决定要求马雷舍夫通过粮食人民委员部就自己对这一问题的想法同有关主管部门进行协商并提交劳动国防委员会。——257。

278　这是列宁对俄共(布)中央书记叶·雅罗斯拉夫斯基来信的答复。雅罗斯拉夫斯基在信中问列宁:"您是否认为可以吸收德波林和柳·阿克雪里罗得来讲哲学课(哲学史和历史唯物主义)?斯维尔德洛夫大学学术委员会曾经问过这件事。关于柳·阿克雪里罗得的问题,我们在组织局的会上否决了,现在一批大学教员又把这个问题提了出来。"——258。

279　这是列宁在1921年4月22日劳动国防委员会会议上写的一张便条。这次会议讨论了《关于成立各燃料总管理机构的决定草案》。这个问题的报告人是伊·捷·斯米尔加。劳动国防委员会对提出的决定草案作了多处修改后批准;同时还决定"矿业委员会对燃料总管理局工作的检查和监督办法由最高国民经济委员主席团另行制定,并报请劳动国防委员会批准"。——260。

280　这个批示是列宁看了伊·伊·拉德琴柯给阿·巴·哈拉托夫的来信的抄件后写在抄件的页边上。信中请求在泥炭水力开采管理局收到由对外贸易人民委员部订购的一批油脂之前先借给3 000—5 000普特油脂,以供给泥炭开采工人。——261。

281　指全俄中央执行委员会法令草案《关于组织卡累利阿劳动公社经济生活的原则》和劳动国防委员会的决定草案《关于卡累利阿劳动公社当前的经济任务》。1921年4月26日,人民委员会批准了第一个草案,并通过了第二个草案中的一些建议。——264。

282　1921年4月27日,劳动国防委员会会议讨论了副农业人民委员伊·阿·泰奥多罗维奇提出的关于抗旱措施的决定草案。会议通过了决定草案中三条一般性条文,而涉及具体实际措施的其余各条,当时决定立即同有关部门研究,并由劳动国防委员会下次会议批准。4月29日,劳动国防委员会通过了整个决定。——269。

283　在人民委员会1921年4月26日会议上副粮食人民委员尼·巴·布留哈诺夫就支援捕鱼运动问题作了报告。人民委员会通过的决定为渔业总管理局紧急运送货物提供了保证,并授权该局(在告知粮食人民委员部后)可直接向人民委员会和劳动国防委员会提出问题。为研究发展渔业问题和拟定捕捞水产品运动计划,成立了一个由粮食人民委员部、全俄工会中央理事会、中央消费合作总社、对外贸易人民委员部和渔业总管理局的代表组成的委员会。——273。

284　指拨给外交人民委员部供国外来人用的住房一事。1921年4月26日,人民委员会成立了一个委员会,责成其为外交人民委员部寻找住房的问题提出解决办法。——274。

285　为答复列宁的询问,阿·奥·阿尔斯基寄来了财政人民委员部组织指导局关于金卢布牌价的材料和人民委员会1921年4月4日关于提高卢布对外币的兑换比价的决定抄件。

　　　列宁把收到的材料寄给叶·阿·普列奥布拉任斯基征求意见。普列奥布拉任斯基回信认为,计算卢布牌价的现行方法是毫无意义的。至于这方面是否可能发生舞弊行为的问题,普列奥布拉任斯基援引了阿尔斯基的说明,阿尔斯基在部务委员会上坚决否认了这种可能性。——275。

286　这封信是列宁1921年4月25日收到最高运输委员会办公厅主任波克罗夫斯基打来的电话记录后写的,电话说:"请急速、优先向劳动国防委员会主席列宁同志报告:最高运输委员会今年4月24日决定:兹因近两日没有收到克里木财物外运的计划,致使克里木的财物外运即将暂时停顿,最高运输委员会认为这是不能容许的。特请劳动国防委员会主席责成埃利斯曼同志于星期三(4月27日)以前将上述计划送交最高运输委员会,以便最高运输委员会在星期四(4月28日)下午2时的会议上及时研究并下达贯彻执行。"

1921年4月27日劳动国防委员会工作会议讨论了Л.Г.埃利斯曼关于克里木财物外运计划的报告。该计划在1921年4月29日劳动国防委员会会议上最后被批准。——277。

287 第二天,1921年4月30日,费·埃·捷尔任斯基答复列宁说:他将和伊·伊·斯克沃尔佐夫-斯捷潘诺夫谈一谈,并将采取措施打击倒卖粮食的活动。——279。

288 雅·莫·沙图诺夫斯基的小册子《水力和革命的彼得格勒》提到了恢复彼得格勒这个正在衰落的工业中心的问题。作者就利用斯维里河和沃尔霍夫河的水力恢复彼得格勒经济的问题发表了一通空泛的、夸夸其谈的议论,声称提出了一个和俄罗斯国家电气化委员会的计划相反的"革命的"改造计划,而俄罗斯国家电气化委员会的计划则被他说成是"和平的"、"不革命的"、旷日持久的计划。

1921年4月24日,列宁把沙图诺夫斯基的小册子送给了格·马·克尔日扎诺夫斯基。列宁在小册子的封面上写道:"克尔日扎诺夫斯基同志! 您的意见如何? 请写上退给我。我再寄给季诺维也夫。"列宁在小册子第14页"再过几个月后有了电,使剩下的工厂开工"这句话旁边画了线,并在此处批注:"好像要害就在这里。要多少个月? 多少电? 实际上可能吗?"列宁在小册子第15页里画出了作者说的关于几位水力专家的意见的那些话,并写道:"是哪些专家? 在什么地方和什么时候发表的?"

5月3日,列宁就恢复彼得格勒经济可能采取的措施问题向彼得格勒苏维埃主席格·叶·季诺维也夫提出了询问(见本卷第344号文献)。——280。

289 这张便条里写的是列宁于1921年4月间就莫斯科高等技术学校状况问题同国家计划委员会副主席彼·谢·奥萨德奇谈话的内容,便条是写给谁的未能确定。关于莫斯科高等技术学校状况的问题,见注242、

243、256。——282。

290　对外贸易人民委员部根据卫生人民委员部的申请,在立陶宛购买并运回俄国2公斤新肿凡纳明。经化验发现,装在药用安瓿里的不是新肿凡纳明,而是上了色的食盐混合物。

　　　　这一案件的调查持续了几个月。1921年12月18日,全俄肃反委员会副主席约·斯·温什利赫特向人民委员会办公厅主任尼·彼·哥尔布诺夫报告说,正在采取措施追究卖假药者的刑事责任,并且正在追究对外贸易人民委员部和卫生人民委员部三名工作人员失察的责任。·——283。

291　这个批示写在列·达·托洛茨基答复列宁1921年4月30日信(见本卷第339号文献)的来信上。托洛茨基在信中极力为雅·莫·沙图诺夫斯基的小册子《水力和革命的彼得格勒》辩护。列宁在托洛茨基的来信上作了许多记号(参看《列宁文稿》人民出版社版第17卷第2页)。——283。

292　格·叶·季诺维也夫5月5日答复列宁说,已通过决定,暂停斯维里河的建设工程,要集中力量在1921年完成乌特金湾工区的工程,沃尔霍夫河的建设工程绝对不能停止。——284。

293　这是列宁给叶·亚·利特肯斯来信的答复。利特肯斯在来信中请列宁在下列几个方面给予帮助:

　　　　"1.关于格林贝格的问题重新提交全俄中央执行委员会改组部务委员会工作小组讨论。工作小组已决定:推荐丘季诺夫(西伯利亚国民教育局局长)作候选人,如果中央同意把他调出西伯利亚的话。

　　　　我认为这位候选人是非常合适的。从1917年起我就熟悉他(亚·彼·斯米尔诺夫也熟悉他)。他是一位富有才华、精力充沛、办事认真的人。酷爱自己的事业;毛病是急躁,但无伤大体。请您帮助把他从伊万·尼基季奇那里调来,他也可以暂时代理我的职务。

　　　　2.马尔金在大吵大嚷,要从党的系统,引导他把精力用于别的地方。

3.教师的处境糟糕透了,必须迅速拨给 400 亿左右纸币,以偿还由于拨款少而积欠的债务。"(参看《列宁文稿》人民出版社版第 17 卷第 6 页)——284。

294 1921 年 5 月 4 日,俄共(布)中央政治局决定责成教育人民委员部改组、加强并在人事上更新全俄中央执行委员会中央出版物发行处。波·费·马尔金是原来的中央出版物发行处的领导人。——284。

295 1921 年 5 月 24 日,人民委员会通过了一项决定:向教育人民委员部补拨纸币 240 亿,由各省国民教育局专门用于支付教育工作者的欠薪。——284。

296 此事的处理结果后来向列宁作了汇报:格·瓦·普列汉诺夫和维·伊·查苏利奇的坟墓已整修,国家建筑工程委员会答应将雕塑普列汉诺夫纪念像所需的石膏拨给雕塑家伊·雅·金茨堡。

1921 年 7 月 16 日,俄共(布)中央政治局决定对建立普列汉诺夫纪念像一事给予协助,并委托尼·亚·谢马什柯同彼得格勒苏维埃商谈此事。——285。

297 克·叶·伏罗希洛夫复电(1921 年 5 月 6 日收到)说:"您的第 108/III 号来电已收到。一切必要的命令都已下达。对准确执行您交给的任务一事将予监督。"——286。

298 1921 年 5 月 4 日,劳动国防委员会会议讨论了德国施塔尔韦克马克公司布雷斯劳分公司提出的建议。建议要求苏维埃政府向该公司提供租让权以建立苏俄和德国之间邮政客运航线。劳动国防委员会原则上同意这一建议,并指示陆军人民委员部、外交人民委员部和全俄肃反委员会制定详细的飞行条例,并把决定草案提交小人民委员会。

1921 年 8 月 6 日,列宁委托瓦·亚·斯莫尔亚尼诺夫"检查一下这件事是否在**进行**"(参看《列宁文稿》人民出版社版第 17 卷第 290 页)。1921 年 9 月 8 日,小人民委员会作出决定:(1)认为建立莫斯科和德国之间的航线是刻不容缓的;(2)指示对外贸易人民委员部与外交人民委员部、邮电人民委员部和航空总局协商后就成立俄德合营公司以筹建和经营莫斯科——德国航线的问题同德国各公司进行谈判；（3）拨给对外贸易人民委员部 25 万金卢布作为筹建和装备航线以及初期经营的费用。

　　俄德合营航空公司于 1921 年 11 月 24 日在柏林成立，负责经办俄德之间的空运。——287。

299　列宁早在 1920 年 1 月给阿·瓦·卢那察尔斯基的信中就表示过需要编纂一部**现代**俄语词典的想法（见本版全集第 49 卷第 240 号文献）。但是这项工作直到 1921 年才开始。关于这个问题，参看本卷第 360、388、448 号文献，本版全集第 51 卷第 186 号文献。

　　参加这部词典编纂工作的有莫斯科和彼得格勒的 30 多位学者。1923 年秋，第 1 卷基本编成。词典编纂工作一度中断，到 1927 年又重新开始。这部四卷本俄语详解词典于 1935—1940 年陆续出版，由德·尼·乌沙科夫主编。第 1 卷序言说，编者们努力使这部词典符合列宁对现代标准俄语模范详解词典所提出的要求。——289。

300　格·马·克尔日扎诺夫斯基给列宁写信谈到海军总部斯维里河水电站（斯维里河建筑工地）和乌特金湾工地上的工作由于大批行政管理和技术领导人员被捕而陷于瘫痪一事。克尔日扎诺夫斯基担心这会在工程初期损失大量时间，指出必须释放所有未受到具体指控的人员，大批假释主要技术人员并建议国家建筑工程委员会参加侦查。列宁给秘书的指示看来是在看了克尔日扎诺夫斯基的来信后写的。

　　列宁后来收到的报告说，在案件预审过程中有 120 多名被捕人员因与案件无关已被释放或假释。1921 年 5 月 6 日，约·斯·温什利赫特给列宁送去了全俄肃反委员会经济部特派员 4 月 8 日的关于指控斯维里河工程领导人员在技术方面进行反革命破坏的结论抄件（4 月 12 日转给国家建筑工程委员会），和他自己的请求由劳动国防委员会任命一个有全俄肃反委员会经济部代表参加的委员会就地火速对问题进行补充调查的报告。1921 年 5 月 17 日，列·波·克拉辛在来信中指出，斯维里河建筑工地工作人员被捕是由于有人告发，案子本身不严重。

列宁因此再次过问这个问题。他在克拉辛的报告上画了线,并在信上写道:"**福季耶娃**,用我的公文纸把标出的地方摘抄下来,交我签署后正式提出查问。此件存档。"并在下面写道:"克拉辛谈斯维里河建筑工地的来信。1921 年 5 月 17 日"。5 月 25 日,克拉辛来信摘抄和列宁要求立即答复的便条一同寄给了温什利赫特。

　　　据温什利赫特在其回忆录中说,列宁对全俄肃反委员会 8 月 17 日的报告和判决通知都没有不同意见。该报告证实了建筑工程领导成员中确有反革命分子,施工计划不合理,有人在技术方面进行反革命破坏。——289。

301　《一亿五千万》是反映弗·弗·马雅可夫斯基早期的未来主义倾向的一部长诗。——290。

302　见注 249。——291。

303　这个批示写在出版局 1921 年 5 月 6 日通报转载的 5 月 1 日法国《巴黎回声报》的一篇通讯下面。通讯作者列让德尔博士曾访问过中国和日本的一些大工业中心城市,报道了远东各国的情况和布尔什维主义的影响有扩大到东亚的危险。

　　　列宁把通报转寄给格·瓦·契切林,并批注:"请阅第 2 页"。

　　　根据列宁的指示,1921 年 5 月 10 日《全俄中央执行委员会消息报》第 99 号刊登了《一个法国资产者在远东感到的恐惧》一文。——292。

304　指阿·亚·别利亚科夫发表在 1921 年 5 月 5 日《全俄中央执行委员会消息报》第 95 号上的《停滞不前!》一文。文章作者写道,由于形式主义和拖拉作风作怪,1921 年 2 月开工的纳罗福明斯克纺织厂没有得到足够的燃料,仅生产了一个月。文章提出了必须让工厂尽快开工的问题。

　　　据瓦·亚·斯莫尔亚尼诺夫后来的回忆,由于人民委员会办公厅采取了措施,第二天他就向列宁报告说,燃料送到了,工厂也开工了。——293。

305　1921 年 2 月 2 日,俄共(布)中央政治局经同列·波·克拉辛和格·瓦·契切林协商后批准格·李·什克洛夫斯基出国找工作,从而撤销了组织局 1 月 21 日的决定,该决定建议什克洛夫斯基在莫斯科或克里木找工作。

　　1921 年 5 月 9 日,尤·赫·卢托维诺夫在回答这里收载的这封信时报告说,他为什克洛夫斯基及其家属领取德国签证已采取了一切办法,只要一领到签证就寄回来。同时卢托维诺夫声明,他将反对中央让什克洛夫斯基出国工作的决定,因为他认为这个决定是不正确的。在卢托维诺夫来信的信封上有列宁的批注:"**存档**。1921 年 5 月 16 日收到并已答复"。看来列宁指出他和卢托维诺夫对什克洛夫斯基的问题有分歧,指的就是卢托维诺夫的这封信(见本卷第 431 号文献)。

　　6 月 1 日,莉·亚·福季耶娃给什克洛夫斯基寄去了下面的便条:"什克洛夫斯基同志:我根据弗拉基米尔·伊里奇指示通知您,收到了卢托维诺夫同志的电报,说关于签证的命令业已收到,正在采取措施。接到签证后就立刻通知您。"这个问题后来的解决情况见注 499。——294。

306　托马斯(雅·萨·雷赫)在答复这份电报时说,列宁给克·蔡特金和保·莱维的信(见本卷第 298 号文献)已交给了收信人。信留了抄件并已寄给列宁。——294。

307　1921 年 5 月 14 日,俄共(布)中央政治局讨论了关于叶·米·雅罗斯拉夫斯基的小册子《论粮食税》(1921 年国家出版社版)的问题,并决定批准发行。——295。

308　指叶·亚·利特肯斯 1921 年 5 月 9 日的来信。来信回答列宁 5 月 6 日的信(见本卷第 350 号文献)写道,俄语词典编纂委员会没有进行工作,至于列宁要求报告情况一事,他已转告米·尼·波克罗夫斯基。——296。

309　《最新消息报》(《Последние Новости》)是立宪民主党的机关报(日报),1920 年 4 月—1940 年 7 月由流亡国外的白俄分子在巴黎出版;帕·

尼·米留可夫任主编。——297。

310　《真理报》编委尼·列·美舍利亚科夫当天在给列宁的复信中答应看
　　　一下《米留可夫和阿夫克森齐耶夫访问美国人》一文,《全俄中央执行
　　　委员会消息报》编辑尤·米·斯切克洛夫报告说,将在报纸上对列宁
　　　所提到的这篇文章发表一个短评,但是以后他又打算亲自写一篇长
　　　文。——297。

311　列宁把格·瓦·契切林1921年5月8日的来信和这张便条同时寄给
　　　了列·波·克拉辛。契切林在信中向列宁报告说,他已建议尼·克·
　　　克雷什科在克拉辛返回伦敦之前,对英国政府和新闻界的任何言论和
　　　声明都不表态。——298。

312　外交人民委员部收到的一份英文电报上,附有一家美国报纸登的柏林
　　　通讯,作者是康杰尔。这篇通讯说苏维埃俄国从俄德通商条约中获得
　　　相当大的好处,说德国承认苏维埃是俄国唯一的政权,并同意在柏林设
　　　立苏维埃代表机构。列宁读了这份电报,在电报上作了一些记号并给
　　　格·瓦·契切林写了这张便条。

　　　　　契切林答复列宁说,由于电报译错了,某些地方引起了误解。康杰
　　　尔(一个没有什么影响的人物)报道的是,承认在柏林的苏维埃贸易代
　　　表团享有法人的权利,从而使代表团能够在对外贸易垄断的基础上买
　　　卖商品。——298。

313　列·波·克拉辛收到列宁的这张便条后,把彼·拉·沃伊柯夫编写的
　　　一份可用黄金或赊购的办法在国外迅速买到的食品的材料寄给了列宁
　　　作为答复。克拉辛在材料上写了附言:“在瑞典、丹麦、荷兰**什么东西**也
　　　没有。瞿鲁巴告诉我,**6月份**需要粮食。需要的‘严重程度’照例在最
　　　后时刻才能显露出来。”

　　　　　列宁勾掉了克拉辛的这个附言后,于1921年5月10日把这一材
　　　料转寄给尼·巴·布留哈诺夫(列宁在材料上画着重线的地方见《列宁
　　　文集》俄文版第36卷第234页)。

　　　　　5月10日,沃伊柯夫又编写了一份按劳动国防委员会的决定在国

外购买的粮食和日用品分配情况材料。材料的背面有列宁的批语:"放到从国外**购买粮食的**卷夹内(**每天都要提醒我**)。"——299。

314 尼·巴·布留哈诺夫在答复此便条时建议立即作出决定,不仅在里加,而且在英国购买脂油;建议事先弄清柏林现有的巴西大豆是否可以食用。他向列宁保证说,他将委托彼·拉·沃伊柯夫汇报一切情况,并将亲自监督从国外采购食品的进展情况。——300。

315 俄罗斯联邦驻英国正式副代表尼·克·克雷什科在 1921 年 5 月 12 日的复电中报告说,已立即开始执行紧急通知。——300。

316 这个指示写在教育人民委员部职业教育总局局长叶·阿·普列奥布拉任斯基给人民委员会的报告上。报告指出,根据人民委员会专门委员会的决定,1921 年春夏两季拨给职业教育总局的口粮数量已削减至 11 万份,这将会造成许多学校停课,因此请求人民委员会增加口粮份数。

　　根据人民委员会 1921 年 5 月 10 日的决定,职业教育总局的申请未被受理。5 月 19 日,人民委员会再次研究该问题后,指示粮食人民委员部拨给教育工作者 165 000 份口粮。——301。

317 看来是指农业人民委员部代表缺席人民委员会专门委员会会议一事。该委员会讨论了关于用对烟草征收实物税的办法代替烟草专卖以及关于对羊毛征收实物税的法令草案。——302。

318 同一天,即 1921 年 5 月 10 日,维·米·莫洛托夫报告列宁说,在党组织的实际工作中,过去没有把不参加行政管理的党员单独作为一类列出来。——302。

319 看来是指尼·克·克雷什科 1921 年 5 月 9 日的电报。克雷什科在答复列宁和列·波·克拉辛 5 月 7 日的电报(见本卷《附录》第 36 号文献)时报告说,在美国购买的 2 万普特面粉 5 月 15 日前运到雷瓦尔,20 万普特 6 月中旬运到彼得格勒,还有 125 000 普特早在 4 月底就运到雷瓦尔了。(列宁在这个报告上面写道:"这 125 000 普特在哪里? 是怎么分配的?")克雷什科还表示,如有继续购买谷物的机会就再作报告,他请求寄去购货通知和外汇,并问道:"为了加快速度和降低价格,是否可以运回大约 25% 的玉米面和豆面,以便掺在面粉里?"列宁在"掺"字下面画了着重号并回复说:"当然可以!"——303。

320 莫斯科省土地局国营农场管理处主任于 1921 年 5 月 14 日复函列宁说,管理处建议立即着手把彼得罗夫菜园移交给索尔达坚科夫医院全体工作人员的代表直接管理。——304。

321 这个批示写在尼·彼·哥尔布诺夫 1921 年 5 月 11 日给全俄中央执行委员会秘书阿·萨·叶努基泽的信上。信中说:苏维埃房屋管理处主任 А.П.普拉东诺夫没有完成 1920 年 12 月交给他的利用克里姆林宫旧档案室用房来扩大人民委员会和劳动国防委员会办公厅用房的任务。哥尔布诺夫建议由叶努基泽指示普拉东诺夫利用当前的建筑季节迅速完成装修房屋的任务。在哥尔布诺夫的信上有列宁画的着重线。关于这个问题,还可参看本卷第 540 号文献。——305。

322 司法人民委员部部务委员彼·阿·克拉西科夫根据德·伊·库尔斯基的指示对此案件进行调查后,于 1921 年 5 月 19 日建议给予国防委员会红军和红海军供给副特派员尼·博·埃斯蒙特以警告处分(要在报刊上公布);建议撤销执行国防委员会红军和红海军供给特派员特别任务的安格尔特同志的职务,他是这一事故的直接责任者,他没有采取必要的预防措施就把装有秘密材料的公函邮寄给劳动国防委员会;并建议对寄公函的女职员给予纪律处分。——306。

323 1921 年 4 月 22 日,全俄建筑工会中央委员会主席团拟出了国家建筑工程总委员会会务委员会新的成员名单。5 月 3 日,列宁按照俄共(布)中央政治局 4 月 30 日的决定同国家建筑工程委员会副主席波·伊·戈尔德贝格交谈了委员会内的情况。给格·马·克尔日扎诺夫斯基的这封信看来就是在这次谈话后写的。

克尔日扎诺夫斯基在复信中写了国家建筑工程委员会目前的状况,以及他对戈尔德贝格、康·阿·阿列费耶夫、М.С.鲁多米涅尔、谢·德·马尔柯夫、В.С.普罗佐尔以及国家建筑工程委员会其他委员的看法,并提出了加强委员会的一系列措施,其中包括吸收工人和国家建筑工程委员会的忠实的老工作人员担任委员、派季·弗·萨普龙诺夫和尤·弗·罗蒙诺索夫担任领导。

　　5月12日,最高国民经济委员会主席团批准萨普龙诺夫任国家建筑工程委员会主席,格·德·瞿鲁巴任副主席,米·瓦·扎哈罗夫任委员,并责成萨普龙诺夫和瞿鲁巴商定其他人选。——307。

324　1921年5月13日,俄共(布)中央政治局决定"委托阿尔乔姆同志在同捷连斯基同志协商后组织一个以阿尔乔姆同志为首的鼓动员小组,尽可能多吸收非党工人参加,以便尽最大努力在6月15日前做好了解莫斯科无产阶级的情绪的工作和加强鼓动工作"。——309。

325　这里说的是恩·奥新斯基起草的全俄中央执行委员会关于扩大村苏维埃所属农民改善农业委员会(农委)的权利的决定草案。

　　1921年5月14日,俄共(布)中央政治局建议各人民委员在人民委员会讨论前提出自己对草案的意见。5月19日,决定草案经某些修改后在人民委员会通过。5月27日,决定由全俄中央执行委员会批准,并于1921年5月28日发表在《全俄中央执行委员会消息报》第115号上。——309。

326　彼·拉·沃伊柯夫对这个电话未作答复,尽管他采取了一切措施来贯彻劳动国防委员会的指示。劳动国防委员会认为采取这种态度对待正式询问是不能容忍的,于1921年6月1日向他提出警告。

　　外交人民委员部签证处答复了尼·彼·哥尔布诺夫1921年5月17日的询问,向人民委员会呈送了一份说明拖延发给 M.A.科扎科夫和Φ.H.皮沃瓦罗夫签证的原因的材料。列宁收到这份材料后于5月20日签署了给约·斯·温什利赫特的信,指出事情万分火急,办事却拖拖拉拉,这是不能容许的,并命令"毫不拖延地尽快解决问题"。当天列宁得到报告说,签证手续已办妥。——310。

327　指 M.Φ.索柯洛夫准备在1921年5月18日俄共(布)外交人民委员部支部大会上作的《关于粮食税和苏维埃政权政策方针的改变》副报告草

稿。他将副报告草稿寄给了列宁,请列宁过目并对副报告草稿中提出的一些问题作出答复。——310。

328　М.Ф.索柯洛夫在副报告草稿中引了恩格斯的《德国农民战争》中的一段话:"对于激进派的领袖来说,最糟糕的事情莫过于在运动还没有达到成熟的地步,还没有使他所代表的阶级具备进行统治的条件,而且也不可能去实行为维持这个阶级的统治所必须贯彻的各项措施的时候,就被迫出来掌握政权。"(见《马克思恩格斯文集》第2卷第303—304页)——314。

329　这是列宁写在他收到的下面这份记录的背面的批示:"研究渔业问题的委员会会议没有开成,因为直到12时30分,除主席哥伊赫巴尔格以及委员会委员赫洛普良金和施佩克托罗夫以外,应该参加会议的人谁也没有到会,特此向劳动国防委员会主席汇报。委员会主席亚·哥伊赫巴尔格"。列宁在记录上注明:"5月16日2时(14时)收到。**列宁**"。

　　亚·格·哥伊赫巴尔格收到批示后答复列宁说,通知是星期五发出的,会议定于星期一12时召开。——315。

330　这是列宁对德国共产主义工人党驻共产国际执行委员会代表伯·赖兴巴赫的请求的答复。赖兴巴赫通过人民委员会秘书莉·亚·福季耶娃提出请求,希望列宁接见他,同他谈谈德国工人运动的问题。几天后列宁会见了赖兴巴赫。

　　赖兴巴赫向列宁介绍了这一时期德国工人运动内部的形势以及德国共产主义工人党在如何对待改良主义工会和资产阶级议会这样一些问题上的立场。赖兴巴赫后来回忆,列宁对他说,德国共产党和德国共产主义工人党必须消除意见分歧,最好在共产国际第二次代表大会通过的"二十一项条件"的基础上联合起来。列宁还着重指出,无产阶级革命者非常有必要参加改良主义工会和资产阶级议会的工作。——316。

331　指列·A.利别尔曼,他被任命为全俄中央执行委员会中央出版物发行处处长。——317。

332　由于米·瓦·伏龙芝请求把这个指示同时抄送克里木区域委员会,列宁批示如下:"把我给伏龙芝的信抄送**克里木区域委员会**,向**布哈林**要准确的地址,并**专门检查一下是否收到**。"——318。

333　同一天,即1921年5月18日,列宁签署了小人民委员会的决定:"责成财政人民委员部从最高国民经济委员会基金里拨出1亿卢布归劳动国防委员会特派员伏龙芝同志支配,作为5月份从乌克兰和克里木运盐的特别费用。"

　　　　看来列宁给米·瓦·伏龙芝就这个问题写的另一张便条也属于这个时期:"在盐的问题上有哪些事办成了? **盐由谁负责? 列宁**"(参看《列宁文稿》人民出版社版第17卷第30页)。——319。

334　这是列宁在收到1921年5月18日尼·巴·布留哈诺夫和阿·巴·哈拉托夫给俄共(布)中央政治局和列宁的报告后写的。布留哈诺夫和哈拉托夫反映,尽管粮食人民委员部采取了措施,西伯利亚、北高加索和乌克兰的党政机关仍然违反政治局1921年5月7日关于每天运往中部地区的粮食指标以及只有在完成这些指标之后才允许满足各地区需要的决定。布留哈诺夫和哈拉托夫建议给上述各区域的领导人以党纪处分。——319。

335　指亚·巴·谢列布罗夫斯基给格·康·奥尔忠尼启则的电报。电报谈到他在君士坦丁堡同土耳其、法国和意大利的公司代表进行的贸易谈判。谢列布罗夫斯基没有提供确切材料,只报告说已同一系列公司按照似乎是优惠的条件签订了合同,说已把供应巴库的商品发往巴统,并询问是否可以把愿意回俄国的原弗兰格尔部士兵派往巴库油田工作。——320。

336　同一天,即1921年5月19日,尼·巴·布留哈诺夫给列宁寄来一份有关往乌克兰发运布匹的情况材料的抄件。维·巴·诺根和波·巴·波泽尔恩汇报说,早在劳动国防委员会作出决定之前,已下令三山纺织厂准备好200万俄尺布匹发往乌克兰,然而粮食人民委员部却没有送来发运布匹的包装材料。

5月23日,列宁在收到纺织企业总管理委员会负责人 В.И.韦尔曼介绍拖延原因的详细汇报后,指示瓦·亚·斯莫尔亚尼诺夫:"把问题搞清楚,并检查一下。　**列宁**　5月23日"。5月31日,列宁要求最严格地督促以最快的速度由铁路把布匹运往乌克兰(见本卷第438号文献)。——321。

337　《小拉鲁斯》是法国拉鲁斯出版社出版的一卷本词典,从1906年开始每年出一版。它是一种兼有详解词典和百科词典功能的辞书。——321。

338　叶·亚·利特肯斯在复信中报告说,为了准备编纂现代俄语词典已初步成立了一个委员会,成员有伊·伊·格利温科、帕·尼·萨库林、阿·叶·格鲁津斯基、尼·尼·杜尔诺沃、德·尼·乌沙科夫和 А.А.布斯拉耶夫。委员会应于1921年7月1日前向列宁提交初步计划。

列宁在"7月1日前"这几个字下面画了着重线,并在下面批示:"7月1日前提醒我。"——321。

339　1921年5月19日列宁给维·米·莫洛托夫写了一张便条,请求把他提出的关于任命彼·阿·波格丹诺夫和帕·伊·苏达科夫为同德国工业家进行贸易谈判的负责人(对俄共(布)中央负责)的决定草案提交俄共(布)中央政治局通过。——324。

340　指前来莫斯科参加有关苏维埃俄国和德国经济合作谈判的德国工业家集团的代表诺伊曼。——324。

341　1921年5月25日劳动国防委员会稍加修改后通过了列宁起草的决定草案,并命令司法人民委员部惩处那些办事拖拉的人。——328。

342　同一天,这封信还抄送全俄肃反委员会外事部部长 Л.达维多夫:

"致全俄肃反委员会达维多夫同志

我对迟迟不答复人民委员会办公厅主任哥尔布诺夫同志今年5月17日打的电话(电话记录第5396/Ⅶ号)一事提出警告,并命令在最短期间内作出实质性的答复。"

列宁的信上有约·斯·温什利赫特要达维多夫"今天就给予答复"

的指示,以及达维多夫对迟迟未作答复的原因的解释。——328。

343　这个指示写在劳动国防委员会的一份决定草案上,决定草案的内容是
关于泥炭总委员会向德国"马德路克"公司订购建造泥炭脱水厂设备的
问题。看来,这个草案是根据罗·爱·克拉松提出的方案拟定的,他这
个方案同1921年5月20日的信一起寄给了列宁。1921年6月1日劳
动国防委员会通过了这项决定。——329。

344　指《劳动国防委员会给各地方苏维埃机关的指令。草案》(见本版全集
第41卷)。这个文件和《劳动国防委员会关于地方经济会议、关于报告
制度和关于贯彻执行劳动国防委员会指令的决定草案》(同上书,第
257—258页)是列宁同时拟定的。1921年5月20日,劳动国防委员会
会议决定将指令草案和决定草案交由恩·奥新斯基(任主席)、弗·
巴·米柳亭和帕·伊·波波夫组成的专门委员会审议。专门委员会将
指令草案印成了小册子,并吸收国家计委主席团成员、各主管部门和各
地方组织的代表参加审定两个草案。5月24日和25日,正在开会的
国民经济委员会第四次代表大会和全俄工会第四次代表大会先后讨论
了这两个草案。俄共(布)第十次全国代表会议也讨论了指令草案,对
它表示赞同,并责成全俄中央执行委员会党团把它变成法令。5月30
日,指令草案连同决定草案一起提交全俄中央执行委员会第三次会议
讨论。全俄中央执行委员会会议原则通过这两个草案,并将其转交专
门委员会作进一步修改和补充。6月30日,全俄中央执行委员会主席
团批准了全俄中央执行委员会关于地方经济会议的决定和指令这两个
文件。指令也涉及经济系统以外的各人民委员部,因此在正式颁布时
改称《人民委员会和劳动国防委员会指令》。——329。

345　列宁在给恩·奥新斯基发出此信的同时,指示莉·亚·福季耶娃同
阿·雅·别连基通电话(参看《列宁文稿》人民出版社版第17卷第40
页)。——330。

346　在随后的几天里,列宁写了好几封信给各部门的领导人,还写了一封
《致全体人民委员及中央统计局局长》的信,指示他们在1921年5月30

日全俄中央执行委员会会议开会之前把书面的修改和补充以及应列入各有关人民委员部报告中的那些最重要的问题的简明清单准备好（见本卷第405、406号文献，本版全集第41卷第343—344页），另外还写了《给各人民委员部的命令》（见本卷第446号文献）。——330。

347 这张便条看来是列宁在了解了胡·埃·雅拉瓦向娜·康·克鲁普斯卡娅所反映的情况后写的。雅拉瓦说，他被诬告受拘留，但在释放时没有退还他被没收的外币和其他一些物品。便条同时还附了克鲁普斯卡娅写的关于她对雅拉瓦的看法的信。同一天，即1921年5月21日，约·斯·温什利赫特命令彼得格勒省肃反委员会主席谢苗诺夫立即退还在搜查雅拉瓦时没收的钱和物品，并派专人把他的案卷送到莫斯科。这项命令的抄件交给了列宁。6月10日，温什利赫特把有关雅拉瓦案件的来往信件送交列宁并汇报说，列宁的指示已经执行。

列宁在全俄肃反委员会主席团寄来的信封上注明：《雅拉瓦案件》，并写了下面的便条："尼·彼·哥尔布诺夫同志：请您看一看，并将结果通知我。(1)钱是否已经退还？(2)雅拉瓦服的是什么刑，**是何时期满的**？ **列宁** 6月11日。"——330。

348 尼·列·美舍利亚科夫在给俄共（布）中央并抄送列宁的信中谈到，国家出版社在书刊分配工作中遇到的困难，因为要求他们把所有出版的政治类和经济类的书刊都发给俄共（布）中央委员、全俄中央执行委员会主席团委员以及各工会代表大会、合作社代表大会和其他代表大会的代表。他建议俄共（布）中央确定国家出版社在书刊分配工作中必须遵循的规则。——331。

349 政治部是全俄肃反委员会县级机关，这里是指沙图拉工程的肃反委员会。——332。

350 1921年5月24日，瓦·亚·斯莫尔亚尼诺夫按照列宁的指示给约·斯·温什利赫特打了电话，并给维·米·莫洛托夫发了一封致俄共（布）中央的公函，请求尽快研究沙图拉工地"政治部"问题。

同一天列宁签署了一封致最高国民经济委员会主席团关于必须尽

快将莫斯科电车厂的锅炉调给沙图拉工程的公函(见本卷《附录》第38号文献)。——334。

351 罗·爱·克拉松1921年5月20日给列宁的信中附有他出国办理泥炭水力开采管理局的事务的简要报告和劳动国防委员会向"马德路克"公司订货的决定草案(见注343)。

克拉松在报告中指出,负责为泥炭水力开采管理局办理订货手续的俄国驻柏林铁路代表团办事拖拉,有官僚习气。——334。

352 1921年5月16日国家珍品库工作人员Я.М.尤罗夫斯基向列宁谈了国家珍品库贵重物品被盗的情况。列宁把尤罗夫斯基汇报的情况记下后,当天就指示全俄肃反委员会委员格·伊·博基作一次最严格的调查;5月20日列宁又把尤罗夫斯基反映国家珍品库情况的信转给了博基。

博基在5月23日的电话中说(此信就是对这一电话的答复),尤罗夫斯基反映的情况似乎过分夸大了,目前正同全俄肃反委员会一起采取措施,以便把国家珍品库的盗窃现象减少到最低限度。电话记录上有列宁写的批注:"请提醒我。"

后来,列宁多次谈起这个问题(见本卷第430、492、519、536号文献,本版全集第51卷第63、152号文献,第52卷第113、251号文献)。——335。

353 1921年5月28日格·伊·博基向列宁提交了一份报告,详细地介绍了国家珍品库的情况——人员组成、组织机构,被盗情况,并且开列了经法院审理的有关该库的案件。报告还提出了一些改进工作和杜绝盗窃现象的措施。5月29日列宁把这份报告批转给副财政人民委员阿·奥·阿尔斯基(见本卷第430号文献)。——336。

354 这是列宁写在瓦·瓦·佛敏1921年5月22日给列宁和俄共(布)中央的报告上的批示。佛敏报告了巴库油田的严重情况,建议派一个全权委员会去巴库,以便就地制定一系列具体措施来恢复采油工业,同时派一批党员去做地方的政治工作。他指出必须改善工人的粮食供应情况,拨出供奖励用的粮食;建立莫斯科—巴库的正常客运联系,每周不少于 3—4 次,等等。

这个问题,还可参看注 373。——337。

355 这里说的是梁赞省斯科平县工会第七次代表会议 1921 年 5 月 11 日通过的关于新的工资政策的决议。

决议指出,劳动力分配不当和劳动生产率低是阻碍斯科平县经济恢复的基本原因之一。作为消除上述缺点的一项措施,决议建议对工人和职员实行集体供应制。会议委托它的代表在全俄工会第四次代表大会上阐述决议中的观点。——337。

356 1921 年 5 月 10 日俄共(布)中央政治局没有批准尤·拉林(最高国民经济委员会)和阿·季·哥尔茨曼(全俄工会中央理事会)提出的关于对某些国营企业的职工实行集体供应的决定草案,建议修改这个草案,然后提交人民委员会。政治局的这项决定草案是列宁起草的(参看《列宁文稿》人民出版社版第 17 卷第 18 页)。看来,根据人民委员会对这个问题的讨论,瓦·亚·斯莫尔亚尼诺夫于 1921 年 6 月 14 日把斯科平县工会代表会议的决议转给了全俄工会中央理事会参加人民委员会解决工人供应问题委员会的代表。人民委员会 1921 年 6 月 14 日把修订草案转交劳动国防委员会研究。6 月 17 日这项决定由劳动国防委员会通过,经列宁签署后于 6 月 19 日在《全俄中央执行委员会消息报》第 132 号上公布。

决定规定在一部分企业里取消购货卡,对工人集体供应粮食、工业品和货币,其款项从企业工资总额中支出;工资总额应根据劳动成果确定,而不是根据在册的工人人数确定,如果由于劳动组织改进而工人总数有所缩减,企业工资总额并不减少。6 月 22 日劳动国防委员会批准了实行这项决定的第一批企业,其中不包括斯科平县的工厂和企业。

关于这个问题,还见本卷第 500、504 号文献。——338。

357 同一天给米·库·韦托什金发了同样内容的信。——341。

358 见注 334。——342。

359 在1921年5月13日的信中,波·德·维吉列夫答应满足列宁通过雅·斯·加涅茨基向他转达的请求,争取找到列宁的书籍和材料。然而他的寻找毫无结果。

后来,1924年3月,加涅茨基被派往波兰去寻找列宁在克拉科夫—波罗宁的文稿。加涅茨基终于查明,列宁的大部分文稿和书籍落入宪兵之手,并于1921年4月转到了华沙总参谋部(见《列宁文集》俄文版第2卷第461—473页)。有12本书在比得哥什市立图书馆(其中8本上有列宁的批注)。

经苏维埃政府多次请求,波兰当局于1924年和1933年归还了列宁藏书中的125本(其中40本上有他的批注)以及很少一部分克拉科夫—波罗宁文稿——某些党史资料和列宁的文献。

克拉科夫—波罗宁文稿的大部分直到1954年才由在克拉科夫市的国家档案馆的工作人员找到。波兰统一工人党中央把找到的全部材料都交给了苏共中央(在比得哥什市图书馆保存下来的列宁的书早在1945年3月就已经赠送给苏联政府)。总共从波兰收到1 070份文献,其中大约250份是列宁的文献。但是克拉科夫—波罗宁文稿的相当大一部分迄今没有找到。——343。

360 看来是指《现代农业的资本主义制度》一书的手稿,该书共有7章。雅·斯·加涅茨基在《根据有关文件谈列宁1914年在奥地利被捕情况》一文中写道:"8月7日傍晚,弗拉基米尔·伊里奇来到了我的住所(我也住在波罗宁),并讲了大致如下的情况:'我那儿刚才被搜查了,是此地警长搜的…… 搜查得很马虎。这个笨蛋把党内的来往通信全都丢下了,却把我关于农业问题的手稿拿走了。他把手稿里的统计表当成了密码…… 真可惜这部手稿了:还没有写完,但愿别弄丢了!'。"(见《列宁文集》俄文版第2卷第173页)在警长给新塔尔格区区长的报告中也提到了这部手稿。报告说,在搜查列宁的住所时发现有"三个本子,其中记载了奥地利、匈牙利和德国的各种对照表,这些本子同本报告一并奉上"(同上书,第175页)。

加涅茨基在几次波兰之行中找到了这部手稿中的一部分(见本版全集第19卷《现代农业的资本主义制度》)。

迄今没有找到的有第 3 章《资本主义制度下的农民农户》的结尾，第 4 章《农业中的妇女劳动和儿童劳动》的开头和结尾，第 5 章和第 6 章——《小生产中劳动的浪费》和《现代农业中使用机器的资本主义性质》（各章标题列宁写于另纸——见《列宁文集》俄文版第 19 卷第 359 页）。——343。

361　这张便条是列宁收到格·马·克尔日扎诺夫斯基 1921 年 5 月 25 日的来信后写的。列宁在克尔日扎诺夫斯基的信上画了如下着重标记：

　　　“(3)第 14 印刷厂正在印波波夫关于俄国粮食生产的小册子。他向我们介绍了这本小册子的内容，这本书对我们来说极为重要——请催促他们尽快出版。

　　　(4)务请发给国家计划委员会委员和负责人随便什么样的普通护照。此事卡在阿瓦涅索夫和哥尔布诺夫那里。

　　　(5)对我们的暗中破坏仍在进行；为了争取摆脱困境，我被迫利用‘自由’市场。务请作为例外准许国家计划委员会主席团有这种权利。”（见《列宁文集》俄文版第 36 卷第 246 页）——344。

362　1921 年 5 月 30 日尼·彼·哥尔布诺夫向列宁汇报了如下情况：莫斯科印刷局局长答应把帕·伊·波波夫的《俄罗斯联邦及与它结成联邦的各共和国的粮食生产（粮食产量）》这本小册子印 1 000 册；给国家计划委员会委员委任状的样本已送交格·马·克尔日扎诺夫斯基；此外，关于克尔日扎诺夫斯基请求批准国家计划委员会主席团在自由市场购买必需物品一事也对他作了解释。——344。

363　这里说的是列·波·克拉辛 1921 年 5 月 17 日给列宁的信。信中谈到斯维里河水电站工地大批行政管理和技术领导人员被捕一案，请求保释 B.B.波戈尔热利斯基工程师和 A.И.格拉博夫斯基工程师，并加快审理。关于这个问题，参看本卷第 351 号文献和注 300。——344。

364　1921 年 5 月 26 日阿·巴·哈拉托夫给列宁写了一个报告（作为前一天口头汇报的补充），并附表提供了如下几方面的材料：关于供应莫斯科和彼得格勒的预定计划（6 月份即将举行的各种代表大会已考虑在内）；关于清偿莫斯科实物奖励方面的欠账；对在国外订购的粮食到货情况的预测；粮食人民委员部5月21日向各消费省发出的关于发给工人一部分商品代替粮食的指示抄件；关于从西伯利亚、高加索、乌克兰各地自5月1日至22日向中央运送粮食的情况。——345。

365　这个批示写在阿·巴·哈拉托夫1921年5月26日的来信上。哈拉托夫建议把1886年成立的原电灯公司以及莫斯科电车厂电站的相当一部分职员陆续调往其他机关，因为他们成了莫斯科市莫斯科河南岸区孟什维克的堡垒，尽管供应情况已有改善，他们还经常怠工。——348。

366　1921年5月31日，格·马·克尔日扎诺夫斯基向列宁汇报：已指示国家计划委员会电力局局长把孟什维克职员调离莫斯科电车厂电站。
　　关于这个问题，参看本卷第541号文献。——348。

367　1921年6月6日亚·巴·谢列布罗夫斯基向列宁汇报说，"波洛尼亚"号轮船已载油驶往君士坦丁堡去换取面粉和制服。——349。

368　指对列宁1921年4月2日的信（本卷第248号文献）的复信。复信是亚·巴·谢列布罗夫斯基收到本电报后于6月6日发出的。——349。

369　这个批示写在新闻界代表给俄共（布）第十次全国代表会议主席团的信上。他们请求批准使用代表会议各种讲话和发言的速记稿，以便及时地在报刊上公布代表会议的材料。——349。

370　指斯塔夫罗波尔省委主席团委员、省执行委员会主席Ф.С.利扎列夫1921年5月2日给俄共（布）中央的报告。报告说，斯塔夫罗波尔省党和苏维埃领导人之间的关系不正常，他们胡作非为（滥用职权，违法乱纪，酗酒，同当地资产阶级勾勾搭搭），而俄共（布）中央委员会东南局对这些现象采取纵容态度。利扎列夫说，他要揭露坏人坏事、改变斯塔夫罗波尔省的局面、整顿省委工作等的做法引起了俄共（布）中央委员会东南局书记亚·格·别洛博罗多夫的不满。后者在省苏维埃代表大会上指责利扎列夫是挟嫌报复，并以东南局的名义给予他严重警告。——350。

371 此件是用德文写的,1921 年 5 月 26 日列宁要求格·瓦·契切林用密码发往柏林。5 月 27 日,由副外交人民委员列·米·卡拉汉寄给俄罗斯联邦驻德国副商务代表尤·赫·卢托维诺夫转收件人。克·蔡特金曾问列宁对卡·拉狄克的小册子《谈一个叛徒的真实历史》有什么看法、能否出版,这是列宁给她的答复。——351。

372 显然是指卡·拉狄克的文章《第三次世界代表大会论三月行动和今后的策略》。详见本版全集第 42 卷第 105—108 页。——351。

373 劳动国防委员会根据伊·捷·斯米尔加的报告于 6 月 15 日决定:为了创造条件来加强油田、工厂、油库等的一切工作,把石油工业连同它所属的一切企业(采油区、炼油厂和油库)列为重点部门,责成一切分配机构首先满足石油总委员会对物资、设备和经费的要求,同时采取一些具体措施来改善石油工人及其家属的粮食、衣服等的供应。根据劳动国防委员会 6 月 15 日的决定,以斯米尔加为主席的工作委员会被派往巴库和其他产油区。这个委员会的任务是协调处理同提高劳动生产率、保证工人的供应、保证石油和石油产品的外运有关的问题。——352。

374 这份电报看来是在 1921 年 5 月 27 日劳动国防委员会会议上列宁和瓦·瓦·佛敏互递便条之后写的。列宁对这次会议的议程补充了一项:"乌克兰的粮贩"。

　　列宁给佛敏的便条写道:"关于粮贩的问题,我案头堆满了来自乌克兰的控告。怎么办?给布拉贡拉沃夫和交通人民委员部下一道严厉的命令?"佛敏在回条中建议列宁通知费·埃·捷尔任斯基,让他就地采取措施。收到这个答复后,列宁又写了一张便条给佛敏:"1. 把第一张便条退还给我,2. 捷尔任斯基的地址,3. 布拉贡拉沃夫三人小组组长的确切姓名。"——352。

375 看来是指彼得格勒各机关没有执行劳动国防委员会 1921 年 1 月 28 日《关于对生产电犁的职工实行奖励的决定》(见 1956 年《历史文献》杂志第 4 期第 18 页)。

　　电犁工作小组直属彼得格勒苏维埃,其任务是向彼得格勒各厂分配电犁的订货，并组织生产。组长是列·米·米哈伊洛夫。——353。

376　在尼·彼·哥尔布诺夫1921年6月23日整理的一份材料中指出，列宁的电报发出后，从事电犁生产的彼得格勒工人已得到奖励粮，但由于彼得格勒粮食困难，奖励标准有所降低。——353。

377　这个批示写在伊·伊·拉德琴柯和亚·瓦·文特尔1921年5月27日给列宁的来信上。他们在信中请求协助把梁赞省肃反委员会驻沙图拉工程的特派员调到别的县并调整梁赞省肃反委员会与沙图拉工程管理局之间的关系。

　　　　瓦·亚·斯莫尔亚尼诺夫5月28日向列宁汇报说，全俄肃反委员会答应满足文特尔和拉德琴柯的请求。——355。

378　1921年5月11日劳动国防委员会批准了列宁为恩巴地区铁路工程检查委员会拟的任务草案（见本版全集第41卷第251页）。此件上有秘书的小注："第212号记录，第7点。"看来是根据回忆整理的这项决定的记录。——355。

379　同一天，即1921年5月28日，卡·伯·拉狄克和格·叶·季诺维也夫在回信中建议列宁把克·蔡特金的电报转交共产国际执行委员会。执行委员会拒绝了蔡特金的要求。后来，在大会开幕前，经过同德国统一共产党参加共产国际第三次代表大会的代表协商后，执行委员会致电德国统一共产党中央，建议不要阻挠安·盖尔和奥·布拉斯前来参加代表大会。然而盖尔和布拉斯并没有出席代表大会。盖尔和布拉斯赞同1921年4月15日被德国统一共产党中央开除出党的保·莱维的立场。关于这个问题，参看注263、264。——357。

380　这个指示写在列·波·克拉辛从赫尔辛福斯寄给最高国民经济委员会主席团阿·洛莫夫（格·伊·奥波科夫）的信上。这封信抄送给了列宁、安·马·列扎瓦和外交人民委员部。信里请求允许挪威"A.S.诺尔迪斯克金融控股公司"的代表前往莫斯科和彼得格勒进行租让问题的谈判。

1921年6月4日俄共(布)中央政治局会议讨论了这个问题,并通过决定,允许挪威承租人来俄国,并把彼得格勒杜布罗夫卡工厂租让给他们(参看《列宁文稿》人民出版社版第17卷第84页)。——357。

381　1921年6月13日列宁写了准备在共产国际第三次代表大会上作的《关于俄共策略的报告提纲》,7月5日列宁在代表大会的第17次会议上作了这个报告(见本版全集第42卷第1—10页)。——358。

382　1921年5月30日米·韦·科别茨基向列宁汇报说,《论粮食税(新政策的意义及其条件)》这本小册子(见本版全集第41卷)已译成德文、法文和英文,将在一周后印好。小册子用德文和法文发表在1921年《共产国际》杂志第17期上,用英文发表在该杂志第16—17期合刊上。此外,在共产国际第三次代表大会开幕前夕,还出版了德、法两种文字的单行本。——358。

383　这里说的是罗·爱·克拉松1921年5月29日给列宁的来信。他在信中汇报了向"马德路克"公司订购一台用于泥炭脱水的旋转压力机的情况,并建议派 B.Д.基尔皮奇尼科夫作为泥炭水力开采专家出国。列宁在克拉松的建议旁边批道:"拉德琴柯的意见如何?"从列宁同伊·伊·拉德琴柯后来的通信中可以看出(见本卷第471、481号文献),拉德琴柯反对派基尔皮奇尼科夫出国。——359。

384　这张便条写在瓦·瓦·佛敏1921年5月28日打来的谈从西伯利亚往中部地区装运粮食情况的电话记录背面。列宁还在佛敏汇报的一段话下面画了着重线,即:5月份从西伯利亚运出300万普特粮食的任务本来可以在6月7日前完成,但是由于鄂毕河开航期推迟,任务要拖到6月13—15日才能完成(参看《列宁文稿》人民出版社版第17卷第70页)。

阿·巴·哈拉托夫在答复中汇报说,6月份保证按时供应莫斯科的粮食指标是:工人每天——2/3俄磅,儿童——1/2俄磅,职员——1/3俄磅(彼得格勒多供应20%)。此外,共产国际第三次代表大会开幕前夕,供应每个工人2俄磅菜豆,每个职员1俄磅菜豆,每个儿童1

俄磅大米。哈拉托夫还指出,由于粮食人民委员部所规定的5月份从西伯利亚往中部地区运送粮食的任务不能在6月7日前完成,而是要拖到6月13—15日才能完成,所以把工人的粮食供应量自6月15日起增加到每天1俄磅是做不到的。——359。

385　这是列宁写在劳动国防委员会驻阿斯特拉罕渔场特派员、渔业和鱼品工业总管理局局务委员伊·彼·巴布金给列宁、尼·巴·布留哈诺夫和А.И.波嘉耶夫的来电上的批示。巴布金汇报说,往阿斯特拉罕派红军战士很不适时,没有考虑到渔场需要劳动力的实际情况,他请求调查是谁提供这种错误情报的。来电指出,在渔季结束(1921年6月25日)之前应往阿斯特拉罕(逐步地)派约12 000人以代替渔场工人。——360。

386　见注352、353。——361。

387　指亚·加·施略普尼科夫在五金工会第四次全国代表大会上的行为。这次代表大会于1921年5月26—30日在莫斯科举行。——364。

388　看来是指尤·赫·卢托维诺夫对列宁1921年5月7日电报(本卷第357号文献)的答复。卢托维诺夫指出,他认为俄共(布)中央关于派格·李·什克洛夫斯基去柏林由对外贸易人民委员部安排工作的决定是错误的,他将抗议这一决定。——365。

389　指波·斯·斯托莫尼亚科夫和尤·赫·卢托维诺夫1921年5月25日给俄共(布)中央的声明。他们在声明中反对政治局关于世界文学出版社的书籍宜交季·伊·格尔热宾在德国印刷的决定。他们提出,俄罗斯联邦驻德国商务代表处设立的出版机构出版书刊可以比格尔热宾出版的便宜,因为格尔热宾给俄国印书故意抬高价格。

　　　列宁在这份声明上批示格·叶·季诺维也夫:"简单给我写几句:您的小组是怎样决定的? 中央是否批准了这个决定?"(指俄共(布)中央研究格尔热宾问题的决定。该决定于1921年4月27日由政治局批准。)季诺维也夫答复列宁说:"小组作的决定主要是关于过去的事(即以前的订货）。没有给过新的任务。大家只同意让他把去年承印的任务搞完。"

5月31日政治局研究了斯托莫尼亚科夫和卢托维诺夫的声明,委托季诺维也夫把政治局批准的研究格尔热宾问题小组的决定的准确文本以及季诺维也夫本人的说明一起寄给他们。——365。

390 这是列宁写在德国工程师J.L.施泰因贝格的来信上的批示。施泰因贝格在信中反映,尤·弗·罗蒙诺索夫教授率领的铁路代表团在德国购买铁轨时多花了2 500万德国马克。

1921年7月16日瓦·亚·斯莫尔亚尼诺夫要安·马·列扎瓦把驻德国商务代表波·斯·斯托莫尼亚科夫对这个问题的结论寄给他并要列扎瓦提出自己的意见。——369。

391 根据埃·马·斯克良斯基的指示,这封信的抄件分送给了共和国革命军事委员会各成员。1921年6月16日,革命军事委员会就"列宁同志谈在劳动战线上使用军队的信"这一问题作出决定:"要求共和国革命军事委员会全体成员在7天之内把自己的具体想法和建议以书面方式提交共和国革命军事委员会。"

之后,1921年7月4日列宁又指出,在制定国民经济计划的时候要考虑军队参加经济工作(见本版全集第42卷第73页)。——371。

392 法国马赛居民D.卡叙利1921年5月17日写信给列宁,请求按价赔偿已作废的俄国1916年国内短期有息公债,说他为购买证券花费了自己的全部积蓄,并说是列宁认识的利若先生建议他给列宁写这封信的。

1921年6月28日,阿·奥·阿尔斯基让外交人民委员部答复卡叙利:根据俄罗斯联邦的现行法令,不能满足他的请求。——371。

393 这是列宁看了乌克兰粮食人民委员米·康·弗拉基米罗夫的申诉后写的。弗拉基米罗夫反映,对乌克兰的商品供应不好,另外因为没有麻袋,耽误了乌克兰的粮食收购工作。

尼·巴·布留哈诺夫对弗拉基米罗夫的申诉提出了反对意见,他向列宁汇报说,粮食人民委员部分配管理局把向乌克兰发运商品和麻袋的情况都按时向瓦·亚·斯莫尔亚尼诺夫作了汇报。

　　6月1日向维亚兹尼基(弗拉基米尔省)发了一份由列宁签署的电报,要求该县各工厂在一周内给乌克兰发运50万条粮袋。——372。

394　1921年5月28日,列宁收到了阿·A.雅里洛夫教授的来信。雅里洛夫请求协助归还他在克拉斯诺达尔被没收的财产,以及准许他的患重病的10岁女儿去德国治疗。列宁在雅里洛夫的来信上批示尼·彼·哥尔布诺夫:"哥尔布诺夫:请一阅并给以帮助"。5月31日,列宁给全俄肃反委员会和外交人民委员部发了下面这封信:"全俄肃反委员会特别部、外交人民委员部。请准许雅里洛夫的患病的10岁女儿和即将动身回国的泰·毛勒一起去柏林治病。人民委员会主席　**弗·乌里扬诺夫(列宁)**"。

　　根据列宁的电报,库班—黑海区域执行委员会决定把东西退还给雅里洛夫教授家和泰·毛勒。——373。

395　这是列宁写在米·康·弗拉基米罗夫1921年5月30日的来电上的批示。弗拉基米罗夫汇报了乌克兰粮食收购的进度,谈到遭受饥饿的各省工人经常去乌克兰用商品交换粮食,给粮食人民委员部各收购机构造成了额外的困难,并担心,如果不尽快把商品运来,在田间工作开始前未必能收齐必要的粮食储备。

　　看来,由于弗拉基米罗夫的这份电报和他5月23日的来电,瓦·亚·斯莫尔亚尼诺夫按列宁的指示于6月1日把列宁签署的一项决定寄给了乌克兰人民委员会主席克·格·拉柯夫斯基。决定规定了遭受饥饿的各工业中心城市的工人组织派代表去乌克兰进行有组织的商品交换来收购粮食的办法。关于这个问题,参看本卷第419、438号文献。——374。

396　1921年5月格·库·科罗廖夫因工作需要被调离伊万诺沃-沃兹涅先斯克省,任俄共(布)中央视察员,去巡视伊万诺沃-沃兹涅先斯克、下诺夫哥罗德、弗拉基米尔以及科斯特罗马等省。科罗廖夫来信问这样做是否合适。列宁的这封信就是对他的询问的答复。——375。

397 指俄共(布)中央政治局 1921 年 5 月 10 日关于卡希拉电站工程要在 1921 年秋季之前竣工的决定。

卡希拉电站工程于 1919 年 2 月开工兴建。1919 年 4 月 14 日劳动国防委员会把这项建设确定为"国防工程以及对保卫后方具有特殊意义的工程"。

列宁认为卡希拉电站具有重大意义,它将向莫斯科一些最大的工厂供电,并且是实现国家电气化计划的首批工程之一。列宁直接参与解决各种问题,经常检查工程所需的材料、劳力、燃料和设备的供应情况。——376。

398 指未来的卡希拉—莫斯科输电线路的电线杆。第一次用于这样长的线路上的木头电线杆是冬天埋的,固定得不牢。瓦·亚·斯莫尔亚尼诺夫在回忆录中谈到,在列宁给格·德·瞿鲁巴写了便条之后,就采取了必要的预防措施。——376。

399 1921 年 6 月 3 日,劳动国防委员会决定拨给邮电人民委员部 500 万卢布,作为在莫斯科 6 个广场上安装作时事宣传用的有线广播的技术费用。

6 月 15 日,劳动国防委员会讨论了阿·马·尼古拉耶夫的报告和有关无线电话工程最低指标以及有关完成这些指标的措施的各项决定草案。这些决定于 1921 年 6 月 24 日和 7 月 6 日通过。劳动国防委员会责成邮电人民委员部在 1922 年 3 月 1 日之前建成 4 个无线电话中转站(莫斯科—塔什干—哈尔科夫—新尼古拉耶夫斯克),并在莫斯科四周半径 2 000 公里范围内设立 280 个省、县级接收台。——377。

400 1921 年 6 月 7 日,米·巴·巴甫洛维奇答复说,由于最近几个月没有时间,他不能参加这项工作。关于这个问题,还可参看本卷第 465、538 号文献。——379。

401 劳动国防委员会 1921 年 5 月 11 日和 18 日会议以及小人民委员会 6 月 7 日和 23 日会议讨论过限制专用车厢使用权的问题。6 月 28 日人民委员会(根据小人民委员会的报告)批准了限制使用专用车厢的决定

（见1921年7月2日《全俄中央执行委员会消息报》第142号）。——380。

402 指教徒农业生产联合组织第一次全俄代表大会的各项决定、决议和其他材料，以及该代表大会理事会和理事会主席弗·格·切尔特科夫1921年5月30日给列宁的来信。在这两封信里，他们请求允许切尔特科夫和 H.C.罗季奥诺夫（理事会秘书）出席小人民委员会研究该代表大会各项决议的会议。看来，理事会当时不知道小人民委员会5月16日的决定（见注274）。

　　6月1日尼·彼·哥尔布诺夫要来了这项决定的摘录，6月2日通知切尔特科夫，如果需要了解教徒农业生产联合组织全俄代表大会的某些详细情况，会及时通知他的。——381。

403 指1921年5月30日在全俄中央执行委员会第三次会议上成立的委员会，该委员会的任务是讨论劳动国防委员会给各地方苏维埃机关的指令草案和劳动国防委员会关于地方经济会议、关于报告制度和关于贯彻执行劳动国防委员会指令的决定草案（见本版全集第41卷第259—285、257—258页）。——382。

404 指格·瓦·契切林1921年5月31日打给俄共（布）中央的电话。契切林打这个电话是因为政治局5月31日决定批准列·波·克拉辛提出的请求，由外交人民委员部发给波·斯·斯托莫尼亚科夫一份任命他为俄罗斯联邦政府驻德国商务代表的委任书，政治局还决定询问契切林，这样是否可以保障俄罗斯联邦在德国的贸易地位，是否必须立即指派一名全权政治代表，如果需要的话，请契切林推荐候选人。

　　契切林在电话里指出贸易地位同政治地位有连带关系，但仅有一名俄罗斯联邦商务代表驻在德国，即使有正式委任书，长此以往，也是极其不利的。契切林以外交人民委员部部务委员会的名义，除推荐瓦·瓦·沃罗夫斯基以外，还推荐了尼·尼·克列斯廷斯基担任全权代表。——382。

405 同一天，即1921年5月31日，俄共（布）中央政治局用向各委员电话征询意见的办法通过了这个决定,并把决定转告了格·瓦·契切林。
——383。

406 安·马·列扎瓦后来给列宁写便条说,在国外购买掘土机的任务交给了列·波·克拉辛,至于他办了哪些事,不清楚。便条里还说,工程师 T.E.雷涅是矿业委员会派往国外的,他是专门给自己部门采购的特派代表。——384。

407 米·尼·图哈切夫斯基被任命为坦波夫军区司令并受命消灭安东诺夫匪帮。——385。

408 这是列宁在收到俄共(布)坦波夫省委书记 Б.А.瓦西里耶夫的来信后写的。瓦西里耶夫在信中报告了同安东诺夫富农匪帮作斗争的情况和省内粮食供应恶化的情况。他请求火速给以粮食支援和必要的军事援助。——386。

409 1921 年 4 月 27 日,俄共(布)中央政治局指示米·尼·图哈切夫斯基一个月内消灭坦波夫省境内的安东诺夫匪帮。图哈切夫斯基在 1921 年 7 月 16 日给俄共(布)中央的报告中指出,由于 5—7 月在坦波夫省进行几次军事行动的结果,富农的叛乱业已被扑灭,各地苏维埃政权均已恢复;安东诺夫匪帮在 5 月初曾达 21 000 人,现只剩下约 1 200 人。——386。

410 列宁在同一天,大概在发出这封致编辑部的信之前,曾写便条给西伯利亚革命委员会副主席谢·叶·丘茨卡耶夫,询问:"关于伊·马伊斯基(1)作为俄共党员(1921 年 2 月入党),(2)作为苏维埃机关的公职人员(他的职务是**什么**),他的工作情况,你们掌握了哪些材料?"丘茨卡耶夫在复信中对马伊斯基完成省委交给的任务以及他担任西伯利亚革命委员会经济部部长的工作情况作了肯定的评价。

列宁曾把马伊斯基的来信送交俄共(布)中央委员会全体委员传阅。——388。

411 1921 年 7 月 11 日,全俄肃反委员会副主席约·斯·温什利赫特送交给列宁一份彼得格勒肃反委员会来电的抄件。电报说,关于彼·谢·奥萨德奇教授被搜查一事,纯系无稽谣传。

列宁在温什利赫特来信的信封上批注:"存档。关于对**奥萨德奇**进行搜查的问题。注意。"

关于这个问题,参看本卷第 201、279 号文献。——389。

412 1921 年 6 月 2—3 日,国家计划委员会主席团听取了格·马·克尔日扎诺夫斯基就列宁来信内容所作的报告,并通过了由彼·谢·奥萨德奇根据列宁的各项建议草拟的给国家计划委员会下属各处处长和分委员会主席的指示草案。主席团会议记录的摘要曾报送列宁。——390。

413 这个电话稿大概是在收到彼·谢·奥萨德奇的报告后写的。在写电话稿前,列宁审阅了 1921 年 5 月 27 日在彼得格勒逮捕的原立宪民主党人的名单,在 1921 年 5 月 26 日夜被捕的人名单中潘·安·舒尔克维奇和波·叶·沃罗比约夫两人的姓名下面画了着重线。列宁在名单上还写了如下批注:"姓名下画了着重线的两个人奥萨德奇本人是知道的";"同我一样的";"有人问在家软禁不行吗? 不能采取别的防止逃跑的办法吗? 他们是不会逃跑的",等等。

列宁当时还写了如下批语:"(1)近来发出了'自行酌定逮捕'证。(2)最好是用**指名的**逮捕证。"

6 月 3 日,彼得格勒肃反委员会主席向约·斯·温什利赫特报告:列宁电报中提到的人已全部释放;彼得格勒的逮捕是在原立宪民主党人中间进行的,因为他们中间有一部分人参与了在彼得格勒破获的一起阴谋案;凡未查出有牵连证据的人均已释放。拘留时间自 12 小时至 36 小时不等。参看注 428。——391。

414 这是列宁写在格·瓦·契切林 1921 年 6 月 2 日给他的来信上的批示。契切林在信里说,列·波·克拉辛建议准许挪威公司的三名代表来察看他们拟承租的彼得格勒一家工厂;鉴于同挪威签订贸易协定的谈判正在进行,"外交人民委员部认为准许上述人员前来彼得格勒和莫斯科没有充分理由"。契切林还指出,外交人民委员部不可能向以私人身份前来的外国人提供膳宿,而对外贸易人民委员部在用来建造接待它所邀请的外国实业家的旅馆方面,没有做任何事情。——392。

415 俄共(布)中央政治局1921年6月4日会议讨论了杜布罗夫卡工厂的租让问题。会议决定准许挪威承租人前来俄国,责成彼得格勒执行委员会"在物质待遇方面按照商业原则"接待他们;还决定要求外交人民委员部和对外贸易人民委员部"制定具体的书面协议,规定对前来俄国的外国人按商业原则收费,应由哪个部门负责,条件是什么"。——392。

416 阿·奥·阿尔斯基回信说,如果列宁同意,他可以提请苏维埃通过一项决定:变卖总额为5万英镑的中国公债息票以满足劳动研究所的需要。列宁在这封信上批示:"请提交苏维埃。 **列宁** 6月14日"。

　　1921年6月8日,劳动国防委员会作出决定,批准劳动研究所申请的10万金卢布并交对外贸易人民委员部办理。——393。

417 1921年6月3日,达吉斯坦独立步兵旅政治委员亚·米·切韦廖夫在同列宁谈话时报告了达吉斯坦在执行民族政策中的一些过火行为。——393。

418 指《1920年底巴库地区的石油工业状况。劳动国防委员会特派员关于石油开采与外运情况的报告》。这本小册子是巴库阿塞拜疆中央出版物发行处于1920年出版的。列宁在这本小册子上的批注,见《列宁文集》俄文版第20卷第137—142页。——394。

419 1921年6月5日伊·米·古布金写信给列宁说,《关于在油田钻井中用水泥浆代替金属管》一文译自1920年3月27日美国《工程和矿业》杂志第13期(几乎是全文)。作者在文中只是提出了这一建议,并没有说明如何在实际中加以应用。列宁给古布金的复信见本卷第491号文献。——394。

420 这张便条是为答复格·李·什克洛夫斯基请求接见而写的。看来列宁于6月3日曾同什克洛夫斯基谈过话(见本卷第464号文献)。——395。

421　指俄共（布）中央组织局1921年5月12日的决定："派什克洛夫斯基同志去柏林由对外贸易人民委员部分配工作。"——397。

422　指国家出版社彼得格勒分社社长伊·约·约诺夫。催问的信于1921年6月10日发出。关于这个问题，参看本卷第538号文献。——397。

423　由于米·巴·巴甫洛维奇拒绝为教学地图集编绘帝国主义和殖民主义形势图（见注400），列宁于1921年6月2日建议卡·伯·拉狄克把这项工作交给苏俄驻德国代表处工作人员帕·路·拉品斯基。6月18日，拉品斯基答复说他很乐意承担这项工作。——397。

424　1921年6月10日或11日，格·马·克尔日扎诺夫斯基将最高国民经济委员会电力局局长尼·尼·瓦什科夫关于1917—1921年期间国家电气化进度情况的报告送交列宁。列宁在为共产国际第三次代表大会准备关于俄共策略的报告的提纲时利用了这个报告中提供的材料（见本版全集第42卷第1—10页）。列宁对瓦什科夫报告的意见，见本卷第496号文献。——398。

425　见注305。——399。

426　格·马·克尔日扎诺夫斯基向列宁报告说，他的指示正在执行。用来向共产国际第三次代表大会代表介绍电气化计划的地图和图表正在绘制，Е.Я.舒利金的《俄国电气化示意图说明》将被用来向代表们介绍电气化计划。——401。

427　在制定劳动国防委员会俄罗斯联邦资源利用委员会的条例时，阿·巴·哈拉托夫（粮食人民委员部）、格·马·克尔日扎诺夫斯基（计划委员会）、彼·阿·波格丹诺夫（最高国民经济委员会）和列·纳·克里茨曼（利用委员会）之间在关于这个委员会的职能问题上发生了意见分歧。在1921年的《经济生活报》第117、123、128、130号上发表了有关这个问题的一系列论战性文章。

　　　1921年6月14日，人民委员会在作了许多修改后批准了国家计划委员会拟出的这个条例草案。该条例由人民委员会委托波格丹诺

夫、克尔日扎诺夫斯基、克里茨曼和哈拉托夫组成的工作小组在文字上
作了加工,6月29日由列宁签署。——401。

428 1921年6—7月,全俄肃反委员会在彼得格勒,在俄罗斯联邦的北部和
西北部地区破获了一些准备在粮食税开始实行前举行武装暴乱的反革
命组织。

　　　全俄肃反委员会1921年7月24日公布的报告中揭露了彼得格勒
的阴谋分子同外国间谍机关的勾结。——401。

429 1921年3月23日,劳动国防委员会根据莫·伊·弗鲁姆金作的《关于
为北高加索提供原料与现款》的报告,责成对外贸易人民委员部和最高
国民经济委员会将自己对这一问题的意见上报小人民委员会。3月24
日,小人民委员会责成对外贸易人民委员部不晚于4月15日为对外贸
易人民委员部驻东南边疆区特派员提供总额1 000万金卢布的外币、
珍宝和原料,用以在南方国外市场购买北高加索进行商品交换所必需
的商品。4月底查明,对外贸易人民委员部没有完成这项任务。

　　　6月3日,经过劳动国防委员会和人民委员会反复讨论后,劳动国
防委员会责成由列·米·欣丘克、德·伊·库尔斯基和瓦·亚·斯莫
尔亚尼诺夫组成的工作组就3月24日决定未能执行的问题进行调查,
并立即采取必要措施保证东南边疆区的商品交换。6月8日,劳动国
防委员会根据该工作组的报告认为:有必要增加东南边疆区的商品储
备并委托对外贸易人民委员部提出各部门执行决定情况的报告。
——402。

430 见注139。——402。

431 莫·伊·弗鲁姆金在1921年6月7日的复信中说,对外贸易人民委员
部所以没有执行人民委员会1921年3月24日作出的保证东南边疆区
进行商品交换所需的商品储备的决定,是由于列·波·克拉辛和安·
马·列扎瓦不愿让东南边疆区经济委员会有可能独立地同国外市场进
行贸易。弗鲁姆金报告说,该经济委员会违反莫斯科的指示,集中了总
额250万金卢布的出口商品,同法国批发贸易公司签订了在君士坦丁

堡市场为东南边疆区购货的合同。——403。

432　这里说的是阿塞拜疆石油委员会同对俄通商工业金融公司1921年5月9日在君士坦丁堡签订的合同。劳动国防委员会和对外贸易人民委员部驻外高加索各共和国特派员 Ф.Я.拉比诺维奇把合同抄件寄给了列宁,其中指出,石油委员会委托对俄通商工业金融公司购买技术材料和装备时承担如下义务:如事先未征得该公司同意,不得从别的公司购买这类货物,否则石油委员会应偿付该公司3%的佣金。这一条以及向对俄通商工业金融公司出售石油产品的条件遭到了列宁特别强烈的反对。

　　列宁在收到亚·巴·谢列布罗夫斯基送来的文件后责成一个专门委员会研究这一合同并作必要的修改(见本卷第524、525号文献)。——405。

433　1921年6月11日,亚·巴·谢列布罗夫斯基派信使向列宁递送关于购货问题以及同对俄通商工业金融公司和法国对俄贸易公司签订合同问题的文件,同时发电报报告说,并未让对俄通商工业金融公司垄断石油产品,石油委员会签订的全部合同均须经对外贸易人民委员部批准。

　　列宁在谢列布罗夫斯基的电报上批道:"**斯莫尔亚尼诺夫。密。**请阅。记住。要立刻抓住信使,一个小时也不要耽搁。　**列宁**　6月11日"。

　　格·康·奥尔忠尼启则及劳动国防委员会和对外贸易人民委员部驻外高加索各共和国特派员 Ф.Я.拉比诺维奇也发来了复电。——405。

434　1920年10月30日,人民委员会通过了《关于泥炭水力开采法》的决定。根据这个决定,各地的水力开采泥炭的工作都被列为"特别紧急,对国家具有非常重要的意义"的任务;最高国民经济委员会主席团受委托在泥炭总委员会内成立水力开采泥炭的管理机构(泥炭水力开采管理局),罗·爱·克拉松被任命为领导人;泥炭水力开采管理局开展工作的措施也得到了批准(见《苏维埃政权法令汇编》1983年俄文版第11卷第357—361页)。1921年春,人民委员会再次仔细地讨论了水力开采泥炭的问题(见注226)。——406。

435 见注 403。——409。

436 指给予违反了劳动国防委员会 1921 年 4 月 1 日关于各机关抽调汽车从西伯利亚、乌克兰和北高加索运出粮食的决定的省执行委员会主席、局长以处分的问题。劳动国防委员会于 6 月 1 日和 3 日,人民委员会于 6 月 21 日审议了这个问题。全俄中央执行委员会主席团于 6 月 23 日宣布给予没有完成和没有及时完成劳动国防委员会 4 月 1 日命令的奥廖尔、库尔斯克、萨拉托夫、罗斯托夫、萨马拉、弗拉基米尔、彼得格勒、奔萨及下诺夫哥罗德各省执行委员会主席团以警告处分(见 1921 年 6 月 29 日《全俄中央执行委员会消息报》第 139 号)。——409。

437 指阿斯特拉罕省执行委员会因租让谈判在进行而决定停止向巴库油田运送木材一事。格·康·奥尔忠尼启则于 1921 年 5 月 31 日电请列宁撤销这一决定并将有关人员交付法庭审判。

　　劳动国防委员会于 6 月 8 日讨论了奥尔忠尼启则来电后向阿斯特拉罕省执行委员会发出指示说:如该决定业已公布,则予以撤销。劳动国防委员会建议全俄中央执行委员会对该问题进行调查并处分有关人员。——410。

438 当天,即 1921 年 6 月 6 日,莉·亚·福季耶娃便向列宁报告了他交办的任务的执行情况,她还转告列宁,副财政人民委员阿尔斯基答应日内给列宁回信(据福季耶娃推测,列宁在这里指的是 1921 年 5 月 29 日给阿尔斯基的信。见本卷第 430 号文献)。——412。

439 这张便条是列宁收到安·马·列扎瓦 1921 年 6 月 6 日的来信后写的。

　　列扎瓦建议列宁删去他给阿·巴·谢列布罗夫斯基的电报稿中的一段话:"我绝不反对阿塞拜疆对外贸易人民委员部和阿塞拜疆石油委员会同君士坦丁堡直接进行贸易,我愿意支持巴库的相当广泛的自主权,但需要有保证。"(见本卷第 470 号文献)理由是,阿塞拜疆缺少组织良好的贸易机构,而且外高加索三个共和国已就统一对外贸易问题达成协议。

　　列扎瓦还提到东南边疆区经济委员会根据劳动国防委员会 3 月

24日决定于4月22日在顿河畔罗斯托夫同法国批发贸易公司签订了一项合同:通过该公司在君士坦丁堡购买3 500万法郎货物。这一合同在经济上是不利的,并且没有得到对外贸易人民委员部的同意。——412。

440　这个批示写在瓦·瓦·佛敏1921年6月4日给俄共(布)中央和列宁的报告上。佛敏报告说,运输部门严重缺粮已引起员工不满、工厂停工以及其他困难。他请求政治局讨论把最高国民经济委员会所属的一些小工厂划归交通人民委员部的问题,建议由交通人民委员部负责安排这些工厂来生产能换取运输部门员工所需食品的商品。——413。

441　这个批示写在格·李·什克洛夫斯基1921年6月5日给列宁的来信上。什克洛夫斯基在信里感谢列宁给他以精神上的支持,并请求列宁或者是帮助他尽快出国工作,或者是在共产国际或莫斯科市苏维埃的机构中给他安排工作而把他的家属送到国外去。——414。

442　1921年6月6日,尼·彼·哥尔布诺夫向列宁报告说:"莫洛托夫正设法给什克洛夫斯基办理德国签证。已向柏林问了6次(现在是以中央委员会的名义)。今明两天内可望答复。他们建议派什克洛夫斯基去苏俄驻柏林的对外贸易机构工作。莫洛托夫将写信给卢托维诺夫。家属随什克洛夫斯基一同前往……"

　　　　列宁于6月7日写了下面这封复信:"哥尔布诺夫同志:如果在柯普动身前还收不到德国的答复,就请柯普催办此事,一定要把**中央**给柏林斯托莫尼亚科夫的信以及给卢托维诺夫的抄件交柯普亲收。等什克洛夫斯基动身的时候,我还要交给他一封给斯托莫尼亚科夫的信。"哥尔布诺夫于6月11日报告列宁说他的指示已执行。——414。

443　这是列宁对彼·伊·斯图契卡1921年6月6日来信的复信。斯图契卡在来信中请求列宁帮助促成用拉脱维亚资产阶级政府企图解救的、被俄罗斯联邦逮捕的反苏维埃分子来交换受里加军事法庭审判的两名现任拉脱维亚共产党中央委员会委员的工人。斯图契卡在信的结尾报告了共产党在拉脱维亚影响增强的情况。——418。

444 1921年6月8日,尼·彼·哥尔布诺夫将此信分送给了莫斯科省和波多利斯克县的土地局国营农场管理处。

莫斯科省土地局进行专门调查后报告说,这些池塘不适于经营正规的渔业,而为钓鱼爱好者修复池塘则无利可图。——419。

445 这是列宁写在列·波·克拉辛1921年6月2日从伦敦发来的电报上的指示。电报请求发给美国参议员约瑟夫·法朗士去苏俄的入境签证。

6月21日俄共(布)中央政治局会议通过决定,准许法朗士来俄国。1921年夏,法朗士访问了苏维埃俄国;7月15日列宁接见了他(见本卷第493号文献,本版全集第51卷第26、31、77号文献)。——420。

446 指同德国工业家和公司进行的签订贸易合同和租让合同的谈判。——421。

447 见注443。——421。

448 1921年5月7日,列·波·克拉辛给列宁写了一封信,说一家英国银行建议签订一项在彼得格勒开辟自由港的租让合同。列宁在克拉辛来信上批示:"列入劳动国防委员会星期三即5月11日议程(选举一个委员会)。**列宁** 5月8日。"5月11日劳动国防委员会会议通过了一项决定,成立一个由最高国民经济委员会、对外贸易人民委员部和交通人民委员部三方代表组成的专门委员会来研究克拉辛提出的问题。这个问题以后又多次提交劳动国防委员会和小人民委员会讨论。结果,关于签订在彼得格勒开辟自由港的租让合同的建议没有获得通过。——424。

449 1921年6月10日,俄共(布)中央组织局决定解除拉·阿布拉莫维奇的职务,并责令驻柏林的外国科学技术局局长尼·米·费多罗夫斯基就未经中央同意吸收阿布拉莫维奇参加工作一事作出解释。——425。

450 这是列宁写在驻瑞典苏维埃贸易代表团1921年5月30日的来信上的

批示。信中说有一批瑞典工人共产党员请求苏维埃政府向他们订货，让他们生产各种金属制品。这些订货规定在工人自己领导的工厂内完成。由俄共（布）中央委员会、最高国民经济委员会和全俄工会中央理事会的代表参加的专门委员会会议以及对外贸易人民委员部研究了苏维埃贸易代表团的来信。瓦·亚·斯莫尔亚尼诺夫在1921年7月向列宁呈报的材料中，强调指出解决这个问题的复杂性。——425。

451 指伊·米·古布金对列宁1921年6月3日的信的答复（见本卷第461号文献及注419）。——426。

452 被派到国家珍品库工作的Я.М.尤罗夫斯基在1921年6月2日的信中请求列宁答复，他是否应通过人民委员会、劳动国防委员会、全俄中央执行委员会和俄共（布）中央，以至通过报刊来争取实现其改组国家珍品库的建议，还是应等待国家珍品被盗问题的调查有了结果后再说。关于这一问题，参看本卷第400、430、519、536号文献。——427。

453 指1921年5月16日与Я.М.尤罗夫斯基的谈话。参看注352。——427。

454 指给予美国参议员约瑟夫·法朗士进入苏维埃俄国的入境签证一事。——428。

455 这张便条说的是关于重新考虑组织局1921年6月7日作出的从工农检查人民委员部调回马丁诺维奇的决定问题，这一请求是瓦·亚·阿瓦涅索夫在电话里提出的。

　　1921年6月21日俄共（布）中央政治局会议通过决定：马丁诺维奇仍留在工农检查人民委员部工作。——428。

456 指尤·拉林。他的《苏维埃工业的秘密》一文（载于1921年6月9日《真理报》第125号）对国家计划委员会的工作进行了尖锐的批评。——429。

457 看来是指1921年6月2日列宁给格·马·克尔日扎诺夫斯基的信（见本卷第456号文献）。——429。

458 指农学家 B.Π.巴利耶夫写的《制定俄罗斯联邦全国统一经济计划的纲要草案》。格·马·克尔日扎诺夫斯基曾建议把该草案送交列宁审阅。——429。

459 1921年6月10日或11日,格·马·克尔日扎诺夫斯基在给列宁的信中写道,读了尤·拉林对国家计划委员会工作进行猛烈攻击的文章《苏维埃工业的秘密》后,他"觉得脚后跟被轻轻咬了一口"。克尔日扎诺夫斯基谈到国家计划委员会委员谢·帕·谢列达的建议:"以国家计划委员会一些委员的名义给拉林写一封既客气又辛辣的信,建议他向国家计划委员会全体会议讲讲他对国家计划委员会工作方法的高见。在全体会议上向他开火,然后发表会议速记记录。"克尔日扎诺夫斯基写道:"我建议在我们准备向劳动国防委员会提出的有关我们各项工作进展情况的报告的附注中给予答复。根据这些工作的进展情况,这份报告最好于下周末提出。"

　　1921年6月13日,克尔日扎诺夫斯基把他针对拉林的文章而写的《致我们的批评家们》一文初稿交给了列宁。列宁对这份初稿的看法以及对克尔日扎诺夫斯基将向劳动国防委员会作的关于国家计划委员会工作的报告(报告于1921年7月8日进行)草案的建议,见本版全集第51卷第17号文献。——430。

460 沙图拉电站于1918年初开工兴建,第一期工程于1920年7月25日投产,装机容量为5 000千瓦。全部工程于1925年完成。该电站以列宁的名字命名。

　　乌特金湾电站即彼得格勒附近的红十月电站。它的第一期工程的装机容量为10 000千瓦,于1922年10月8日投产。

　　基泽尔电站(位于彼尔姆州东北部科斯瓦河畔),是根据俄罗斯国家电气化委员会建成的利用当地燃料的首批区电站之一。该电站第一批机组于1924年7月17日开始发电。

　　沃尔霍夫电站(后为国营列宁沃尔霍夫区电站)是1918年7月13日由人民委员会决定修建的。但由于国内战争和武装干涉,这项工程一直到1921年才进行。该电站第一批机组于1926年12月19日开始发电。——431。

461　由于列宁要求为他起草向共产国际第三次代表大会作的报告（见本卷第466号文献）准备材料，格·马·克尔日扎诺夫斯基把最高国民经济委员会电力局局长尼·尼·瓦什科夫所作的关于1917—1921年国家电气化进度情况的报告《俄国的电气化》寄给了列宁。瓦什科夫于1921年7月10日在《经济生活报》第149号上发表的《俄国的电气化》中已吸收了列宁对该报告的意见。1921年8月1日列宁向瓦什科夫谈了他对这篇文章的意见（见本版全集第51卷第169号文献）。——431。

462　指苏连·斯潘达良的父亲斯潘达尔·斯潘达良用亚美尼亚文写的来信。他请求列宁和列·波·加米涅夫给他以物质上的援助并帮助他从巴黎回国。Б.米里曼扬在附函中也谈到他的这一请求，列宁的这个批示就是写在这封附函上的。——432。

463　1921年6月6日，奥·威·库西宁把他写的论组织问题的文章的一部分和作为该文基本论点的提纲寄给了列宁。列宁建议库西宁就这个问题向共产国际第三次代表大会作报告，并对提纲提了一些意见（见本版全集第42卷第18—19页）。

　　作者根据这些意见修改了提纲，并于6月17日再送交列宁（缺第25—29节关于党的报刊部分），6月21日又送出余下各节。看来列宁再次审阅了这一提纲。6月27日，库西宁把提纲第三稿寄给了列宁，德国共产党人威·克南也参加了修改提纲的工作。在7月9日给库西宁和克南的信中，列宁提出自己对提纲的最后意见和补充（同上书，第21页），库西宁和克南接受了列宁的意见。《关于各国共产党的组织建设、工作方法和工作内容的提纲》草案提交给代表大会并在专门委员会中进行讨论。7月12日由共产国际第三次代表大会略加修改后通过。——433。

464　关于组织问题的报告是德国统一共产党党员威·克南于1921年7月10日在共产国际第三次代表大会上宣读的。——433。

465　指列宁于 1921 年 4 月 16 日给克·蔡特金和保·莱维的信(本卷第 298 号文献)。——433。

466　1921 年 6 月 2 日,小人民委员会废除了 1918 年 11 月 26 日关于在邮电人民委员部及其各地方机构设立跨部门问事处的法令,并建议把这个机构由内务人民委员部集中领导。列宁收到人民委员会这项决定后在上面写道:"我不同意。为什么废除? 要他们把理由给我**简单**写来。**列宁** 6 月 7 日"(参看《列宁文稿》人民出版社版第 17 卷第 89 页)。

对此,小人民委员会副主席亚·格·哥伊赫巴尔格复信解释说,是邮电人民委员部自己提出不再承担这一任务的要求的。这里收载的批示就是列宁写在哥伊赫巴尔格的复信上的。

据 1918 年 11 月 26 日法令,人民委员会是"鉴于有必要使劳动人民群众能够花最少时间而得到有关各苏维埃机关活动的指示和资料"而决定设立问事处的,问事处应备有"关于各苏维埃机关活动的所有必要的基本资料"(见《苏维埃政权法令汇编》1968 年俄文版第 4 卷第 72—73 页)。——434。

467　1921 年 6 月 16 日,小人民委员会重新讨论了 6 月 2 日的决定。但会上提出的由邮电人民委员部同内务人民委员部合办跨部门问事处的决定未获得一致通过。

8 月 15 日,人民委员会通过新的决定:在内务人民委员部下面设立中央问事机构,而各地邮电部门下设的问事处仍然保留(见 1921 年 10 月 14 日《全俄中央执行委员会消息报》第 230 号)。——434。

468　见注 356。——435。

469　指全俄工会第四次代表大会决议《工资政策》(见 1921 年莫斯科出版的《全俄工会第四次代表大会决议(1921 年 5 月 18—25 日)》第 20—21 页)。——435。

470　指当时正在制定的征收肉类税的法令。这一法令是根据 1921 年 3 月 21 日全俄中央执行委员会关于以实物税代替余粮和原料收集制的决定制定的。《关于对肉类征收实物税的法令》由人民委员会于1921年6月14日批准,公布于6月22日《全俄中央执行委员会消息报》第133号。——436。

471 这个问题大概是由叶·亚·利特肯斯写给列宁的关于中央出版物发行处状况的报告引起的。1921年6月15日,利特肯斯向俄共(布)中央政治局提出建议:责成组织局把中央出版物发行处处长波·费·马尔金调离教育人民委员部。利特肯斯指出,由于中央委员会撤销了他根据政治局关于改组和更新中央出版物发行处的决定而作出的把马尔金调离现职的命令,这一改组已经暂停,教育人民委员部的状况恶化,他(利特肯斯)则被弄得威信扫地。——437。

472 这个建议是写在人民委员会《关于对某些国营企业的职工实行集体供应》的决定草案上的。列宁在决定草案上作了一些批注(见《列宁文集》俄文版第20卷第305—306页)。列宁的补充已写进《关于对某些国营企业职工实行集体供应的法令的基本实施细则》,该细则与劳动国防委员会关于这一问题的决定一起,由列宁于1921年6月18日签署。——438。

473 1921年6月16日,威·克南、奥·塔尔海默和保·弗勒利希致函俄共(布)中央,声明出席共产国际第三次代表大会的德国代表团赞同俄国代表团所拟的策略提纲,同时如果代表大会要通过关于三月行动的专门决议,德国代表团要求在决议中写入以下几点:(1)三月行动并非盲动,而是德国革命和党的发展中的前进的一步,把它看成未经充分准备的进攻是错误的;(2)把保·莱维开除出党是正确的;(3)德国统一共产党内禁止任何派别活动,等等。

列宁说他对此信作过口头答复,大概是指他在1921年6月15日俄共(布)中央政治局委员与德国代表团举行的会议上的讲话。这个讲话的记录没有保存下来。——438。

474 指美国伊利诺伊大学图书馆给列宁的来信,信中要求给它寄俄罗斯联邦政府的官方出版物,以补充它收藏的外国文献资料。信中还建议交换图书。——439。

475　这封信是在收到对外贸易人民委员部驻乌克兰特派员和乌克兰消费合作总社主席伊·阿·萨美尔1921年6月15日的来电后写的。

　　萨美尔在这份对列宁6月6日电报(见本卷第476号文献)的复电中说,由于缺少原料、商品和现款,乌克兰对外贸易业务已中断。他请求列宁督促各人民委员部满足乌克兰提出的申请,还请求列宁为乌克兰对外贸易人民委员部得到人民委员会分给它的黄金和外汇一事提供帮助。——440。

476　1921年6月21日俄共(布)中央政治局决定季·弗·萨普龙诺夫留任最高国民经济委员会副主席,解除其国家建筑工程总委员会主席职务,并责成最高国民经济委员会在与建筑工会中央委员会协商后任命一名国家建筑工程委员会主席。——441。

477　这里说的是尼·斯·塔甘采夫院士1921年6月16日给列宁的信,信中请求宽大处理被彼得格勒肃反委员会逮捕的他的儿子B.尼·塔甘采夫教授。信中还谈到属于尼·斯·塔甘采夫个人的财物被没收一事。

　　1921年7月5日,德·伊·库尔斯基把B.尼·塔甘采夫案件结论寄给列宁,结论中指出,由于B.尼·塔甘采夫积极参与了反革命组织"俄罗斯复兴会"的活动,应受到严惩。

　　遵照全俄中央执行委员会主席团6月18日命令,发还了属于尼·斯·塔甘采夫个人的财物。——442。

478　这份电报写在格·康·奥尔忠尼启则1921年6月11日给列宁的来电的背面。奥尔忠尼启则说,阿·巴·谢列布罗夫斯基认为列宁6月5日及6日的电报(见本卷第470、477号文献)是对他不信任的表现,因而提出了调离问题,奥尔忠尼启则建议列宁给谢列布罗夫斯基发一份电报安抚他。——443。

479　这是列宁写在格·瓦·契切林1921年6月16日给维·米·莫洛托夫

的信上的批示。契切林在信中对俄共(布)区委抽调担任外交人民委员部负责工作的共产党员一事提出抗议。契切林在信中说,外交人民委员部的一些部门的职务只能由共产党员担任,但是区委却要求把党员负责人挑走,这样做就使外交人民委员部无法正常工作。——444。

480　指任命维·列·柯普为俄罗斯联邦驻德全权代表一事。——444。

481　1921年6月16日小人民委员会会议讨论了副财政人民委员阿·奥·阿尔斯基关于币制改革的报告,并根据这个报告通过了一个详细的决定。列宁在签署这个问题的记录时批示:"从第8条中删去国家计划委员会。**列宁**"。大概与此同时列宁给小人民委员会写了这封信。但是决定的第8条并没有提到国家计划委员会。这里显然是指决定的第7条。该条指出:"建议财政人民委员部同国家计划委员会一起详细研究关于国家总预算(无论货币的,或是实际的)的经济基础问题,并每月向人民委员会作关于预算改革的报告。"——445。

482　这是列宁写在格·瓦·契切林1921年6月15日给俄共(布)中央的来信上的批示。契切林在谈到英国埃莫特勋爵委员会就苏维埃俄国国内状况向英国议会作的报告时表示,他主张也发表一个关于"英国国内状况"的"调查报告",指出英国"国内发生危机、经济日趋崩溃,制止崩溃的措施不起作用,工人阶级状况恶化,民众食不果腹,宪法虚有其表,专制制度实际上仍然存在,一小撮寡头统治国家,对外政策具有冒险性,对世界各国怀有侵略和掠夺的意图,等等"。契切林建议"正式责成拉狄克同志着手完成这项计划"(着重线是列宁画的)。

　　6月19日,俄共(布)中央政治局作出决定:"通过这一提案,责成拉狄克同志着手完成提出的计划,并授权他根据需要吸收其他同志参加此项工作。"——446。

483　此件写在高加索独立师革命军事委员会委员沙·祖·埃利亚瓦1921年6月14日的来电上。埃利亚瓦报告说,尽管列宁发过命令(见本卷《附录》第37号文献),北高加索还是停止发运粮食,红军指战员势必会断粮。埃利亚瓦要求立即给予支援。——446。

484　这是列宁写在格·瓦·契切林 1921 年 6 月 18 日给维·米·莫洛托夫的信上的批示。契切林在信中说他们收到的俄共(布)中央委员会远东局发来的密码电报称,远东共和国已开始就向日本租让远东共和国的森林、矿山和其他企业的问题同日本政府和日本工业家谈判。契切林写道:"外交人民委员部部务委员会认为,在日本进行新的武装干涉的时刻,同日本政府或日本资本家进行任何此类谈判都是不能允许的,都是极其有害和危险的。正是在现在,当日本人可能即将对远东共和国发动新的(公开的或隐蔽的)进攻时,这种租让会对日本人夺占重要据点,对他们准备进攻或他们所支持的白卫军准备进攻起掩护作用。"——448。

485　指执行俄共(布)中央政治局 1921 年 6 月 4 日关于抽调 2 000 名左右共产党员到国家珍品库值班的决定。——448。

486　阿·奥·阿尔斯基 1921 年 6 月 21 日写信给列宁,说财政人民委员部为改进国家珍品库的工作已采取了各种措施,但这些措施的执行却受到阻碍,因为劳动国防委员会还没有研究财政人民委员部提出的关于国家珍品库的决定草案。

　　1921 年 6 月 29 日,劳动国防委员会通过决定,把国家珍品库工作列为当前的重点,责成各机关和各人民委员部由领导干部亲自负责在 24 小时内优先满足国家珍品库提出的要求和申请,同时还制定了一系列措施来改进其工作。——449。

487　这张便条是列宁在收到列·波·克拉辛的来电后写的。来电说英国政府对莫斯科工人、农民和红军代表苏维埃没收一位英国公民的财产一事提出了抗议。克拉辛请求调查此事并惩办有关人员。——449。

488　这是列宁写在格·瓦·契切林 1921 年 6 月 19 日给维·米·莫洛托夫的信上的批示。契切林在信中说:"我上次曾建议否决远东局关于在目前向日本人提供租让的方案,为了对这一建议再作一些补充和发挥,我代表外交人民委员部部务委员会提出如下决定草案:在日本未全部撤出远东共和国领土,未交出谢苗诺夫和白卫军其他头目,未同远东共和国和俄罗斯联邦恢复外交关系以前,远东共和国不准向日本提供租让。

　　以上具体列举的条件应成为验证日本是否完全放弃敌视我们的方针的根据。如日本仍推行这一方针,远东共和国向日本人提供租让就会构成一种严重的危险,使远东共和国和俄罗斯联邦的安全受到威胁。"

　　1921年6月20日俄共(布)中央政治局批准了契切林的草案。——450。

489　此处大概是指东南边疆区经济委员会同法国批发贸易公司签订的合同(见注439)以及对外贸易人民委员部条约法律司对此问题提出的结论性意见。——450。

490　这封信是列宁收到安·马·列扎瓦1921年6月20日来信和莫·伊·弗鲁姆金6月21日来信后写的。列扎瓦告诉列宁,他已布置对外贸易人民委员部工作人员准备材料,以便废除同"批发贸易"公司签订的合同(见注439)。弗鲁姆金在给列宁的复信(列宁的信见第522号文献)中说,将于6月22日召开负责研究为东南边疆区经济委员会采购货物问题的专门委员会会议,并请求列宁命令对外贸易人民委员部推迟废除与"批发贸易"公司签订的合同。

　　6月22日,劳动国防委员会要求上述专门委员会于6月24日前就此问题提出结论性意见。——451。

491　见注431、432。——452。

492　劳动国防委员会6月22日晚会议没有讨论这个结论性意见,问题挪到了下次会议。6月24日,劳动国防委员会责成伊·捷·斯米尔加、安·马·列扎瓦和列·米·欣丘克组成一个委员会,立即向阿塞拜疆石油委员会主席亚·巴·谢列布罗夫斯基、劳动国防委员会和对外贸易人民委员部驻外高加索各共和国特派员 Ф.Я.拉比诺维奇了解合同的某些细节以及为修改该合同所必需采取的措施。

　　该委员会在与谢列布罗夫斯基和拉比诺维奇商谈后对合同所作的修改,后来被采纳了。——453。

493 这里说的是1918年12月31日俄国社会民主工党全国代表会议通过的关于保证党的统一的决议,该决议认为格鲁吉亚孟什维克与协约国结成联盟是不能容许的,并加以谴责。这项决议发表在1919年1月6日《印刷工人报》第11号上。

1921年7月25日,列宁向尼·列·美舍利亚科夫了解,他在撰写有关格鲁吉亚问题的文章时是否参考了这个决议,如果他手头没有这个决议,列宁建议他设法弄到(见《列宁文集》俄文版第35卷第262页)。——455。

494 1921年6月10日,最高国民经济委员会主席团委员路·卡·马尔滕斯向列宁送交了一份他给最高国民经济委员会主席团的报告的抄件。在这个报告里,他提出了吸收外国工人,主要是吸收旅美俄罗斯侨民参加苏维埃工业建设的问题;由于美国发生工业危机,1920年底至1921年初,这些外国工人对苏维埃俄国更为向往了。报告还指出,一些工人团体已团结在技术援助苏俄协会周围。马尔滕斯举了一些在俄国利用有组织的美国工人团体的例子,其中讲到,旅美俄罗斯建筑工人合作社不仅带来了工厂设备和够用两年的备用零件,而且带来了够吃半年的粮食。马尔滕斯的报告还对组织外国工人来苏维埃俄国问题提了一些实际建议。

列宁在这份报告的第1页上批注:"注意第9页:随身带来粮食",在第9页上列宁在"他们随身带来了够吃半年的粮食"一句下画了着重线,并在边上写了"注意"二字。

马尔滕斯的报告后来被收做劳动国防委员会1921年6月22日会议第224号记录的附件。——455。

495 路·卡·马尔滕斯收到这封信后给列宁复信说,他立即着手起草劳动国防委员会关于旅美俄罗斯侨民参加工业建设的决定,6时前能够草拟完毕。

当天,即1921年6月22日,劳动国防委员会讨论了这个问题,认为最好"把个别工业企业甚至是一批工业企业按照议定的条件租给美国工人和能够运用工业技术的农民经营来发展这些企业,条件包括保证他们具有一定程度的经营自主权"(见《列宁文集》俄文版第20卷第202页)。劳动国防委员会还认为必须调整参加工业建设的外国工人入境的规定,并责成最高国民经济委员会拟出把企业租给这些工人经营的条件。

根据这个决定,荷兰共产党员、工程师塞·尤·鲁特格尔斯及其合作者被允许立即前往乌拉尔和库兹巴斯,去当地了解原料分布情况和适合于利用美国工人侨民的企业的情况。

列宁非常关心这类企业和农业公社的建立(见本版全集第42卷第159—160、177—178、179、214—215页,第43卷第234、235、236—237、238—239、294—295页,第51卷第174、182、496、552号文献和《附录》第2号文献,第52卷第416号文献)。

同时,列宁一再指出,到俄国来的工人必须作好克服困难的准备并建议美国工人最好先派代表来实地察看准备承租的土地、矿场和工厂等。——456。

496　1921年6月21日,对外贸易人民委员部部务委员米·瓦·雷库诺夫来信建议,为了改进该部工作,应增派共产党员来加强机关,同时在部务委员会内增加两三名有实际工作经验的人,在向国外推销商品时利用过去的出口商人,允许从交易额中提成用来奖励工作人员等等。

雷库诺夫的这封信打印后分发给了俄共(布)中央组织局和政治局全体委员。雷库诺夫同时还提出了一份关于建立出口物资的报告。——457。

497　这是列宁写在卡希拉电站工程总工程师格·德·瞿鲁巴1921年6月22日给他打来的电话记录上的批示。瞿鲁巴报告说,由于资金缺乏,该项工程的建筑材料和其他材料的供应以及工人工资的支付都拖延了。

1921年6月23日,小人民委员会讨论了列宁的建议,并指示财政人民委员部责成莫斯科苏维埃财政局保证卡希拉工程优先获得必需数量的资金。——457。

498　1921年4月23日,列宁给外交人民委员部列·米·卡拉汉写了一封信,信里说:"可以任命马克西姆·阿列克谢耶维奇·彼什科夫为信使一事,请作如下安排:他返回俄国的日期由沃罗夫斯基**在意大利决定推迟,而不必专门请示莫斯科。致共产主义的敬礼! 列宁**"(参看《列宁文稿》人民出版社版第 16 卷第 907 页)。把彼什科夫留在意大利,看来是在这以后商定的。——458。

499　维·列·柯普 1921 年 6 月 14 日来电说:"马尔察恩昨天答应我马上给希尔格发电报,要他立即给什克洛夫斯基及其家属发签证。"列宁于 6 月 16 日把这份来电转给格·李·什克洛夫斯基,同时告诉什克洛夫斯基,要他临行前带走列宁给斯托莫尼亚科夫的一封信。什克洛夫斯基于 7 月得到了签证。——459。

500　格·列·皮达可夫 1921 年 6 月 6 日来电报告了顿巴斯工人供应恶化的情况,认为这是由于供应工作完全交给矿工工会造成的。皮达可夫要求作出规定,今后一切经济政策问题,包括工人供应问题,均由顿巴斯中央煤炭工业管理局统一负责处理。——461。

501　1921 年 7 月 7 日,列宁收到了格·列·皮达可夫的复信。信里说,他在工人供应问题上与顿巴斯工会干部 И.И.梅津采夫和 Ю.М.尤诺夫有意见分歧。他认为工人供应工作应由农业管理机构掌管,而梅津采夫和尤诺夫却认为这是工会的事。他没有和省执行委员会主席莫·李·鲁希莫维奇讨论过这个问题。皮达可夫指出,他们没有开展国外贸易,而省内的商品流通却收效甚微。他还说,经济会议的情况将由鲁希莫维奇上报。——461。

502　指 1919 年建立的负责鉴别和研究已收归国有的艺术品、古玩和珠宝的专家委员会。该委员会选出具有艺术价值的珍品,其余的则留供出口。列宁以前对该委员会的工作也很关心(见本版全集第 49 卷第 671 号文献)。——462。

503　当天,即 1921 年 6 月 24 日,维·鲁·明仁斯基报告列宁说:高尔基提出的要求能够办到。他还说已与高尔基谈妥,要派几名全俄肃反委员会的工作人员到专家委员会按高尔基的指示进行工作。——462。

504　格·伊·博基在 1921 年 6 月 23 日的报告中向列宁汇报了他所采取的防止国家珍品库被盗的措施。他同时把负责调查国家珍品库工作的专门委员会的初步报告抄件寄给了列宁，这份报告提出了一些改进该库工作的建议。7 月 8 日，国家珍品库改组工作的进度计划也交给了列宁。——463。

505　指财政人民委员部 1921 年 6 月 24 日提交劳动国防委员会的《关于把国家珍品库工作列为重点》这一决定草案。劳动国防委员会于 6 月 29 日通过了这项决定。——463。

506　指由安·马·列扎瓦、列·米·欣丘克、彼·拉·沃伊柯夫和莫·伊·弗鲁姆金组成的小组于 1921 年 6 月 24 日提出的如下决定草案：“认为必须在国外市场采购总数为 3 000—5 000 万普特的粮食，数量依今年收成最后结果而定。

这批粮食的采购工作应立即着手，加速进行，但是不能在价格和运费等方面损害俄罗斯联邦的利益，同时要使这些粮食在航道封冻以前能运到 $\frac{1}{3}$，其余 $\frac{2}{3}$ 在明年开航以后运到。

不论以前发放的用于进口的贷款情况如何，应贷款 1 亿卢布用于采购这批粮食。迅速拨出采购 1 000 万普特粮食的外汇。在中国东北市场采购粮食事宜应由对外贸易人民委员部委托中央消费合作总社办理。安·马·列扎瓦、莫·弗鲁姆金、列·欣丘克。”

在 6 月 25 日政治局通过的《关于粮食采购的决定》中要求欣丘克、弗鲁姆金和列扎瓦组成的小组采取一切措施紧急采购价值 1 亿金卢布的粮食，对筹措偿偿这笔款额的出口物资一事进行监督，每两周向政治局报告一次执行决定的情况。根据这项决定，采购粮食的任务交给了列·波·克拉辛和对外贸易人民委员部驻西伯利亚特派员 Ф.И.洛卡茨科夫。——463。

507　弗·德·凯萨罗夫于 1921 年 7 月 5 日复信说，教学地图集绘制特别学术委员会负责研究列宁给米·巴·巴甫洛维奇的信（见本卷第 442 号

文献)中提出的问题。凯萨罗夫请求派该委员会的两名委员到柏林去
收集西欧经济情况的最新资料,还说最好能吸收莫斯科的专家参加地
图集绘制的工作。复信还说该委员会的规划和进度计划不久即可寄给
列宁。关于出版教学地图集的问题,参看本版全集第49卷第536、566
号文献,本卷第327、442、465号文献,第51卷第305号文献,第52卷
第239号文献;《列宁文稿》人民出版社版第16卷第424页。——465。

508 这是列宁写在格·马·克尔日扎诺夫斯基对曾在五金工会中央委员会
工作的尼·A.韦普林策夫所作的鉴定上的批语。——465。

509 1921年2月24日,人民委员会办公厅向苏维埃房屋管理处主任 A.П.
普拉东诺夫提出紧急询问,1920年12月交给他的利用克里姆林宫旧
档案室用房来扩大办公厅用房的任务完成得怎样。几经催促,普拉东
诺夫才于4月25日作了一个敷衍塞责的答复:"如果办公厅自己能把
档案搬出来,这些房间就可改做办公室用。"

　　5月4日,尼·彼·哥尔布诺夫控告普拉东诺夫的拖拉作风。全
俄中央执行委员会主席团秘书阿·萨·叶努基泽认为立案的根据不
足,他把拖拉的责任揽到自己身上并指示普拉东诺夫不要接受审问。
И.И.托尔霍夫斯科伊向列宁报告了这件事,说他不得不停止侦讯,因
为叶努基泽反对审理此案,与提出控告的哥尔布诺夫意见不一致。在
这种情况下,列宁给叶努基泽写了这封信。——466。

510 大概是指阿·萨·叶努基泽1921年6月25日写的信,信中汇报了执
行列宁一系列指示的情况和为共产国际第三次代表大会代表安排食宿
的情况。——466。

511 1921年6月29日,阿·萨·叶努基泽按列宁指示给 A.П.普拉东诺夫
写了一封信,并要他报告扩大人民委员会办公厅用房一事办得怎样。
列宁把叶努基泽这封信的抄件转给了尼·彼·哥尔布诺夫。——466。

512 这里说的是清洗莫斯科电车厂电站职员中的孟什维克的问题。
——467。

513　给格·马·克尔日扎诺夫斯基送去的是劳动国防委员会资源利用委员会主席列·纳·克里茨曼1921年6月24日给列宁的信。

克里茨曼在信中批评了人民委员会1921年6月21日通过的《利用委员会条例》，并对《条例》提出了一些修改意见，如各人民委员部的全部申请直接送交利用委员会而无须通过粮食人民委员部、对外贸易人民委员部和最高国民经济委员会等等。随信还附有一张条子，开列了载有关于资源利用委员会问题的争论文章的《经济生活报》的号数。

6月25日，克尔日扎诺夫斯基复信说，国家计划委员会在《利用委员会条例》问题上正力求使粮食人民委员部、最高国民经济委员会和利用委员会取得一致意见，并指出6月28日将为达成协议作最后一次努力。《利用委员会条例》经彼·阿·波格丹诺夫（最高国民经济委员会）、阿·巴·哈拉托夫（粮食人民委员部）、克尔日扎诺夫斯基和克里茨曼审订后，于6月29日由列宁签署。——468。

514　这个指示是列宁收到以"第三国际"命名的莫斯科第36缝纫厂工人（美国侨民）全体大会的决议后写的。

该厂工人说，他们装有从美国带来的最新机器设备的工厂一个月来始终未能开工，要求列宁帮助他们得到为配齐设备和修缮厂房所需的材料并获得住房。

1921年6月27日，列宁签署了给路·卡·马尔滕斯和莫斯科省国民经济委员会主席瓦·马·利哈乔夫的信，指示他们在这项工作中要克服一切拖拉作风，帮助外国侨民工人于最短期间内使工厂建成投产（见本版全集第51卷《附录》第1、2号文献）。——468。

515　1921年6月中旬，对外贸易人民委员列·彼·克拉辛与英国工业家和金融家、前俄亚联合公司董事长和俄国一些大型矿山企业的业主莱·厄克特在伦敦开始谈判。这份发给在伦敦的苏维埃贸易代表团的电报草稿就是为此而写的。谈判内容是在一定条件下把十月革命前厄克特在俄国拥有的企业租让给他。这份电报草稿经俄共（布）中央政治局作了若干补充后于1921年7月2日批准。

1921年8—9月谈判在莫斯科举行。列宁拟定了租让的基本条件,密切注视着谈判的进展和负责调查拟租让的企业的特设委员会的活动(见本版全集第51卷第85、250、251号文献;《列宁文集》俄文版第23卷第63—69页,第35卷第219—223页)。

谈判过程中拟出了租让合同草案。但厄克特于1921年10月中断了谈判,企图通过压力和讹诈迫使苏维埃政府作出重大让步。

1922年,苏俄与厄克特的谈判恢复。有关此事见本版全集第43卷第206—212、244—246、264—265页。——469。

516 列·波·克拉辛援引石油租让企业的提成额(29%),认为提成25%是可以接受的。——469。

517 电报发往塞瓦斯托波尔、辛菲罗波尔、刻赤和费奥多西亚。——471。

518 电报草稿可能是林业总委员会主席阿·洛莫夫拟的。——472。

519 指1920年12月24日劳动国防委员会通过的《关于粮食运输问题的决定》。——475。

520 列宁的这份电报是对穆斯塔法·基马尔1920年12月18日给列宁的无线电报的答复。基马尔在来电中称赞苏维埃政府承认达吉斯坦自治,并在谈到土耳其和苏维埃俄国的关系时写道:"深信只有我们的密切合作才能引导我们达到预期的目的,我对任何进一步巩固把我们联结起来的友好纽带表示欢迎。为在您的崇高倡议下苏维埃共和国开始执行的对东方和对整个世界的有远见的政策,我谨向您表示无限感激。"(见《苏联对外政策文件汇编》1959年俄文版第3卷第451页)

列宁在收到基马尔的来电后,当天即交格·瓦·契切林草拟复电。——476。

521 看来这是列宁为路易丝·布赖恩特去土耳其斯坦旅行写的证明。布赖恩特当时还没有正式参加美国共产党,列宁是根据她的活动作出这一评价的。——477。

522 这是对1920年11月9日瑞典红十字会总会给列宁的第2371号信件

的复信(见注77)。复信通过俄罗斯联邦驻瑞典的代表机构于1921年
2月17日送达。——478。

523 第三次全俄统计代表会议于1921年1月20——29日在莫斯科举行。
——480。

524 这份电报可能是粮食人民委员部草拟的。——480。

525 这份和下份电报可能是粮食人民委员部和最高运输委员会草拟的。
——482。

526 这份电报看来是粮食人民委员部草拟的。——484。

527 同一天,列宁还往喀山鞑靼苏维埃社会主义自治共和国人民委员会发
了相同内容的电报。——485。

528 指楚瓦什自治州。1925年该自治州改为楚瓦什苏维埃社会主义自治
共和国。——485。

529 同样签署的相同电文的电报还同时发往叶卡捷琳堡、辛比尔斯克、奥伦
堡、乌法、库尔斯克、秋明、车里雅宾斯克、鄂木斯克和顿河畔罗斯托夫。
——486。

530 这份电报由粮食人民委员部拟稿,亚·德·瞿鲁巴写在该部的公文用
纸上。——487。

531 这份电报大概是粮食人民委员部草拟的。——488。

532 1920年4月22日,人民委员会决定在当年8月进行居民的人口和职业
普查、农业普查以及工业企业简要登记。

这些调查应当在全国范围内进行,是根据统一计划、在统一领导下
同时进行的统一统计工作。但是某些地区由于战事尚未结束,普查无
法开展,如白俄罗斯、乌克兰部分地区、外高加索、达吉斯坦、土库曼部
分地区、吉尔吉斯、远东地区等等,克里木也属于这类地区。1920年10

月底，南方面军部队在克里木转入反攻，击溃了弗兰格尔的主力。1920
年11月克里木彻底解放。克里木解放后，那里的居民普查才得以
开展。

　　列宁认为这次普查意义重大。他对中央统计局的工作给予了经常
的帮助（见本版全集第49卷《附录》第19、25、34号文献，第51卷第
451、504号文献以及本卷《附录》第9、42号文献）。——492。

533 这份电报大概是粮食人民委员部和劳动人民委员部草拟的。——492。

534 这封信是安·马·列扎瓦受列宁的委托起草的，是对M.I.达亨1920年
12月20日给列宁来信的答复。达亨在来信中说自己是美国在组织、
建设和经营电话电报通讯方面的一位大专家，而"一个时期以来，我一
直在关注贵国发生的事件，我觉得俄国的确正在摆脱昏睡与醋梦时期，
的确在显露自己所有的神奇的潜力。从科学的和人类的观点出发，我
对俄国及其未来很感兴趣，并且希望能有机会帮助改建和发展俄国的
通讯系统"。达亨请求列宁允许他来俄国从事专业工作。

　　列宁在达亨的来信上批示："退给**列扎瓦**提意见。"1921年3月24
日，列扎瓦报告列宁说，最好让达亨就他感兴趣的问题同路·卡·马尔
滕斯进行谈判，马尔滕斯不久即将率领苏维埃代表团去美国。列宁委
托列扎瓦："以我的名义用英文起草一封回信，并交我签字。**列宁**"。
——494。

535 1921年7月29日，列宁收到了M.I.达亨的来信，他在信中对列宁的关
注和亲切的复信表示衷心感谢。达亨来苏维埃俄国的计划没有实现，
因为美国政府拒绝同俄罗斯联邦发生任何交往，并且不准路·卡·马
尔滕斯赴美。——495。

536 这份电报大概是粮食人民委员部草拟的。——496。

537 这是对阿曼努拉汗1920年11月6日和12月1日的两封内容相似的
来信的复信。12月1日的来信，载于《苏联对外政策文件汇编》1960年
俄文版第4卷第94—95页。

给阿曼努拉汗的复信大概是外交人民委员部起草的。——497。

538　苏维埃俄国和阿富汗之间的条约于1921年4月20日经全俄中央执行委员会批准。条约全文见《苏联对外政策文件汇编》1959年俄文版第3卷第550—553页。——498。

539　这份电报由粮食人民委员部草拟并由粮食人民委员部部务委员阿·巴·哈拉托夫写在该人民委员部公文用纸上。——500。

540　这份电报大概是人民委员会和劳动国防委员会办公厅副主任瓦·亚·斯莫尔亚尼诺夫草拟的。——503。

541　这份电报大概是粮食人民委员部草拟的,用直达电报发出。——504。

542　1921年5月5日由西伯利亚革命委员会主席和副主席签署发出的回电说:"您在5月4日第401号电报中下达的战斗任务已着手执行。现向您报告:我处各火车站存放的全部粮食均已发往莫斯科……

我们已着手用商品交换的方式采购粮食,但是我们应该向您报告,在播种期间,即6月1日以前,不能指望采购成功。为了发出300万普特粮食,将不得不缩减西伯利亚的各类专用粮。"(见《西伯利亚革命委员会文件资料汇编(1919年8月—1925年12月)》,新西伯利亚书籍出版社1959年版第303页。1921年5—6月西伯利亚革命委员会有关完成列宁布置的这项任务的其他文件资料,见该书第305—312页)——505。

543　这份电报大概是粮食人民委员部草拟的。——505。

544　这份电报大概是人民委员会和劳动国防委员会办公厅副主任瓦·亚·斯莫尔亚尼诺夫草拟的。——506。

545　这份电报看来是对外贸易人民委员列·波·克拉辛草拟的。

1921年5月7日俄共(布)中央政治局决定:"责成布留哈诺夫同志于今日同克拉辛同志商讨是否能以最快的速度采购200万普特粮食并运回俄国,以便今天能就此事紧急电示克雷什科同志,电报由列宁、克拉辛和布留哈诺夫三同志签署。"这份电报就是根据这个决定发往伦敦的。尼·克·克雷什科于5月9日给列宁发了复电(见注319)。
——507。

546 这份电报大概是人民委员会和劳动国防委员会办公厅副主任瓦·亚·斯莫尔亚尼诺夫草拟的。——509。

547 1921年5月26日,燃料总管理委员会向最高国民经济委员会主席团报告,把莫斯科电车厂的锅炉交沙图拉工程使用一事已完全妥善解决。
——509。

548 这份电报大概是粮食人民委员部和农业人民委员部草拟的。——510。

549 这份电报大概是粮食人民委员部草拟的,由副粮食人民委员尼·巴·布留哈诺夫签署,并由共和国革命军事委员会副主席埃·马·斯克良斯基作了修改。——511。

550 这份电报大概是人民委员会和劳动国防委员会办公厅草拟的。
——512。

551 下诺夫哥罗德省执行委员会主席团收到此电后复电说,下诺夫哥罗德省经济会议所报1921年预定泥炭开采数字是准确的。
　　省执行委员会主席解释说,对人民委员会和劳动国防委员会办公厅的询问的答复所以拖延,是因为邮电部门工作不力所致,1921年5月26日和6月2日发给下诺夫哥罗德的电报迟至6月13日和12日才收到,5月7日发来的电报根本未收到。——513。

552 这份电报大概是粮食人民委员部草拟的。
　　关于这一问题,参看本卷第385、407号文献。——514。

553 这份电报大概是粮食人民委员部草拟的。——515。

554 这份电报大概是粮食人民委员部草拟的。——516。

555　这个电话稿大概是人民委员会和劳动国防委员会办公厅副主任瓦·亚·斯莫尔亚尼诺夫草拟的。——517。

556　1921年6月16日,副交通人民委员瓦·瓦·佛敏收到这个电话后报告说,已采取措施改进挖泥工人的粮食和工作服的供应工作,挖泥船也在加紧修理,为水路运输的需要将拨出6亿卢布(已拨2亿)等等。——518。

557　据彼·阿·波格丹诺夫和格·德·瞿鲁巴回忆录记载,卡希拉电站工程所需的帐篷在按列宁指示派来的工人到达之前已及时运到。——518。

558　此件是在接到卡希拉电站工程领导干部的报告后送交劳动人民委员部的。该报告说,工程因缺乏劳动力以致无法使电站按时投产。

　　1921年6月29日,劳动国防委员会作出决定:"卡希拉工程今年6月15日在职的全体职工均属定员劳动者,在卡希拉工程完工之前一律不得调动。"此外,还按照列宁的指示从图拉省和卡卢加省往该工程调去近300名工人。——519。

人 名 索 引

A

阿布拉莫维奇,拉法伊尔(雷因,拉法伊尔 · 阿布拉莫维奇)（Абрамович,
Рафаил（Рейн,Рафаил Абрамович）1880 — 1963）——俄国孟什维克,崩得
领袖之一。斯托雷平反动时期和新的革命高涨年代是取消派分子,曾参加
托洛茨基于 1912 年 8 月在维也纳召开的反布尔什维克的代表会议,会上
结成"八月联盟"。第一次世界大战期间是中派分子。1917 年回国后加入
孟什维克国际主义派右翼。1920 年流亡柏林,竭力反对苏维埃俄国,同
尔 · 马尔托夫一起创办和编辑孟什维克的《社会主义通报》杂
志。——424。

阿尔费罗夫,康斯坦丁 · 阿列克谢耶维奇（Алферов,Константин Алексеевич
生于 1883 年）——1918 年加入俄共(布);筑路工程师。1919 — 1921 年在
国家建筑工程委员会工作。——306。

阿尔曼德,伊涅萨 · 费多罗夫娜（Арманд,Инесса Федоровна 1874 — 1920）——
1904 年加入俄国社会民主工党,长期从事国际共产主义运动和妇女运动。
积极参加 1905 — 1907 年革命。多次被捕和流放。1909 年流亡国外。曾
当选为俄国社会民主工党国外组织委员会书记。1911 年参加了布尔什维
克隆瑞莫党校的工作。1912 年秘密回国,作为党中央代表在彼得堡为筹
备第四届国家杜马选举做了大量工作。第一次世界大战期间出席了国际
妇女社会党人代表会议、国际青年代表会议以及齐美尔瓦尔德代表会议和
昆塔尔代表会议。十月革命后任党的莫斯科省委委员、莫斯科省执行委员
会委员和省国民经济委员会主席。1918 年起任俄共(布)中央妇女部部
长。——268。

阿尔乔姆(谢尔盖耶夫,费多尔 · 安德列耶维奇)（Артем（Сергеев,Федор

中央执行委员会秘书和主席团委员、全俄铁路运输修建委员会委员。
1919—1920年初任国家监察人民委员部部务委员,1920—1924年任副工
农检查人民委员、全俄肃反委员会会务委员,1924—1925年任副对外贸易
人民委员。1922—1927年任苏联中央执行委员会委员。——7、10—11、
19—20、157、182、249、255、338、385、387、409—410、428。

埃杜克,亚历山大·弗拉基米罗维奇（Эйдук, Александр Владимирович
　　1886—1938）——1903年加入俄国社会民主工党。1919—1922年为全俄
　　肃反委员会会务委员、铁路军事管制特别委员会委员、劳动国防委员会负
　　责各燃料总管理机构的特派员、苏维埃政府驻美国救济署代表。——82。

埃利斯曼,Л.Г.（Элисман, Л.Г.）——1921年任劳动国防委员会中央军用物
　　资复归移交民用部门委员会委员。——277。

埃利亚瓦,沙尔瓦·祖拉博维奇（Элиава, Шалва Зурабович 1883—1937）——
　　1904年加入俄国社会民主工党。1917年12月起任沃洛格达省工兵代表
　　苏维埃主席团主席,1918年4月起任沃洛格达省执行委员会副主席。
　　1918年11月—1919年2月在莫斯科任工商业人民委员部部务委员。
　　1919年6—8月任第1集团军革命军事委员会委员兼东方面军南方军队
　　集群革命军事委员会委员。1919—1920年任土耳其斯坦方面军革命军事
　　委员会委员、全俄中央执行委员会和俄罗斯联邦人民委员会土耳其斯坦事
　　务委员会主席。1920年9月起任第11集团军和高加索独立师革命军事
　　委员会委员。——446。

埃斯蒙特,尼古拉·博列斯拉沃维奇（Эйсмонт, Николай Болеславович
　　1891—1935）——1917年加入俄国社会民主工党（布）。1919年起任国防
　　委员会红军和红海军供给副特派员,1920年起任最高国民经济委员会主
　　席团委员。——182、518。

安德列耶夫,安德列·安德列耶维奇（Андреев, Андрей Андреевич 1895—
　　1971）——1914年加入俄国布尔什维克党。1920—1922年任全俄工会中
　　央理事会书记;1921年5—10月任全俄工会中央理事会驻劳动国防委员
　　会代表。在党的第九次和第十一至第二十次代表大会上当选为中央委员。
　　——270、517—518。

安东诺夫——见安东诺夫-奥弗申柯,弗拉基米尔·亚历山德罗维奇。

安东诺夫，亚历山大·斯捷潘诺维奇（Антонов，Александр Степанович 1888—1922）——俄国社会革命党人。坦波夫省富农和社会革命党人反苏维埃叛乱（1920—1921）的军事首领。1922年被击毙。——68、386。

安东诺夫-奥弗申柯，弗拉基米尔·亚历山德罗维奇（安东诺夫）（Антонов-Овсеенко，Владимир Александрович（Антонов）1883—1939）——1901年参加俄国革命运动，1903年加入俄国社会民主工党。1910年流亡巴黎，加入孟什维克。1914年底与孟什维克决裂。第一次世界大战期间是国际主义者。1917年5月回国，6月加入布尔什维克党。十月革命后参加第一届人民委员会，任陆海军事务委员会委员，彼得格勒军区司令。1917年底—1918年初指挥同卡列金匪帮和反革命乌克兰中央拉达部队作战的苏维埃军队。1918年3—5月任南俄苏维埃部队最高总司令，1919年1—6月任乌克兰方面军司令。1921年2—8月任全俄中央执行委员会肃清坦波夫省境内匪帮特设委员会主席。1921年12月为了解喀琅施塔得局势的委员会成员。曾任俄罗斯联邦小人民委员会副主席。——103。

奥贝格，Я.И.（Ауберг，Я.И.生于1889年）——1918年加入俄共（布）。1921—1937年任俄罗斯联邦和苏联人民委员会办公厅总务组组长。——177。

奥布赫，弗拉基米尔·亚历山德罗维奇（Обух，Владимир Александрович 1870—1934）——1894年参加俄国社会民主主义运动；职业是医生。苏联卫生事业的组织者之一。十月革命的积极参加者。1919—1929年任莫斯科卫生局局长、莫斯科苏维埃主席团委员。给列宁治过病。——397。

奥尔忠尼启则，格里戈里·康斯坦丁诺维奇（谢尔戈）（Орджоникидзе，Григорий Константинович（Серго）1886—1937）——1903年加入俄国社会民主工党，布尔什维克。1912年在党的第六次（布拉格）全国代表会议上当选为中央委员和中央委员会俄国局成员。十月革命后任乌克兰地区临时特派员和南俄临时特派员。国内战争时期任第16、第14集团军和高加索方面军革命军事委员会委员。1920年起是俄共（布）中央委员会高加索局成员。1921年在党的第十次代表大会上当选为中央委员。1922—1926年任党的外高加索边疆区委第一书记和北高加索边疆区委第一书记。——65、75、109、115、179、193、194、207、221—222、239、244—245、247—

248、288、320、405、443、460、474。

奥萨德奇，彼得·谢苗诺维奇（Осадчий，Петр Семенович 1866—1943）——
苏联电工技术专家。1890 年在彼得堡电工学院毕业后，在该校先后任教
员、教授、院长。1921—1930 年任俄罗斯联邦和苏联国家计划委员会副主
席；主管对外贸易。——135、165、229、282、389、401。

奥萨德奇，帕维尔·谢尔盖耶维奇（Осадчий，Павел Сергеевич）——俄国社会
革命党人。——165、389。

奥斯特里亚科夫，彼得·阿列克谢耶维奇（Остряков，Петр Алексеевич
1887—1952）——苏联无线电技术专家。1918—1927 年在下诺夫哥罗德
无线电实验室工作。1921 年在其领导下开始建设莫斯科共产国际广播电
台。——88。

奥新斯基，恩·（**奥博连斯基，瓦列里安·瓦列里安诺维奇**）（Осинский，Н.
（Оболенский，Валериан Валерианович）1887—1938）——1907 年加入俄国
社会民主工党。曾在莫斯科、特维尔、哈尔科夫等地做党的工作，屡遭沙皇
政府迫害。斯托雷平反动时期是召回派分子，新的革命高涨年代参加布尔
什维克的《明星报》、《真理报》和《启蒙》杂志的工作。十月革命后任俄罗斯
联邦国家银行总委员、最高国民经济委员会主席。1918 年初曾参加顿涅
茨煤矿国有化的工作。1919—1920 年初先后任全俄中央执行委员会驻奔
萨省、图拉省和维亚特卡省的特派员。1920 年任图拉省执行委员会主席。
1921—1923 年任副农业人民委员、最高国民经济委员会副主席。在党的
第十次代表大会上当选为候补中央委员。——98、99、112、122、142—
143、158、301—302、309、329—330、436。

B

巴比宁，В.В.（Бабинин，В.В.）——当时是在劳动国防委员会与该委员会负责
石油开采和出口工作的特命全权代表之间担任联络任务的专职信使。
——460。

巴达耶夫，阿列克谢·叶戈罗维奇（巴达伊奇）（Бадаев，Алексей Егорович
（Бадаич）1883—1951）——1904 年加入俄国社会民主工党。第四届国家
杜马彼得堡省工人代表，参加布尔什维克杜马党团，同时在杜马外做了大

量的革命工作,是中央委员会俄国局成员,为布尔什维克的《真理报》撰稿。因进行反对帝国主义战争的革命活动,1914 年 11 月被捕,1915 年流放图鲁汉斯克边疆区。十月革命后任彼得格勒粮食委员会主席、彼得格勒劳动公社粮食委员。1920 年夏起任莫斯科消费合作社和莫斯科消费公社主席。1921—1929 年先后任彼得格勒统一消费合作社主席和列宁格勒消费合作总社主席。——175—176。

巴达伊奇——见巴达耶夫,阿列克谢·叶戈罗维奇。

巴甫洛夫,伊万·彼得罗维奇(Павлов, Иван Петрович 1849—1936)——俄国生理学家,科学院院士。1890—1925 年任军医学院教授,同时兼任实验医学研究所生理学实验室主任。所创立的高级神经活动学说对医学、心理学乃至哲学等领域都产生过影响。——74、478。

巴甫洛维奇,米哈伊尔·巴甫洛维奇(**韦尔特曼,米哈伊尔·拉扎列维奇**)(Павлович, Михаил Павлович (Вельтман, Михаил Лазаревич) 1871—1927)——俄国东方学专家。1898 年加入俄国社会民主工党,孟什维克;1918 年加入俄共(布)。曾参加 1905—1907 年革命。1907 年底侨居巴黎。1911 年在"前进"集团建立的博洛尼亚党校讲过课。十月革命后任乌克兰副教育人民委员、民族事务人民委员部部务委员和东方学学会主席(1921—1923)、东方学研究所所长等职。——378—379、465。

巴甫洛维奇,谢尔盖·А.(Павлович, Сергей А. 生于 1884 年)——苏联教育家,自然科学教学法专家。1935 年起为教授。1904—1964 年在高等女子学校、中学、捷尼舍夫商业学校和列宁格勒的几所师范学院从事教学和科学教学法研究工作。写有许多自然科学教学法方面的书籍和论文。——116。

巴戈茨基,谢尔盖·尤斯京诺维奇(Багоцкий, Сергей Юстинович 1879—1953)——俄国革命运动参加者;职业是医生。1910 年加入波兰王国和立陶宛社会民主党。1912—1914 年是克拉科夫援助政治犯联合会的领导人之一。由于第一次世界大战爆发,联合会迁往瑞士。1915—1916 年在离苏黎世不远的圣加仑州维尔市精神病院当医生,同时继续用几乎全部业余时间从事联合会的工作。十月革命后是苏联卫生事业的组织者之一。1918—1937 年是苏联红十字会驻日内瓦红十字国际委员会的代表。

——432。

巴拉博尔金，И.Н.（Балаболкин，И.Н. 生于 1875 年）——苏共党员。1917 年
2 月—1921 年 8 月任塞米巴拉金斯克省播种委员会委员。——510。

巴拉诺夫，彼得·约诺维奇（Баранов，Петр Ионович 1892—1933）——1912
年加入俄国布尔什维克党。1918 年参加红军，在国内战争各战线任职。
1920 年 11 月—1921 年 1 月任西南方面军第 14 集团军革命军事委员会委
员，1921 年 3 月起任乌克兰和克里木部队政治部主任。作为党的第十次
代表大会代表参与平定喀琅施塔得叛乱。——158。

巴雷什尼科夫，А.А.（Барышников，А.А.）——苏联工程师。——12、13。

巴里亚京斯基（Барятинский）——18。

巴利耶夫，В.П.（Балиев，В.П. 1882—1951）——1917 年 3 月加入俄国社会民
主工党(布)；农学家。1921 年 6—8 月在莫斯科任国家计划委员会农业处
顾问。——429。

巴奇马诺夫，А.А.（Бачманов，А.А.）——230。

巴沙，Н.А.（Баша，Н.А. 1883—1957）——1917 年加入俄国社会民主工党
(布)。1921—1923 年任财政人民委员部部务委员和国家珍品库主任。
——361、463。

邦契-布鲁耶维奇，弗拉基米尔·德米特里耶维奇（Бонч-Бруевич，Владимир
Дмитриевич 1873—1955）——19 世纪 80 年代末参加俄国革命运动，1896
年侨居瑞士。在国外参加劳动解放社的活动，为《火星报》撰稿。俄国社会
民主工党第二次代表大会后是布尔什维克。1903—1905 年在日内瓦领导
俄国社会民主工党中央委员会发行部，组织出版布尔什维克的书刊（邦契-
布鲁耶维奇和列宁出版社）。以后几年从事布尔什维克报刊和党的出版社
的组织工作。积极参加彼得格勒十月武装起义，是斯莫尔尼—塔夫利达宫
区的警卫长。十月革命后任人民委员会办公厅主任（至 1920 年 10 月，其
间曾兼任反破坏、抢劫和反革命行动委员会主席）、生活和知识出版社总编
辑，后任莫斯科卫生局所属林中旷地国营农场场长，同时从事科学研究和
著述活动。——64、88。

邦契-布鲁耶维奇，米哈伊尔·亚历山德罗维奇（Бонч-Бруевич，Михаил
Александрович 1888—1940）——苏联无线电工程师，无线电技术的奠基

人之一。1916—1919年从事电子管的研究。1918年起主持下诺夫哥罗德无线电实验室。遵照列宁的指示,实验室设计了莫斯科广播电台的建设方案;电台于1922年建成,命名为"共产国际广播电台"。1922年起先后任莫斯科高等技术学校和列宁格勒通讯工程学院教授。——88、250。

贝科夫(Быков)——83。

比斯利,爱德华·斯宾塞(Beesly, Edward Spencer 1831—1915)——英国历史学家和实证论哲学家。1859—1893年任伦敦大学历史学教授。在英国宣传法国实证论哲学家奥·孔德的思想,并把孔德的著作译成英文。曾任1864年9月28日在伦敦召开的国际工人协会(第一国际)成立大会的主席。同马克思保持友好关系。——104。

彼得罗夫,格里戈里·谢苗诺维奇(Петров, Григорий Семенович 1886—1957)——苏联化学工艺学家。国产塑料生产的组织者之一。——261—262。

彼得罗夫斯基,格里戈里·伊万诺维奇(Петровский, Григорий Иванович 1878—1958)——1897年参加俄国社会民主主义运动。第四届国家杜马叶卡捷琳诺斯拉夫省工人代表,布尔什维克杜马党团主席。1912年被增补为党中央委员。因进行反对帝国主义战争的革命活动,1914年11月被捕,1915年流放图鲁汉斯克边疆区,在流放地继续进行革命工作。积极参加十月革命。1917—1919年任俄罗斯联邦内务人民委员,1919—1938年任全乌克兰中央执行委员会主席。1921年在党的第十次代表大会上当选为中央委员。——185、195、318—319。

彼舍霍诺夫,阿列克谢·瓦西里耶维奇(Пешехонов, Алексей Васильевич 1867—1933)——俄国社会活动家和政论家。19世纪90年代为自由主义民粹派分子。《俄国财富》杂志的撰稿人,1904年起为该杂志编委;曾为自由派资产阶级的《解放》杂志和社会革命党的《革命俄国报》撰稿。1903—1905年为解放社成员。1906年起是人民社会党领袖之一。1917年5—8月任临时政府粮食部长。十月革命后反对苏维埃政权,1921年在乌克兰中央统计局工作。因参加反革命组织"俄罗斯复兴会"于1922年被驱逐出境,成为白俄流亡分子。——102、108。

彼什科夫,马克西姆·阿列克谢耶维奇(Пешков, Максим Алексеевич 1897—1934)——1917年3月加入俄国社会民主工党(布);阿·马·高尔基的儿

1868—1932)——1905年加入俄国社会民主工党,历史学家。曾积极参加1905—1907年革命。1907年在党的第五次(伦敦)代表大会上当选为候补中央委员。1908—1917年侨居国外。斯托雷平反动时期参加召回派和最后通牒派,后加入"前进"集团,1911年与之决裂。第一次世界大战期间持国际主义立场,从事布尔什维克书刊的出版工作,曾编辑出版列宁的《帝国主义是资本主义的最高阶段》一书。1917年8月回国,参加了莫斯科武装起义。十月革命后任莫斯科苏维埃主席,俄罗斯联邦副教育人民委员以及共产主义科学院、红色教授学院和中央国家档案馆等单位的领导人。——7、39—40、70、74、92、113、116、150、183、205—206、217—218、252、289、291、296、321、381、383。

波斯特盖特(Postgate)——《1789年到1906年的革命》一书的作者。——71。

波斯特尼柯夫,亚历山大·米哈伊洛维奇(Постников, Александр Михайлович 1886—1937)——1904年加入俄国社会民主工党。1920—1921年任乌克兰交通人民委员,第五届全乌克兰中央执行委员会委员。——475。

博尔佐夫,亚历山大·亚历山德罗维奇(Борзов, Александр Александрович 1874—1939)——苏联地理学家,莫斯科大学教授。写有许多学术著作,编审过多种地图,包括苏联出版的大型世界地图集。——465。

博哥列波夫,德米特里·彼得罗维奇(Боголепов, Дмитрий Петрович 1885—1941)——1907年加入俄国社会民主工党。1918年任财政人民委员部部务委员、副财政人民委员。1919—1920年任北方公社财政委员。1921—1922年在国家计划委员会财政处工作。——155。

博基,格列勃·伊万诺维奇(Бокий, Глеб Иванович 1879—1937)——1900年加入俄国社会民主工党。1919—1920年任土耳其斯坦方面军特别部部长、全俄中央执行委员会和俄罗斯联邦人民委员会土耳其斯坦事务委员会委员。1921年起先后任全俄肃反委员会会务委员、国家政治保卫总局局务委员和内务人民委员部部务委员。——335—336、361、362、463。

博佳科夫,尼古拉·谢苗诺维奇(Бодяков, Николай Семенович)——苏俄卡卢加省莫萨利斯克县农民代表。——19。

布尔杜科夫,А.А.(Бурдуков, А.А. 生于1880年)——1905年加入俄国社会

民主工党；职业是教员。1921 年被任命为莫斯科苏维埃国民教育局副局长。——281。

布哈林，尼古拉·伊万诺维奇（Nota-Bene）（Бухарин，Николай Иванович（Nota-Bene）1888—1938）——1906 年加入俄国社会民主工党，1908 年起任党的莫斯科委员会委员。1909—1910 年几度被捕，1911 年从流放地逃往欧洲。在国外开始著述活动，参加欧洲工人运动，1915 年为《共产党人》杂志撰稿。1917 年二月革命后回国。十月革命后任《真理报》主编。1918 年初反对签订布列斯特和约，是"左派共产主义者"集团的领袖。1919 年起先后当选为党中央政治局候补委员和政治局委员，共产国际执行委员会委员和主席团委员。1920—1921 年工会问题争论期间领导"缓冲"派。——158、196、318、455。

布拉斯，奥托（Braß，Otto 1875—1950）——德国社会民主党人，德国独立社会民主党创建人和左翼代表人物之一。1920 年 12 月德国独立社会民主党与德国共产党合并后，为德国统一共产党中央委员。1921 年 2 月退出中央委员会。——357。

布赖恩特，路易丝（Bryant，Louise 1890—1936）——美国女作家和新闻工作者；约翰·里德的妻子。曾多次访问苏维埃俄国。——477。

布利兹尼琴科，安德列·叶梅利扬诺维奇（Близниченко，Андрей Емельянович 1888—1957）——1912 年加入俄国布尔什维克党。1917 年二月革命后任北顿涅茨铁路委员、哈尔科夫工农兵代表苏维埃委员。十月革命和国内战争的参加者。1918 年起任南方交通区委员、乌克兰副交通人民委员。1921 年起任苏俄驻德国铁路代表团代表。设计了大型装甲列车的建造方案。——172。

布留哈诺夫，尼古拉·巴甫洛维奇（Брюханов，Николай Павлович 1878—1942）——1902 年加入俄国社会民主工党。1918 年 2 月起任粮食人民委员部部务委员，6 月起任副粮食人民委员；1919 年 8 月起兼任东方面军粮食特设委员会主席。1921 年起任粮食人民委员。——3、10—11、18—19、36、61—62、66—67、125、141、147、182、224—225、253—254、257、259—260、269、270—273、299—300、301、303、319、320—321、341—342、345、346、372、374—375、446、452、453、486、489、503、508。

布尼亚特扎德，达达什·霍贾（Буниат-заде，Дадаш Ходжа 1888—1938）——
1908年加入俄国社会民主工党。1920年起是阿塞拜疆共产党（布）中央委
员和阿塞拜疆革命委员会委员。1921年起先后任阿塞拜疆苏维埃社会主
义共和国粮食人民委员、农业人民委员、国家计划委员会主席、人民委员会
副主席。——193。

<h1 style="text-align:center">C</h1>

蔡特金，克拉拉（Zetkin，Clara 1857—1933）——德国工人运动和国际工人运
动活动家，国际社会主义妇女运动领袖之一，德国共产党创建人之一。
1881年加入德国社会民主党。1892—1917年任德国社会民主党主办的
女工运动机关刊物《平等》杂志主编。第一次世界大战期间持国际主义立
场。1916年参与组织国际派（后改称斯巴达克派和斯巴达克联盟）。1919
年起为德国共产党党员，当选为中央委员。1920年起为国会议员。1921
年起先后当选为共产国际执行委员会委员和主席团委员，领导国际妇女书
记处。——243、294、351、356—357、358。

策夫钦斯基，А.И.（Цевчинский，А.И. 生于1867年）——苏联石油工业和石
油贸易方面的专家。1918—1929年在最高国民经济委员会石油总委员
会、中央石油工业管理局、全俄石油贸易辛迪加、全俄石油辛迪加等机构担
任负责工作。——132—133。

策列铁里，伊拉克利·格奥尔吉耶维奇（Церетели，Ираклий Георгиевич
1881—1959）——俄国孟什维克领袖之一。斯托雷平反动时期和新的革
命高涨年代是取消派分子。第一次世界大战期间是中派分子。1917年二
月革命后任彼得格勒苏维埃执行委员会委员、第一届中央执行委员会主席
团委员，护国派分子。1917年5—7月任临时政府邮电部长，七月事变后
任内务部长，极力反对布尔什维克争取政权的斗争。十月革命后是格鲁吉
亚孟什维克反革命政府首脑之一。1921年格鲁吉亚建立苏维埃政权后流
亡法国。——247。

查苏利奇，维拉·伊万诺夫娜（Засулич，Вера Ивановна 1849—1919）——俄
国民粹主义运动和社会民主主义运动活动家。1883年参与创建劳动解放
社。1900年起是《火星报》和《曙光》杂志编辑部成员。在俄国社会民主工

党第二次代表大会上是《火星报》编辑部有发言权的代表,属火星派少数派,会后成为孟什维克领袖之一,参加孟什维克的《火星报》编辑部。斯托雷平反动时期和新的革命高涨年代是取消派分子。第一次世界大战期间是社会沙文主义者。1917 年是孟什维克统一派分子。对十月革命持否定态度。——285。

茨哈卡雅,米哈伊尔·格里戈里耶维奇(Цхакая, Михаил Григорьевич 1865—1950)——1898 年加入俄国社会民主工党。党的高加索联合会委员会领导人之一。参加了党的第二次代表大会的筹备工作;是高加索联合会出席党的第三次代表大会的代表。积极参加 1905—1907 年革命。屡遭沙皇政府迫害。1907—1917 年流亡国外。1917 年二月革命后随列宁回国。1917—1920 年任俄国社会民主工党(布)梯弗利斯委员会委员。1920 年起为格鲁吉亚共产党(布)中央委员。1921—1922 年任格鲁吉亚苏维埃社会主义共和国驻俄罗斯联邦人民委员会代表,1923—1930 年任外高加索联邦中央执行委员会主席、苏联中央执行委员会主席团委员、格鲁吉亚中央执行委员会主席。1920 年起为共产国际执行委员会委员。——455。

D

达亨,M.I.(Duggan, M.I.)——美国公民。组织、建设和经营电话电报通讯方面的专家。——494—495。

达尼舍夫斯基,卡尔·尤利·克里斯蒂安诺维奇(Данишевский, Карл Юлий Христианович 1884—1938)——1900 年加入俄国社会民主工党。十月革命后任东方面军革命军事委员会委员、共和国革命军事委员会委员和共和国革命军事法庭庭长。1919 年 7 月起先后被任命为共和国革命军事委员会野战司令部副政治委员和政治委员。1920 年是出席在明斯克举行的以俄罗斯联邦和乌克兰为一方,以波兰为另一方的关于停止战争、建立和平友好关系的和平会议的苏俄代表团团长。在党的第八次代表大会上当选为候补中央委员。1921 年起任党中央委员会西伯利亚局书记、林业总委员会主席、苏联对外贸易银行和全苏木材出口联合公司管理委员会主席等职。——65、379。

达维多夫(达夫强),Л.(Давыдов(Давтян),Л.)——全俄肃反委员会外事部部长。——328。

多谢尔,季诺维·尼古拉耶维奇(Доссер,Зиновий Николаевич 1882—1938)——1917年加入俄国社会民主工党(布);石油专家。十月革命后历任最高国民经济委员会石油总委员会会务委员会主席、全俄石油辛迪加经理、全俄石油辛迪加驻中国代表、苏联驻意大利商务代表。——187。

E

恩格斯,弗里德里希(Engels,Friedrich 1820—1895)——科学共产主义创始人之一,世界无产阶级的领袖和导师,马克思的亲密战友。——104、106、314。

F

法尔克涅尔,С.А.(Фалькнер,С.А. 1890—1938)——苏联经济学家,教授。1918—1921年任最高国民经济委员会经济调查局副局长、价格委员会经济专家、燃料总委员会负责登记和统计工作的助理组织员,并在社会主义科学院工作。——187。

法朗士,约瑟夫·欧文(France,Joseph Irwin 1873—1939)——1917—1923年任美国参议员。1921年夏到过苏维埃俄国。曾从事国际贸易问题的研究工作。——425、428。

费多罗夫斯基,尼古拉·米哈伊洛维奇(Федоровский,Николай Михайлович 1886—1956)——1904年加入俄国社会民主工党;矿物学家。1921—1922年任驻柏林的外国科学技术局局长。——424、425。

费尔德曼(巴甫洛韦茨),Г.К.(Фельдман(Павлович),Г.К. 1893—1936)——1914年加入俄国布尔什维克党。1918—1923年在莫斯科苏维埃工作,曾任莫斯科苏维埃主席团委员。1921年任莫斯科公用事业委员会主席。——396—397。

佛敏,瓦西里·瓦西里耶维奇(Фомин,Василий Васильевич 1884—1938)——1910年加入俄国社会民主工党。1918—1920年任全俄肃反委员会会务委员、交通总管理局委员和交通人民委员部部务委员。1921年1月起任最高运输委员会主席、副交通人民委员。——30—31、115、143—

144、144、147、227、251、369、374—375、413、517—518。

弗拉基米尔斯基,米哈伊尔·费多罗维奇(Владимирский, Михаил Федорович 1874—1951)——1895 年参加俄国社会民主主义运动,布尔什维克。1905 年积极参加莫斯科十二月武装起义。1906 年侨居国外,在布尔什维克巴黎小组工作。十月革命后在莫斯科苏维埃主席团工作。1919—1921 年任全俄中央执行委员会主席团委员、俄罗斯联邦副内务人民委员。1922—1925 年任乌克兰苏维埃社会主义共和国人民委员会副主席,乌克兰共产党(布)中央委员会书记、中央监察委员会主席,乌克兰工农检查人民委员。在党的第七次代表大会上当选为中央委员,第八次代表大会上当选为候补中央委员。——7、10—11、237—238、264、275、316—317、341。

弗拉基米罗夫(舍印芬克尔),米龙·康斯坦丁诺维奇(Владимиров(Шейн-финкель), Мирон Константинович 1879—1925)——1903 年加入俄国社会民主工党,布尔什维克。曾在彼得堡、戈梅利、敖德萨、卢甘斯克和叶卡捷琳诺斯拉夫做党的工作。参加 1905—1907 年革命,后被捕和终身流放西伯利亚,1908 年从流放地逃往国外。1911 年脱离布尔什维克,后加入出版《护党报》的普列汉诺夫派巴黎小组。第一次世界大战期间参加托洛茨基的《我们的言论报》的工作。1917 年二月革命后回国,参加区联派,在俄国社会民主工党(布)第六次代表大会上随区联派集体加入布尔什维克党。十月革命后在彼得格勒市粮食局和粮食人民委员部工作。1919 年任南方面军铁路军事特派员和粮食特设委员会主席。1921 年先后任乌克兰粮食人民委员和农业人民委员。1922—1924 年任俄罗斯联邦财政人民委员和苏联副财政人民委员。——66、372、484。

弗兰格尔,彼得·尼古拉耶维奇(Врангель, Петр Николаевич 1878—1928)——沙俄将军,君主派分子。1920 年 4 月接替邓尼金任"南俄武装力量"总司令,11 月起任克里木"俄军"总司令;在克里木和南乌克兰建立了军事专政。1920 年 11 月中旬被红军击溃后逃亡国外。——9。

弗勒利希,保尔(Fröhlich, Paul 1884—1953)——德国社会民主党人,新闻工作者。1912—1916 年是《不来梅市民报》编辑,不来梅《工人政治》周刊创办人之一;在昆塔尔代表会议上是不来梅左派的代表。1919—1924 年是德国共产党中央委员;以德国统一共产党代表的身份参加共产国际第三次代表大会的工作。——438—439。

弗鲁姆金，莫伊塞·伊里奇（Фрумкин，Моисей Ильич 1878—1938）——1898年加入俄国社会民主工党。1918年—1922年3月先后任粮食人民委员部部务委员和副粮食人民委员、西伯利亚革命委员会副主席、粮食人民委员部驻北高加索特派员。1922年4月起任副对外贸易人民委员。——36、50—51、101、102、117、124、125、165、215、239—240、259、288、402—403、404、411、446、450—451、452、453、463—464、480—481、482、496—497、500—501、508。

伏龙芝，米哈伊尔·瓦西里耶维奇（Фрунзе，Михаил Васильевич 1885—1925）——1904年加入俄国社会民主工党。1917年在莫斯科参加十月武装起义。1919年起先后任东方面军第4集团军和土耳其斯坦集团军司令、东方面军南方军队集群司令、东方面军和土耳其斯坦方面军司令。1920年9月根据列宁的提议被任命为南方面军司令。1920年12月—1924年3月任共和国革命军事委员会驻乌克兰全权代表、乌克兰和克里木部队司令、乌克兰人民委员会副主席（1922年2月起）。1921年在党的第十次代表大会上当选为中央委员。——68、195、318—319、475。

伏罗希洛夫，克利缅特·叶弗列莫维奇（Ворошилов，Климент Ефремович 1881—1969）——1903年加入俄国社会民主工党。1917年积极参加十月武装起义。1918—1919年任察里津军队集群司令、南方面军副司令兼革命军事委员会委员、第10集团军司令。1918年12月任乌克兰内务人民委员、哈尔科夫军区司令、第14集团军司令和内乌克兰方面军司令。1919—1921年是骑兵第1集团军的组织者之一和革命军事委员会委员；曾率领党的第十次代表大会代表参与平定喀琅施塔得叛乱。1921—1924年任俄共（布）中央委员会东南局成员、北高加索军区司令。从党的第十次代表大会起为中央委员。——154、158、286。

福季耶娃，莉迪娅·亚历山德罗夫娜（Фотиева，Лидия Александровна 1881—1975）——1904年加入俄国社会民主工党。1904—1905年在日内瓦和巴黎的布尔什维克支部工作，协助娜·康·克鲁普斯卡娅同国内地下党组织进行通信联系。1905—1907年革命和十月革命的参加者。1918—1930年任人民委员会和劳动国防委员会秘书，1918—1924年兼任列宁的秘书。

——101、173、315、330、333、333——334、411——412、420、429。

G

盖尔，安娜（Geyer，Anna）——1920——1921 年曾领导德国共产党新闻社，《红旗报》的编辑。——357。

高尔察克，亚历山大·瓦西里耶维奇（Колчак，Александр Васильевич 1873——1920）——沙俄海军上将，君主派分子。1918 年 11 月在外国武装干涉者支持下发动政变，在西伯利亚、乌拉尔和远东建立军事专政，自封为"俄国最高执政"和陆海军最高统帅。叛乱被平定后，1919 年 11 月率残部逃往伊尔库茨克，后被俘。1920 年 2 月 7 日根据伊尔库茨克军事革命委员会的决定被枪决。——388。

高尔基，马克西姆（**彼什科夫，阿列克谢·马克西莫维奇**）（Горький，Максим （Пешков，Алексей Максимович） 1868——1936）——苏联作家和社会活动家，社会主义现实主义文学的奠基人，苏联文学的创始人。——16、94、137、158、289、321、366、458、462。

戈尔德贝格，波里斯·伊萨耶维奇（Гольдберг，Борис Исаевич 1884——1946）——1902 年加入俄国社会民主工党。1917——1925 年在红军中任职。1919——1921 年任共和国后备集团军司令和伏尔加河沿岸军区司令。1921 年任国家建筑工程委员会副主席，后任共和国革命军事委员会驻对外贸易人民委员部特派员。——307、379。

哥尔布诺夫，尼古拉·彼得罗维奇（Горбунов，Николай Петрович 1892——1937）——1917 年加入俄国社会民主工党（布）。十月革命后任人民委员会秘书和列宁的秘书。1918 年 8 月起任最高国民经济委员会科学技术局局长。1919——1920 年任第 13 和第 14 集团军革命军事委员会委员。1920 年起任俄罗斯联邦（后为苏联）人民委员会和劳动国防委员会办公厅主任、苏联国家计划委员会委员。——55、58、61、62、70、75——76、76、77、79——82、84、86、87、88、89、91、95、96、100、121、130、137、140、177——178、188、219、232——233、238、250、273——274、294——295、323、326、328、334、344、357、381、385、414、418——419、420、434——435、439、440、500。

哥尔布诺夫，帕维尔·彼得罗维奇（Горбунов，Павел Петрович 1885——1937）——

1918 年加入俄共（布）。1921 年 2 月—1922 年 2 月任外交人民委员部办公厅主任,1921 年 9 月起是外交人民委员部部务委员。——274、459。

哥尔茨曼,阿布拉姆·季诺维耶维奇（Гольцман, Абрам Зиновьевич 1894—1933）——1917 年 4 月加入俄国社会民主工党（布）。1917—1920 年任五金工会中央委员会委员。1920—1921 年任全俄工会中央理事会主席团委员、劳动国防委员会俄罗斯联邦资源利用委员会委员。——6—7、180、262—263、435。

哥卢比亚特尼科夫,尼古拉·И.（Голубятников, Николай И. 1897—1920）——1919 年 5 月起为苏俄喀山省警察局刑事侦讯处处长。——99—100。

哥伊赫巴尔格,亚历山大·格里戈里耶维奇（Гойхбарг, Александр Григорьевич 1883—1962）——1904—1917 年为孟什维克,1919—1924 年为俄共（布）党员。1919 年在东方战线参加国内战争。1920 年任西伯利亚革命委员会委员,在审判鄂木斯克高尔察克的部长们时曾作为公诉人出庭。1920 年 10 月—1924 年任司法人民委员部部务委员、小人民委员会委员,后任小人民委员会副主席和主席。——51、103、106—107、119、155、315。

歌德,约翰·沃尔弗冈（Goethe, Johann Wolfgang 1749—1832）——德国诗人、作家和思想家。——412。

格尔热宾,季诺维·伊萨耶维奇（Гржебин, Зиновий Исаевич 1869—1929）——彼得格勒一家出版社（1919 年创办）的领导人。该出版社负责发行文艺、科学和科学普及图书,在莫斯科（后在柏林）设有分社。——365。

格拉夫季奥,亨利希·奥西波维奇（Графтио, Генрих Осипович 1869—1949）——苏联动力学家和工程师,苏联水力发电工程的奠基人之一,科学院院士。曾参加俄罗斯国家电气化委员会的工作。1918—1920 年任沃尔霍夫水电站建设工程副总工程师。1921—1927 年先后任沃尔霍夫水电站总工程师和下斯维里河水电站总工程师。——164。

格里巴诺娃,莉迪娅·德米特里耶夫娜（Грибанова, Лидия Дмитриевна 生于 1890 年）——1919—1921 年在共和国革命军事委员会担任打字员、文牍员和办事员。1921 年 5 月—1934 年任劳动国防委员会事务秘书。

和召回派。十月革命期间领导彼得格勒军事革命委员会秘书处。十月革
命后历任一些集团军和方面军革命军事委员会委员、共和国革命军事委员
会野战司令部政委、工农红军政治部主任、共和国革命军事委员会委员等
职。——57。

古谢夫，亚历山大·伊里奇（Гусев，Александр Ильич）——俄国特维尔省的
　　农民。——98。

H

哈迪，乔治（Гарди，Джордж（Hardy，George）生于 1884 年）——英国和美国
　　工会运动活动家。曾领导英国码头工人罢工（1915—1916）。1918 年移居
　　美国，在海运工人总书记处工作。1920 年当选为世界产业工人联合会西
　　雅图组织的书记。1921 年加入美国共产党。多次参加红色工会国际代表
　　大会，为该国际执行局成员。——87。

哈定，沃伦（Harding，Warren 1865—1923）——美国政治活动家，共和党人。
　　1921—1923 年任美国总统。——159、197。

哈拉托夫，阿尔塔舍斯（阿尔捷米）·巴格拉托维奇（Халатов，Арташес
　　（Артемий）Багратович 1896—1938）——1917 年加入俄国社会民主工党
　　（布）。1918—1923 年历任莫斯科苏维埃粮食局领导成员、莫斯科区域粮
　　食委员会委员、俄罗斯联邦粮食人民委员部部务委员、人民委员会工人供
　　给委员会主席。——137—138、199、215、257、261、299、345—346、359—
　　360、446、481、517—518。

海涅，亨利希（Heine，Heinrich 1797—1856）——德国诗人和作家。——412。

J

基尔皮奇尼科夫，В.Д.（Кирпичников，В.Д. 1881—1940）——苏联工艺工程
　　师。1920—1924 年任最高国民经济委员会泥炭水力开采管理局副局长。
　　与罗·爱·克拉松一起发明了泥炭水力开采法，写有关于这方面问题的著
　　作。——406、416、417。

基里林，П.Н.（Кириллин，П.Н. 1888—1955）——1918—1924 年是莫斯科省
　　沃洛科拉姆斯克县亚罗波列茨劳动学校的劳动课教员。建设拉马河亚罗

加里宁，米哈伊尔·伊万诺维奇（Калинин，Михаил Иванович 1875 —
1946）——1898 年加入俄国社会民主工党。十月革命后任彼得格勒市长，
后任市政委员。1919 年 3 月起任全俄中央执行委员会主席，1922 年起任
苏联中央执行委员会主席。从党的第八次代表大会起为中央委员。1919
年起为中央政治局候补委员。——11、193、309、442、515。

加米涅夫（**罗森费尔德**），列夫·波里索维奇（Каменев（Розенфельд），Лев
Борисович 1883—1936）——1901 年加入俄国社会民主工党，党的第二次
代表大会后是布尔什维克。曾在梯弗利斯、莫斯科、彼得堡从事宣传工作。
1908 年底出国，任布尔什维克的《无产者报》编委。斯托雷平反动时期对
取消派、召回派和托洛茨基分子采取调和主义态度。1914 年初回国，在
《真理报》编辑部工作，曾领导第四届国家杜马布尔什维克党团。1914 年
11 月被捕，在沙皇法庭上宣布放弃使沙皇政府在帝国主义战争中失败的
布尔什维克口号。1917 年二月革命后反对列宁的《四月提纲》。十月革命
后历任全俄中央执行委员会主席、莫斯科苏维埃主席、国防委员会驻南方
面军特派员、人民委员会副主席、劳动国防委员会主席等重要职务。
1919—1925 年为党中央政治局委员。——59、97、120、126、139、150、154、
175—176、185、193、216—217、235、241—242、246—247、268、309、449。

加米涅夫，谢尔盖·谢尔盖耶维奇（Каменев，Сергей Сергеевич 1881 —
1936）——沙俄军官，十月革命后转向苏维埃政权。1918 年春起任屏障军
西线防区涅韦尔地域军事指导员，同年 9 月起任东方面军司令。1919 年 7
月—1924 年 4 月任共和国武装力量总司令。1930 年加入联共（布）。
——68。

加涅茨基（**菲尔斯滕贝格**），雅柯夫·斯坦尼斯拉沃维奇（Ганецкий
（Фюрстенберг），Яков Станиславович 1879—1937）——波兰和俄国革命运
动活动家。1896 年加入社会民主党。1903—1909 年为波兰王国和立陶
宛社会民主党总执行委员会委员。1907 年在俄国社会民主工党第五次
（伦敦）代表大会上缺席当选为中央委员。1912 年波兰王国和立陶宛社会
民主党分裂后，是最接近布尔什维克的所谓分裂派的领导人之一。第一次
世界大战期间参加齐美尔瓦尔德左派。1917 年是俄国社会民主工党（布）
中央委员会国外局成员。十月革命后历任俄罗斯联邦财政人民委员部部

居林，爱德华·奥托·威廉(Gylling，Edward Otto Wilhelm 1881—1944)——芬兰工人运动活动家。1920年到苏维埃俄国，同年加入俄共(布)。1920年7月—1921年2月任卡累利阿革命委员会主席，后任卡累利阿劳动公社执行委员会主席。1923年8月—1935年中任卡累利阿苏维埃社会主义自治共和国人民委员会主席。——62、264。

K

卡尔马诺维奇，莫伊塞·约瑟福维奇(Калманович，Моисей Иосифович 1888—1937)——1917年7月加入俄国社会民主工党(布)。1921年任西伯利亚粮食委员会主席。——516—517。

卡冈诺维奇(科冈诺维奇)，П. К. (Каганович (Коганович)，П. К. 1887—1938)——1905年加入俄国社会民主工党。1920—1921年任粮食人民委员部特派员、西伯利亚粮食委员会主席、西伯利亚革命委员会委员，1921年5月起任粮食人民委员部驻北高加索特派员、俄共(布)中央委员会东南局成员和边疆区经济委员会委员。——240、403、483、504—505。

卡拉汉(**卡拉汉尼扬**)，列夫·米哈伊洛维奇(Карахан (Караханян)，Лев Михайлович 1889—1937)——1904年参加俄国革命运动，1913年在彼得堡加入俄国社会民主工党区联组织。1917年在俄国社会民主工党(布)第六次代表大会上随区联派集体加入布尔什维克党。1917年11月—1918年初任苏俄布列斯特和谈代表团秘书。1918—1920年任外交人民委员部部务委员、副外交人民委员。1921—1922年任驻波兰全权代表。——126、151、234—235、263。

卡林尼科夫，伊万·А. (Калинников，Иван А. 1874—1942)——1917—1924年为莫斯科高等技术学校教授；1920年任莫斯科高等技术学校校长，1921年起为国家计划委员会主席团委员。——252。

卡梅舍夫(Камешев)——苏俄劳动国防委员会所属运输总委员会考察队成员。该考察队于1921年5月底由劳动国防委员会派往雷宾斯克—巴库—罗斯托夫干线，负责查明伏尔加河和里海的水路运输对维修设备的需求并考察河床床底挖泥工作。——517。

卡敏斯基，格里戈里·瑙莫维奇(Каминский，Григорий Наумович 1895—

1938)——1913 年加入俄国布尔什维克党。1917 年是俄国社会民主工党（布）图拉委员会书记、莫斯科区域局成员。1918—1920 年任党的图拉省委主席和省执行委员会主席、第 2 集团军革命军事委员会委员。1920 年起任阿塞拜疆共产党（布）中央委员会书记和巴库苏维埃主席。——200。

卡尤罗夫，瓦西里·尼古拉耶维奇（Каюров, Василий Николаевич 1876—1936）——1900 年加入俄国社会民主工党。1918 年夏领导喀山省征粮队，后在东方面军第 5 集团军政治部工作。1921—1922 年任俄共（布）中央监察委员会西伯利亚边疆区清党委员会主席。——174—175。

凯萨罗夫，弗拉基米尔·德米特里耶维奇（Кайсаров, Владимир Дмитриевич 1878—1941）——苏联军事工程师。1921 年任地图集绘制特别学术委员会主席。——464—465。

康德罗夫，塔拉斯·格里戈里耶维奇（Кондров, Тарас Григорьевич）——487。

康德罗夫，塔拉斯·伊里奇（Кондров, Тарас Ильич 死于 1931 年）——俄国乌法省乌法县布尔加科夫乡别克托沃村农民。1921 年 3 月应列宁的邀请，到莫斯科参加了关于从余粮收集制过渡到粮食税问题的座谈会。——487。

柯列加耶夫，安德列·卢基奇（Колегаев, Андрей Лукич 1887—1937）——俄国左派社会革命党组织者之一。1917 年 12 月代表左派社会革命党进入人民委员会，任农业人民委员。1918 年 3 月因反对签订布列斯特和约退出人民委员会。1918 年 7 月左派社会革命党人叛乱被平定后同该党断绝关系，并于同年 11 月加入俄共（布）。1918—1920 年任南方面军供给部长和革命军事委员会委员。1920—1921 年任交通人民委员部部务委员和劳动国防委员会所属运输总委员会主席。——227、518。

柯罗连科，弗拉基米尔·加拉克季昂诺维奇（Короленко, Владимир Галактионович 1853—1921）——俄国作家和政论家。——158。

柯普，维克多·列昂季耶维奇（Копп, Виктор Леотьевич 1880—1930）——1898 年参加俄国社会民主主义运动。1903—1905 年曾组织运送秘密书刊通过德国边境。1904 年对孟什维克采取调和主义态度，后加入孟什维克。第一次世界大战期间被征入伍，1915—1918 年在德国当俘虏。1917 年加入俄国社会民主工党（布）。1919—1930 年在苏联外交人民委员部系统工作,1919—1921 年是外交人民委员部和对外贸易人民委员部驻德国全权代表,1921 年 5 月起是俄罗斯联邦驻德国负责战俘事务的代表。——91、96、234、263、293—294、364、400、421、423、424、459。

科别茨基,米哈伊尔·韦尼阿米诺维奇(Кобецкий, Михаил Вениаминович 1881—1937)——1903 年加入俄国社会民主工党,布尔什维克。曾积极参加彼得堡、巴库、库尔斯克和叶卡捷琳诺斯拉夫党组织的工作。多次被捕入狱。1908 年移居丹麦,担任向俄国运送布尔什维克《无产者报》和俄国社会民主工党中央机关报《社会民主党人报》以及向列宁转送国内信件的工作。1917 年回国。十月革命后担任党、苏维埃和外交部门的负责工作。1919—1923 年在共产国际工作,1920—1921 年任共产国际执行委员会书记,1921—1923 年任共产国际执行委员会部长。——358。

科罗廖夫,格里戈里·库兹米奇(Королев, Григорий Кузьмич 1884—1927)——俄国伊万诺沃-沃兹涅先斯克的纺织工人,1905 年加入俄国社会民主工党。十月革命后在伊万诺沃-沃兹涅先斯克从事苏维埃、经济和工会工作。1921 年 5 月起在党中央委员会负责同地方机关建立联系的工作。——17—18、225、375。

科罗特科夫,伊万·伊万诺维奇(Коротков, Иван Иванович 1885—1949)——1905 年加入俄国社会民主工党。1918—1920 年先后任党的捷伊科沃县委主席、在舒亚市的县执行委员会主席、在伊万诺沃-沃兹涅先斯克的省委组织指导部部长,1921 年起是伊万诺沃-沃兹涅先斯克省委书记。——225。

科特利亚罗夫,Г.И.(Котляров, Г.И. 生于 1875 年)——1917 年加入俄国社会民主工党(布);矿工工长。——326。

科扎科夫,М.А.(Козаков, М.А. 1880—1930)——苏联鱼品工业专家。1920 年起在莫斯科任渔业总管理局局长助理。——310、328。

科兹洛夫,彼得·А.(Козлов, Петр А. 1891—1959)——俄国农民。1921 年是乡劳动委员会委员。——73。

科兹明,彼得·阿列克谢耶维奇(Козьмин, Петр Алексеевич 1871—1936)——俄国工艺工程师,后为工科博士,教授。十月革命后任粮食人民委员部部务委员、农村农业机械供应委员、国防特别会议副主席。曾参与制定俄罗斯国家电气化计划。1921年起从事教学和科研工作。——252。

克尔日扎诺夫斯基,格列勃·马克西米利安诺维奇(Кржижановский, Глеб
　　Максимилианович 1872—1959)——1893年参加俄国革命运动,协助列宁
　　组织彼得堡工人阶级解放斗争协会。1895年12月被捕,1897年流放西伯
　　利亚,为期三年。1901年流放期满后住在萨马拉,领导当地的火星派中
　　心。1902年秋参加了筹备召开俄国社会民主工党第二次代表大会的组织
　　委员会;在1903年代表大会上缺席当选为中央委员。积极参加1905—
　　1907年革命。十月革命后致力于恢复和发展莫斯科的动力事业,历任最
　　高国民经济委员会电机工业总管理局局长、俄罗斯国家电气化委员会主
　　席、国家计划委员会主席等职。写有许多动力学方面的著作。——1—2、
　　56—57、63—64、122、127、130、134—136、164、165、199、210—211、216、
　　218—219、230、231—232、256、257、259、260、280、306—307、339—340、
　　346—348、389—390、398、400—401、417、429—430、465、467、468。

克拉松,罗伯特·爱德华多维奇(Классон, Роберт Эдуардович 1868—1926)——
　　俄国动力工程专家。19世纪90年代为俄国合法马克思主义者,参加过彼
　　得堡马克思主义小组。后脱离政治活动,投身动力学研究。根据他的设计
　　并在他的领导下,在俄国建成了许多发电站,其中包括世界上第一座泥炭
　　发电站。泥炭水力开采法的发明者之一;十月革命后,这一方法在列宁的
　　积极支持下得到了实际应用。积极参与制定俄罗斯国家电气化计划,曾任
　　莫斯科第一发电站站长。——228—229、242、334—335、407、411、
　　416、417。

克拉辛,列昂尼德·波里索维奇(Красин, Леонид Борисович 1870—1926)——
　　1890年参加俄国社会民主主义运动。1900—1904年在巴库当工程师,与
　　弗·扎·克茨霍韦利一起建立《火星报》秘密印刷所。俄国社会民主工党
　　第二次代表大会后加入布尔什维克党,被增补进中央委员会。参加了党的
　　第三次代表大会,在会上当选为中央委员。俄国第一次革命的积极参加
　　者。1905年是布尔什维克第一份合法报纸《新生活报》的创办人之一。
　　1905—1907年革命期间作为中央代表参加彼得堡工人代表苏维埃,领导
　　党中央战斗技术组。在党的第四次(统一)代表大会上当选为中央委员,第
　　五次(伦敦)代表大会上当选为候补中央委员。曾主管党的财务和技术工

作。1908 年侨居国外。一度参加反布尔什维克的"前进"集团,后脱离政治活动。1918 年参加了同德国缔结经济协定的谈判,后任红军供给非常委员会主席、最高国民经济委员会主席团委员、工商业人民委员、交通人民委员。1919 年起从事外交工作。1920 年起任对外贸易人民委员,先后兼任驻伦敦的苏俄贸易代表团团长、驻英国全权代表和商务代表。——21、32、45、51、60、113—114、128、129、167—168、187、189、198、201、251、298、299、300、344、364、366、383、395、399、403、404、507。

克雷连柯,尼古拉·瓦西里耶维奇(Крыленко,Николай Васильевич 1885—1938)——1904 年加入俄国社会民主工党。1907 年脱党。1911 年又回到布尔什维克组织中工作,先后为《明星报》和《真理报》撰稿;曾被中央委员会派到社会民主党杜马党团中工作。1913 年 12 月被捕。1914—1915 年侨居国外,后在军队服役。积极参加十月革命。十月革命后参加第一届人民委员会,任陆海军事务委员会委员,1917 年 11 月被任命为最高总司令。1918 年 3 月起在司法部门工作。1922—1931 年任全俄中央执行委员会最高革命法庭庭长、俄罗斯联邦副司法人民委员、检察长。——214。

克雷什科,尼古拉·克利缅季耶维奇(Клышко,Николай Климентьевич 1880—1937)——1904 年加入俄国社会民主工党。1921—1922 年任苏俄驻伦敦贸易代表团秘书。——60、298、432。

克里茨曼,列夫·纳坦诺维奇(Крицман,Лев Натанович 1890—1938)——1918 年加入俄共(布)。1921 年任国家计划委员会主席团委员和劳动国防委员会俄罗斯联邦资源利用委员会主席。——180、224—225、262—263、270—273、281—282。

克列斯廷斯基,尼古拉·尼古拉耶维奇(Крестинский,Николай Николаевич 1883—1938)——1903 年加入俄国社会民主工党。1918—1921 年任俄罗斯联邦财政人民委员。1921—1930 年任苏联驻德国全权代表。在党的第六至第九次代表大会上当选为中央委员。1919—1921 年任党中央政治局委员和中央书记处书记。——34—35、48、50、54—55、59—60、68、97、103、117、120—121、145、156—157、157、158、170、172、224—225。

克鲁格,卡尔·阿道福维奇(Круг,Карл Адольфович 1873—1952)——苏联电工学家,苏联科学院通讯院士。1920 年曾参与制定俄罗斯国家电气化计划。1921—1930 年任全苏电工学研究所所长。——233、307。

克鲁普斯卡娅,娜捷施达·康斯坦丁诺夫娜(娜·康·)(Крупская,Надежда Константиновна(Н.К.)1869—1939)——列宁的妻子和战友。1890 年在彼得堡大学生马克思主义小组中开始革命活动。1895 年参与组织彼得堡工人阶级解放斗争协会。1896 年 8 月被捕,后被判处流放三年,先和列宁一起在舒申斯克服刑,后来一人在乌法服刑。1901 年起侨居国外,任《火星报》编辑部秘书。曾参加俄国社会民主工党第二次代表大会的筹备工作,作为有发言权的代表出席了大会。1904 年起先后任布尔什维克的《前进报》和《无产者报》编辑部秘书。曾参加党的第三次代表大会的筹备工作。1905—1907 年革命期间在国内担任党中央委员会秘书。斯托雷平反动时期和新的革命高涨年代积极参加反对取消派和召回派的斗争。1911 年在隆瑞莫党校工作。1912 年党的布拉格代表会议后协助列宁同国内党组织保持联系。第一次世界大战期间参加国际妇女运动和布尔什维克国外支部的活动。1917 年二月革命后和列宁一起回国,在党中央书记处工作,参加了十月武装起义。十月革命后任教育人民委员部部务委员,领导政治教育总委员会。——14、183。

克鲁钦斯基,米哈伊尔·A.(Кручинский,Михаил А. 生于 1894 年)——1920 年任乌克兰中央执行委员会委员。1920 年—1921 年 3 月任农业人民委员部育马和养马业总管理局局长。——98—99。

克南,威廉(Koenen,Wilhelm 1886—1963)——德国和国际共产主义运动活动家。1920 年加入德国统一共产党;是共产国际第三次代表大会的代表。——438—439。

孔德,奥古斯特(Comte,Auguste 1798—1857)——法国哲学家和社会学家,实证论创始人。——104。

库恩·贝拉(Kun Béla 1886—1939)——匈牙利共产党创建人和领导人之一。1919 年是匈牙利苏维埃政权的实际领导人,任外交人民委员和陆军人民委员。苏维埃政权被颠覆后流亡奥地利,1920 年到苏俄,先后任南方面军革命军事委员会委员、克里木革命委员会主席。1921 年起在乌拉尔担任党的领导工作,曾任全俄中央执行委员会主席团委员、俄共(布)中央驻俄国共产主义青年团中央委员会全权代表、共产国际执行委员会主席团委员。——67、72、243、433。

库尔科夫，С.А.（Курков，С.А.）——俄国莫斯科省沃洛科拉姆斯克县卡希诺村曙光农业协作社电站工程管理委员会委员；该项工程的发起人之一。——24。

库尔斯基，德米特里·伊万诺维奇（Курский，Дмитрий Иванович 1874 — 1932）——1904年加入俄国社会民主工党。1918—1928年任俄罗斯联邦司法人民委员、苏联第一任总检察长。1919—1920年兼任工农红军总参谋部政委和野战司令部政委、共和国革命军事委员会委员。1921年起任全俄中央执行委员会主席团委员。——7、184、228、305—306、442、449。

库拉耶夫，瓦西里·弗拉基米罗维奇（Кураев，Василий Владимирович 1892—1938）——1914年加入俄国布尔什维克党。十月革命后任奔萨省苏维埃执行委员会主席、党的省委书记、省人民委员会主席。国内战争时期曾担任几个集团军的革命军事委员会委员。1920年起任农业人民委员部部务委员、最高国民经济委员会主席团委员。后在苏联国家计划委员会担任领导工作。——69、158。

库斯柯娃，叶卡捷琳娜·德米特里耶夫娜（Кускова，Екатерина Дмитриевна 1869—1958）——俄国社会活动家和政论家，经济派代表人物。参加过合作社运动。19世纪90年代中期在国外接触马克思主义，但很快走上修正马克思主义的道路。1899年所写的经济派的纲领性文件《信条》，受到以列宁为首的一批俄国马克思主义者的严厉批判。1905—1907年革命前夕加入自由派的解放社。1906年参与出版半立宪民主党、半孟什维克的《无题》周刊。1921年进入全俄赈济饥民委员会，同委员会中其他反苏维埃成员利用该组织进行反革命活动。1922年被驱逐出境。——186。

库图佐夫，伊万·伊万诺维奇（Кутузов，Иван Иванович 1885 — 1943）——1917年加入俄国社会民主工党（布）。1920年起为全俄中央执行委员会主席团委员。——224。

库西宁，奥托·威廉莫维奇（Куусинен，Отто Вильгельмович 1881 — 1964）——芬兰和国际工人运动活动家，芬兰共产党创建人之一，苏联共产党和国家的活动家。在共产国际第三次代表大会上当选为执行委员会委员。1921—1939年任共产国际执行委员会书记。——433。

L

拉比诺维奇，Ф.Я.（Рабинович，Ф.Я. 1885 — 1937）——1902 年加入俄国社会
民主工党，孟什维克，1919 年加入俄共（布）。1920 — 1922 年任对外贸易
人民委员部秘书处主任、劳动国防委员会和对外贸易人民委员部驻外高加
索特派员。——404。

拉德琴柯，伊万·伊万诺维奇（Радченко，Иван Иванович 1874 — 1942）——
1898 年加入俄国社会民主工党，彼得堡工人阶级解放斗争协会会员。
1901—1902 年是《火星报》代办员，对在俄国散发《火星报》起过重要作用。
1902 年参加筹备召开党的第二次代表大会的组织委员会。十月革命后是
苏联泥炭工业的组织者和领导人之一。1918 年起任泥炭总委员会主席和
林业总委员会副主席。1921 — 1922 年兼任对外贸易人民委员部部务委
员。——211、228、242、332 — 333、355、359、379、406、411、416 — 417。

拉狄克，卡尔·伯恩哈多维奇（Радек，Карл Бернгардович 1885 — 1939）——
20 世纪初参加加利西亚、波兰和德国的社会民主主义运动。1904 — 1908
年在波兰王国和立陶宛社会民主党内工作。1908 年到柏林，为德国左派
社会民主党人的报刊撰稿。第一次世界大战期间持国际主义立场。1917
年加入俄国社会民主工党（布）。十月革命后在外交人民委员部工作。
1918 年是"左派共产主义者"。1920 — 1924 年任共产国际执行委员会书
记、委员和主席团委员。在党的第八至第十二次代表大会上当选为中央委
员。——351、356 — 357、358、397。

拉杜斯-曾科维奇，维克多·阿列克谢耶维奇（Радус-Зенькович，Виктор
Алексеевич 1878 — 1967）——1898 年加入俄国社会民主工党。1919 —
1920 年任萨拉托夫省执行委员会主席，1920 — 1922 年任吉尔吉斯共和国
人民委员会主席、俄共（布）中央委员会吉尔吉斯局书记。——69。

拉甫里克（Лаврик）——83。

拉柯夫斯基，克里斯蒂安·格奥尔吉耶维奇（Раковский，Христиан Георгиевич
1873—1941）——生于保加利亚。从 19 世纪 90 年代初起参加保加利亚、
罗马尼亚、瑞士、法国的社会民主主义运动。第一次世界大战期间是中派
分子。1917 年二月革命后到彼得格勒，加入俄国社会民主工党（布）。十

月革命后从事党和苏维埃的工作。1918 年起任乌克兰人民委员会主席，1923 年派驻英国和法国从事外交工作。在党的第八至第十四次代表大会上当选为中央委员。—— 133 — 134、136 — 137、152、153、318、320、484 — 485。

拉林，尤·（**卢里叶，米哈伊尔·亚历山德罗维奇**）（Ларин，Ю.（Лурье，Михаил Александрович）1882 — 1932）——1900 年参加俄国社会民主主义运动。1904 年起为孟什维克。斯托雷平反动时期和新的革命高涨年代是取消派领袖之一，参加了"八月联盟"。第一次世界大战期间是中派分子。1917 年二月革命后领导出版《国际》杂志的孟什维克国际主义派。1917 年 8 月加入布尔什维克党。十月革命后在最高国民经济委员会、国家计划委员会任职。—— 89、132、134 — 136、171、429、435、438。

拉鲁斯（Larousse）——321。

拉姆津，列昂尼德·康斯坦丁诺维奇（Рамзин，Леонид Константинович 1887 — 1948）——苏联热工学家。1920 年起任莫斯科高等技术学校教授。1921 — 1922 年任国家计划委员会委员。莫斯科全苏热工学研究所创建人之一和第一任所长（1921 — 1930）。—— 231、233、307、430。

拉品斯基，帕维尔·路德维霍维奇（**列文松，Я.**）（Lapinski，P.L.（Лапинский，Павел Людвигович（Левинсон，Я.））1879 — 1937）——波兰共产党员，1919 年起为俄共（布）党员，经济学家和政论家。1920 — 1928 年是俄罗斯联邦（苏联）驻德国全权代表处的工作人员。—— 397、465。

拉希亚，埃诺·阿布拉莫维奇（Рахья，Эйно Абрамович 1885 — 1936）——俄国和芬兰革命运动的积极参加者。1903 年加入俄国社会民主工党。1917 年七月事变期间积极参加秘密护送列宁到芬兰的工作，10 月又护送列宁回国。1918 年芬兰革命时期指挥赤卫队。1919 年是同尤登尼奇作战的兵团指挥员。国内战争结束后从事军事工作。芬兰共产党中央委员。—— 125 — 126。

莱维（**哈特施坦**），保尔（Levi（Hartstein），Paul 1883 — 1930）——德国社会民主党人；职业是律师。1915 年齐美尔瓦尔德代表会议的参加者，瑞士齐美尔瓦尔德左派成员；曾参加斯巴达克联盟。在德国共产党成立大会上被选入中央委员会。共产国际第二次代表大会代表。1920 年代表德国共产党被选入国会。1921 年 2 月退出中央委员会,同年 4 月被开除出党。1922
年又回到社会民主党。——243—244、294、433。

赖兴巴赫,伯恩哈德(Reichenbach,Bernhard)——德国共产主义工人党驻共
产国际执行委员会的代表。——316。

勒柏辛斯基,潘捷莱蒙·尼古拉耶维奇(Лепешинский,Пантелеймон Николаевич
1868—1944)——1898 年加入俄国社会民主工党。1895 年被捕,后流放
西伯利亚,在流放地结识列宁。1900 年流放期满后为《火星报》驻普斯科
夫代办员。1902 年再次被捕和流放西伯利亚。1903 年底逃往国外,在瑞
士参加了俄国社会民主工党第三次代表大会的筹备工作。1905—1907 年
革命期间在叶卡捷琳诺斯拉夫和彼得堡进行革命工作。积极参加 1917 年
二月革命和十月革命。1918 年起任俄罗斯联邦教育人民委员部部务委
员、土耳其斯坦副教育人民委员。党史委员会创建人和领导人之一。——
89、288。

勒柏辛斯卡娅,奥丽珈·波里索夫娜(Лепешинская,Ольга Борисовна 1871—
1963)——1898 年加入俄国社会民主工党。1897 年随同丈夫潘·尼·勒
柏辛斯基到西伯利亚流放地,在叶尼塞斯克省库拉基诺村当医士。1919
年起在塔什干从事科研和教学工作。——288。

勒 柏 辛 斯 卡 娅,奥 丽 珈 · 潘 捷 莱 蒙 诺 夫 娜(Лепешинская,Ольга
Пантелеймоновна)——288。

勒柏辛斯卡娅,纳塔莉娅·斯捷潘诺夫娜(Лепешинская,Наталья Степановна
1890—1923)——1918—1923 年在列宁的秘书处工作。——89、
270、339。

雷赫,雅柯夫·萨莫伊洛维奇(托马斯)(Рейх,Яков Самойлович(Томас)生
于 1886 年)——1919 年在俄罗斯联邦外交人民委员部工作。1919 年秋—
1925 年 4 月主持在柏林的共产国际出版社。——294。

雷库诺夫,米哈伊尔·瓦西里耶维奇(Рыкунов,Михаил Васильевич 1884—
1937)——1903 年加入俄国社会民主工党。1921—1922 年任对外贸易人
民委员部部务委员。——457。

雷涅,Т.Е.(Рейне,Т.Е.)——苏联工程师。1919 年任最高国民经济委员会计
算和供应局局长和矿业委员会会务委员;1921 年被矿业委员会派遣出国。

——384。

雷韦尔（Ревель）——45。

李可夫，阿列克谢·伊万诺维奇（Рыков，Алексей Иванович 1881—1938）——1899 年加入俄国社会民主工党。曾在萨拉托夫、莫斯科、彼得堡等地做党的工作。斯托雷平反动时期对取消派、召回派和托洛茨基分子采取调和主义态度。十月革命后任内务人民委员、最高国民经济委员会主席（曾兼任国防委员会军需特派员）、人民委员会和劳动国防委员会副主席、人民委员会主席等职。1923—1930 年为党中央政治局委员。——4、62、79、89、97、114、121、130、147、153、166、174、180、187—188、189、203—204、208、211—212、224—225、241、249—250、253—254、384、440、452、491。

李维诺夫，马克西姆·马克西莫维奇（Литвинов，Максим Максимович 1876—1951）——1898 年加入俄国社会民主工党。1900 年任党的基辅委员会委员。1901 年被捕，在狱中参加火星派，1902 年 8 月越狱逃往国外。作为《火星报》代办员，曾担任向国内运送《火星报》的工作。是俄国革命社会民主党人国外同盟的领导成员，出席了同盟第二次代表大会。1903 年俄国社会民主工党第二次代表大会后是布尔什维克。1905 年参加了布尔什维克第一份合法报纸《新生活报》的出版工作。1908 年起任布尔什维克伦敦小组书记。1914 年 6 月起为俄国社会民主工党中央委员会驻社会党国际局的代表。十月革命后在外交部门担任负责工作。——458。

里德，约翰（Reed，John 1887—1920）——美国工人运动活动家，作家和新闻记者。1917 年到俄国。热烈欢迎俄国十月革命，并为此写了《震撼世界的十天》一书，列宁为该书写了序言。1918 年回到美国后，加入美国社会党左翼，成为左翼领导人之一。1919 年 9 月和其他左翼成员一起组建美国共产主义工人党，同年 10 月被派往莫斯科出席共产国际第二次代表大会，当选为共产国际执行委员会委员。在莫斯科逝世，骨灰安放在红场克里姆林宫宫墙内。——477。

利列尔曼，列夫·A.（“新扫帚”）（Либерман，Лев А.（«Новая Метла»）1879—1938）——1902—1904 年是俄国社会民主工党党员，1905—1920 年是社会革命党党员。1921 年加入俄共（布）。1920 年任铁路工会和职业教育总局编辑出版部主任。1921 年任全俄中央执行委员会中央出版物发行处处

1875—1933）——19世纪90年代初参加俄国社会民主主义运动。俄国社会民主工党第二次代表大会后是布尔什维克。曾先后参加布尔什维克的《前进报》、《无产者报》和《新生活报》编辑部。斯托雷平反动时期脱离布尔什维克，参加"前进"集团；在哲学上宣扬造神说和马赫主义。第一次世界大战期间持国际主义立场。1917年二月革命后参加区联派，在俄国社会民主工党（布）第六次代表大会上随区联派集体加入布尔什维克党。十月革命后任教育人民委员、苏联中央执行委员会学术委员会主席等职。——34—35、79、116、183、217—218、222—223、241、252、289、290。

卢托维诺夫，尤里·赫里桑福维奇（Лутовинов, Юрий Хрисанфович 1887—1924）——1904年加入俄国社会民主工党。十月革命后在顿河流域和乌克兰积极参加国内战争。1920年起任五金工会中央委员会委员和全俄中央执行委员会主席团委员；是全俄工会中央理事会主席团委员。1920—1921年工会问题争论期间是工人反对派的骨干分子。1921年被撤销工会负责职务，任命为俄罗斯联邦驻德国副商务代表。——294、363—369、395、399—400。

鲁多米涅尔，M.C.（Рудоминер, M.C. 生于1883年）——1919年3月起任苏俄基辅省国家建筑工程委员会筑路处处长，后任交通人民委员部中央燃料管理局局长、最高国民经济委员会最高燃料委员会委员、国家建筑工程总委员会计划委员会委员。1919—1921年是俄共（布）党员。1921年4月—1922年1月为全俄建筑工会中央委员会经济部副主任。——306—307。

鲁日奇卡，C.И.（Ружичка, C.И.）——45。

鲁萨诺夫，Г.А.（Русанов, Г.А. 1893—1937）——1916年加入俄国布尔什维克党。1918年6月—1924年2月是全俄肃反委员会机关工作人员，历任第3集团军、高加索和土耳其斯坦方面军特别部部长，全俄肃反委员会—国家政治保卫总局驻外高加索、高加索和土耳其斯坦全权代表，格鲁吉亚肃反委员会主席。——227。

鲁索，B.H.（Руссо, B.H. 1881—1942）——1918年加入俄共（布）。1919—1923年任普遍军训部部长、莫斯科军区副司令。——255—256。

鲁希莫维奇，莫伊塞·李沃维奇（Рухимович, Моисей Львович 1889—1938）——1913年加入俄国布尔什维克党。1921—1925年先后任顿涅茨克省

和巴赫姆特省执行委员会主席、国营顿涅茨煤炭工业托拉斯和南方煤炭化
学托拉斯经理。——461。

鲁祖塔克，扬·埃内斯托维奇（Рудзутак，Ян Эрнестович 1887—1938）——
1905 年加入俄国社会民主工党。十月革命后担任工会领导工作，后任最
高国民经济委员会主席团委员、水运总管理局局长、中央纺织工业委员会
主席、运输工会中央委员会主席、全俄工会中央理事会总书记、全俄中央执
行委员会和俄罗斯联邦人民委员会土耳其斯坦事务委员会主席、俄共（布）
中央委员会土耳其斯坦局主席。1922—1924 年任俄共（布）中央委员会中
亚局主席。1920 年起为俄共（布）中央委员。——4、83、107、363、364。

罗季昂诺夫，М.С.（Родионов，М.С.1885—1956）——苏联画家。1926 年起主
要从事书籍的插图工作。——54。

罗曼诺夫，В.И.（Романов，В.И.生于 1880 年）——苏联物理学和无线电波专
家，教授。领导第一国立莫斯科大学物理研究所和国家科学技术研究所，
在该所创建了电磁波实验室。——236。

罗曼诺夫王朝（Романовы）——俄国皇朝（1613—1917）。——393。

罗蒙诺索夫，尤里·弗拉基米罗维奇（Ломоносов，Юрий Владимирович 生于
1876 年）——俄国铁路运输方面的专家，教授。1919 年任最高国民经济委
员会主席团委员、交通人民委员部部务委员；是人民委员会负责向国外订
购铁路器材的全权代表。1920—1922 年曾率领铁路代表团赴瑞典和德国
订购机车、铁路设备及其他技术设备。没有回国。——32、366。

罗扎诺夫，弗拉基米尔·尼古拉耶维奇（Розанов，Владимир Николаевич
1872—1934）——苏联临床医生。1910 年起是索尔达坚科夫医院（现波特
金医院）外科主任。给列宁治过病。——304。

罗兹米罗维奇，叶列娜·费多罗夫娜（**特罗雅诺夫斯卡娅**）（Розмирович，
Елена Федоровна（Трояновская）1886—1953）——1904 年加入俄国社会
民主工党。因从事革命活动屡遭沙皇政府迫害。1909 年被捕，1910 年被
驱逐出境。流亡国外期间执行党中央国外局交给的各项任务。曾参加
1913 年召开的有党的工作者参加的俄国社会民主工党中央委员会克拉科
夫会议和波罗宁会议，会后被派回国，担任第四届国家杜马布尔什维克党
团秘书和党中央委员会俄国局秘书。《真理报》编辑部成员，为《启蒙》、《女

工》等杂志撰稿。1918—1922 年任全俄中央执行委员会最高法庭侦查委员会主席,1922 年春起任工农检查人民委员部部务委员并领导该部法律司。——214。

洛莫夫,阿·(**奥波科夫,格奥尔吉·伊波利托维奇**)(Ломов, А. (Оппоков, Георгий Ипполитович) 1888—1938)——1903 年加入俄国社会民主工党。1918—1921 年任最高国民经济委员会主席团委员和副主席,林业总委员会主席。——174、189、213、418。

M

马丁诺维奇,Н.Н.(Мартинович, Н.Н. 1883—1937)——苏联东方学和突厥学家。1917—1922 年任现代东方语言学院教授和彼得格勒大学教师,俄罗斯博物馆研究员。——391。

马尔察恩,阿道夫·格奥尔格·奥托(Maltzan, Adolf George Otto 1877—1927)——德国外交家。1908 年开始从事外交工作。1921 年 12 月起主管德国外交部东方司。——459。

马尔丁诺夫,Б.С.(Мартынов, Б.С. 1882—1951)——苏联教授(1918),法学博士(1940)。1908—1950 年在彼得格勒大学和彼得格勒其他院校工作。写有许多民法、土地法和版权方面的学术著作。——391。

马尔金,波里斯·费多罗维奇(Малкин, Борис Федорович 1891—1938)——1908 年加入俄国社会革命党,是左派社会革命党的组织者之一和党中央委员。1918 年春加入俄共(布)。1919—1921 年是全俄中央执行委员会中央出版物发行处的领导人。——112、113、284。

马尔柯夫,谢尔盖·德米特里耶维奇(Марков, Сергей Дмитриевич 1880—1922)——1901 年加入俄国社会民主工党。1918 年底起任交通人民委员部部务委员,1919 年起任副交通人民委员。1920 年起任弗拉基高加索铁路局局长、高加索方面军革命军事委员会委员。——307、479—480、481、496—497。

马尔滕斯,路德维希·卡尔洛维奇(Мартенс, Людвиг Карлович 1875—1948)——1893 年参加俄国革命运动。1919 年 1 月起任苏维埃俄国驻美国代表,组织技术援助苏俄协会。1921 年奉召回国。担任最高国民经济委员会主席团委员、金属工业总管理局局长等职。——130、209、455——456、468。

马尔托夫,尔·(**策杰尔包姆,尤利·奥西波维奇**)(Мартов, Л. (Цедербаум, Юлий Осипович) 1873—1923)——俄国孟什维克领袖之一。1895 年参与组织彼得堡工人阶级解放斗争协会。1900 年参与创办《火星报》,为该报编辑部成员。在俄国社会民主工党第二次代表大会上领导机会主义少数派,反对列宁的建党原则;会后成为孟什维克领袖之一。斯托雷平反动时期和新的革命高涨年代是取消派分子,编辑《社会民主党人呼声报》。参与组织"八月联盟"。第一次世界大战期间是中派分子。1917 年二月革命后领导孟什维克国际主义派。十月革命后反对镇压反革命和解散立宪会议。1919 年当选为全俄中央执行委员会委员,1919——1920 年为莫斯科苏维埃代表。1920 年 9 月侨居德国,在柏林创办和编辑孟什维克杂志《社会主义通报》。——247、248、388。

马哈拉泽,菲力浦·耶谢耶维奇(Махарадзе, Филипп Иесеевич 1868—1941)——1903 年加入俄国社会民主工党。1921 年 3 月——1922 年 2 月任格鲁吉亚革命委员会主席、农业人民委员。1922 年起任格鲁吉亚苏维埃社会主义共和国中央执行委员会主席。——155。

马赫诺,涅斯托尔·伊万诺维奇(Махно, Нестор Иванович 1889—1934)——乌克兰无政府主义农民武装队伍的首领。这支队伍根据政治和军事形势的变化随风转舵,时而打击白卫军,时而打击红军。1919 年上半年,乌克兰重建苏维埃政权后,反对无产阶级专政。1921 年春马赫诺的队伍被苏维埃军队彻底歼灭,马赫诺本人逃往国外。——68、111、145。

马克思,卡尔(Marx, Karl 1818—1883)——科学共产主义的创始人,世界无产阶级的领袖和导师。——104、106。

马克西莫夫,康斯坦丁·戈尔杰耶维奇(Максимов, Константин Гордеевич 1894—1939)——1914 年加入俄国布尔什维克党。1919——1920 年任国防委员会负责东方面军供给工作的特派员和东方面军革命军事委员会委员。1920——1921 年任最高国民经济委员会乌拉尔工业局局长、劳动国防委员会负责恢复乌拉尔工业的全权代表。——506。

马利科夫(**马雷克**),Г.И.(Маликов (Малык), Г.И. 1893—1963)——苏联火

车司机。国内战争的参加者,装甲机车司机。1925年加入俄共(布)。后从事经济和苏维埃工作。——83。

马努恰里扬茨,舒莎尼卡·姆克尔特切夫娜(Манучарьянц, Шушаника Мкртычевна 1889—1969)——1918年加入俄共(布)。1920—1924年是列宁的私人图书管理员。——93—94、455。

马斯拉科夫(马斯拉克),格里戈里·萨韦利耶维奇(Маслаков (Маслак), Григорий Савельевич)——原为苏俄红军布琼尼部旅长,在因违抗命令和滥用职权被交付军事革命法庭审判时率部叛变,成为活动在卡尔梅克草原上的最大一股政治土匪的匪首。1921年7月被红军击毙。——168。

马雅可夫斯基,弗拉基米尔·弗拉基米罗维奇(Маяковский, Владимир Владимирович 1893—1930)——苏联诗人。——290、291。

马伊斯基,伊万·米哈伊洛维奇(Майский, Иван Михайлович 1884—1975)——1903年加入俄国社会民主工党,1918年以前是孟什维克。1918年参加萨马拉的反革命立宪会议委员会,主管劳动部门。1919年与孟什维克决裂,1921年2月加入俄共(布);任西伯利亚革命委员会经济部部长。——388。

曼采夫,瓦西里·尼古拉耶维奇(Манцев, Василий Николаевич 1889—1939)——1906年加入俄国社会民主工党。1918—1919年任莫斯科肃反委员会副主席和主席。1919年底起任乌克兰肃反委员会中央管理局局长。1920年7月起任全俄肃反委员会会务委员,8月起兼任西南方面军和南方面军(克里木)特别部主任、后勤主任。1922年任乌克兰肃反委员会主席。——108。

曼努伊尔斯基,米哈伊尔·扎哈罗维奇(Мануильский, Михаил Захарович 1892—1955)——1917年7月加入俄国社会民主工党(布)。曾在粮食人民委员部工作。1918年9月—1919年3月任中央纺织工业委员会会务委员。1919年3月—1922年5月任伊万诺沃-沃兹涅先斯克省粮食委员(至1921年1月)、省执行委员会副主席兼土地局局长。1921年是全俄中央执行委员会委员。——225、424。

毛勒,泰蕾察(Maurer, Tereza)——373。

梅津采夫,И.И.(Мезенцев, И.И. 生于1888年)——1919年加入俄共(布);

钳工。1921 年任矿工工会中央委员会委员、矿工工会中央委员会南方局主席、工会顿涅茨克省分会主席。——461。

美舍利亚科夫，尼古拉·列昂尼多维奇（Мещеряков，Николай Леонидович 1865—1942）——1885 年参加俄国革命运动。1893 年到比利时完成学业。1901 年加入俄国革命社会民主党人国外同盟。1902 年作为《火星报》代办员返回莫斯科，任俄国社会民主工党莫斯科委员会委员。十月革命后担任党和苏维埃一些机关报刊的编辑工作，1918—1922 年任《真理报》编委。1920—1924 年任国家出版社编辑委员会主席。——331—332、455。

米哈列夫，孔德拉特·Я.（Михалев，Кондрат Я.）——40。

米哈伊洛夫（叶林松），列夫·米哈伊洛维奇（Михайлов（Елинсон），Лев Михайлович 1872—1928）——1900 年加入俄国社会民主工党。1917—1921 年任彼得格勒省执行委员会主席团委员、彼得格勒委员会监察委员会委员、彼得格勒省执行委员会公用事业局局长。1922 年任俄罗斯联邦驻挪威全权代表。——353。

米海洛夫斯基，И.О.（Михайловский，И.О. 生于 1876 年）——苏联工艺工程师。1919—1928 年任最高国民经济委员会专利局局务委员和局长，最高国民经济委员会科学技术局发明事务委员会副主席、主席和总鉴定人。——262。

米柳亭，弗拉基米尔·巴甫洛维奇（Милютин，Владимир Павлович 1884—1937）——1903 年参加俄国社会民主主义运动，起初是孟什维克，1910 年起为布尔什维克。曾在俄国一些城市做党的工作，屡遭沙皇政府迫害。十月革命后任农业人民委员。1918—1921 年任最高国民经济委员会副主席。1920—1922 年为候补中央委员。——28—29、90—91、127、249、264、269。

米歇尔逊，弗拉基米尔·亚历山德罗维奇（Мехельсон，Владимир Александрович 1860—1927）——苏联物理学家。1894—1927 年任彼得罗夫斯基—拉祖莫夫斯基农学院（1923 年起为莫斯科季米里亚捷夫农学院）物理学和气象学教授、苏联科学院天文台台长。——2—3。

明仁斯基，维亚切斯拉夫·鲁道福维奇（Менжинский，Вячеслав Рудольфович 1874—1934）——1902 年加入俄国社会民主工党。十月革命后任财政人民委员。1918—1919 年任俄罗斯联邦驻柏林总领事。1919 年起在全俄肃反委员会工作。——45、125—126、462。

莫尔德维尔科，亚历山大·康斯坦丁诺维奇（Молдвилко，Александр Константинович 1867—1938）——苏联动物学家。1911 年起在科学院动物博物馆（1931 年起为苏联科学院动物研究所）工作。——391。

莫尔德温金，В.Ю.（Мордвинкин，В.Ю. 1889—1946）——1907—1910 年为俄国社会革命党党员，1917—1937 年为布尔什维克党党员。1919—1921 年任国家出版社鼓动宣传处处长助理和全俄肃反委员会特别部报刊局局长。——223。

莫洛托夫（斯克里亚宾），维亚切斯拉夫·米哈伊洛维奇（Молотов（Скрябин），Вячеслав Михайлович 1890—1986）——1906 年加入俄国社会民主工党。1918—1921 年历任北部地区国民经济委员会主席、下诺夫哥罗德省执行委员会主席、俄共（布）顿涅茨克省委书记、乌克兰共产党（布）中央委员会书记。1919 年夏为党中央委员会和人民委员会派往伏尔加河流域的全权代表。在俄共（布）第九次代表大会上当选为候补中央委员，第十次代表大会上当选为中央委员。党的十大后任中央委员会书记和政治局候补委员。——193、204、226—227、241、246、248、251、274—275、276、302、319、324—325、339、349、350、382—383、386、392、395、396、397、399—400、414、419—420、423—424、428、431—432、437、441、444、445—446、448、450、515、517。

姆季瓦尼，波利卡尔普·古尔格诺维奇（Мдивани，Поликарп Гургенович 1877—1937）——1903 年加入俄国社会民主工党。1920—1921 年为俄共（布）中央委员会高加索局成员、俄罗斯联邦驻土耳其外交代表、格鲁吉亚革命委员会主席。1922 年任格鲁吉亚共产党（布）中央委员会主席团委员。——65。

穆罕默德·瓦利汗（Mohammed Wali Khan）——1919 年阿富汗驻苏维埃俄国的特命大使。1921 年 2 月 28 日俄罗斯联邦和阿富汗签订友好条约的阿富汗政府代表。——498、499。

穆拉洛夫，尼古拉·伊万诺维奇（Муралов，Николай Иванович 1877—1937）——1903 年加入俄国社会民主工党。十月革命期间是莫斯科军事革命委

员会委员和革命司令部成员。1919—1920 年任东方面军、第 3 和第 12 集
团军革命军事委员会委员。1920 年 8 月起任农业人民委员部部务委员。
1921 年 3 月起任莫斯科军区司令。——69、94、122。

穆萨别科夫,加赞法尔·穆罕默德(Мусабеков, Газанфар Махмуд оглы 1888—
1938)——1918 年加入俄共(布)。1920 年春起任阿塞拜疆粮食人民委员。
1921 年任巴库省库巴县特派员。1922 年起任阿塞拜疆苏维埃社会主义共
和国人民委员会主席。曾任阿塞拜疆共产党(布)中央委员会主席团委员、
外高加索边疆区委员会主席团委员。——240。

穆什凯托夫,德米特里·伊万诺维奇(Мушкетов, Дмитрий Иванович 1882—
1938)——苏联地质学家。1919—1936 年任彼得格勒矿业学院院长。
——213。

穆斯特,Г.И.(Муст, Г.И. 生于 1889 年)——1906 年为俄国社会革命党人,
1914—1917 年为孟什维克国际主义者。1918 年加入俄共(布)。1918—
1921 年任莫斯科苏维埃房屋地产局和建筑工程局局务委员,并在工会和
红军中工作。1921 年起在交通人民委员部系统工作。——306—307。

穆苏里(Муссури)——244。

N

纳里曼诺夫,纳里曼·克尔巴拉伊·纳贾夫(Нариманов, Нариман Кербалай
Наджаф оглы 1870—1925)——1905 年加入俄国社会民主工党。1917 年
是建立阿塞拜疆苏维埃政权斗争的领导人之一。1919 年起任俄罗斯联邦
外交人民委员部近东司司长、副民族事务人民委员。1920 年起任阿塞拜
疆革命委员会主席、阿塞拜疆苏维埃社会主义共和国人民委员会主席。
1922 年起任外高加索联邦联盟院主席。——62、193、197。

娜·康·——见克鲁普斯卡娅,娜捷施达·康斯坦丁诺夫娜。

尼古拉耶夫,阿基姆·马克西莫维奇(Николаев, Аким Максимович 1887—
1938)——1904 年加入俄国社会民主工党。1918—1924 年任邮电人民委
员部部务委员和无线电委员会主席。——236、250、251、377。

涅米茨,亚历山大·瓦西里耶维奇(Немитц, Александр Васильевич 1879—
1967)——苏联海军将领。1917 年 8 月起任黑海舰队司令。十月革命后

转向苏维埃政权,继续指挥黑海舰队。1920 年 2 月—1921 年 12 月任共和
国海军司令。——178。

努奥尔捷瓦,А.Ф.(Нуортева,А.Ф.)——1921 年是俄罗斯联邦驻美国代表处
的秘书。——209。

诺根,维克多·巴甫洛维奇(Ногин,Виктор Павлович 1878—1924)——1898
年加入俄国社会民主工党,布尔什维克。曾在国内外做党的工作,是《火星
报》代办员。积极参加 1905—1907 年革命。1907 年在党的第五次(伦敦)
代表大会上当选为中央委员。斯托雷平反动时期对孟什维克取消派采取
调和主义态度。第一次世界大战期间在莫斯科和萨拉托夫的地方自治机
关工作,为《莫斯科合作社》等杂志撰稿。1917 年二月革命后先后任莫斯
科苏维埃副主席和主席。十月革命后历任工商业人民委员、副劳动人民委
员、最高国民经济委员会主席团委员、纺织企业总管理委员会主席、全俄纺
织辛迪加管理委员会主席、红色工会国际国际执行局成员、全俄中央执行
委员会土耳其斯坦事务委员会委员等职。曾任苏联中央执行委员会主席
团委员。——320—321。

P

派克斯,А.К.(Пайкес,А.К. 1873—1958)——1917 年以前是孟什维克,1918
年加入俄共(布)。1918—1920 年任粮食人民委员部驻萨拉托夫省特派
员、国家监察人民委员部部务委员和工农检查院院务委员、西伯利亚革命
委员会委员。1921—1922 年先后任俄罗斯联邦驻中国和立陶宛全权代
表。——404、419、423。

皮达可夫,格奥尔吉·列昂尼多维奇(Пятаков,Георгий Леонидович 1890—
1937)——1910 年加入俄国社会民主工党。1914—1917 年先后侨居瑞士
和瑞典;曾参加伯尔尼代表会议,为《共产党人》杂志撰稿。1917 年二月革
命后任党的基辅委员会主席和基辅工人代表苏维埃执行委员会委员。十
月革命后任国家银行总委员。1918 年 12 月任乌克兰临时工农政府主席。
1919 年任第 13 集团军革命军事委员会委员,1920 年曾在乌拉尔任第 1 劳
动军革命军事委员会委员。1920 年起历任顿巴斯中央煤炭工业管理局局
长、国家计划委员会和最高国民经济委员会副主席、驻法国商务代表、苏联

国家银行管理委员会主席、副重工业人民委员、租让总委员会主席等职。
1920—1921 年工会问题争论期间支持托洛茨基的纲领。——177、195、
236—237、461。

皮沃瓦罗夫，Ф.Н.（Пивоваров，Ф.Н. 生于 1877 年）——苏联肉类和鱼品冷藏
工业专家。1919—1924 年为中央冷藏设备管理局的工作人员、粮食人民
委员部主管西伯利亚渔业的特派员、鱼品工业总管理局顾问、摩尔曼斯克
渔场场长。——310、328。

普拉东诺夫，А.П.（Платонов，А.П. 生于 1894 年）——俄国黑海舰队水兵。
1919 年 12 月起是全俄中央执行委员会终审上诉部成员。1920 年 3 月—
1921 年 7 月任克里姆林宫和苏维埃房屋管理处主任。——29、177、466。

普列奥布拉任斯基，叶夫根尼·阿列克谢耶维奇（Преображенский，Евгений
Алексеевич 1886—1937）——1903 年加入俄国社会民主工党。国内战争
期间任第 3 集团军政治部主任。1920 年初任俄共（布）乌法省委主席。同
年，在党的第九次代表大会上当选为中央委员、中央委员会书记。1921 年
3 月起先后任财政人民委员部部务委员和教育人民委员部职业教育总局
局长、《真理报》编辑等职。1920—1921 年工会问题争论期间支持托洛茨
基的纲领。——103、107、186—187、238、252—253、408—409、411、436。

普列奥布拉任斯卡娅，尼娜·阿列克谢耶夫娜（Преображенская，Нина Алексеевна
生于 1901 年）——阿·安·普列奥布拉任斯基的女儿。1927 年加入联共
（布）。1921 年是莫斯科大学学生。——29。

普列汉诺夫，格奥尔吉·瓦连廷诺维奇（Плеханов，Георгий Валентинович
1856—1918）——俄国早期的马克思主义理论家，后来成为孟什维克和第
二国际机会主义领袖之一。1883 年在日内瓦创建俄国第一个马克思主义
团体——劳动解放社。翻译和介绍了马克思和恩格斯的许多著作，对马克
思主义在俄国的传播起了重要作用；写过不少优秀的马克思主义著作，批
判民粹主义、合法马克思主义、经济主义、伯恩施坦主义、马赫主义。20 世
纪初是《火星报》和《曙光》杂志编辑部成员。曾参与制定俄国社会民主工
党纲领草案和参加党的第二次代表大会的筹备工作。在代表大会上是劳
动解放社的代表，属火星派多数派，参加了大会常务委员会，会后逐渐转向
孟什维克。1905—1907 年革命时期反对列宁的民主革命的策略，后来在

孟什维克和布尔什维克之间摇摆。斯托雷平反动时期和新的革命高涨年代反对取消主义，领导孟什维克护党派。第一次世界大战期间持社会沙文主义立场。1917年二月革命后支持资产阶级临时政府。对十月革命持否定态度，但拒绝支持反革命。——285。

普罗柯波维奇，谢尔盖·尼古拉耶维奇（Прокопович，Сергей Николаевич 1871—1955）——俄国经济学家和政论家，经济派的著名代表人物，伯恩施坦主义在俄国最早的传播者之一。1904年加入资产阶级自由派的解放社，为该社骨干分子。1905年为立宪民主党中央委员。1906年参与出版半立宪民主党、半孟什维克的《无题》周刊，为左派立宪民主党人的《同志报》积极撰稿。1917年二月革命后任临时政府工商业部长（8月）和粮食部长（9—10月）。1921年进入全俄赈济饥民委员会，同委员会中其他反苏维埃成员利用该组织进行反革命活动。1922年被驱逐出境。——186。

普罗佐尔，В.С.（Прозор，В.С. 1884—1962）——1905年加入俄国社会民主工党。1920—1922年任道路工程局局长、国家建筑工程总委员会副主席和会务委员、土耳其斯坦国家建筑工程委员会主席。1922年退党。——307。

普希金，亚历山大·谢尔盖耶维奇（Пушкин，Александр Сергеевич 1799—1837）——俄国诗人。——289、321。

Q

契切林，格奥尔吉·瓦西里耶维奇（Чичерин，Георгий Васильевич 1872—1936）——1904年参加俄国革命运动，1905年在柏林加入俄国社会民主工党。长期在国外从事革命活动。斯托雷平反动时期是孟什维主义的拥护者，第一次世界大战期间是国际主义者，1917年底转向布尔什维主义立场，1918年加入俄共（布）。1918年初回国，先后任副外交人民委员、外交人民委员，是出席热那亚国际会议和洛桑国际会议的苏俄代表团团长。——8、21、27—28、32、33、45、52、58、60、72、131、147、151、152—153、162、167、176、188、197、274、292、293、298、324—326、399、418、420、420—421、448、474。

切博塔廖夫，伊万·尼古拉耶维奇（Чеботарев，Иван Николаевич 1861—1934）——俄国民意党人，1886年参加革命运动；曾因亚·伊·乌里扬诺夫案被捕。早在辛比尔斯克时就是乌里扬诺夫一家的好友。在彼得堡时，列宁曾利用他的住址同家里人通信和转寄秘密书刊。1906—1922 年在波波夫卡车站一所学校工作。——236。

切尔诺夫，维克多·米哈伊洛维奇（Чернов，Виктор Михайлович 1873—1952）——俄国社会革命党领袖和理论家之一。1902—1905 年任社会革命党中央机关报《革命俄国报》编辑。曾撰文反对马克思主义，企图证明马克思的理论不适用于农业。第一次世界大战期间持社会沙文主义立场，曾参加齐美尔瓦尔德代表会议和昆塔尔代表会议。1917 年 5—8 月任临时政府农业部长，对夺取地主土地的农民实行残酷镇压。十月革命后参与策划反苏维埃叛乱。1920 年流亡国外，继续反对苏维埃政权。——388。

切尔特科夫，弗拉基米尔·格里戈里耶维奇（Чертков，Владимир Григорьевич 1854—1936）——俄国政论家；列·尼·托尔斯泰的好友和追随者。1920—1921 年任俄国宗教社团联合委员会主席和全俄教徒农业生产联合组织第一次代表大会理事会主席。——7、381。

切尔维亚科夫，亚历山大·格里戈里耶维奇（Червяков，Александр Григорьевич 1892—1937）——1917 年加入俄国社会民主工党（布）。1920 年起任白俄罗斯中央执行委员会和人民委员会主席。——60。

切库诺夫，伊万·阿法纳西耶维奇（Чекунов，Иван Афанасьевич 死于 1928 年）——俄国弗拉基米尔省弗明基村农民。1906 年是人民自由党党员。1910 年是弗明基乡地方自治机关议员，弗明基农业协会主席。1919—1921 年多次受到列宁接见，交谈关于社会和经济问题以及农业协会的农民合作问题。1921 年起任农业人民委员部部务委员。——138、142、143。

切韦廖夫，亚历山大·米哈伊洛维奇（Чеверев，Александр Михайлович 1887—1921）——1908 年加入俄国社会民主工党。1917 年 3 月起任乌法士兵代表苏维埃委员、赤卫队支队长。1918 年参加清剿杜托夫匪帮和捷克白卫军的战斗。在红军中历任团长、旅长和师长。1920—1921 年在达吉斯坦和外高加索任军事委员。——393。

丘茨卡耶夫，谢尔盖·叶戈罗维奇（Чуцкаев，Сергей Егорович 1876—1946）——1903 年加入俄国社会民主工党。1918—1921 年任财政人民委员部部务委员、副财政人民委员、小人民委员会委员、取消货币税工作委员会主席。

1921—1922年先后任西伯利亚革命委员会副主席和主席,俄共(布)中央委员会西伯利亚局成员。——19—20、35—36、362。

丘季诺夫,Д.К.(Чудинов,Д.К.)——1920年任苏俄伊尔库茨克省国民教育局局长,1920—1924年任教育人民委员部驻西伯利亚国民教育局特派员。——284。

瞿鲁巴,格奥尔吉·德米特里耶维奇(Цюрупа,Георгий Дмитриевич 1885—1940)——苏联电气工程师。1919—1926年是国营卡希拉区发电站建筑工程总工程师,1921年5月起任国家建筑工程总委员会副主席。——376。

瞿鲁巴,亚历山大·德米特里耶维奇(Цюрупа,Александр Дмитриевич 1870—1928)——1898年加入俄国社会民主工党。十月革命后任副粮食人民委员,1918年2月起任粮食人民委员。国内战争时期主管红军的供给工作,领导征粮队的活动。1921年底起任人民委员会和劳动国防委员会副主席。——44、49—50、66—67、133、139、139—140、140、151—152、153、157、158、179—180、181—182、185、203—204、214、240、488。

R

日任,伊万·伊帕季耶维奇(Жижин,Иван Ипатьевич 1892—1933)——苏联诗人。1918年起为伊万诺沃-沃兹涅先斯克《工人边疆区报》撰稿,并加入该报诗人小组。1922年起在莫斯科俄共(布)中央委员会通讯社工作。——94。

S

萨美尔,伊万·阿达莫维奇(Саммер,Иван Адамович 1870—1921)——俄国社会民主党人,布尔什维克。1897年参加革命运动,在基辅和喀山等地做党的工作,积极参加1905—1907年革命。1905年秋被增补进党中央委员会。屡遭沙皇政府迫害。十月革命后在沃洛格达从事经济工作,任国民经济委员会主席。1919年起在中央消费合作总社工作。1920—1921年任乌克兰消费合作总社主席和对外贸易人民委员部驻乌克兰特派员。——405、411—412、440。

萨普龙诺夫,季莫费·弗拉基米罗维奇(Сапронов,Тимофей Владимирович

1887—1939)——1912 年加入俄国布尔什维克党。1918—1919 年任莫斯
科省执行委员会主席,1919 — 1920 年任哈尔科夫省革命委员会主席。
1920—1921 年任建筑工会中央委员会主席、国家建筑工程总委员会主席、
最高国民经济委员会副主席。工会问题争论期间领导民主集中派。——
103、276、307、376、439、441。

塞拉蒂,扎钦托·梅诺蒂(Serrati, Giacinto Menotti 1872 或 1876 — 1926)
——意大利工人运动活动家,意大利社会党领导人之一。1914 — 1922 年
任社会党中央机关报《前进报》社长。第一次世界大战期间是国际主义者。
共产国际成立后,坚决主张意大利社会党参加共产国际。1920 年率领意
大利社会党代表团出席共产国际第二次代表大会;在讨论加入共产国际的
条件时,反对同改良主义者无条件决裂。他的错误立场受到列宁的批评,
不久即改正了错误。1924 年带领社会党内的第三国际派加入意大利共产
党。——243。

瑟尔佐夫,谢尔盖·伊万诺维奇(Сырцов, Сергей Иванович 1893—1937)——
1913 年加入俄国布尔什维克党。1918—1920 年任俄共(布)顿河区域局
成员和顿河区委员会委员、顿河苏维埃共和国人民委员会副主席和顿河区
执行委员会副主席。1920—1921 年任党的敖德萨省委书记。工会问题争
论期间支持托洛茨基的纲领。1921 — 1926 年在党中央机关工作。
——195。

沙波什尼科夫,阿列克谢·罗曼诺维奇(Шапошников, Алексей Романович 死
于 1932 年)——俄国乌法省乌法县布尔加科夫乡别克托沃村农民。1921
年 3 月应列宁的邀请,到莫斯科参加了关于从余粮收集制过渡到粮食税问
题的座谈会。——173、487。

沙拉尔特(Шаларт)——18。

沙皮罗,列夫·格里戈里耶维奇(Шапиро, Лев Григорьевич 1887 — 1957)——
1902 年参加俄国革命运动,1903 年加入里加的崩得组织,成为孟什维克。
1918 年起是俄共(布)党员,在教育人民委员部工作,在红军中做政治工
作。1920—1921 年任政治教育总委员会主席团委员。——183。

沙特兰,米哈伊尔·安德列耶维奇(Шателен, Михаил Андреевич 1866 —
1957)——苏联电工学家,苏联科学院通讯院士(1931 年起)。曾参与制定

俄罗斯国家电气化计划,是俄罗斯国家电气化委员会彼得格勒小组的负责人。1921年4月起任国家计划委员会委员。——282。

沙图诺夫斯基,雅柯夫·莫伊谢耶维奇(Шатуновский,Яков Моисеевич 1876—1932)——1918年加入俄共(布)。十月革命后从事教学工作和军事政治工作。1920年8月起从事经济工作,任劳动国防委员会所属运输总委员会委员、国家计划委员会工业处成员。——48—49、280、283。

舍尔巴,列夫·弗拉基米罗维奇(Щерба,Лев Владимирович 1880—1944)——苏联语言学家。1916—1944年任彼得格勒(列宁格勒)大学教授。1943年起为科学院院士。——391。

施略普尼柯夫,亚历山大·加甫里洛维奇(Шляпников,Александр Гаврилович 1885—1937)——1901年加入俄国社会民主工党。第一次世界大战期间在彼得堡和国外做党的工作,负责在党中央委员会国外局同俄国局和彼得堡委员会之间建立联系。1917年二月革命后任党的彼得堡委员会委员、彼得格勒工兵代表苏维埃执行委员会委员和彼得格勒五金工会主席。十月革命后参加第一届人民委员会,任劳动人民委员,后领导工商业人民委员部。1918年先后任南方面军革命军事委员会委员和里海—高加索方面军革命军事委员会主席。1919—1922年任全俄五金工会中央委员会主席,1921年5月起任最高国民经济委员会主席团委员。1920—1922年是工人反对派的组织者和领袖。1921年在党的第十次代表大会上当选为中央委员。——203—204、364。

施米特,奥托·尤利耶维奇(Шмидт,Отто Юльевич 1891—1956)——苏联学者,1918年加入俄共(布)。1918—1920年任粮食人民委员部部务委员,1920年任中央消费合作总社理事会理事,1920—1921年任教育人民委员部部务委员。——92。

施米特,瓦西里·弗拉基米罗维奇(Шмидт,Василий Владимирович 1886—1940)——1905年加入俄国社会民主工党。1918—1928年先后任全俄工会中央理事会书记和劳动人民委员。在党的第八次和第十次代表大会上当选为候补中央委员。——123、203。

施佩克托罗夫,Н.Л.(Шпекторов,Н.Л. 1890—1937)——1920年加入俄共(布)。1918年参加红军。1920年任克拉斯诺亚尔斯克省军事委员部动员

斯克良斯基，埃夫拉伊姆·马尔科维奇（Склянский，Эфраим Маркович 1892—1925）——1913 年加入俄国布尔什维克党。1918 年 1 月起任副陆军人民委员，1918 年 10 月—1924 年 3 月任共和国革命军事委员会副主席。1920—1921 年任劳动国防委员会委员和卫生人民委员部部务委员。——65、68、110、111、115、123、131、148、178、232、244、286、370—371、385、393、447、462、502、503。

斯克沃尔佐夫-斯捷潘诺夫，伊万·伊万诺维奇（斯捷潘诺夫）（Скворцов-Степанов，Иван Иванович（Степанов）1870—1928）——1891 年参加俄国社会民主主义运动，1904 年成为布尔什维克。1905—1907 年革命期间在党的莫斯科委员会写作演讲组工作。1907 年和 1911 年代表布尔什维克被提名为国家杜马代表的候选人。斯托雷平反动时期在土地问题上坚持错误观点，对"前进"集团采取调和主义态度，但在列宁影响下纠正了自己的错误。因进行革命活动多次被捕和流放。十月革命后参加第一届人民委员会，历任财政人民委员、全俄工人合作社理事会副主席、中央消费合作总社理事会理事、国家出版社编辑委员会副主任、中央列宁研究院院长等职。马克思《资本论》（第 1—3 卷，1920 年俄文版）以及马克思和恩格斯其他一些著作的译者和编者，写有许多有关革命运动史、政治经济学、无神论等方面的著作。——58、279、281。

斯米尔加，伊瓦尔·捷尼索维奇（Смилга，Ивар Тенисович 1892—1938）——1907 年加入俄国社会民主工党，布尔什维克。1914—1915 年任党的彼得堡委员会委员。1917 年二月革命后任党的喀琅施塔得委员会委员，芬兰陆军、海军和工人区域执行委员会主席。十月革命后历任俄罗斯联邦人民委员会驻芬兰全权代表、共和国革命军事委员会委员，以及一些方面军的革命军事委员会委员和东南劳动军委员会主席。1921—1923 年任最高国民经济委员会副主席和燃料总管理局局长。在党的第七次和第八次代表大会上当选为中央委员，第十一次代表大会上当选为候补中央委员。——115、117、212、224—225、231、307、351—352、379—380、483—484。

斯米尔诺夫，弗拉基米尔·米哈伊洛维奇（Смирнов，Владимир Михайлович 1887—1937）——1907 年加入俄国社会民主工党。国内战争期间担任几个集团军的革命军事委员会委员。十月革命后任最高国民经济委员会主

亚边疆区、彼得堡、莫斯科、梯弗利斯、巴库等地给布尔什维克党组织作传达报告。曾为《明星报》撰稿。1912年被捕，被判处终身流放西伯利亚，死于克拉斯诺亚尔斯克医院。——431。

斯切克洛夫，尤里·米哈伊洛维奇（Стеклов，Юрий Михайлович 1873—1941）——1893年参加俄国社会民主主义运动，是敖德萨第一批社会民主主义小组的组织者之一。1903年俄国社会民主工党第二次代表大会后是布尔什维克。斯托雷平反动时期和新的革命高涨年代为布尔什维克的一些报纸和杂志撰稿。1917年二月革命后当选为彼得格勒苏维埃执行委员会委员；最初持"革命护国主义"立场，后转向布尔什维克。十月革命后任全俄中央执行委员会和苏联中央执行委员会主席团委员、《全俄中央执行委员会消息报》和《苏维埃建设》杂志的编辑。——77—78、94、388。

斯塔尔科夫，瓦西里·瓦西里耶维奇（Старков，Василий Васильевич 1869—1925）——1890年加入彼得堡工艺学院学生马克思主义小组。1893年与列宁相识。1895年参与组织彼得堡工人阶级解放斗争协会，是协会的中心小组成员。1895年12月被捕，1897年流放东西伯利亚，为期三年。十月革命后在对外贸易人民委员部工作，1921年起任俄罗斯联邦驻德国副商务代表。——335。

斯塔索娃，叶列娜·德米特里耶夫娜（Стасова，Елена Дмитриевна 1873—1966）——1898年加入俄国社会民主工党，1901年起为《火星报》代办员。曾在彼得堡、莫斯科做党的工作，1904—1906年任党中央委员会北方局、彼得堡委员会和中央委员会俄国局书记。1907—1912年为党中央驻梯弗利斯的代表。1912年在党的第六次（布拉格）全国代表会议上当选为候补中央委员。1917年2月—1920年3月任党中央书记。1920—1921年先后在彼得格勒和巴库担任党的负责工作。1921—1926年在共产国际工作。——431—432。

斯特里若夫，И.Н.（Стрижов，И.Н. 生于1872年）——俄国地质学家、石油专家和矿物学家。曾主管乌拉尔和北高加索一些公司和企业的铁矿和油田。1920年7月起任石油总委员会技术科主任助理，后任格罗兹尼油田管理局技术局长并担任石油工业部门的其他领导职务。——132—133。

斯特卢米林（**斯特卢米洛-彼特拉什凯维奇**），斯坦尼斯拉夫·古斯塔沃维奇

（Струмилин （Струмилло-Петрашкевич），Станислав Густавович 1877 —
1974）——苏联经济学家和统计学家，苏联科学院院士（1935）。1923 年加
入俄共（布）。1921—1937 年在苏联国家计划委员会工作。——136。

斯图契卡，彼得·伊万诺维奇（Стучка，Петр Иванович 1865 — 1932）—— 19
世纪 80 年代末参加俄国革命运动，是拉脱维亚社会民主工党的创建人和
领袖之一。曾被捕和流放。十月革命后任俄罗斯联邦司法人民委员、拉脱
维亚苏维埃政府主席、俄罗斯联邦副司法人民委员、俄罗斯联邦最高法院
院长等职；是拉脱维亚共产党中央委员和该党驻共产国际的代表。写有论
述国家和法的著作。——418。

斯托莫尼亚科夫，波里斯·斯皮里多诺维奇（Стомоняков，Борис Спиридонович
1882—1941）——1902 年加入俄国社会民主工党。1920—1925 年任俄罗
斯联邦驻德国商务代表。——364、383、399—400。

斯维杰尔斯基，阿列克谢·伊万诺维奇（Свидерский，Алексей Иванович
1878—1933）—— 1899 年加入俄国社会民主工党。1918 年起任粮食人民
委员部部务委员，1922 年起任工农检查人民委员部部务委员。—— 44、
51、124、140、308、345。

苏达科夫，帕维尔·伊里奇（Судаков，Павел Ильич 1878 — 1950）—— 1897
年参加俄国社会民主主义运动。1899—1905 年和 1911—1913 年在彼得
堡克赖顿股份公司的工厂里当钳工。1912 年当选为第四届国家杜马复选
代表后，转向孟什维克。1914 年同孟什维克决裂，回到布尔什维克一边。
十月革命后任红军供给非常委员会主席、北方地区国民经济委员会主席。
1921—1924 年任最高国民经济委员会金属工业总管理局局长。——324。

苏里茨，雅柯夫·扎哈罗维奇（Суриц，Яков Захарович 1882 — 1952）——
1917 年加入俄国社会民主工党（布）。十月革命后从事外交工作。1919—
1921 年任俄罗斯联邦驻阿富汗全权代表。——498。

苏日尔卡，斯特凡（Сужилка，Стефан）——1920 年是驻伦敦的苏俄贸易代表
团的常任技术顾问。——45。

索尔茨，亚伦·亚历山德罗维奇（Сольц，Арон Александрович 1872 —1945）——
1898 年加入俄国社会民主工党。1920 年起为党中央监察委员会委员，
1921 年起为党中央监察委员会主席团委员、俄罗斯联邦最高法院成员。

——400。

索柯里尼柯夫（**布里利安特**），格里戈里·雅柯夫列维奇（Сокольников（Бриллиант），Григорий Яковлевич 1888—1939）——1905 年加入俄国社会民主工党。1909—1917 年住在国外。第一次世界大战期间为托洛茨基的《我们的言论报》撰稿。十月革命后从事苏维埃、军事和外交工作。是缔结布列斯特和约的苏俄代表团成员，后来又参加了同德国进行的经济问题谈判。1918 年 12 月—1919 年 10 月任南方面军革命军事委员会委员，1920年 8 月—1921 年 3 月任土耳其斯坦方面军革命军事委员会委员和方面军司令、全俄中央执行委员会和俄罗斯联邦人民委员会土耳其斯坦事务委员会主席。1921 年 11 月起先后任财政人民委员部部务委员、副财政人民委员、财政人民委员。在党的第六、第七和第十一次代表大会上当选为中央委员。——364。

索柯洛夫，М.Ф.（Соколов，М.Ф. 生于 1893 年）——1920—1922 年是俄共（布）党员。1921 年 3—7 月任俄罗斯联邦外交人民委员部撤回波兰资财和档案事务管理局秘书。——310—315。

索洛维约夫，瓦西里·伊万诺维奇（Соловьев，Василий Иванович 1890—1939）——1913 年加入俄国布尔什维克党。1920 年任改组教育人民委员部草案拟定委员会委员，1921 年任政治教育总委员会副主席。——34。

T

塔尔海默，奥古斯特（Thalheimer，August 1884—1948）——1904 年加入德国社会民主党。第一次世界大战期间持国际主义立场，1914—1916 年任社会民主《人民之友报》编辑；参加国际派（后改称斯巴达克派和斯巴达克联盟）。1916—1918 年曾参与出版反对帝国主义战争和社会沙文主义的秘密鼓动材料《斯巴达克通信》。1918—1923 年为德国共产党中央委员和德共中央机关报《红旗报》编辑。1921 年采取"左派"立场；是所谓"进攻论"的提出者之一。1923 年秋，当德国出现革命形势时，和亨·布兰德勒一起执行机会主义政策。1923 年底被解除党内领导职务。——438—439。

塔甘采夫，尼古拉·斯捷潘诺维奇（Таганцев，Николай Степанович 1843—

1923）——俄国法学家，彼得堡大学和法律学校教授。1887 年起为参议员，1906 年起为国务会议成员。曾在 1903 年刑法典起草委员会工作二十余年。从温和自由派立场出发写有许多刑法方面的著作。——442。

塔甘采夫，B. 尼古拉耶维奇（Таганцев，B. Николаевич 1890—1921）——俄国教授。1921 年反苏维埃政权阴谋的策划者之一。根据彼得格勒肃反委员会 1921 年 8 月 24 日的决定被枪决。——442。

塔拉图塔，维克多·康斯坦丁诺维奇（Таратута，Виктор Константинович 1881—1926）——1898 年加入俄国社会民主工党，布尔什维克。1906—1907 年任党的莫斯科委员会和莫斯科区域局书记。党的第四次（统一）和第五次（伦敦）代表大会代表，在第五次代表大会上当选为候补中央委员，进入布尔什维克中央。多次被捕和流放，1909 年起侨居国外。曾任党中央委员会国外局成员和书记、布尔什维克中央财务代办员。1919 年回国，历任最高国民经济委员会办公厅主任、最高国民经济委员会化学局副局长、外贸银行管理委员会主席等职。——404。

泰奥多罗维奇，伊万·阿道福维奇（Теодорович，Иван Адольфович 1875—1937）——1895 年加入莫斯科工人阶级解放斗争协会，1903 年俄国社会民主工党第二次代表大会后是布尔什维克。1905 年在日内瓦任《无产者报》编辑部秘书。1905—1907 年为党的彼得堡委员会委员。国内战争时期参加游击队同高尔察克作战。1920 年起任农业人民委员部部务委员，1922 年起任副农业人民委员。——69、269、301—302、435—436、454。

特里丰诺夫，瓦连廷·安德列耶维奇（Трифонов，Валентин Андреевич 1888—1938）——1904 年加入俄国社会民主工党。1919 年夏起任特别远征军政委、南方面军特别集群和东南方面军革命军事委员会委员，1920 年 1 月—1921 年 5 月任高加索方面军革命军事委员会委员。1921 年 6 月起任最高国民经济委员会燃料总管理局副局长和全俄石油辛迪加管理委员会主席。——117。

提赫文斯基，M. M.（Тихвинский，M. M. 1868—1921）——俄国化学工程师，教授。十月革命后任彼得格勒工艺学院和矿业学院教授、最高国民经济委员会石油总委员会实验室管理处主任。1921 年参与反对苏维埃政权的阴谋，根据彼得格勒肃反委员会 1921 年 8 月 24 日的决定被枪决。——

114、141。

图哈切夫斯基，米哈伊尔·尼古拉耶维奇（Тухачевский，Михаил Николаевич
　　1893—1937）——1918 年加入俄共（布）。1918—1919 年先后任第 1、第 8
　　和第 5 集团军司令。1920 年 2—4 月任高加索方面军司令，1920 年 4 月—
　　1921 年 3 月任西方面军司令。1921 年 5 月任肃清安东诺夫匪帮的坦波夫
　　军区司令。——385。

图鲁年（**图鲁宁**），伊万·彼得罗维奇（Турунен（Турунин），Иван Петрович
　　1879—1939）——1917 年 3 月加入俄国社会民主工党（布）。1920 年 6 月
　　起任俄共（布）萨拉托夫省巴库雷乡委员会责任书记、乡革命委员会主席、
　　萨拉托夫省执行委员会委员。——85、86。

托尔霍夫斯科伊，И.И.（Торховской，И.И. 1874—1960）——苏联法学家。
　　1920—1921 年是俄罗斯联邦司法人民委员部负责重大案件的侦查员。
　　——466。

托洛茨基（**勃朗施坦**），列夫·达维多维奇（Троцкий（Бронштейн），Лев
　　Давидович 1879—1940）——1897 年参加俄国社会民主主义运动。在俄
　　国社会民主工党第二次代表大会上是西伯利亚联合会的代表，属火星派少
　　数派。1905 年同亚·帕尔乌斯一起提出和鼓吹“不断革命论”。斯托雷平
　　反动时期和新的革命高涨年代，打着“非派别性”的幌子，实际上采取取消
　　派立场。1912 年组织“八月联盟”。第一次世界大战期间持中派立场，先
　　后任孟什维克取消派的《我们的言论报》的撰稿人和编辑。1917 年二月革
　　命后参加区联派，在党的第六次代表大会上随区联派集体加入布尔什维克
　　党，当选为中央委员。参加十月武装起义的领导工作。十月革命后任外交
　　人民委员、陆海军人民委员、共和国革命军事委员会主席和交通人民委员
　　等职。曾被选为党中央政治局委员和共产国际执行委员会委员。1918 年
　　初反对签订布列斯特和约。1920—1921 年挑起关于工会问题的争论。
　　——9、23、26—27、97、145、163、168、190、193、203—204、280、283。

托马斯——见雷赫，雅柯夫·萨莫伊洛维奇。

托姆斯基（**叶弗列莫夫**），米哈伊尔·巴甫洛维奇（Томский（Ефремов），
　　Михаил Павлович 1880—1936）——1904 年加入俄国社会民主工党。
　　1905—1906 年在党的雷瓦尔组织中工作。1907 年当选为党的彼得堡委

员会委员,任布尔什维克的《无产者报》编委。斯托雷平反动时期对取消派、召回派和托洛茨基分子采取调和主义态度。十月革命后任莫斯科工会理事会主席。1919 年起任全俄(后为全苏)工会中央理事会主席团主席。1920 年参与创建红色工会国际,1921 年工会国际成立后任总书记。1921 年 5 月起任全俄中央执行委员会和俄罗斯联邦人民委员会土耳其斯坦事务委员会主席。1919 年起为党中央委员,1923 年起为中央政治局委员。——4、5、103、107、203——204、272——273、364、489。

W

瓦什科夫,尼古拉·尼古拉耶维奇(Вашков, Николай Николаевич 1874—1953)——苏联电气工程师。1920—1921 年任最高国民经济委员会电力局局长、中央电工技术委员会委员和俄罗斯国家电气化委员会委员。1921 年起任国家计划委员会委员。——430—431。

瓦西里耶夫,Б. А. (Васильев, Б. А. 1889—1939)——1904 年加入俄国社会民主工党。1921—1922 年任党的坦波夫省委书记和全俄中央执行委员会肃清坦波夫省境内匪帮特设委员会副主席。——386。

万德利普,华盛顿·B. (Vanderlip, Washington B. 生于 1866 年)——美国工业界代表,工程师。1920 年和 1921 年曾访问苏维埃俄国,建议苏俄和美国签订堪察加石油和煤炭租让合同。——159—160、166、198、200。

韦里金,П. П. (Веригин, П. П. 生于 1882 年)——1914—1921 年 4 月任俄国梯弗利斯省反正教仪式派信徒联合会中央委员会主席。1921 年 4 月—1924 年 3 月领导北高加索省的反正教仪式派信徒联合会。——179。

维吉列夫,波里斯·德米特里耶维奇(Вигилев, Борис Дмитриевич 1883—1924)——1902 年参加俄国革命运动。1905—1906 年任俄国社会民主工党维尔纳委员会委员、俄国社会民主工党西北联合会区域委员会委员。是克拉科夫援助政治犯联合会活动家,曾与波兰王国和立陶宛社会民主党保持联系。1921 年参加俄共(布)。1921 年起先后任俄罗斯—乌克兰—波兰遣返委员会秘书、苏俄驻华沙领事。曾帮助寻找列宁遗留在波兰的文稿和图书。——170、172、343。

维诺库罗夫,亚历山大·尼古拉耶维奇(Винокуров, Александр Николаевич

1869—1944)——1893年参加俄国社会民主主义运动。莫斯科首批社会民主主义小组的组织者之一。1918—1921年任社会保障人民委员，1921年起任中央赈济饥民委员会主席团委员，1924年起任苏联最高法院院长。——100。

维辛斯基，安德列·亚努阿里耶维奇（Вышинский, Андрей Януарьевич 1883—1954)——1903年加入俄国社会民主工党，孟什维克。1920年退出孟什维克党，加入俄共（布）。1921年任俄罗斯联邦粮食人民委员部分配管理局局长。——345。

温什利赫特，约瑟夫·斯坦尼斯拉沃维奇（Уншлихт, Иосиф Станиславович 1879—1938)——1900年加入波兰王国和立陶宛社会民主党（该党于1906年加入俄国社会民主工党）。1919年2月起任立陶宛—白俄罗斯苏维埃共和国陆军人民委员、立陶宛和白俄罗斯共产党中央委员会主席团委员。1919年6月起先后任第16集团军和西方面军革命军事委员会委员。1921年4月—1923年秋任全俄肃反委员会（国家政治保卫局）副主席。——275、283、328、330—331、344—345、354、374—375、389、391—392。

文特尔，亚历山大·瓦西里耶维奇（Винтер, Александр Васильевич 1878—1958)——苏联动力工程学家，发电站的建设和管理方面的专家。十月革命后是在沙图拉泥炭地带建设区发电站的负责人。——333、439。

沃尔金，维亚切斯拉夫·彼得罗维奇（Волгин, Вячеслав Петрович 1879—1962)——俄国历史学家和社会活动家，1920年加入俄共（布）。1921—1925年任国立莫斯科大学校长。——206、282。

沃罗比约夫，波里斯·叶夫多基莫维奇（Воробьев, Борис Евдокимович 生于1887年)——俄国电气工程师，1920年起为教授。1913—1942年在彼得格勒工学院和其他高等院校从事科研和教学工作。曾参与制定发电站建设方案，参加俄罗斯国家电气化委员会、北方地区国家建筑工程委员会、彼得格勒区动力管理局等单位的工作。——391。

沃罗夫斯基，瓦茨拉夫·瓦茨拉沃维奇（Воровский, Вацлав Вацлавович 1871—1923)——1890年在大学生小组中开始革命活动。1902年侨居国外，成为列宁《火星报》的撰稿人。俄国社会民主工党第二次代表大会后是布尔什维克。1904年初受列宁委派，在敖德萨建立俄国社会民主工党中央委员会南方局;8 月底出国,赞同 22 个布尔什维克的宣言。1905 年同列宁等人一起参加《前进报》和《无产者报》编辑部,后在布尔什维克的《新生活报》编辑部工作。1907—1912 年领导敖德萨的布尔什维克组织。第一次世界大战初期在彼得格勒做党的工作,1915 年去斯德哥尔摩,1917 年 4 月根据列宁提议进入党中央委员会国外局。1917—1919 年任俄罗斯联邦驻斯堪的纳维亚国家的全权代表,1919—1920 年领导国家出版社,1921—1923 年任驻意大利全权代表。1923 年 5 月 10 日在洛桑被白卫分子杀害。——95、220、458。

沃伊柯夫,彼得·拉扎列维奇(Войков, Петр Лазаревич 1888 — 1927)——1903 年加入俄国社会民主工党,孟什维克。1917 年 8 月加入布尔什维克党。1920—1924 年任对外贸易人民委员部部务委员,兼任白海北部地区森林工业特别管理局管理委员会委员。——261、262、310、404、451、453。

沃伊诺夫,亚历山大·伊万诺维奇(Воинов, Александр Иванович 1880 — 1964)——1919 年加入俄共(布)。1920—1921 年任托木斯克铁路局总政委兼局长,后在交通人民委员部担任科学技术委员会政委、技术管理局政委、副总政委。——352。

乌格拉诺夫,尼古拉·亚历山德罗维奇(Угланов, Николай Александрович 1886—1940)——1907 年加入俄国社会民主工党。1920—1921 年先后任俄共(布)彼得格勒省委委员和书记、彼得格勒工会理事会书记。在党的第十次代表大会上当选为候补中央委员。——353。

乌里扬诺夫,德米特里·伊里奇(Ульянов, Дмитрий Ильич 1874 — 1943)——列宁的弟弟,医生。1894 年参加莫斯科大学生马克思主义小组。1900 年起为《火星报》代办员。1903 年在俄国社会民主工党第二次代表大会上是图拉委员会的代表,属火星派多数派,会后任中央代办员。屡遭逮捕和监禁。1905—1907 年任布尔什维克辛比尔斯克委员会委员,后在谢尔普霍夫和费奥多西亚当医生,同布尔什维克的一些中央组织保持经常联系。1914 年被征入伍,在士兵中进行革命工作。十月革命后任克里木人民委员会副主席和党的克里木州委员会委员等职。1921 年起在卫生人民委员部工作。——75、78、213。

乌里扬诺娃,玛丽亚·伊里尼奇娜(Ульянова, Мария Ильинична 1878 —

1937)——列宁的妹妹。早在大学时代就参加了革命运动，1898 年加入俄
国社会民主工党。曾在彼得堡、莫斯科、萨拉托夫等城市以及国外做党的
工作。1900 年起为《火星报》代办员。俄国社会民主工党第二次代表大会
后是布尔什维克。1903 年秋起在党中央秘书处工作。1904 年在布尔什维
克彼得堡组织中工作。1908—1909 年在日内瓦和巴黎居住，积极参加布
尔什维克国外小组的工作。因从事革命活动多次被捕和流放。第一次世
界大战期间在莫斯科和彼得格勒做宣传鼓动工作，执行列宁交办的任务，
同党中央委员会国外局进行通信联系等。1917 年 3 月—1929 年春任《真
理报》编委和责任秘书。曾任中央监察委员会委员、苏维埃监察委员会委
员、苏联中央执行委员会委员。——57—58。

乌里扬诺娃-叶利扎罗娃，安娜·伊里尼奇娜（Ульянова-Елизарова，Анна
Ильинична 1864—1935）——列宁的姐姐。1886 年参加大学生革命运动。
1898 年任俄国社会民主工党第一届莫斯科委员会委员。1900—1905 年
在《火星报》组织和布尔什维克的一些秘密报刊工作，曾任《前进报》编委。
积极参加列宁著作的出版工作。曾在彼得堡、莫斯科和萨拉托夫从事革命
工作。1913 年起在《真理报》工作，任《启蒙》杂志秘书和《女工》杂志编委。
多次被捕。1917 年二月革命后为党中央委员会俄国局成员、《真理报》编
辑部秘书和《织工》杂志编辑，参加了十月革命的准备工作。1918—1921
年领导社会保障人民委员部儿童保健司，后到教育人民委员部工作。是党
史委员会和列宁研究院的组织者之一。写有一些回忆列宁的作品和其他
文学著作。——37。

X

希尔格，古斯塔夫（Hilger，Gustav 生于 1886 年）——1920 年 6 月起是德国
驻俄国负责战俘事务的全权代表。1922—1941 年任德国驻莫斯科大使馆
参赞。——459。

谢德曼，菲力浦（Scheidemann，Philipp 1865—1939）——德国社会民主党右
翼领袖之一。1911 年当选为德国社会民主党执行委员会委员，1917—
1918 年是执行委员会主席之一。第一次世界大战期间是社会沙文主义
者。1918 年十一月革命期间参加所谓的人民代表委员会，借助旧军队镇

压革命。1919 年 2—6 月任魏玛共和国联合政府总理。——106。

谢尔戈——见奥尔忠尼启则,格里戈里·康斯坦丁诺维奇。

谢列布罗夫斯基,亚历山大·巴甫洛维奇(Серебровский, Александр Павлович 1884—1938)——1903 年加入俄国社会民主工党。1918 年起任红军供给非常委员会副主席、乌克兰方面军军需部长、副交通人民委员等职。1920—1926 年任阿塞拜疆中央石油管理局局长。——193、200—202、205、222、245、320、349、404、443、452、453、460。

谢列达,谢苗·帕夫努季耶维奇(Середа, Семен Пафнутьевич 1871—1933)——1903 年加入俄国社会民主工党。1918—1921 年任俄罗斯联邦农业人民委员,1921 年起任最高国民经济委员会和国家计划委员会主席团委员。——2—3、15、18—19、31、40—43、43、69、135、430。

谢马什柯,尼古拉·亚历山德罗维奇(Семашко, Николай Александрович 1874—1949)——1893 年参加俄国社会民主主义运动,布尔什维克。1905 年参加下诺夫哥罗德武装起义被捕,获释后流亡国外。曾任俄国社会民主工党中央委员会国外局书记兼财务干事。1913 年参加塞尔维亚和保加利亚的社会民主主义运动。1917 年 9 月回国。积极参加莫斯科十月武装起义,为起义战士组织医疗救护。十月革命后任莫斯科苏维埃医疗卫生局局长。1918—1930 年任俄罗斯联邦卫生人民委员。——64、70、74、78、138、157—158、224—225、254、338。

谢苗诺夫斯基,德米特里·尼古拉耶维奇(Семеновский, Дмитрий Николаевич 1894—1960)——苏联诗人。1918 年起是伊万诺沃-沃兹涅先斯克《工人边疆区报》撰稿人。——94。

谢宁,В.И.(Сенин, В.И. 1886—1943)——1918—1923 年任苏俄乌法省别列别伊县粮食委员、粮食人民委员部饲料管理局和采购管理局局长。——181。

欣丘克,列夫·米哈伊洛维奇(Хинчук, Лев Михайлович 1868—1944)——1890 年参加俄国社会民主主义运动。1919 年以前是孟什维克,曾任孟什维克中央委员。1920 年加入俄共(布)。1917—1920 年任莫斯科工人合作社理事会理事。1921 年起历任中央消费合作总社理事会主席、苏联驻英国商务代表和驻德国全权代表、俄罗斯联邦国内商业人民委员。——

220—221、257—258、402、404、452、453、464。

"新扫帚"——见利别尔曼,列夫·A.。

Y

雅柯夫列夫(**爱泼斯坦**),雅柯夫·阿尔卡季耶维奇(Яковлев(Эпштейн),Яков Аркадьевич 1896—1938)——1913年加入俄国布尔什维克党。1918—1920年历任哈尔科夫革命委员会主席、党的叶卡捷琳诺斯拉夫省委主席和基辅省委主席、第14集团军政治部主任、哈尔科夫省委主席、乌克兰共产党(布)中央政治局委员。1920—1921年任政治教育总委员会会务委员,1922—1923年任党中央委员会鼓动宣传部副部长。——48。

雅昆奇科夫(Якунчиков)——175。

雅拉瓦,胡戈·埃里科维奇(Ялава,Гуго Эрикович 1874—1950)——芬兰铁路第293号机车司机。1917年列宁处于秘密状态时,曾两次乘坐他的机车通过芬兰边界。十月革命后担任过司机指导员;在卡累利阿苏维埃社会主义自治共和国中央执行委员会工作。——330。

雅里洛夫,阿尔谢尼·A.(Ярилов,Арсений A.)——俄国教授。——373。

雅罗斯拉夫斯基,叶梅利扬·米哈伊洛维奇(**古别尔曼,米奈·伊兹拉伊列维奇**)(Ярославский,Емельян Михайлович(Губельман,Миней Израилевич)1878—1943)——1898年加入俄国社会民主工党。十月革命期间是莫斯科领导起义的党总部成员、莫斯科军事革命委员会委员。1919—1920年先后任全俄中央执行委员会驻喀山省和萨拉托夫省特派员、党的彼尔姆省委主席、党中央委员会西伯利亚局成员。1921年任党中央委员会书记。——258、295。

雅努舍夫斯基,П.С.(Янушевский,П.С.生于1870年)——苏联工艺工程师。1921—1928年任最高技术委员会常务委员会委员和副主席、交通人民委员部科学技术委员会常务委员会委员,同时在国家计划委员会工作。——165。

亚历山德罗夫,伊万·加甫里洛维奇(Александров,Иван Гаврилович 1875—1936)——苏联动力工程学家和水利工程学家。曾积极参加制定俄罗斯国家电气化计划和绘制中亚电气化总图表的工作。1921年起为国家计划委员会主席团委员,是第聂伯河国家建筑工程方案的拟定者,后任该建筑工程局总工程师。——291—292。

叶戈罗夫,亚历山大·伊里奇(Егоров, Александр Ильич 1883—1939)——1918 年加入俄共(布)。曾任选拔红军军官最高鉴定委员会主席,第 9 和第 10 集团军、南方面军和西南方面军司令。国内战争后历任一些军区和集团军的司令、苏联革命军事委员会委员、工农红军参谋长和副国防人民委员。1935 年起为苏联元帅。——475。

叶利扎罗娃,安·伊——见乌里扬诺娃-叶利扎罗娃,安娜·伊里尼奇娜。

叶梅利亚诺夫,康德拉季·尼古拉耶维奇(Емельянов, Кондратий Николаевич 1901—1937)——尼·亚·叶梅利亚诺夫的儿子。毕业于列宁格勒高等军事工程学院。1917 年加入俄国社会民主工党(布)。1917—1930 年在赤卫队和红军中任职。——148。

叶姆沙诺夫,亚历山大·伊万诺维奇(Емшанов, Александр Иванович 1891—1941)——1917 年加入俄国社会民主工党(布)。1917—1920 年先后任彼尔姆铁路局工会筑路委员会主席和该铁路局局长。1920—1921 年任交通人民委员,1921—1922 年任副交通人民委员。——172—173、191—192、204、224—225、227。

叶努基泽,阿韦尔·萨夫罗诺维奇(Енукидзе, Авель Сафронович 1877—1937)——1898 年加入俄国社会民主工党,布尔什维克。1910 年在巴库组织中工作,参加巴库委员会。1911 年被捕入狱,1912 年 7 月获释。十月革命后在全俄中央执行委员会军事部工作,1918—1922 年任全俄中央执行委员会主席团委员和秘书,1923—1935 年任苏联中央执行委员会主席团委员和秘书。——54—55、305、432、442、455、466。

叶辛,瓦西里·扎哈罗维奇(Есин, Василий Захарович 1888—1960)——1913 年加入俄国布尔什维克党;电工。1920—1921 年任俄罗斯国家电气化委员会和国家计划委员会委员。——122。

伊格纳托夫,К.М.(Игнатов, К.М. 1872—1939)——1918—1924 年为莫斯科高等技术学校教授,1921 年起任该校校长。——252—253。

伊柳申(Илюшин)——110。

伊万诺夫(Иванов)——1921 年任高加索劳动军革命委员会委员。——174。

尤罗夫斯基，Я.М.（Юровский，Я.М. 1878—1938）——1905 年加入俄国社会民主工党。从 1918 年底起主管莫斯科各区肃反委员会的工作，是莫斯科肃反委员会会务委员。1919—1920 年任叶卡捷琳堡省执行委员会委员、省肃反委员会主席和省社会保障局局长，后在工农检查人民委员部工作。1921—1923 年是国家珍品库的工作人员。——361、427。

尤诺夫（**诺沃格鲁茨基**），Ю.М.（Юнов（Новогрудский），Ю.М. 1895—1937）——1919 年加入俄共（布）。1920—1923 年在矿工工会工作；历任矿工工会叶卡捷琳诺斯拉夫省巴赫姆特县尤佐夫卡区委员会副主席、矿工工会中央委员会委员（1921 年 1 月起）、中央委员会南方局成员、顿涅茨克省分会委员和省工会理事会责任书记。——461。

约诺夫，伊里亚·约诺维奇（Ионов，Илья Ионович 1887—1942）——1904 年加入俄国社会民主工党。1918—1926 年先后任彼得格勒苏维埃出版社社长、国家出版社彼得格勒分社社长。——397、464—465。

越飞，阿道夫·阿布拉莫维奇（Иоффе，Адольф Абрамович 1883—1927）——1917 年加入俄国社会民主工党（布）。十月革命后在外交部门担任负责工作。1918 年 4—11 月任俄罗斯联邦驻柏林全权代表，领导同德国进行和平谈判和经济谈判的苏俄代表团。1920 年 9 月 1 日被任命为在里加同波兰进行和平谈判的俄罗斯—乌克兰代表团团长，后曾任全俄中央执行委员会和俄罗斯联邦人民委员会土耳其斯坦事务委员会主席和俄共（布）中央委员会土耳其斯坦局主席。1922—1924 年任驻中国大使。——27—28、71、160—164、364。

Z

扎东斯基，弗拉基米尔·彼得罗维奇（Затонский，Владимир Петрович 1888—1938）——1917 年 3 月加入俄国社会民主工党（布）。1917 年 5 月起任党的基辅委员会委员，是基辅十月武装起义的领导人之一。1917 年 11 月任党的基辅委员会主席，同年 12 月参加乌克兰苏维埃政府，领导教育书记处（人民委员部）。1918 年 3 月起任乌克兰中央执行委员会主席。1919—1920 年任第 12、第 13、第 14 集团军革命军事委员会委员，1920 年 7—8 月兼任加利西亚革命委员会主席。1920 年底被任命为西南方面军（后来是基辅军区)革命军事委员会委员。领导了第聂伯河西岸地区镇压土匪活动的斗争。作为俄共(布)第十次代表大会的代表参与平定喀琅施塔得叛乱。——158。

扎哈罗夫,米哈伊尔·瓦西里耶维奇(Захаров, Михаил Васильевич 生于1881 年)——俄国工人,布尔什维克,第三届国家杜马莫斯科省代表,布尔什维克合法报纸《明星报》撰稿人。1919 年是最高国民经济委员会国家建筑工程委员会调度局成员,1920 年是苏俄亚-恩巴工程的政治委员,1921 年 5 月起任最高国民经济委员会国家建筑工程总委员会会务委员。——307。

扎卢茨基,Л.В.(Залуцкий, Л.В.)——彼得格勒工学院院长。——282。

詹宁斯,埃默森·P.(Jennings, Emerson P.)——美国宾夕法尼亚机器制造公司负责人。1920 年初是美国对苏维埃俄国贸易促进会的领导人。——209。

文 献 索 引

阿曼努拉汗《给弗·伊·列宁的信》(1920 年 12 月 1 日)(Аманулла-хан. Письмо В.И.Ленину.1 декабря 1920 г.)——497。

别利亚科夫，阿·亚·《停滞不前!》(Беляков, А. А. А воз и ныне там! — « Известия ВЦИК Советов Рабочих, Крестьянских, Казачьих и Красноарм. Депутатов и Моск. Совета Рабоч. и Красноарм. Депутатов», 1921, №95(1238), 5 мая, стр. 2)——293。

波波夫，帕·伊·《苏维埃共和国及与它结成联邦的各共和国的粮食产量》(Попов, П. И. Хлебная продукция Советской и федерируемых с нею республик, изданной только для членов X съезда партии. В расширенном виде брошюра Попова вышла под заголовком « Производство хлеба в РСФСР и федерирующихся с нею республиках (Хлебная продукция)». М. 1921)——171。

波克罗夫斯基，米·尼·《俄国历史概要》(Покровский, М. Н. Русская история в самом сжатом очерке. Ч. I и II. (От древнейших времен до второй половины 19-го столетия). М., Госиздат, 1920. 224 стр. (РСФСР))——39。

波斯特盖特《1789 年到 1906 年的革命》(Postgate. Revolution from 1789 to 1906)——71。

恩格斯，弗·《德国农民战争》(Энгельс, Ф. Крестьянская война в Германии. Лето 1850 г.)——314。

——《给康·施米特的信》(1890 年 10 月 27 日)——见[恩格斯，弗·]《弗里德里希·恩格斯论唯物史观》。

[恩格斯，弗·][《弗里德里希·恩格斯论唯物史观》]([Engels, F.] Friedrich Engels über die materialistische Geschichtsanfassung.—« Leipziger

Volkszeitung», 1895, Nr. 250, 26. Oktober. 3. Beilage zu Nr. 250 der Leipziger Volkszeitung, S. 1)——104。

——[《给爱·伯恩施坦的信》(1884 年 5 月 23 日)]([Der Brief an E. Bernstein. 23. Mai 1884].—«Leipziger Volkszeitung», 1912, Nr. 60, 12. März. 2. Beilage zu Nr. 60 der Leipziger Volkszeitung, S. 2, в отд.: Aus der Partei)——104。

格利金, C. M.《关于向西欧工人合作社提供在西伯利亚进行原粮加工的租让的合同草案》(载于 1921 年《经济生活报》第 89 号)(Гликин, С. М. К проекту концессии западноевропейской рабочей кооперации по переработке сырья в Сибири. —«Экономическая Жизнь», М., 1921, №89, 24 апреля, стр. 1)——253。

——《向西欧工人合作社提供在西伯利亚进行原粮加工的租让合同总则草案》(Проект общих положений концессий западноевропейской рабочей кооперации о переработке продовольственного сырья в Сибири.— «Экономическая Жизнь», М., 1921, №91, 27 апреля, стр. 2)——253。

古尔德《行将到来的革命》(Gould. The Coming Revolution)——71。

卡尤罗夫, 瓦·尼·《给弗·伊·列宁的信》(1921 年 3 月 1 日)(Каюров, В. Н. Письмо В. Н. Ленину. 1 марта 1921 г.)——174。

科兹明, 彼·阿·《给弗·伊·列宁的信》(1921 年 4 月 5 日)(Козьмин, П. А. Письмо В. И. Ленину. 5 апреля 1921 г. Рукопись)——218。

——《给格·马·克尔日扎诺夫斯基的信》(1921 年 4 月 5 日)(Письмо Г. М. Кржижановскому. 5 апреля 1921 г. Рукопись)——218。

克尔日扎诺夫斯基, 格·马·《给弗·伊·列宁的信》(1921 年 5 月 25 日)(Кржижановский, Г. М. Письмо В. И. Ленину. 25 мая 1921 г.)——344。

克拉松, 罗·爱·《给弗·伊·列宁的信》(1921 年 5 月 29 日)(Классон, Р. Э. Письмо В. И. Ленину. 29 мая 1921 г. Рукопись)——359。

——《关于为泥炭水利开采管理局订货的报告(1921 年 3 月 23 日)》(Доклад о заказах для Гидроторфа от 23 марта 1921 г. Рукопись)——242。

[库恩·贝拉]《从革命走向革命》([Kun, B.]. Von Revolution zu Revolution. Wien, Genossenschafts-Verlag der «Neuen Erde», 1920. 55 S. После загл.

постановления СТО о местных экономических совещаниях,об отчетности и о руководстве Наказом СТО.19—20 мая 1921 г.）——329。

——《论粮食税（新政策的意义及其条件）》(1921 年莫斯科国家出版社版)（О продовольственном налоге.（Значение новой политики и ее условия). М., Госиздат,1921.32 стр.（РСФСР）. Перед загл. авт.: Н. Ленин)—— 259、311、358。

——《论粮食税（新政策的意义及其条件）》(载于 1921 年 6 月《红色处女地》杂志第 1 期)（О продовольственном налоге.（Значение новой политики и ее условия）.—«Красная Новь», М., 1921，№1，июнь, стр. 65 — 87. Подпись: Н.Ленин)——259。

——《现代农业的资本主义制度》(Капиталистический строй современного земледелия. Позднее 11(24)сентября 1910 г.)——343。

——《致全体人民委员及中央统计局局长》(1921 年 5 月 28 日)（Всем наркомам и заведующему Центральным статистическим управлением. Копии Председателю и секретарю ВЦИКа. 28 мая 1921 г.)——382。

——《租让合同基本原则》(草稿)（Основные принципы концессионных договоров.（Набросок). Между 22 и 28 марта 1921 г.)——187、201。

［列宁,弗·伊·］《论粮食税（新政策的意义及其条件）》(德文版)(1921 年莫斯科共产国际出版社版)（[Lenin, W.I.] Die Naturalsteuer.（Die Bedeutung der neuen Politik und ihre Vorbedingungen). Moskau, Verl. der Kommunistischen Internationale, 1921. 37 S. Перед загл. авт.: N. Lenin) ——358。

——《论粮食税（新政策的意义及其条件）》(德文版)(载于 1921 年《共产国际》杂志第 17 期)（Zur Naturalsteuer.（Die Bedeutung der neuen Politik und ihre Bedingungen).—«Die Kommunistische Internationale», Petrograd, [1921], Nr.17, col.4127—4158. Подпись: N.Lenin)——358。

——《论粮食税（新政策的意义及其条件）》(法文版)(1921 年彼得格勒共产国际出版社版)（[Lénine, V. I.] L'impôt alimentaire.（La nouvelle politique, sa nature et ses conditions). Pétrograd, Éd. de l'Internationale communiste, 1921. 56 p. Перед загл. авт.: N. Lénine)——358。

—《论粮食税(新政策的意义及其条件)》(法文版)(载于 1921 年《共产国际》杂志第 17 期)(L'impôt alimentaire.(La nouvelle politique,sa nature et ses conditions).—«L'Internationale Communiste»,Pétrograd,1921,N 17,juin,col.3987—4018.Подпись:N.Lénine)——358。

—《论粮食税(新政策的意义及其条件)》(英文版)(载于[1921 年]《共产国际》杂志第 16—17 期合刊)([Lenin,W.I.]The Levy on Farm Produce.(Significance of the New Policy and its Conditions.)—«The Communist International»,Petrograd,[1921],N 16—17,p.43—56.После загл.авт.:N.Lenin)——358。

—《农业税的意义》(The Meaning of the Agricultural Tax.—In:[Lenin,W.I.,Bukharin,N. and Rutgers,S.J.]The New Policies of Soviet Russia.Chicago,Kerr,[1921],p.9—40)——358。

马克思,卡·《给比斯利的信》(1870 年 9 月 16 日)——见[马克思,卡·]《马克思的信》。

—《给比斯利的信》(1871 年 6 月 12 日)——见[马克思,卡·]《马克思的信》。

[马克思,卡·]《马克思的信》[1870 年 9 月 16 日]([Marx,K.]Ein Brief von Marx.[16. September 1870].—«Vorwärts»,Berlin,1903,Nr. 62,14. März,S.2)——104。

—《马克思的信》[1871 年 6 月 12 日](Ein Brief von Marx.[12. Juni 1871].—«Vorwärts»,Berlin,1909,Nr. 76,31. März. 1. Beilage des «Vorwärts»Berliner Volksblatt,S.5)——104。

马雅可夫斯基,弗·弗·《一亿五千万》(Маяковский,В.В.«150 000 000»)——290。

米歇尔逊,弗·亚·《重要的警告》(Михельсон,В.А.Важное предостережение.—«Известия ВЦИК Советов Рабочих,Крестьянских,Казачьих и Красноарм.Депутатов и Моск.Совета Рабоч. и Красноарм.Депутатов»,1920,№258(1105),17 ноября,стр.1.Подпись:И.Михельсон)——2—3。

沙图诺夫斯基,雅·《水利和革命的彼得格勒》(Шатуновский,Я.Белый уголь и революционный Питер. М.,Госиздат,1921. 15 стр.(РСФСР))——

280、283。

斯切克洛夫,尤·米·《在公社的祖国》(Стеклов, Ю. М. В стране Коммуны. — «Известия ВЦИК Советов Рабочих, Крестьянских, Казачьих и Красноарм. Депутатов и Моск. Совета Рабоч. и Красноарм. Депутатов», 1921, №7(1150), 13 января, стр.1)——77—78。

索罗金,彼·和罗戈夫,米·《余粮收集制还是实物税》(Сорокин, П. и Рогов, М. Разверстка или налог. — «Правда», М., 1921, №35, 17 февраля, стр.1; №43, 26 февраля, стр.1)——120—121。

托洛茨基,列·达·《给弗·伊·列宁的信》(1921年5月3日)(Троцкий, Л. Д. Письмо В. И. Ленину. 3 мая 1921 г. Рукопись)——283—284。

瓦什科夫,尼·尼·《俄国的电气化》(Вашков, Н. Н. Электрификация России. — «Экономическая Жизнь», М., 1921, №149, 10 июля, стр.1)——430。

谢列达,谢·帕·《关于〈重要的警告〉一文》(Середа, С. П. По поводу статьи «Важное предостережение». — «Известия ВЦИК Советов Рабочих, Крестьянских, Казачьих и Красноарм. Депутатов и Моск. Совета Рабоч. и Красноарм. Депутатов», 1920, №259(1106), 18 ноября, стр.1)——2—3。

雅罗斯拉夫斯基,叶·《论粮食税》(Ярославский, Е. О продналоге. М., Госиздат, 1921. 19 стр. (РСФСР))——295。

*　　　　*　　　　*

《彼得格勒真理报》(«Петроградская Правда»)——499。

《党内研讨会的决议》(Резолюции партийного совещания. — В кн.: Приложение к бюллетеню VIII съезда Советов, посвященное партийному совещанию по вопросам народного образования. Изд. ВЦИК. М., 10 января 1921, стр. 12—15)——79。

《[德国统一共产党中央的]公开信》(Offener Brief[der Zentrale der Vereinigten Kommunistischen Partei Deutschlands]. — «Die Rote Fahne», Berlin, 1921, Nr.11, 8. Januar. Morgenausgabe, S.1)——243。

《德意志帝国统计》(Statistik des Deutschen Reichs. Bd. 212. Berufs-und

Betriebszählung vom 12. Juni 1907. Landwirtschaftliche Betriebsstatistik. Hrsg. vom kaiserlichen statistischen Amte. Teil la, 1b, 2a. Berlin, [1909—1910]. 3 Bde.)——343。

[《对外贸易人民委员部关于可用黄金在国外购买所列食品的材料》] ([Справка Наркомвнешторга с перечнем продуктов, которые можно было бы купить на золото за границей])——299。

《俄国共产党（布尔什维克）纲领》(1919 年 3 月 18—23 日党的第八次代表大会通过) (Программа Российской Коммунистической партии (большевиков). Принята 8-м съездом партии 18 — 23 марта 1919 г. М.—Пг., «Коммунист», 1919. 24 стр. (РКП(б)))——85。

《俄国共产党第十次代表大会》(Десятый съезд Российской Коммунистической партии. Стенографический отчет. (8 — 16 марта 1921 г.) М., Госиздат, 1921. 392 стр. (РКП(б)))——489。

《俄国和阿富汗条约》[1921 年 2 月 28 日] (Договор между Россией и Афганистаном. [28 февраля 1921 г.].—В кн.: Сборник действующих договоров, соглашений и конвенций, заключенных РСФСР с иностранными государствами. Вып. II. Действующие договоры, соглашения и конвенции, вступившие в силу по 1-ое декабря 1921 года. М., 1921, стр. 15—17. Под общ. загл.: Отдел II. Договоры об установлении сношений, №44)——497—499。

《俄罗斯联邦电气化计划》(План электрификации РСФСР. Доклад 8-му съезду Советов Государственной комиссии по электрификации России. М., Гостехиздат, 1920. 669 стр. Разд. паг.; 14 л. схем и карт. (РСФСР. Науч.-техн. отдел ВСНХ))——56—57、267、400—401。

《给莫·伊·弗鲁姆金和西伯利亚粮食委员会的电报》(1921 年 4 月 28 日) (Телеграмма М. И. Фрумкину и Сибпродкому. 28 апреля 1921 г.) ——505。

《给伊·尼·斯米尔诺夫的电报》(1921 年 5 月 6 日) (Телеграмма И. Н. Смирнову. 6 мая 1921 г.)——510。

《工会在生产中的任务》(Производственные задачи профсоюзов. (Тезисы

доклада т. Рудзутака).—«Правда», М., 1921, №13, 21 января, стр. 2)
——82—83。

《工农政府法令汇编》(«Собрание Узаконений и Распоряжений Рабочего и
Крестьянского Правительства», М., 1919, №17, 20 мая, ст. 192, стр. 222—
223)——7。

《工人边疆区报》(伊万诺沃-沃兹涅先斯克)(«Рабочий Край», Иваново-
Вознесенск)——93。

《工人、农民、哥萨克和红军代表苏维埃全俄中央执行委员会及莫斯科工人和
红军代表苏维埃消息报》(«Известия ВЦИК Советов Рабочих,
Крестьянских, Казачьих и Красноарм. Депутатов и Моск. Совета Рабоч. и
Красноарм. Депутатов»)——3、57、388、499。

—1920, №258(1105), 17 ноября, стр. 1.——3。

—1920, №259(1106), 18 ноября, стр. 1.——3。

—1920, №291(1138), 25 декабря, стр. 3.——24—25。

—1921, №1(1144), 1 января, стр. 2.——86。

—1921, №2(1145), 4 января, стр. 3—4.——86。

—1921, №7(1150), 13 января, стр. 1.——77。

—1921, №19(1162), 29 января, стр. 3.——94、95。

—1921, №49(1192), 5 марта, стр. 3.——16。

—1921, №57(1200), 16 марта, стр. 2—3.——175。

—1921, №61(1204), 22 марта, стр. 3.——167。

—1921, №62(1205), 23 марта, стр. 2.——175、231—232、240。

—1921, №76(1219), 9 апреля, стр. 4.——216。

—1921, №95(1238), 5 мая, стр. 2.——293。

—1921, №99(1242), 10 мая, стр. 1.——293。

—1921, №115(1258), 28 мая, стр. 2.——309。

—1921, №120(1263), 3 июня, стр. 2.——515。

—1921, №132(1275), 19 июня, стр. 2.——434。

—1921, №133(1276), 22 июня, стр. 2.——436、454—455。

《工资政策》([全俄工会第四次代表大会]根据瓦·施米特同志的报告通过的

决议）（Тарифная политика. (Резолюция [IV Всероссийского съезда профсоюзов], принятая по докладу т. В. Шмидта). — В кн.: Резолюции IV Всероссийского съезда профсоюзов (18 — 25 мая 1921 года). М., Госиздат, 1921, стр. 20 — 21. (ВЦСПС)) ——435。

《共产国际》杂志（彼得格勒）（德文版）(«Die Kommunistische Internationale», Petrograd, [1921], Nr. 17, col. 4127 — 4158) ——358。

《共产国际》杂志（彼得格勒）（法文版）(«L'Internationale Communiste», Pétrograd, 1921, N 17, juin, col. 3987 — 4018) ——358。

《共产国际》杂志［彼得格勒］（英文版）(«The Communist International», [Petrograd], 1921, N 16 — 17, p. 43 — 56) ——358。

《关于格鲁吉亚孟什维克的决议》——见《社会民主党的会议》。

《关于加强和发展农民农业经济的措施》(О мерах укрепления и развития крестьянского сельского хозяйства. — «Известия ВЦИК Советов Рабочих, Крестьянских, Казачьих и Красноарм. Депутатов и Моск. Совета Рабоч. и Красноарм. Депутатов», 1921, №2 (1145), 4 января, стр. 3 — 4. Под общ. загл.: Резолюции и постановления 8-го съезда Советов) ——95。

《关于粮食问题的决议》(Резолюция по продовольственному вопросу. — В кн.: Постановления и резолюции сессий Всероссийского Центрального Исполнительного Комитета 7-го созыва. М., Госиздат, 1920, стр. 74 — 77) ——50。

《关于鲁祖塔克同志的提纲的来源问题的材料》(Материалы по вопросу о происхождении тезисов т. Рудзутака. — «Правда», М., 1921, №13, 21 января, стр. 2) ——82 — 83。

《关于庆祝五一节》(О праздновании 1-го Мая. Всем губкомам. — «Правда», 1921, №76, 9 апреля, стр. 1) ——226。

《关于实物税的决议》(Резолюция о натуральном налоге. — «Известия ВЦИК Советов Рабочих, Крестьянских, Казачьих и Красноарм. Депутатов и Моск. Совета Рабоч. и Красноарм. Депутатов», 1921, №57 (1200), 16 марта, стр. 2 — 3. Под общ. загл.: X съезд РКП) ——174 — 175。

《关于以实物税代替余粮收集制》(О замене разверстки натуральным налогом. —

В кн.: Десятый съезд Российской Коммунистической партии. Стенографический отчет. (8 — 16 марта 1921 г.) М., Госиздат, 1921, стр. 327, в отд.: Приложения)——174—175。

《关于因宗教信仰免除服兵役的法令》[人民委员会 1919 年 1 月 4 日法令] (Об освобождении от воинской повинности по религиозным убеждениям. [Декрет СНК от 4 января 1919 г.].—«Собрание Узаконений и Распоряжений Рабочего и Крестьянского Правительства», М., 1919, №17, 20 мая, ст.192, стр.222—223)——7。

《关于制定应播计划的办法的指示》(«Инструкция о порядке составления плана обязательного засева.—« Известия ВЦИК Советов Рабочих, Крестьянских, Казачьих и Красноарм. Депутатов и Моск. Совета Рабоч. и Красноарм. Депутатов», 1921, №19 (1162), 29 января, стр. 3, в отд.: Действия и распоряжения правительства)——95。

《关于重工业》[全俄苏维埃第八次代表大会通过的决议](О тяжелой индустрии. [Резолюция, принятая на VIII Всероссийском съезде Советов].—В кн.: Восьмой Всероссийский съезд Советов рабочих, крестьянских, красноармейских и казачьих депутатов. Стеногр. отчет. (22 — 29 декабря 1920 года). М., Госиздат, 1921, стр. 272 — 273)——237。

《关于租让》(О концессиях. Декрет Совета Народных Комиссаров от 23 ноября 1920 г. Текст декрета. Объекты концессий. Карты. М., Госиздат, 1920. 23 стр., 3 л. карт. (РСФСР))——11、28、46、90—91。

《哈尔科夫省委书记伊万诺夫关于实行粮食税的报告》(Доклад секретаря Харьковского губкома Иванова о применении продналога. Рукопись)——247。

《红旗报》(柏林)(«Die Rote Fahne», Berlin, 1921, Nr. 11, 8. Januar. Morgenausgabe, S. 1)——243。

《红色处女地》杂志(莫斯科)(«Красная Новь», М., 1921, №1, июнь, стр. 65—87)——259。

《教育人民委员部的通告》(От Народного комиссариата по просвещению.—

«Правда», М., 1921, №84, 19 апреля, стр. 2——241。

《经济生活报》（莫斯科）（«Экономическая Жизнь», М.）——136、293、323、324、499。

——1921, №37, 19 февраля, стр. 2.——127。

——1921, №89, 24 апреля, стр. 1.——253。

——1921, №91, 27 апреля, стр. 2.——253。

——1921, №149, 10 июля, стр. 1.——431。

《莱比锡人民报》（«Leipziger Volkszeitung», 1895, Nr. 250, 26. Oktober. 3. Beilage zu Nr. 250 der Leipziger Volkszeitung, S. 1)——104。

——1912, Nr. 60, 12. März. 2. Beilage zu Nr. 60 der Leipziger Volkszeitung, S. 2.——104。

《劳动国防委员会关于对某些国营企业的职工实行集体供应的决定》[1921年6月18日]（Постановление Совета Труда и Обороны о коллективном снабжении рабочих и служащих некоторых государственных предприятий. [18 июня 1921 г.].—«Известия ВЦИК Советов Рабочих, Крестьянских, Казачьих и Красноарм. Депутатов и Моск. Совета Рабоч. и Красноарм. Депутатов», 1921, №132 (1275), 19 июня, стр. 2, в отд.: Действия и распоряжения правительства)——435。

[《劳动国防委员会渔期特派员伊·彼·巴布金的电报(1921年5月14日)》]（[Телеграмма уполномоченного СТО по путине И. П. Бабкина от 14 мая 1921 г.]）——360。

《鲁祖塔克的提纲》——见《工会在生产中的任务》。

《米留可夫和阿夫克森齐耶夫访问美国人》（Милюков и Авксентьев у американцев.—«Последние Новости», Париж, 1921, №309, 22 апреля, стр. 1)——297。

《前进报》（柏林）（«Vorwärts», Berlin, 1903, Nr. 62, 14. März, S. 2)——107。

——1909, Nr. 76, 31. März. 1. Beilage des «Vorwärts» Berliner Volksblatt, S. 5.——104。

《全俄工人、农民、红军和哥萨克代表苏维埃第八次代表大会》（速记记录（1920年12月22—29日)）（Восьмой Всероссийский съезд Советов рабочих，крестьянских，красноармейских и казачьих депутатов. Стеногр. отчет.（22 — 29 декабря 1920 года）. М.，Госиздат, 1921. 299 стр.（РСФСР））——237、489、490。

《全俄中央执行委员会关于以实物税代替余粮和原料收集制的决定》（Постановление Всероссийского Центрального Исполнительного Комитета о замене продовольственной и сырьевой разверстки натуральным налогом.— « Известия ВЦИК Советов Рабочих, Крестьянских, Казачьих и Красноарм. Депутатов и Моск. Совета Рабоч. и Красноарм. Депутатов», 1921，№62（1205），23 марта，стр. 2. Под общ. загл. : Сессия ВЦИК）—— 174—175、231—232、240。

《全俄中央执行委员会和人民委员会关于扩大农民改善农业委员会（农委）的权利的决定》（Постановление Всероссийского Центрального Исполнительного Комитета и Совета Народных Комиссаров о расширении прав крестьянских комитетов по улучшению сельскохозяйственного производства（селькомов）.—«Известия ВЦИК Советов Рабочих, Крестьянских, Казачьих и Красноарм. Депутатов и Моск. Совета Рабоч. и Красноарм. Депутатов», 1921, №115（1258），28 мая，стр. 2, в отд. : Действия и распоряжения правительства）——309。

《人民委员会关于对工人实行实物奖励的法令》（1921 年 4 月 7 日）（Декрет Совета Народных Комиссаров о натурпремировании рабочих. 7 апреля 1921 г.—«Известия ВЦИК Советов Рабочих，Крестьянских，Казачьих и Красноарм. Депутатов и Моск. Совета Рабоч. и Красноарм. Депутатов», 1921，№76（1219），9 апреля，стр. 4, в отд. : Действия и распоряжения правительства）——216。

《人民委员会关于对肉类征收实物税的法令》［1921 年 6 月 14 日］（Декрет Совета Народных Комиссаров о натуральном мясном налоге.［14 июня 1921 г.].—«Известия ВЦИК Советов Рабочих，Крестьянских，Казачьих и Красноарм. Депутатов и Моск. Совета Рабоч. и Красноарм. Депутатов», 1921，№133（1276），22 июня，стр. 2, в отд. : Действия и распоряжения правительства）——454。

日 ）（Письмо председателя Совета Народных Комиссаров В. И. Ленина Центральному комитету шведского Красного Креста. 2 февраля 1921 г.) ——70、74。

《三年来苏维埃政权的民族问题政策（1917 年 11 月——1920 年 11 月）》（Политика Советской власти по национальному вопросу за тригода. 1917—XI—1920. [M.], Госиздат, 1920. 185 стр. (РСФСР. Нар. ком. по делам нац.)) ——30。

《社会民主党的会议》（Совещание с.-д.——«Газета Печатников», M., 1919, №11, 6 января, стр. 4) ——454——455。

《石油与页岩经济》杂志（莫斯科）（«Нефтяное и Сланцевое Хозяйство», M., 1921, №1—4, январь—апрель, стр. 199—200) ——394、426。

《苏维埃第八次代表大会的决定和决议》（Постановления и резолюции 8 съезда Советов.——«Известия ВЦИК Советов Рабочих, Крестьянских, Казачьих и Красноарм. Депутатов и Моск. Совета Рабоч. и Красноарм. Депутатов», 1921, №1(1144), 1 января, стр. 2) ——86。

《统一经济计划问题》（Проблема единого хозяйственного плана.——«Экономическая Жизнь», M., 1921, №37, 19 февраля, стр. 2) ——127。

《一个法国资产者在远东感到的恐惧》（Страхи французского буржуа на Дальнем Востоке.——«Известия ВЦИК Советов Рабочих, Крестьянских, Казачьих и Красноарм. Депутатов и Моск. Совета Рабоч. и Красноарм. Депутатов», 1921, №99(1242), 10 мая, стр. 1. Подпись: Х.) ——292。

《1919 年 1 月 4 日法令》——见《关于因宗教信仰免除服兵役的法令》。

《1920 年底巴库地区的石油工业状况》（Положение нефтяной промышленности Бакинского района к концу 1920 г. Доклад уполномоченного Совета Труда и Рабоче-Крестьянской Обороны по добыче и вывозу нефти. Баку, «Азерцентропечать», 1920. 87 стр.; 1 л. карт. (Азнефтеком)) ——394。

《印刷工人报》（莫斯科）（«Газета Печатников», M., 1919, №11, 6 января, стр. 4) ——455。

《在油田钻井中用水泥浆代替金属管》（Замена металлических труб цементным раствором при бурении нефтяных скважин.——«Нефтяное и

Сланцевое Хозяйство», М., 1921, №1 — 4, январь—апрель, стр. 199 — 200)——394、426。

《真理报》(莫斯科)(«Правда», М.)——3、57、128、455、499。

—1921, №13, 21 января, стр. 2.——82 — 83。

—1921, №25, 5 февраля, стр. 3.——217 — 218。

—1921, №35, 17 февраля, стр. 1; №43, 26 февраля, стр. 1.——120。

—1921, №76, 9 апреля, стр. 1.——226。

—1921, №84, 19 апреля, стр. 2.——241。

—1921, №86, 21 апреля, стр. 1.——227。

—1921, №125, 9 июня, стр. 1.——429。

《致各省委》(Всем губкомам. —«Правда», М., 1921, №86, 21 апреля, стр. 1)——226。

《致美国国会和哈定总统》(Конгрессу Американских Соединенных Штатов и президенту Гардингу. Телеграмма ВЦИК. —«Известия ВЦИК Советов Рабочих, Крестьянских, Казачьих и Красноарм. Депутатов и Моск. Совета Рабоч. и Красноарм. Депутатов», 1921, №61 (1204), 22 марта, стр. 3. Под общ. загл. : Постановления сессии ВЦИК.)——167。

《中央委员会1921年5月10日的决定》——见列宁, 弗·伊·《俄共(布)中央关于尤·拉林和阿·季·哥尔茨曼的草案的决定》。

《资本主义包围下的苏维埃共和国》[俄共(布)第十次代表大会的决议] (Советская республика в капиталистическом окружении. [Резолюция X съезда РКП(б)]. —В кн. : Десятый съезд Российской Коммунистической партии. Стенографический отчет. (8 — 16 марта 1921 г.). М., Госиздат, 1921, стр. 328 — 329, в отд. : Приложения. Под общ. загл. : Резолюции и постановления X съезда)——168、201。

《最新消息报》(巴黎)(«Последние Новости», Париж, 1921, №309, 22 апреля, стр. 1)——297。

编入本版相应时期著作卷的
信件、电报的索引

（1920 年 11 月—1921 年 6 月）

致国营第一汽车制造厂工厂委员会和全体工人(1921年4月6日)。——见第41卷第135页。

给苏维埃各州及各共和国东方民族妇女部第一次代表会议的贺电(1921年4月6日)。——见第41卷第137页。

致阿塞拜疆、格鲁吉亚、亚美尼亚、达吉斯坦、哥里共和国的共产党员同志们(1921年4月14日)。——见第41卷第184—186页。

致彼得格勒市非党工人会议(1921年4月14日)。——见第41卷第187页。

关于对待非党工人的态度。1.俄共(布)中央关于对待非党工人态度问题的信稿(不晚于1921年4月27日);2.对俄共(布)中央关于对待非党工人态度问题的信稿的补充和修改意见(不晚于1921年5月4日)。——见第41卷第242—246页。

致国家计划委员会主席团克尔日扎诺夫斯基同志(1921年5月14日)。——见第41卷第252—255页。

致彼得罗夫斯科耶联合企业的矿工同志们(1921年5月25日)。——见第41卷第293页。

致全体人民委员及中央统计局局长(1921年5月28日)。——见第41卷第343—344页。

共产国际第三次代表大会文献。2.对共产国际《关于策略问题的提纲》草案的意见。(1)给格·叶·季诺维也夫的信(1921年6月10日)。——见第42卷第11页。

共产国际第三次代表大会文献。3.对《关于各国共产党的组织建设、工作方法和工作内容的提纲》草案的意见。(1)给奥·威·库西宁的信(1921年6月10日)。——见第42卷第18页。

《列宁全集》第二版第50卷编译人员

译文校订：董荣卿　何宏江
资料编写：丁世俊　张瑞亭　刘方清　林海京　韦清豪　阎殿铎
编　　辑：许易森　江显藩　钱文干　李桂兰　门三姗　李京洲
译文审订：岑鼎山

《列宁全集》第二版增订版编辑人员

李京洲　　高晓惠　　翟民刚　　张海滨　　赵国顺　　任建华　　刘燕明
孙凌齐　　门三姗　　韩　英　　侯静娜　　彭晓宇　　李宏梅　　付　哲
戢炳惠　　李晓萌

审　　定：韦建桦　顾锦屏　柴方国

本卷增订工作负责人：门三姗　侯静娜

项目统筹：崔继新

责任编辑：崔继新

装帧设计：石笑梦

版式设计：周方亚

责任校对：吕　飞

图书在版编目(CIP)数据

列宁全集.第50卷/(苏)列宁著；中共中央马克思恩格斯列宁斯大林著作编译局编译.
　—2版(增订版)-北京：人民出版社，2017.3(2024.7重印)
ISBN 978－7－01－017135－7
Ⅰ.①列…　Ⅱ.①列…②中…　Ⅲ.①列宁著作-全集　Ⅳ.①A2

中国版本图书馆 CIP 数据核字(2016)第 316459 号

书　　名	**列宁全集**
	LIENING QUANJI
	第五十卷
编 译 者	中共中央马克思恩格斯列宁斯大林著作编译局
出版发行	人 民 出 版 社
	(北京市东城区隆福寺街 99 号　邮编　100706)
邮购电话	(010)65250042　65289539
经　　销	新华书店
印　　刷	北京新华印刷有限公司
版　　次	2017 年 3 月第 2 版增订版　2024 年 7 月北京第 2 次印刷
开　　本	880 毫米×1230 毫米 1/32
印　　张	24.125
插　　页	1
字　　数	633 千字
印　　数	3,001—6,000 册
书　　号	ISBN 978－7－01－017135－7
定　　价	58.00 元

ISBN 978-7-01-017135-7

9 787010 171357 >